二十一世纪"双一流"建设系列精品教材

中国发展经济学

（中级）

蔡晓陈　王　强　编著

西南财经大学出版社

中国·成都

图书在版编目(CIP)数据

中国发展经济学:中级/蔡晓陈,王强编著.
成都:西南财经大学出版社,2024.7. --ISBN 978-7-
5504-6274-8

Ⅰ.F061.3
中国国家版本馆 CIP 数据核字第 2024VE9527 号

中国发展经济学(中级)

ZHONGGUO FAZHAN JINGJIXUE(ZHONGJI)

蔡晓陈　王　强　编著

策划编辑:李　琼

责任编辑:李　琼

责任校对:李思嘉

封面设计:墨创文化

责任印制:朱曼丽

出版发行	西南财经大学出版社(四川省成都市光华村街 55 号)
网　址	http://cbs.swufe.edu.cn
电子邮件	bookcj@swufe.edu.cn
邮政编码	610074
电　话	028-87353785
照　排	四川胜翔数码印务设计有限公司
印　刷	郫县犀浦印刷厂
成品尺寸	185 mm×260 mm
印　张	21.875
字　数	536 千字
版　次	2024 年 7 月第 1 版
印　次	2024 年 7 月第 1 次印刷
书　号	ISBN 978-7-5504-6274-8
定　价	48.00 元

前言

一

发展的目的是什么？早期的发展经济学家对此多有讨论，他们得到的基本结论是：经济发展是为了人的福利。人的福利是多维的，收入仅仅是其中之一，教育与健康也同样是个人福利的重要内容。所以，世界银行等国际组织对发展的衡量中包括了收入、教育和健康三个基本维度。

工作或者说就业是普通民众获取收入的最主要方式。然而，工作的价值远远不止于获取收入，还有其内在价值。也许我们离"工作是生活的第一需要"还有一定的距离，但是如果没有工作，我们就会感觉到身心健康受到影响。

世界在不断变化。世界的每一个变化都会反映在劳动力市场上，都会反映在就业上。世界变化的根源在于收入提高引起的需求结构变化，在于技术变革引起的生产方式变化，也在于对外开放程度加深引起的产业全球布局变化。这些离普通就业者似乎很远，但是却会深刻影响到他们中的每一个人。

正如本书提到的那样：当前中国正在上小学的学生们，当他们大学毕业进入劳动力市场后会发现，在他们读小学时存在的工作，可能有一半已经消失了。

就业如此重要，以至于党的二十大报告鲜明地提出实施就业优先战略。尽管学界也提出过"无工作的发展"的概念，但是在目前已有的发展经济学教材中，就业问题往往只是其中某一章的一小节内容，基本上被看作非常次要的经济发展问题。

这就是我们要以就业为主题来写作本教材的原因。

二

在本教材写作过程中，我们得到了西南财经大学发展经济学专业硕士生赵杰、张新健、施颖怡、郑美娟、陈静宇等众多同学的大力帮助。他们提供了一些章节的素材和初稿。胡文丽同学对初稿的文字校对做出了突出的贡献。感谢同学们专业且勤奋的付出。

全书由蔡晓陈任主编，并进行统稿工作，副主编王强博士撰写了第二章、第三章之大部分以及第九章，并在第一轮初稿修改中做出了突出贡献。

在本教材写作过程中，我们也得到了西南财经大学研究生院以及西南财经大学经济学院的大力支持。另外，教材最后一章是在西南财经大学原金融中心一个课题的结项材料基础上修改完成的，在此一并感谢。

蔡晓陈编著的另一本教材《中国发展经济学》已于2022年12月由中国社科文献出版社出版，该教材定位于高年级本科生。本教材《中国发展经济学（中级）》定位于硕士研究生层次。主编蔡晓陈计划写作的另一本教材《中国当代经济》定位于低年级本科生，该教材将以要素市场为主线。

感谢西南财经大学出版社编辑李琼女士在出版过程中的专业建议。

蔡晓陈

2023 年 12 月 14 日

于西南财经大学诚正楼

目　录

第一篇　理论基础

第二篇　结构变化：不断变化的世界

第三篇　数字技术：新挑战

第一篇

理论基础

本篇为本教材后续章节的理论基础篇。在本篇中，我们首先阐述就业的含义以及就业在发展中的重要性——就业已成为发展的中心议题；其次，分别介绍劳动力市场的标准供求理论以及对劳动力市场的一些其他解释——对标准理论的偏离。

第一章　就业成为发展的中心议题

第一节　不断变化的工作挑战

一、不断变化的中国就业压力

（一）就业总量

就业是最大的民生。我国有 14 亿多人口，其中劳动年龄人口近 9 亿，解决老百姓就业问题事关经济发展和社会稳定大局。我国就业总量在 2015 年之前呈现稳步上涨趋势，在 2015 年以后出现下降趋势，尤其是 2020 年突如其来的新冠疫情对就业造成了很大的冲击，就业人员数量呈现快速下降趋势（见图 1.1）。

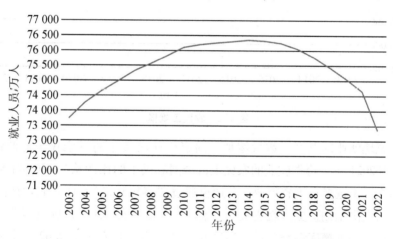

图 1.1　就业总量

我国就业面临的两个突出问题来自就业总量压力和结构性矛盾。一方面，虽然我国劳动年龄人口有所减少，但总量仍然很大。据测算，在未来几年，我国每年需要在城镇就业的大约有 2 500 万人，要保持城镇失业水平不上升，每年城镇新增就业规模不能低于 1 000 万人，就业总量压力将长期存在。另一方面，我国经济发展正处于爬坡过坎的关键时期，就业领域也面临着诸如市场用工需求趋弱、部分企业稳岗减员压力加大等问题，受此影响，结构性矛盾也会更加凸显，"就业难"和"招工难"并存现象将长期存在。

党的二十大报告提出，实施就业优先战略，强化就业优先政策。中央经济工作会议明确社会政策要兜牢民生底线，落实落细就业优先政策。贯彻落实党的二十大精神和中央经济工作会议部署，应坚持以人民为中心的发展思想，多措并举缓解当前就业面临的总量矛盾和结构性矛盾，多渠道促进就业。

（二）规模庞大的农民工群体

我国存在规模庞大的农民工群体，且农民工规模呈逐年上涨趋势（见图1.2）。全国农民工监测调查显示，2022年全国农民工规模达到29 562万人，比上年增长1.1%；农民工人均月收入4 615元，比上年增长4.1%。农民工主要就业行业包括建筑业、制造业、住宿餐饮、批发零售。农民工群体就业呈现出如下两个新趋势：

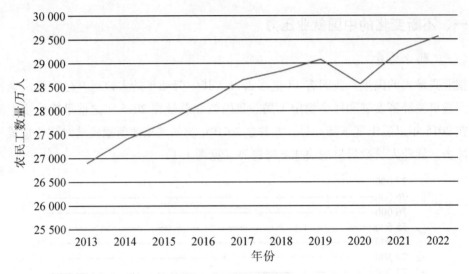

图1.2　农民工规模

第一，就地就业的农民工数量增加。国家统计局发布的《农民工监测调查报告》显示，2010—2021年，跨省就业的农民工占全国农民工的比例从31.36%降至24.38%，越来越多的农民工选择在本省就业。各地也通过"春风行动"、印发职业技能电子培训券等举措，为农民工创造更多就业机会，推动返乡留乡农民工就地就近创业就业。四川省巴中市开展的一项摸底调查显示，2023年春节全市返乡农民工达62万余人，其中有24.9万人有意愿就地就业或返乡创业。巴中市围绕全市"1+3"主导产业、县（区）"1+1"特色产业，结合农民工就业创业意愿和市场需求，在全市范围内组织开展补贴性职业技能培训和返乡创业培训，对有创业意愿的返乡农民工实行跟踪服务。截至2023年年底，巴中市农民工服务中心已培训返乡农民工超2 000人次。

但是，大部分返乡留乡农民工文化素质不高，与用工单位需求不完全适应，容易产生"就业难"与"招工难"并存的结构性矛盾。有些农民工受年龄偏大、专业技能偏弱的限制，就业渠道单一、岗位稳定性差、收入偏低的影响。虽然不少地区组织开展了职业技能培训，但部分培训内容与产业发展结合度不高、与就业需求联系不紧密，农民工参与积极性较低。还有部分年轻农民工想通过创业大展身手，但由于缺资金、缺技术、缺项目、缺服务，以创业带动就业的效果不够理想。

第二，农民工群体呈现高龄化趋势。近年来，我国农民工平均年龄加速增长，2021 年农民工平均年龄 41.7 岁，比 10 年前提高近 6 岁。其中，50 岁以上农民工占比由 2011 年的 14.3% 上升至 2021 年的 27.3%，10 年间提高了 13 个百分点。江苏省农民工监测调查显示，2021 年江苏省高龄农民工（50 周岁及以上）占比 42.5%，较 2020 年提高 2.2 个百分点。

如今，在全国各地的建筑工地，在工厂的厂房车间，在商业楼的保安、保洁等岗位上，甚至在街头巷尾的快递员和外卖骑手中，都能看到不少大龄农民工的身影。"我身体挺好，技术越做越熟练，这几年工地上条件待遇也上来了，正是加紧干活的时候。" 52 岁的老方在深圳一个建筑工地上做消防管道项目，虽然年龄渐长，但干劲正足。20 多年前，老方成为外出务工群体中的一员，几次尝试后，很快扎进了建筑行业，跟着工地辗转四方。他也逐渐从一名主要靠体力的普通小工成长为技术工，工资水平跟着上了一个档次。"我们的观念，只要干得动、有能力，肯定得找事做。"老方说，跑了这么多工地，基本上四五十岁的人群是主力军，虽然灵活性可能比不了年轻人，但大家都熟悉工地、愿意干活。这样的感受，从侧面反映了今天中国农民工群体的一些现状①。

高龄农民工就业呈现两个突出特点：一是打零工者多，不稳定性相对突出；二是体力型、经验型工作占比较高。他们文化水平普遍不高，绝大多数没有专业技能，难以掌握智能生产的基本规范，只能从事体力劳动和技术简单的工作，从"体力型"转"技能型"难度较大。此外，高龄农民工属于灵活就业群体或返乡群体，难以得到《中华人民共和国劳动合同法》的保护，容易遭受同工不同酬甚至就业不充分等歧视。同时，高龄农民工接受技能培训比例低，政府性培训效果不理想的问题一直没有得到很好解决，培训存在内容同质化、形式化问题，导致高龄农民工难以适应产业转移的岗位技能需求。要积极探索保障高龄农民工就业权益、提升就业技能的相关措施，并为高龄农民工积极应对老龄化提供收入基础。

（三）大学毕业生就业

高校毕业生等重点群体是我国就业工作的重中之重。数据显示，2023 届全国普通高校毕业生规模达 1 158 万人，同比增加 82 万人。近几年，应届高校毕业生的人数持续走高，年年都被称为"最难毕业季"，形象地反映出高校毕业生就业工作持续承压（见图 1.3）。每一年高校毕业生所经历的"成长"烦恼常有不同，需要各地各部门早开局、走在前，在拓岗位、优服务、扶特困、护权益等方面多措并举，努力帮助毕业生又好又快找到工作。

---

① 李婕. 让大龄农民工"能就业""就好业"[N]. 人民日报（海外版），2022-12-13 (011).

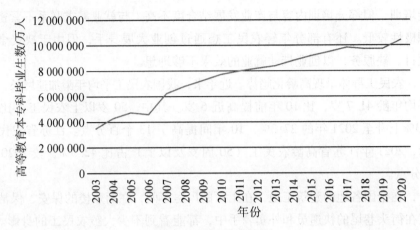

图1.3 高校毕业生数

拓宽就业渠道、增加岗位供给是关键。市场主体是吸纳就业的顶梁柱和主力军，促进企业发展才能增加就业岗位。一方面，应发挥中小微企业吸纳高校毕业生就业的主阵地作用，通过安排纾困资金、吸纳就业补贴、技术改造贷款贴息等方式鼓励中小微企业吸纳就业；另一方面，要稳定扩大国有企业招聘，保持事业单位、基层项目招聘招募总量不降低，特别是提前调整优化公共部门考试招录的时间安排，为毕业生求职留出时间窗口。需要指出的是，近几年越来越多的高校毕业生有志到基层就业，应当深入挖掘基层就业社保、医疗卫生、养老服务、社会工作、司法辅助等多种就业岗位，促进人力资源的合理配置。

推动公共就业服务早进校园，及时满足学生多层次、多样化应聘需求。2022年以来，通过政策宣传、招聘服务、就业指导、创业服务、职业培训、困难帮扶"六进校园"，各地人社部门、教育部门、各类就业服务机构主动将服务向前延伸，为应届毕业生提供了全方位公共就业指导，取得了积极成效。接下来，应继续创新举措，搭建线上线下职业指导平台，面向各大高校、职业院校、技工院校，开展政策解读、求职准备、面试技巧、职业兴趣、职业技能、职业规划等"面对面"指导服务。

加强技能培训，提升青年职业能力。在高质量发展引领下，"技高者多得"正成为人力资源市场的趋势。各地政府部门和毕业生院校要根据地方经济和产业发展方向，积极组织一系列高质量的职业技能培训、见习岗位培训、创业能力培训、新职业培训，提高毕业生实践能力，积累工作经验，并鼓励引导有条件的企业参与并支持青年见习和培训工作，提高毕业生就业质量。

（四）城镇非私营单位就业人数

近年来，我国城镇非私营单位就业人数总体表现出下降趋势。具体来看，2012—2014年城镇非私营单位就业人数仍然保持增长状态，从2015年起，就业人数连续三年下降（见图1.4）。截至2017年12月底，全国城镇非私营单位从业人员为17 643.8万人，较上年同期减少244.3万人，下降1.4%。

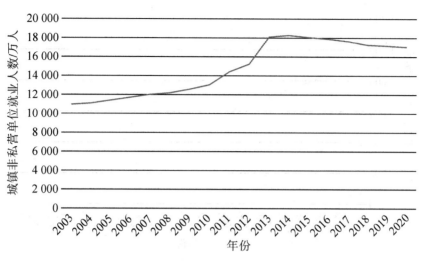

图1.4 城镇非私营单位就业人数

国有单位就业人数波动不大，呈现小幅度下降趋势，从2003年的6 875.6万人下降到2020年的5 563万人（见图1.5）。

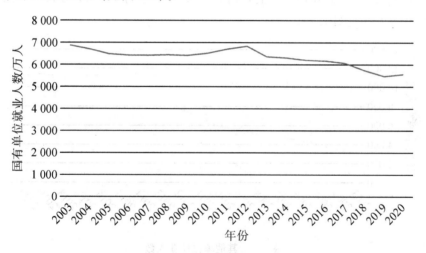

图1.5 国有单位就业人数

城镇集体单位就业人数呈现下降趋势，从2003年的999.9万人下降到2020年的272.2万人（见图1.6）。

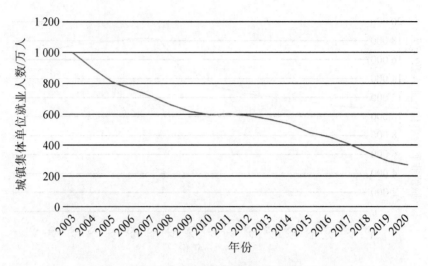

图 1.6　城镇集体单位就业人数

其他单位就业人数（包括股份合作单位城镇就业人数、联营单位城镇就业人数、有限责任公司城镇就业人数等）呈现上升趋势，从 2003 年的 3 094.3 万人上升到 2020 年的 11 204.9 万人（见图 1.7）。

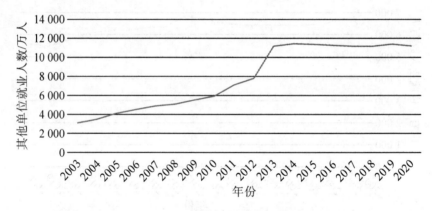

图 1.7　其他单位就业人数

从就业比例来看，城镇非私营单位就业占城镇就业的比重从 1995 年的 80% 下降到 2020 年的 37%。其中，国有集体就业占城镇就业和全国就业的比重，从 1995 年的 76% 和 21% 下降到 2020 年的 12.6% 和 7.8%。与之相反，私营和个体就业在就业中的角色越来越重要，两者在城乡非农就业的比重从 1995 年的 17% 上升到 2019 年的 71.4%。除此以外，非私营单位里的其他单位也有较大比例是私营属性，因此私营和个体就业占到了城乡非农就业的八成左右。

与此同时，城镇非私营单位就业人员的工资也在稳步提高。2021 年全国城镇非私营单位就业人员年平均工资为 106 837 元，首次超过 10 万元，比上年增长 9.7%，增速比 2020 年提高 2.1 个百分点，扣除价格因素实际增长 8.6%。

二、就业挑战的变化

（一）全球化对工作的挑战

新技术、全球化和结构变革极大地提高了效率。与此同时，工作的性质也正在发生变化。工业国家正在经历着从主要和传统的制造业向服务业和知识密集型产业持续转变。同时，发展中国家技术的进步和外包业务灵活性的提高正在导致中等技术工作的减少。技术已经使生产任务的分散成为可能，从而使生产在不同的地方进行。跨国公司建立了一体化价值链，并可以在全球范围内补充其技能蓄水池。外包行为同时发生在服务业和制造业中。发展中国家在全球服务业产品出口中的份额从 1990 年的 11% 上升到 2008 年的 21%。印度在信息技术领域独领风骚，其他国家，如阿拉伯埃及共和国已经开始重视服务业产品的出口。

然而，不是所有人都能从全球化中受益，国际市场体系已经受到了一些来自工业国的冲击。这些国家中失业增加和工资收入不公平使人们觉得前途没有保障。一些工人担心来自低生产成本的国家的出口商品会使他们失业，其他人担心公司老板会为了寻求低工资和低生活费用而将公司转移到国外，或是担心大批贫穷的移民会突然而至，他们可以为了很低的工资收入而工作。由此引发的反应是对贸易保护主义需求的迅速滋长，且多数情况下是打着实现平等贸易和创造公平的竞争环境的口号。

全球化的趋势不可避免，现在各国利益比以往任何时候都更加紧密地联系在一起。但是，经济增长的前景仍然受到各国经济政策的支配。全球化的趋势可以使成功的政策带来的好处扩大，也可以使失败的政策所造成的损失增加。尽管任何一类劳动者都不能指望经济差距缩小的动力能够自动使他们的工资增加，但他们也不必担心这种趋势会不可避免地导致其工资水平下降。黄金时代是不是来到所有人面前，主要取决于各个国家对不断发展的全球经济所提供的新机遇会做出什么样的反应。

（二）技能偏向型技术进步

如前所述，全球化带来了技能需求的快速变化。然而，技能并不是单维度的，工作不同，所要求的手工技能（体力劳动所需要的）、认知技能（脑力劳动所需要的）和社会技能（与他人交往所需要的）的组合也不同。随着收入的增加，一个国家的生产对手工技能的需求趋于降低，对非常规认知技能的需求增加。然而，即使在既定的人均国内生产总值的基线上，各国使用非常规技能的程度也不相同（见图 1.8）。

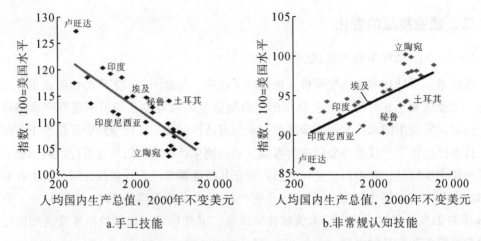

图 1.8 技能组合随着经济的发展而改变（引自 WDR 2013）

技术进步提高了崛起的机会，使低收入国家也可以在高技能生产领域创造就业岗位，并与服务业和制造业的国际价值链连在一起。换句话说，技术进步使一些国家能够从手工技能密集的发展道路转向使用高阶认知技能和社会技能的发展道路。

技术变迁使得大多数国家对手工技能的需求降低，对非常规认知技能的需求增加，但与此相关的技术供给却变化缓慢。以我国为例，我国制造业在向自动化、智能化转型的过程中，生产线用人在数量上减少，对技术工人的能力要求在提升。在人力端，一线员工不仅需要熟悉生产工艺，还要兼具信息化流程、设备维护等复合型能力。然而我国技能型人才缺口可能长期存在。据不完全统计，2021 年我国技能型人才缺口约 2 000 万，面临制造业技能型人才占比较低、结构性短缺、青年择业意愿不强等多重挑战。从企业方面来看，现有的高技能人才队伍在结构上呈现出"三多三少一稀缺"特征，即低级多、高级少，大龄多、青年少，单一技能多、复合技能少，新兴产业技工严重缺乏[1]。

此外，随着技术和企业组织的改变，永久性工作越来越不常见，而且这一趋势仍在持续。兼职就业和临时性就业（也称为非标准就业）现在已经成为工业国家的主要特征。在美国，在未来五年中希望提高兼职员工和临时员工比例的公司超过一半。发展中国家的这一趋势也很明显。

（三）远程办公的兴起

2020 年突发的新冠疫情，在全球范围内短暂引发了历史上最大规模的远程工作场景，很多职场人士实实在在体验了一把远程办公，这也使得远程工作模式受到了全行业的空前关注。此起彼伏的疫情使得远程办公进一步常态化地渗透到我们身边大大小小的企业中。无论是新兴的互联网公司，还是传统企业，远程办公正在逐步成为当前常见的工作模式之一。在后疫情时代下，远程办公究竟是昙花一现，还是未来办公的长期

---

① 杨勤，李梦夕. 制造业转型升级 技工短缺困局如何破解？［N］. 中国劳动保障报，2021-03-30（001）.

趋势？

IBM 在新冠病毒大流行期间进行的一项调查发现，超过一半的员工希望远程办公成为自己的主要工作方式；75％的人表示，他们希望至少在某些时间可以继续远程办公。许多公司也做出了相似的回应，部分是出于安全考虑，部分是为了解决它们在被迫试用远程办公期间发现的问题。

许多公司宣布，在努力弥补新冠疫情造成的损失后，它们将让员工继续长期进行远程办公。全球大型银行花旗集团告诉员工，他们中的大多数人会远离办公室将近一年的时间。

脸书的首席执行官马克·扎克伯格（Mark Zuckerberg）甚至更进一步，宣布其公司的 4.8 万名员工中可能有一半将永久转为远程办公。脸书的声明其实颇有讽刺意味，因为在"办公室福利"最鼎盛的时期，该公司花费了超过 10 亿美元，聘请著名建筑师弗兰克·盖里（Frank Gehry）打造了世界上最大的开放式办公室。

跨境电商平台公司 Shopify 的首席执行官托比·卢特克（Tobi Lütke）宣布，这家加拿大最有价值的公司将成为一家"默认数字化"的公司。它会保留一些办公场地开展某些必要的业务，但转为远程办公是永久性的，"以办公室为中心的时代结束了"。

在我国，2022 年腾讯研究院发布的报告显示，全国 69.8％的人有过远程办公的体验，超四成被调研者认为远程办公是大势所趋，并且所有人都支持混合形式的远程办公。对于远程办公的受访者来说，不适应远程办公的人不到 25％。这与新时代员工对于工作意义的追求有关，他们更偏好灵活、开放的工作模式，而远程办公则为他们带来了机会。携程自 2022 年 3 月份就已经将远程办公纳入组织的常态化工作模式，虽然现在远程办公不会完全快速颠覆现有办公体系，但是这将成为一种未来的常规工作形态，至少会与现场办公并存，成为主要的工作模式之一。

新冠病毒的肆虐是推动远程办公的临门一脚。现在，大多数管理者已经亲眼见证了远程办公带来的益处和挑战，很多人也已经认识到其回报远远大于风险，他们愿意继续远程办公。

（四）制造业的重要性

"任何时候中国都不能缺少制造业。"党的二十大报告强调，要坚持把发展经济的着力点放在实体经济上，并就推动实体经济尤其是作为核心部分的制造业做出高端化、智能化、绿色化发展的战略部署。

推动制造业高质量发展，是实现高质量发展的重中之重。制造业是立国之本、强国之基。向外看，制造业从根本上决定着一个国家的综合国力和国际竞争力；向内看，制造业是实体经济的重要基础，是国家经济命脉所系。制造业由于价值链长、关联性强、带动力大，在现代化经济体系中具有引领和支撑作用。而制造业的先进与否，很大程度上也决定了现代农业、现代服务业的发展水平，最终，也直接影响着高质量发展的成色。可见，制造业高质量发展是我国经济高质量发展的重中之重。

推动制造业高质量发展，是跨越"中等收入陷阱"的现实选择。经济学理论普遍认为，制造业是技术进步的基本源泉，也是经济增长的原动力。历史上，一个国家或地区的经济腾飞，无一不与制造业息息相关。如英国、美国分别是第一次、第二次工业革命的佼佼者，前者因蒸汽机改良率先实现工业化，后者因电气技术进步而走上现代化道路。而如巴西、阿根廷等发展中国家，虽然曾经一度以制造业起家，在工业化进程上取得不俗成绩，然而后来因放松对制造业发展的坚持，过早"去工业化"，也没有及时推动制造业转型升级，导致本国经济增长动力不足，在全球产业分工中逐渐落到劣势地位，从而掉入"中等收入陷阱"。事实证明，没有高质量的制造业，就难以提高供给体系的质量，就没有整个经济发展的高质量。

推动制造业高质量发展，是把握新一轮科技革命的必然要求。眼下，全球制造业格局正加速重整。新一轮科技革命和产业变革正在深刻影响生产力和生产关系，对中国制造业来说，这是一个转变发展方式的重大挑战，也是推动高质量发展的重要机遇。而我国制造业要实现从跟跑、并跑到领跑，则必须主动迎战、积极作为——让制造业成为技术、模式、业态创新的重要载体，以创新驱动经济高质量发展。

目前，我国制造业规模已连续 13 年居全球第一，制造业能不能实现由大到强的跨越，关系到经济高质量发展全局。坚持制造业当家，既要聚焦当下，也要展望未来。要坚定不移抓机遇、用机遇，加快产业链、供应链优化升级，筑牢制造业根基，为经济高质量发展增添更多新活力，推动高质量发展之路越走越宽广。

专栏　中国制造业对外转移

自 2013 年起，许多外企包括耐克、阿迪达斯等服装企业退出中国，将 Made in China 变成 Made in Vietnam 或者 Made in Cambodia。其后，苹果、三星等消费电子行业企业均将产品退出中国制造，原本由我国承担的手机加工环节转移到了印度、越南等国家。早在 2008 年亚洲金融危机爆发后，我国劳动密集型产业为压低成本，已经开始寻找工资更低的地方，主要向中西部地区转移。而从 2014 年起，我国制造业对外直接投资开始猛增。据商务部数据，2015—2019 年，中国制造业年均对外直接投资是 2010—2014 年均值的 2.2 倍，是 2003—2007 年均值的 16.6 倍。2014 年以后，我国东部地区的制造业开始向东南亚国家转移。2022 年 4 月，越南媒体 *The Saigon Times* 登载了一则新闻，李嘉诚旗下地产长实集团与日本欧力士集团，通过越南当地合作伙伴万盛发集团，会见了越南胡志明市市长潘文迈。紧接着 5 月份，互联网上出现了美国总统拜登支持美国企业将产业重心转移到东南亚的言论。而越南 2022 年第一季度 GDP 赶超深圳，又引起一波企业移步东南亚的讨论。中国商务部研究院国际市场研究所副所长白明表示，2023 年，一部分中国产业预计会继续目前的转移趋势。他指出，考虑到东南亚国家相对较低的劳动力成本，以及更多的自贸伙伴，从国际分工和资源优化配置的角度来说，这种转移是"合理"的。

事实上，自第一次工业革命以来，全球共完成了四轮大规模的国际产业转移。每一轮的持续时间为 20～30 年，美国、日本、韩国、新加坡、中国分别是前四次国际产业转移的主要受益方。当前正处于第五轮国际产业转移期，中国向东南亚等劳动力低廉地区进行产业转移，这也是中国自主选择产业转型升级与国际贸易保护主义抬头等内外因素共同导致的。

随着中国劳动力成本的上升，劳动密集型制造业向劳动力成本相对低廉地区转移是必然的。不可否认，制造业外资转移对我国制造业有一定影响，其可能加大就业和资本流出压力。但同时，中国需要主动适应这个趋势，加快制造业升级，促进中高端制造业发展，让企业向高端转型，才能应对制造业外资转移带来的各种影响和挑战。

第二节　工作不仅仅是收入[①]

一、工作的含义

对大多数人来说，工作这个词让人联想到工人、雇主以及一份稳定的薪水。然而，这个狭隘的定义将全球约 15 亿为生存而工作的人排斥在外。实际上，工作的概念要比工资和就业宽泛得多。工作是可以产生以货币表示或以实物偿付的实际收入或推算收入的、正式的或非正式的活动。并不是所有形式的工作都可以被视为就业。违背工人意志或侵犯基本人权的活动不应该被视为就业。其他一些隐含劳动努力的活动，例如，烹饪或清洗衣物等家务活动，人们并不认为是就业，除非这些活动是由被雇用的、拿薪水的人完成的。

世界上的工作，尤其是发展中国家的工作形形色色，而且正在迅速地变化着。在这样的背景下，世界各国和各种不同的文化使用多样化的词语来描述人们为谋生而进行的劳动就不足为奇了。即使是使用同一种语言的人们对工作的解释都可能大相径庭。对一些人来说，该词语使他们联想到被雇主雇用的、在办公室或工厂工作的有固定工资的工人的形象。另外一些人可能想到农民、在城市里自就业的小贩、照看儿童或年长亲属的护理者。

不同的解释表明了人们所看重的工作的不同方面。关于工作是什么和工作意味着什么的观点会影响我们对于应当采取什么样的就业政策的判断。对那些将"工作"一词与被雇主雇用的、在办公室或工厂工作的领取工资的工人形象联系在一起的人而言，他们可能强调为公司创建支持性的投资环境。对那些认为"工作"一词也覆盖农业、街头零售、废物收集和家政等领域的人而言，他们可能认为就业政策也应当包括土地改

---

① 本节内容参考 WDR 2013。

革、农业推广、城市化政策或赋予最脆弱工人发言权等。

国际劳动统计学家大会（ICIS）给出了国家间正式使用的标准定义：工作就是一个人为雇主或在自就业中所履行或意欲履行的一组任务或职责。根据该定义，工作与就业并不等同。工作空缺的存在和承担多项工作的人的存在意味着工作的数量高于就业人员的数量。失业现象的存在意味着人们找不到他们希望得到的工作。工作系指任务，而领取工资的雇员、农场主和自就业的人系指完成任务的人。

二、工作的多种形式

界定和衡量一份工作十分具有挑战性，这是由于人们使用时间和工作方式具有多样性。经济学家常常对工作和休闲加以区分，但是事实要复杂得多。时间可以分配给非生产性活动和生产性活动。生产既包括市场性活动，也包括非市场性活动。生产性活动的时间分配模式因国家而异。每周工作五天、每天工作八小时并允许带薪休假在发展中国家并不是对工作的规定。一些工作只要求在每周的某几天内工作几个小时，一些工作长年累月几乎每天都要工作，每天的工作时间都很长。某些人只有一种工作，而其他人可能从事两种或两种以上的工作。2011年，韩国和西班牙的临时性就业在其全部工资性就业中比例超过15%，而澳大利亚和斯洛伐克的这一比例在5%左右。

衡量失业或就业不足具有同等的挑战性。有些人愿意工作较长的时间，有些人不愿意；一些愿意工作的人没有工作。在亚美尼亚、哥伦比亚、危地马拉和秘鲁，工作时间少于期望工作时间的工人的比例超过了15%，而在匈牙利、巴基斯坦、葡萄牙和美国，这一比例不足3%。失业率会受到商业周期的影响。2009年和2010年，当全球大多数国家受到了最严重的国际危机的冲击时，南非和西班牙的失业率超过20%，奥地利、韩国、马来西亚、新加坡、斯里兰卡和泰国的失业率不足3%。

与发达国家相比，发展中国家的就业状况更多样化。这里所述的多样化不仅仅是指工作时间的长短、就业岗位的数量等发达国家的通常标准，也是指工作的特点。引人瞩目的特点有两个：第一，自就业盛行，这常常导致对失业和就业不足的测量不够充分。第二，传统和现代生产方式的并存导致就业的性质大相径庭，既有糊口农业和打杂工作，也有技术驱动的制造业工作和服务业工作。

无论是根据公司注册、社会保险还是根据书面的雇佣合同来界定，发展中国家就业的一大特点都是非正式工作的高度盛行。非正式就业并不在劳动规章的监管之下，这或者是因为它们的经营范围有限，或者是因为它们故意避免或规避。非正式就业通常与较低的生产率联系在一起。然而，这并不一定意味着公司注册、社会保险或书面合同会提高效率。不规范可以是较低的生产率的表现，也可以是较低的生产率的原因。

工作和休闲的性质随着城市的扩展而变化。今天，在整个发展中国家的中小城市中都可以看到结构转变的进程。这一进程是如此迅速，以至于大多数人，甚至是年轻人都记着旧有的乡村生活环境。他们融入并享受现代城市生活，工作和休闲方式发生了很大的变化，因此不考虑回归旧有的生活习惯。

三、工作的收益

（一）工作改善物质福利

在国家的发展进程中，生产率和劳动收入的提高允许家庭增加用于投资和消费活动的时间，减少用于生产活动的时间。这样，教育和退休生活得到了人们的相对重视。在过去一个世纪，随着受教育机会的扩大，工业国家青年工作的时间呈现稳步下降的趋势。同样，退休生活的年数也与预期寿命同步增长。较高的收入也延长了找工作的时间，尤其对家庭的年轻成员而言，这常常导致失业率的提高。在成熟期的男性和女性中（25 至 54 岁），市场和非市场工作时间总量保持相对稳定，主要变化是女性市场活动量的持续增加。然而，这些总的趋势并不是一成不变的。

生产、消费和投资活动的性质因国家而异。在某些国家，青年较短的工作时间更多地与赋闲而不是与教育联系在一起。在另外一些国家，教育实现了加速发展。同样，工作性质随着发展而改变。在农业生产活动占据主导地位的农村经济中，家庭生产的目的常常是直接消费。欠发达经济体的特征常常表现为用于无报酬工作（包括农业和其他类型的自就业）的时间更多。发展促进了工作组织形式从家庭生产向市场生产的转变。随着经济的发展，越来越多的工作可以获得工资或薪水形式的报酬。

然而，工作并不能保证收入和福利的持续改善。工作人口常常陷入贫穷。在许多国家，和非贫穷家庭相比，贫穷家庭的成年人工作的可能性更大。缺少工作或工作时间不够通常不是贫穷人口的特征；相反，他们的工作数量常常超过一个，工作的时间也更长，但是他们的工资待遇却很差。在更富裕的社会里，来自资本、转移支付（社会援助）或储蓄（社会保险和退休金）的收入所占的比例较大。然而，世界上大多数家庭仍然要通过工作谋生，劳动收入在家庭收入总量中的比例最大。发展带来的最大变化是劳动收入的构成变化。

工作是发展中国家和发达国家脱贫的主要路径。一项关于贫穷动态的研究显示，劳动是家庭脱贫的启动器。这项研究持续了二十多年，研究对象国的差异性很大，如加拿大、厄瓜多尔、德国和南非等。脱贫的原因包括家庭的户主换了一份新工作，其他家庭成员开始工作，正在工作的家庭成员的劳动收入增加了。在对低收入国家进行的一组大规模定性研究中，获得工作和开始经商是人们在解释自己的脱贫原因时所陈述的两大主要理由。反过来，缺少工作机会降低了家庭改善自身福祉的能力。

工作不是一个家庭脱离贫穷的唯一决定性因素。人口变迁，譬如新生儿、亲属移入、死亡或分离造成的家庭分裂，会对人均支出产生影响，从而对家庭的贫穷状态产生影响。人口变迁对来自资产或转移支付的非劳动收入、私人汇款、公共社会援助或退休金的影响也是如此。这些变迁可能互相作用，而且常常同时发生。例如，家庭成员为就业而移民城市，这不仅会提高移民家庭成员的福利，而且会提高那些留在农村的家庭成员的福利。除了得到汇款，那些留在村里的人可以耕种移民家庭成员的土地，从而增加了劳动量。

在众多变化同时发生的情况下，测量劳动收入对减贫的贡献不是一件易事。然而，根据收入来源解构贫穷状况变化的方法可以确认劳动收入对减贫的基本贡献。根据美国每天 2.5 美元贫困线的测量，在被分析的 18 个国家中，有 10 个国家贫穷状况的改变主要是由劳动收入引起的。在另外 8 个国家中，1/3 的减贫来自劳动收入。对孟加拉国、秘鲁和泰国劳动收入对减贫贡献的进一步解构发现，个体特征的变化（教育、工作经验或居住地区）非常重要，但是这些特征的回报更重要，劳动力的相对价格便是回报之一。

就业和减贫的关系并不是一成不变的，而且并不是所有的脱贫都与所从事工作类型的改变有关。同一工作生产率的变化也可能发挥作用。例如，在孟加拉国和越南，贫穷状况的改观不是主要由收入来源从农场转入非农场收入引起的，而是由同一部门的收入提高引起的。

工作和再度陷入贫穷也有关系。干旱洪涝和冲突等大范围的冲击可以将家庭逼入贫穷甚至长期性的贫穷。具体到个体的事件，比如户主患病或健康状况不佳等也会产生相同的后果。在这些情况下，将家庭逼入贫穷的并不是失业本身，而是个体和家庭资产遭到的破坏。而且即使将这些冲击因素考虑在内，户主丢失工作仍然是陷入贫穷的关键决定因素。显然，贫穷人口依靠出卖劳动力维持生计。收入人口的死亡或残疾会大大增加陷入贫穷或延续贫穷的可能性，对资产很少的家庭而言尤其如此。来自乌干达和巴基斯坦的研究显示，参加工作的家庭成员的比例对此也有重大的影响。赡养率持续增加的家庭陷入贫穷或延续贫穷状态的可能性更大，而工作年龄人口增加的家庭陷入贫穷或延续贫穷状态的可能性则更小。

（二）工作的其他收益

工作是大多数家庭的主要收入来源，是减贫的重要推动力量。但是工作对福利的贡献不仅仅是工作提供的收入。

在工资性就业盛行的国家中，失业可能对福利产生严重影响。与收入一样，社会地位也被视为发展和维系心理健康的重要因素。医学研究将失业和压力、沮丧、心脏病、酗酒联系在一起。心情苦闷、婚姻解体和自杀也和失业相关。随着外包、劳动非正规性和现代工作流动性的增加，抑郁症等和压力相关的疾病越来越普遍。失业对心理健康的影响是独立于社会保险或其他保护机制之外的，这是因为失业带来的心情苦闷关乎社会耻辱。大量文献表明，失业人口认为和有工作的人比起来，他们的幸福感和生活满意度都较低。例如，在印度尼西亚，一个人找到工作时，其主观幸福感就会增加，失去工作时其主观幸福感就会降低。一些研究者认为这种不满是稍纵即逝的，但是其他人指出，只要对工作稳定性的担忧持续，不幸福感就会持续。男性通常比女性更具"不幸福感"，但是证据显示，女性的"幸福感"受到配偶失业的影响。失业有损自尊，也会降低家庭其他成员的社会地位。

当工作不足时，失业成为问题，人们会改变自己的期望和态度。世界价值观调查对很多国家（既有发达国家也有发展中国家）的调查数据表明，人们降低工作期望与较高的失业率有关，这或许表明有效工作的缺失迫使个体接受任何工作。失业也使人们丧失了通过工作场合与人交往的机会，从而导致相关社会网络的收缩，这会损害个人的社会资本，削弱与他人的联系。

然而，仅仅具有工作不足以保障较高的生活满意度。工作中因工作不稳定或对健康与安全的焦虑引起的不安全感也会对人的福利产生影响。对工资工人而言，合同类型及其有效期很重要；兼职工作者和季节性工人的工作满意度较低。即使签有长期合同的工人也可能感觉到不安全。在海地、约旦和越南的工厂里，工作收入并不影响生活满意度，但是工作条件会产生影响。在发达国家，工作赋予的自主性越高，生活满意度也越高。

工作也会对人们如何认识自己及与他人的交往产生影响。大多数人强烈感觉到他们的工作应该对社会有所裨益和贡献。2005年一项在29个国家展开的调查，询问人们如何评价他们工作的属性，超过3/4的被调查者回答说重要的是工作要对社会有所裨益，相当比例的被调查者认为他们的工作要对他人有所助益。在9个国家中，被调查者中认为工作的重要性在于对社会有所裨益的比例高于认为工作的重要性在于高收入的比例。在多米尼加、墨西哥或南非，人们对有益于社会的工作和高收入工作的偏好差异不大。

工作不但对工作者的个人福利具有影响，也会对其他人的福利产生影响。一些工作具有较大的减贫效应，使那些认为根除贫穷是基本社会目标的人受益。一些工作提高了女性的就业率，赋予她们在家庭资源分配中较大的话语权，通常还会提高用于养育儿童的支出。和减贫一样，性别平等也是一项被广泛认可的社会目标。具有这些额外影响的工作可以促进发展。考虑到这些溢出效应，工作在个体及全体社会的福利中发挥着基本的作用。因此，就业应成为发展战略的中心议题。

第三节 中国就业观的变迁

就业是民生之本，是发展的核心任务和重大挑战。作为世界人口最多的国家之一，我国人口占世界总人口比重的1/5。由于劳动力人口参与率，特别是女性就业参与率相当高，我国劳动力人口（包括就业人口、现役军人和失业人口）一直占世界总劳动力的1/4。无论是从劳动力人口总规模看还是从总人口就业率看，我国最大的发展难题就是创造就业。就业，已成为我国经济发展的中心议题，党的二十大报告提出的"就业优先"战略很好地说明了这一点。

我国政府也一直高度重视就业问题，并且已经在应对失业、创造就业岗位方面取得了重大的进展。20 世纪 90 年代中期之后，我国也曾面临有史以来最大规模的失业挑战。当时，仅城镇国有单位和集体单位累计下岗分流人员就超过 5 000 万人。国家"十五"计划首次提出："五年城镇新增就业和转移农业劳动力各达到 4 000 万人，城镇登记失业率控制在 5% 左右。"实际结果是五年城镇新增就业 4 200 万人，城镇登记失业率为 4.2%。国家"十一五"规划再次提出："五年城镇新增就业和转移农业劳动力各达到 4 500 万人，城镇登记失业率控制在 5% 左右。"实际结果是五年城镇新增就业 5 771 万人，城镇登记失业率为 4.1%。国家"十二五"规划进一步提出："五年城镇新增就业 4 500 万人，城镇登记失业率小于 5%。"2011—2012 年的实际结果是两年城镇新增就业 2 487 万人，相当于两年预期指标的 138%，城镇登记失业率为 4.1%。在这 12 年（2001—2012 年）间，城镇新增就业累计数为 12 458 万人，我国创造了世界最大规模的就业岗位。从国际视角看，如果不是中国创造了这么大规模的新增就业，全球失业人数就不是两亿，而可能是三亿。

我国不仅创造了大规模的新增就业岗位，还进一步优化了就业结构，使不同就业者从低劳动生产率部门转向中劳动生产率部门，从中劳动生产率部门转向高劳动生产率部门。2001—2011 年，我国第一、第二、第三产业就业人员比重由 50.0：22.3：27.7 调整为 34.8：29.5：35.7，第一产业就业比重下降 15.2 个百分点，第二、第三产业分别上升 7.2 和 8.0 个百分点。

事实上，我国政府对于就业的认识经历了一个不断实践、不断总结的过程。党的十五大报告提出：为了"加快推进国有企业改革"，"实行鼓励兼并、规范破产、下岗分流、减员增效和再就业工程，形成企业优胜劣汰机制"，对此报告还专门做了说明，"从根本上说，有利于经济发展，符合工人阶级的长远利益"，要求"广大职工要转变就业观念，提高自身素质，努力适应改革和发展的新要求"。仅 1998 年，全国国有、城镇集体职工总数就减少了 2 874 万人，形成了大规模的人员下岗。当时也曾发生一场政策辩论：是增长优先还是就业优先？是国有企业改革优先还是建立社会保障体系优先？是经济效率优先还是社会公平优先？不过，随着社会矛盾冲突、社会不稳定因素增加，劳动争议爆炸性增长，决策者开始从注重增长优先转向就业优先。

党的十六大报告首次明确提出："就业是民生之本。扩大就业是我国当前和今后长时期重大而艰巨的任务。国家实行促进就业的长期战略和政策。"世界银行的报告介绍了我国发展私营经济、创造就业的实践，称之为"最令人叹为观止的典型"。报告介绍道："1981 年，中国在私营企业就业的工人为 230 万，而在国有企业就业的工人则高达 8 000 万。二十年后，中国在私营企业就业的工人达到 7 470 万，第一次超过了国有企业就业的工人数量，此时在国有企业就业的工人数量为 7 460 万。"事实上，中国创造就业的不只是私营企业，还包括大量的个体工商户。城镇个体工商户就业人员从 2001 年的 2 131 万人提高到 2011 年的 5 227 万人，净增加 3 096 万人。此外还有大量未被统计的就业人员，主要包括进城务工人员。

各地发展水平差异较大，自然资源禀赋和区域优势不同，人口规模和结构也不相同，因此在国家总的就业战略和就业政策指导下，各地都根据自己的情况提出了三个重要指标：一是城镇新增就业人数，二是农业转移劳动力，三是城镇登记失业率。这些指标均属于预期性指标，作为政府期望的发展目标，主要依靠市场主体的自主行为实现。政府综合运用各种政策引导社会资源配置，包括实行更加积极的就业政策，加强公共就业服务，健全人力资源市场，构建和谐劳动关系。仅 2008—2012 年，各级政府累计投入的就业专项资金高达 1 973 亿元，实现高校毕业生就业 2 800 万人，城镇就业困难人员就业 830 万人。通过不断实践，逐步创新了创造就业机制，即劳动者自主择业、市场调节就业、政府促进就业三者相结合的机制。我国的实践表明，上述"中国政策"是积极就业的政策，也是创造就业的政策，不仅是有效的，而且还是成功的。

此后，我国的就业战略和政策也进入了新的阶段，即从扩大就业规模到提高就业质量阶段。党的十八大报告明确提出："推动实现更高质量的就业。"报告还首次将鼓励创业纳入就业方针，并强调引导劳动者转变就业观念，鼓励多渠道、多形式就业。同时，"健全面向所有困难民众的就业援助长效制度，完善就业与社会保障的联动机制，促进体面劳动，构建和谐劳动关系"。

党的十九大报告延续了党的十八大报告提出的提高就业质量的表述。报告指出，"要提高就业质量和人民收入水平""要坚持就业优先战略和积极就业政策，实现更高质量和更充分就业"。报告强调了就业创业的重要性，"大规模开展职业技能培训，鼓励以创业带动就业。提供全方位公共就业服务，促进高校毕业生等青年群体、农民工多渠道就业创业"。同时，要"破除妨碍劳动力、人才社会性流动的体制机制弊端，使人人都有通过辛勤劳动实现自身发展的机会。完善政府、工会、企业共同参与的协商协调机制，构建和谐劳动关系"。

党的二十大报告仍然强调就业是最基本的民生，要继续实施就业优先战略，强化就业优先政策，促进高质量充分就业。对于困难群体的就业问题，提出要"健全就业公共服务体系，完善重点群体就业支持体系，加强困难群体就业兜底帮扶。统筹城乡就业政策体系，破除妨碍劳动力、人才流动的体制和政策弊端，消除影响平等就业的不合理限制和就业歧视，使人人都有通过勤奋劳动实现自身发展的机会"。为了实现更高质量的就业，需要"健全终身职业技能培训制度，推动解决结构性就业矛盾。完善促进创业带动就业的保障制度，支持和规范发展新就业形态"。在保障劳动者就业的同时，也要保障劳动者权益，要"健全劳动法律法规，完善劳动关系协商协调机制，完善劳动者权益保障制度，加强灵活就业和新就业形态劳动者权益保障"。

从党的十五大到二十大，从最开始的重视经济增长到转向就业优先，认识到就业是最基本的民生，我国政府对就业的认识经历了一个不断深化的过程。我国始终坚持"就业是民生之本"的核心理念，坚持就业优先战略，把扩大就业、创造就业、提高就业质量作为经济社会发展的核心目标之一，在发展中就业，在就业中发展，把扩大国内需求，促进城乡一体化、创新驱动发展、生态文明建设等作为不断创造就业的过程，努力实现全社会就业更加充分的目标。

专栏　我国大学生就业政策

做好高校毕业生就业工作，关系高校毕业生和千家万户的切身利益，关系社会和谐稳定的大局。受经济下行压力增大等因素影响，高校毕业生就业形势复杂严峻。2022 年以来，中央和地方政府先后围绕推动高校毕业生就业出台了一系列政策措施。

2022 年政府工作报告指出，要强化就业优先政策，落实落细稳就业政策。强化就业优先政策要大力拓宽就业渠道，注重通过稳市场主体来稳就业，增强创业带动就业作用。财税、金融等政策都要围绕就业优先实施，加大对企业稳岗扩岗的支持力度。各类专项促就业政策要强化优化，对就业创业的不合理限制要坚决清理取消。

落实落细稳就业政策要求延续执行降低失业和工伤保险费率等阶段性稳就业政策。对不裁员少裁员的企业，继续实施失业保险稳岗返还政策，明显提高中小微企业返还比例。2022 年高校毕业生超过 1 000 万人，要加强就业创业指导、政策支持和不断线服务。做好退役军人安置和就业保障，促进农民工就业，帮扶残疾人、零就业家庭成员就业。深入开展大众创业万众创新，增强双创平台服务能力。加强灵活就业服务，完善灵活就业社会保障政策，开展新就业形态职业伤害保障试点。继续开展大规模职业技能培训，共建共享一批公共实训基地。使用 1 000 亿元失业保险基金支持稳岗和培训，加快培养制造业高质量发展的急需人才。

《国务院办公厅关于进一步做好高校毕业生等青年就业创业工作的通知》从多渠道开发就业岗位、强化不断线就业服务、简化优化求职就业手续、加强青年就业帮扶四个方面保障大学生顺利就业。主要政策措施包括支持中小微企业更多吸纳高校毕业生就业、健全职业技能等级（岗位）设置、稳定扩大国有企业招聘规模、明确高校毕业生到基层工作待遇、支持自主创业、完善高校毕业生就业岗位归集机制、为毕业生提供求职就业便利、完善毕业去向登记等。

此外，国家还出台了一系列重点就业政策，主要从为毕业生提供就业创业补贴以及为企业提供就业扶持补助两方面保障毕业生顺利就业。为毕业生提供就业创业补贴主要包括灵活就业提供社保补贴、到偏远一线就业减免学费和助学贷款、为困难毕业生提供专项补贴、高校毕业生首次创业有补贴、创业贷款贴息以及实行弹性学制以鼓励大学生创新创业等政策。同时，国家还为企业提供就业扶持补助。对吸纳离校 2 年内未就业高校毕业生的企业提供就业见习补贴、社保可缓缴，招录失业毕业生并签订劳动合同可以享受税收优惠，新招用符合条件的高校毕业生人数达到一定比例还可享受财政贴息贷款。

第二章 基本分析工具

第一节 就业市场的基本概念

经济表现的一个方面就是在经济发展过程中利用其资源的程度。目前我国的经济发展所处阶段决定了劳动者是我国经济的主要资源，让劳动者有工作是经济政策制定者关注的首要问题。在我国，统计部门用就业率和失业率来衡量劳动者的就业情况。

一、就业率与失业率

根据国际通用的标准，每个家庭的成年人（16 岁及以上）可以被归入三种类型之一：第一类是就业者。这一类包括那些在调查时作为有报酬的雇员在工作、在自由企业中工作或在家庭成员的企业中从事无报酬工作的人。其还包括当时没有工作但实际上有工作只是由于假期、疾病或坏天气等而临时缺勤的人，例如病假休息在家的人。第二类是失业者。这一类包括那些有愿意工作但没有工作，并在此前一个月中力图寻找工作的人，还包括被辞退正在等候被召回的人。第三类是不属于劳动力者。这一类包括那些不属于前两类的人，例如全职学生、料理家务者或退休者。

劳动力（laborforce）的数量等于就业人数与失业人数之和，就业率是就业人数在劳动力中所占的百分比，失业率被定义为失业者在劳动力中所占的百分比。即

$$劳动力 = 就业人数 + 失业人数$$

$$就业率 = \frac{就业人数}{劳动力} \times 100\%$$

$$失业率 = \frac{失业人数}{劳动力} \times 100\%$$

在我国老龄化逐渐深化的阶段，我国关注另一个指标——劳动力参与率（labor-force participation rate），即成年人口中属于劳动力人口的百分比：

$$劳动力参与率 = \frac{劳动力}{成年人口} \times 100\%$$

专栏　2012—2021 年我国就业人数和就业率

图 2.1 展示了 2012—2021 年我国就业人数和就业率。

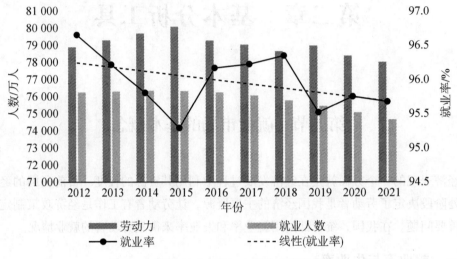

图 2.1　我国 2012—2021 年就业人数和就业率

　　整体来看，我国就业率整体呈现出下降趋势，表明我国的就业形势越发严峻。具体来看，2012—2015 年我国的就业率逐步下降。结合图形，可以看出其主要原因在于劳动力数量的迅速增加，而就业人数增长幅度远落后于劳动力数量增长幅度，我国就业率逐步下降。2015 年，我国就业率仅为 95.29%，为近年来的最低水平。

　　2015—2018 年我国就业率逐步稳定回升，经济形势逐渐回暖。2020 年年初开始，新冠疫情对中国的经济发展造成严重的破坏。受此影响，很多工厂被迫停产，复工遥遥无期，在这期间大量工人下岗，失业人数快速上升。随着近几年对新冠疫情的有效应对和合理管控，新冠疫情的影响在逐渐被消化，大部分工厂开始复工复产，生产有条不紊地恢复着，在这期间，中国的就业率开始回升，但要恢复到疫情前的水平仍有一段漫长的路。

　　数据来源：国家统计局。

二、自然失业率

　　在现实中，并不是劳动力中的每个人在所有时候都有一份工作：总有一些人处于失业状态。通过上述专栏，我们注意到我国 2012—2021 年的就业率在 95%～97% 波动，也就意味着失业率在 3%～5% 波动。为什么总会有失业？我们通过考察自然失业率[①]（natural rate of unemployment）——经济围绕其波动的平均失业率的决定因素来说明这一点。现

---

① 经济学家对自然失业率的理解存在一定争议，争议焦点在于如何界定"自然的"正常状态。有的人认为劳动力市场实现了均衡是正常状态，有的人认为长期平均状态就是正常状态。我们在这里采用后一种解释。

实中失业率对长期平均失业率的偏离部分被称为周期性失业。

理想状态下，我们也许会期盼劳动力市场的价格机制发挥作用，也就是工资的上升下降能很快发挥调节作用，能迅速使得劳动力供求平衡从而实现零失业率。然而，现实的劳动力市场并不是这种理想的劳动力市场，失业在长期中也总是会存在的。自然失业率来源于两个基本原因：工作搜寻和工资刚性。

（一）工作搜寻和摩擦性失业

失业的一个原因是，工人与工作岗位相匹配需要花时间。实际上，工人有不同的偏好与能力，工作有不同的属性，也就是说工作岗位和工作技能都是异质性的。而且，关于找工作者和空缺职位的信息流动是不完全的，工人在不同地区间的流动也不是实时的。所以，找一份合适的工作需要时间和努力，这往往会降低劳动者的入职率。因为不同工作要求不同的技能和支付不同的工资，所以失业工人可能不接受他们收到的第一个工作机会。由于工人找工作需要花时间而引起的失业称为摩擦性失业（frictional unemployment）。

摩擦性失业可能由于多种原因而产生。在不断变化的经济中，一些摩擦性失业是难以避免的。例如，个人电脑的发明减少了对打字机的需求和对生产打字机的劳动力的需求。同时，电子行业的劳动力需求增加了。类似地，由于不同地区生产不同产品，可能某个地方的劳动力需求在增加而另一个地方的劳动力需求在下降。经济学家把需求在不同行业和地区之间的变动称为部门转移（sectoralshift）。因为部门转移总在发生，且工人改变部门需要时间，所以摩擦性失业总是存在的。

此外，当工人所在的工厂关闭了，当工人的工作被认为无法接受，或者当工人的特定技能不再被需要时，工人发现自己出乎意料地失去了工作。工人也可能离职以改变职业或迁移到国内的其他地方。无论离职的原因是什么，工人找到新工作都需要花费时间和努力。只要企业间劳动力的供给和需求在变动，摩擦性失业就是无法避免的。本章第二节我们会再次回到工作搜寻问题，介绍搜寻-匹配理论的基本要点。

（二）工资刚性和结构性失业

失业的第二个原因是工资刚性（wage rigidity）——工资未能调整到劳动供给等于劳动需求的水平。工资并不总是有弹性的，并不能随着市场条件的变化做出及时性的调整，如工会、劳动合同等因素的影响。

图2.2说明了为什么工资刚性导致失业。工资刚性导致工资不能对市场条件的变化做出及时的调整，当实际工资高于市场均衡工资时，由于工资刚性，企业无法及时地降低工资，企业的生产成本增加，愿意雇用的劳动力数量减少，其结果是劳动力市场中劳动的供给量超过需求量，企业必须以某种方式在工人中配给稀缺的工作岗位。因此，实际工资刚性降低了入职率，提高了失业水平。

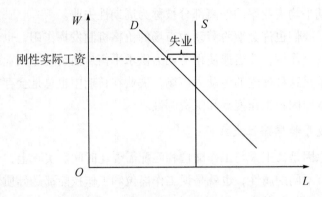

图 2.2　实际工资刚性引起工作配给

由工资刚性与工作配给引起的失业被称为结构性失业（structural unemployment）。工人失业并不是因为他们积极寻找最适合于他们个人技能的工作，而是因为愿意工作的人数与可以得到的工作数之间存在根本性的不匹配。在现行工资下，劳动供给量超过劳动需求量，所以许多工人只是在等待招工。当实际工资高于均衡水平和工人的供给超过需求时，我们预期企业可能会降低它们支付的工资。结构性失业的产生是因为尽管存在劳动的超额供给，企业也未能降低工资。工资刚性产生于最低工资法、工会、效率工资等，对此我们将在第三章进行详述。

第二节　均衡的劳动力市场

本节介绍标准劳动力市场理论。上一节关于自然失业率中摩擦性失业的讨论表明，劳动力市场中供求均衡时并不会没有失业。接下来，我们从标准的劳动力市场供求来考察工人就业的情况。

一、劳动力市场的需求

在企业中，雇主对工人的需求构成了劳动力的市场需求。雇主对劳动力的需求和消费者对产品和服务的需求之间存在很大差异。雇主通过雇佣劳动力，得到了间接的满足，即当他们销售劳动力生产的产品时，以收入增加的形式得到满足。出于这个原因，劳动力需求被称作一种间接需求、引致需求或派生需求（derived demand）。换句话说，劳动力需求是从对生产产品的需求中派生出来的。

图 2.3 中的劳动力需求曲线是向下倾斜的，就像消费者对如橙汁之类产品的需求一样。就橙汁来说，这种负斜率的需求曲线表示随着更多的橙汁被消费掉，消费者对每增加一个单位橙汁的评价呈下降趋势。劳动力需求曲线向下倾斜也是出于类似的原因。劳动力需求曲线斜率为负，说明雇主多雇用一个工人产生的价值随着雇佣工人数量的增多

而下降。

　　那么，为何雇主多雇用一个工人产生的价值随着雇佣工人数量的增多而下降呢？当一个企业雇用一单位的劳动力时，生产出一定数量的额外产品，一旦该额外产品被销售出去，就可以转化为该企业的额外收入。多雇用一个单位的劳动力而导致的收入增加，称为劳动边际收益（marginal revenue product of labor），表示该企业对这一额外单位劳动力的评价。劳动边际收益分为两部分：①多雇用一个单位的劳动力而增加的产量，称为劳动边际产品（marginal product of labor）；②企业每多卖出一个单位产品而增加的收入，称为边际收入（marginal revenue）。如果劳动边际收益随着劳动力的雇佣增加而下降，那么，在劳动边际产品与边际收入两个因素当中，至少有一个因素肯定下降了。

　　我们首先来看边际收入。边际收入表示企业在出售每一额外单位产品时，所得到的收入量。如果该企业是完全竞争的，那么，边际收入就是这种产品的市场价格。完全竞争市场结构的一个特征是，没有任何一个企业能够控制市场价格。因此，完全竞争企业在出售其额外一单位产品时，其边际收入不变。因此，如果劳动边际收益下降，必定是由于劳动边际产品在下降。随着劳动力的雇佣量增加，劳动边际产品会下降，这种现象被称为收益递减规律（law of diminishing returns）。这一规律表明，在诸如资本之类的固定投入物数量既定的情况下，如果增加诸如劳动之类的可变投入物的数量，结果是产量增加（劳动边际产品）趋势最终会下降。

　　在现实生活中，也许有100个、1 000个企业甚至更多的企业。在这种情况下，一个企业对劳动力的需求是如何与所有企业对劳动力的需求联系在一起的呢？在经济学的假设中，在每一种工资率下，每一单个企业的需求量与其他所有企业的需求量相加，就形成了所有企业的劳动力需求量，如图2.3所示。

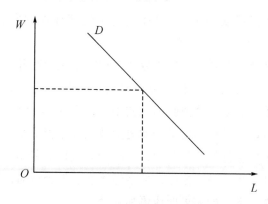

图2.3　劳动力的市场需求

　　劳动力的需求反映了社会生产发展对劳动力的需求情况，其影响因素包括微观因素和宏观因素两方面。微观因素如工资变化、企业生产规模、企业技术和管理水平、利润、其他生产要素价格和企业生产预期等。一般来说，企业生产规模大、企业技术和管理水平高、利润高、工资低、其他生产要素价格高、生产预期好，对劳动力的需求越大。宏观因素如社会生产规模、国家经济体制、产业结构状况、科学技术进步、对外开放程度、市场环境和政府政策等，都会影响对劳动力的需求量。

工资率变化对劳动力需求量的影响在需求曲线上表现为沿着劳动力需求曲线上下移动，如工资率上涨导致劳动力需求量下降，在图形中表现为沿着劳动力需求曲线向下移动。除工资率变化外其他因素变化会导致需求曲线左右平移，如企业或社会生产规模增加导致对劳动力的需求增加，在图 2.4 中表现为劳动力需求曲线向右平移。

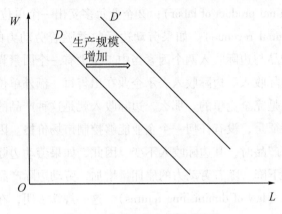

图 2.4　劳动力的市场需求变化

数字经济的不断发展对劳动力需求量的影响较为复杂，一般来说可以分为两个方面：一方面是数字经济的发展取代了一些行业工人的劳动，主要是低技能和可重复性行业，如电话营销、邮件回复等，这些行业对劳动力的需求减少；另一方面是数字经济的发展催生出新的行业如互联网营销师、网约配送员等，增加了对劳动力的需求。此外，数字技术促进了整体经济的扩张，这种增长效应会增加大多数行业对劳动力的需求（本章第三节将简要讨论经济增长问题）。总体而言，数字技术的发展增加了对劳动力的需求。

图 2.5 展示了数字经济发展对高技能劳动者和低技能劳动者需求的影响。高技能劳动者指有所专长的高级技术工人，低技能劳动者指未接受完整高中（包括职业高中）阶段教育，通常从事重复、常规体力劳动的初中及以下学历劳动者[①]。数字经济的发展一方面使得对低技能劳动者的市场需求变动更加敏感。工资率水平一旦有所提高，企业就可以运用人工智能来代替低技能的劳动力，减少对低技能劳动力的需求，因此低技能劳动者的需求曲线更加平坦。另一方面，数字经济发展使企业对高技能劳动者的需求更为紧迫和必要，高技能劳动者的需求曲线更加陡峭。

---

① 刘晓，童小晨. 低技能劳动力：内涵、群体特征与技能提升策略［J］. 中国远程教育，2023，43（2）：9-17，27.

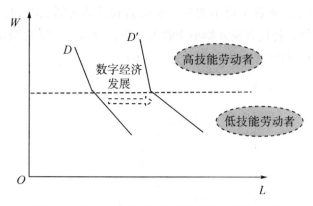

图 2.5 数字经济发展对劳动力需求曲线的影响

二、劳动力的市场供给

劳动力的供给是指在其他条件都相同的情况下，工人在各种工资水平下愿意提供的劳动数量。这样，劳动力供给曲线表明了在工资发生变化时，工人愿意工作的时间随之发生的变化。比如，假定工资率普遍上升，在这种情况下，工人愿意工作的时长会发生什么变化？人们试图得到如下结论，即随着工资率的上升，工作时长会增加，但是这一结论并不一定成立。实际上，当工资率上升时，工人提供的工作时长可能增加、减少或保持不变。这种不确定性的理由是，工资率的变化产生了两种相反的效应。

第一种效应即替代效应（substitution effect），是指在其他条件不变的情况下，当工资率变化时，工作时长发生的变化。替代效应考虑了如下事实，即人们有多种方式来消磨时光而不是去工作。简单起见，假定我们把工作时间的所有其他利用方式都归结为闲暇。因此，人们可以利用他的时间去工作或是消费闲暇。现在考察一下工资率上升的替代效应。工资率上升相当于闲暇价格的上涨，会导致个人的闲暇需求量减少。由于消费的闲暇减少了，这个人肯定选择工作更多。结果是，随着工资率的上升，替代效应会引起工作时长增加，并使得劳动力供给曲线向上倾斜。

在得出劳动力供给曲线向上倾斜的结论之前，我们先回顾一下当工资率改变时所产生的第二种效应，这是一种抵消效应，即收入效应（income effect）。它指在其他条件不变的情况下，当收入改变时，工作时长发生的变化。收入效应把闲暇当作一种正常品。当收入增长时，一种正常品的需求会增加。假定工资率上升伴随着收入增长，那么闲暇的需求预期也会增长。在闲暇需求增加的情况下，由于工资率上升的收入效应，所提供的工作时长可能会减少。因此，工资率上升的收入效应会使得劳动力供给曲线向下倾斜。

这两种效应哪种占主导地位呢？如果替代效应大于收入效应，那么，工资率上升使得劳动数量增加，即劳动的供给曲线向右上方倾斜；反之，工资率的上升会使劳动数量减少，劳动供给曲线向左上方倾斜。在工资率较低的条件下，劳动者的生活水平较低，闲暇的成本相应也就较低，从而，工资提高的替代效应大于收入效应，劳动的供给曲线向右上方倾斜。但是，随着工资率的进一步提高和劳动时间的增加，工作的机会成本（闲暇的效用）增加，替代效应开始小于收入效应，导致劳动供给数量减少。因此，劳动的供给曲线呈现出向后弯曲的形状（见图2.6）。

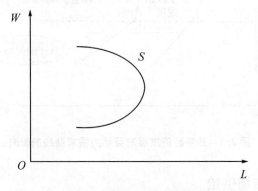

图2.6　劳动力供给曲线

工资率上升的替代效应的讨论可以用来解释男女劳动供给曲线的差异。一般而言，男性劳动供给曲线对工资率变化不敏感，而女性劳动供给曲线对工资率的变化相对敏感。一般情况下，男性从事全职工作较多，在家务劳动中用时比较少，女性则相反。这样，工作之外的时间安排上，男性的选择要比女性少一些替代的选项。对于女性来说，家庭工作和职场工作之间具有很强的替代性。因此，男性劳动供给曲线近乎垂直，女性劳动供给曲线替代弹性大，更为平坦。

个人的劳动供给曲线可能是向后弯曲的，实证研究表明，某个群体的市场劳动供给曲线并没有向后弯曲，而是一个"正常"的劳动力市场供给曲线（见图2.7）。这时，当工资率上升时，劳动供给将增加。

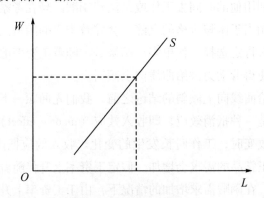

图2.7　劳动力的市场供给

影响劳动力供给的因素有很多，从外部来讲主要因素为以下三点：①社会人口规模及结构。一般而言，社会人口规模越大，结构越合理，所能提供的劳动力供给就会越多，人口素质越高越有利于提升劳动力的质量。②经济发展水平。经济发展水平往往也会影响劳动力供给，经济发展水平越高，越有利于社会各方面的发展，对教育也有促进作用，从而能为社会培养更多的人才。③经济体制。经济体制能够体现经济制度，合理且先进的经济体制对劳动力供给也会提供诸多好处。从内部讲，主要影响因素为消费者的劳动意愿。

数字经济的发展增加了工作的便利性和自由度，提高了劳动力市场的包容性，劳动者可以更加充分地利用碎片化的时间进行工作。同时，数字经济的发展带来了更多的数字消费产品，丰富了消费者消费的内容，引起了劳动者消费方式的转变与升级，增加了劳动者闲暇的效用，降低了劳动者的劳动意愿，从而降低劳动供给。因此，数字经济的发展在一定程度上增大了劳动供给的弹性（见图2.8）。

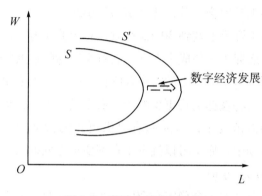

图2.8 劳动力的市场供给

三、劳动力市场均衡

图2.9把劳动力市场的供给和需求放在了一起。如图2.9所示，如果D和S是初始市场需求曲线和供给曲线，那么均衡工资率是20元/小时，均衡数量是每月240小时。注意，在此工资率下，既不存在劳动力过剩（失业），也不存在劳动力短缺，就像其他任何市场一样，这种均衡状态表明，买方（企业）的意愿和卖方（工人）的意愿相同。

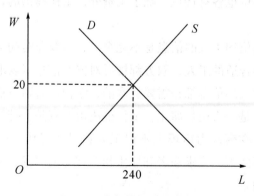

图2.9 竞争性劳动力市场

只有当工资率为 20 元/小时时，劳动力市场是稳定的。如果工资率不是 20 元/小时，劳动力市场会如何呢？

假如，我们将工资率下调到 10 元/小时，对于雇主来说，会在劳动力市场中雇佣更多的劳动力，虽然雇佣更多的劳动力会使得雇主的边际收益递减，但由于雇佣劳动力的成本下降，雇主愿意雇佣更多的劳动力。对于工人来说，工资率的降低意味着闲暇价格的下降，工人将选择消费更多的闲暇而提供较少的劳动。在劳动力市场中，雇主想要更多的工人，但工人不愿意提供自己的劳动，出现了劳动力"供不应求"的状况。在完全竞争市场中，工人会坐地起价，要求提高自己的工资水平，雇主苦于雇佣不到劳动力，不得不妥协，最终工资率会上升，达到 20 元/小时。

如果我们反过来将工资率上调到 30 元/小时，对于劳动力市场又会产生什么样的影响呢？对于雇主来说，雇佣工人的成本上升，会解雇边际收益低的一批工人，以保证自己是有利可图的。因而，对于劳动力的需求在降低。对于工人来说，工资率的上升意味着闲暇价格的下降，工人将选择消费更少的闲暇而提供更多的劳动。其结果是工人提供更多的劳动力。在劳动力市场中，工人愿意提供更多的劳动力，出现了"供过于求"的状况。在完全竞争市场中，雇主可以挑选工资率要求更低的工人，整个市场工资率水平逐渐降低，下降到 20 元/小时。

以上分析说明，工资率水平会稳定在 20 元/小时，在此工资率下，企业愿意雇佣的劳动小时数恰好等于工人想要提供的劳动小时数，劳动力市场达到了均衡，经济体实现了充分就业。

四、工作的搜寻匹配理论

前面我们已经提及，工作岗位和工人的工作技能、态度等具有异质性。也就是说，即使个人拥有相同的受教育水平、培训经历和经验，但是其个性、动机和态度以及居住地都差异很大。工作岗位也各有特色，除了工资外，工作提供的晋升机会、工作条件也各不相同。

另外，关于工作岗位和工人的信息是不完全的，需要花时间去获取，因此，工人搜寻工作岗位，雇主搜寻合适的工人，双方都搜寻对方的信息以获取更大的利益。

但是获取工作或工人的信息都是需要成本的，哪怕没有财务成本，也需要承担时间机会成本。所以，无论是工人还是雇主，最优的决策原则是：搜寻工作的边际预期收益与边际预期成本相等。在劳动力市场上不但工人在寻找工作，厂商也在寻找合适的工人，这就需要双方进行匹配，当求职者和雇主相互搜寻的时候，工资是由失业工人数量和职位空缺数量决定的。

工作搜寻理论中另一个重要概念是保留工资（reservation wage）或可接受的工资。保留工资是指一个人选择不工作的最高工资，或者一个人决定工作的最低工资率。保留工资的存在，使得消费者在做出工作决策时的预算线不会与横轴相交，从而可能出现角点解，这时消费者不会向市场提供劳动服务，而是退出劳动力市场。工人在搜寻工作时，拒绝接受低于保留工资水平的工作，仅仅会在超过保留工资水平的范围内进行搜寻。

工作搜寻理论一个重要的推论是：失业保险或失业补偿会降低工作搜寻的意愿，延长工作搜寻的时间。这是因为，失业补偿提高了工人的保留工资或可接受工资水平，或降低了失业即工作搜寻的机会成本。

数字技术的发展降低了工人和厂商的搜寻成本，因而会提高劳动力市场的匹配效率，这被认为是数字技术对劳动力市场最大的潜在好处。

第三节　经济增长与劳动需求

本章第二节从微观角度考察了个体厂商的劳动需求，本节将从宏观总量生产函数出发考察宏观经济增长对劳动需求的影响。

一、生产函数

生产函数是我们分析很多问题的重要工具，它是指生产要素投入量与最大产出量之间的关系。任何类型的"投入-产出"关系或类似关系都可以用生产函数来刻画，比如一个国家或地区用资本投入 K、劳动投入 L 来生产 GDP 或地区生产总值，一个行业用资本投入、劳动投入以及其他生产要素来生产增加值，一个企业用机器和工人来生产产品，农户用土地、劳动、农资来生产农产品，企业投入研发经费和科研人员来"生产"发明，学校用教室和老师来培养学生，乃至老师用时间和笔墨来批阅作业等，都可以用生产函数来表述。实际上，生产过程中需要用到很多不同的投入。例如，一个企业生产离不开厂房、库房、机器设备、员工、电力或者从其他企业购进的半成品等生产投入。但是，在宏观层面上，绝大多数情况下只会分析资本和劳动这两种初级投入（primary input）与产出之间的关系，不考虑中间投入（intermediate input）对产出的影响，即总量生产函数。生产函数的代数表达式为

$$Y = F(K,\ L,\ A) \tag{2.1}$$

上式中，Y 为产出，A 为全要素生产率，F 表示函数。产出可以是 GDP、地区生产总值、行业增加值或产品数量。资本投入指的是物质资本的投入，它是由历史上物质资本投资形成的机器设备、厂房、机场、高速公路等资本存量投入到生产性活动中提供的资本服务流，通常可以简单处理成资本存量。劳动投入 L 则既可以包括劳动服务的数量，又可以包括劳动服务的质量。全要素生产率的具体含义将在本节第二部分进行展开分析。在投入生产要素相同的情况下，A 提高意味着更多产出。

生产函数通常满足一个重要的性质，即要素边际产品为正且递减。

边际产品又称为边际生产力，从生产角度来看，它度量了增加最后一单位投入所增加的产出量；从要素回报来看，如果要素市场是完全竞争的，它等于单位要素的回报率。"边际产品为正"是一个使用非常广泛的假设，它表明其他要素投入不变，某一要素增加会使得产出增加。边际产品递减是指某种要素逐渐增多对产出增加的效应逐步减弱，这主要是因为生产过程中有其他固定投入，由于可变要素投入的增加，从而使得要素组合从原来较为匹配的状态转变为越来越不匹配的状态。例如，一块一百亩（1 亩 = 666.7 平方米，下同）的耕地，刚开始时 5 个农民耕种，恰好耕种完，如果增加 1 个农民变成了 6 个农民耕种，虽然可以通过进一步精耕细作增加总产量，但是增加的总产量很可能没有原来的平均产量那么多，这就是边际产量递减。

劳动的边际产品为正且递减，用公式表示为 $MP_L = dY/dL > 0$ 和 $\partial MP_L/\partial L < 0$，这些式子中隐含着资本投入不变。图 2.10 刻画了生产率和资本投入固定不变时产出和劳动投入之间的关系。图中，A 点处的平均产品等于 A 点与原点连线的斜率，即 A 点产量除以劳动投入；A 点处的边际产品等于其切线斜率，即产量的变化量除以劳动投入的变化量。劳动的边际产品为正且递减如图 2.11 所示。图中曲线位于横轴上方即为边际产品为正，曲线的斜率为负即为劳动的边际产品递减。由于劳动的边际产品曲线又是劳动的需求曲线，因此，图 2.11 中的 MP_L 曲线也代表了总量上的劳动需求曲线，即总量上劳动需求曲线向右下方倾斜。

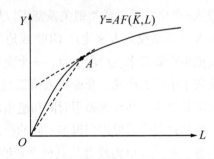

图 2.10　资本投入不变时的生产函数曲线

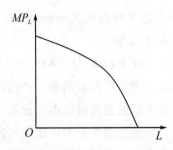

图 2.11　资本投入不变时的劳动边际产量曲线

二、资本存量与全要素生产率的影响

如果资本存量增加，比如，由于数字技术进步，引发了企业投资热潮，这会对劳动需求产生什么影响呢？资本存量增加后，MP_L 增大，这意味着同样增加的一个单位的劳动投入，其边际生产力提高了，所以劳动需求曲线向右移动（见图 2.12）。值得注意的是，我们得出这一结论的前提是资本存量增加后，资本与劳动的比例关系没有发生变化，即原来的函数形式本身没变。

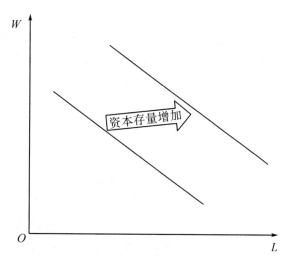

图 2.12　资本存量增加扩大了劳动需求

全要素生产率 A 提高对劳动需求的影响与资本存量类似，同样会导致劳动需求曲线向右移动，其原因是全要素生产率提升，也会使得劳动边际生产力提升。同样，得出这一结论的前提是原来的函数形式没变。如果技术进步引起资本替代更多劳动，则劳动需求不一定增加。

需要注意的是公式 2.1 中的全要素生产率的含义：综合生产要素的生产效率，即产出与综合生产要素之比，其中将所有要素投入加总起来看作综合的或者全部的投入要素。全要素生产率可能包括了以下五个重要组成部分：

第一，全要素生产率包括技术进步。全要素生产率的这种含义在经济学文献以及一些公开报道中是最为常见的，乃至在经济增长理论文献中，全要素生产率与技术进步具有等同含义。但是我们需要记住的是，经济学家们（尤其是研究经济增长的经济学家们）并不认为全要素生产率就是技术进步，有时在技术进步与全要素生产率之间画等号，是因为在理论文献中区分两者有时没必要甚至没可能。此外，全要素生产率中技术进步这一构成部分具有特别的含义：其一，它是全要素生产率中最活跃、变动最大的部分；其二，技术进步的程度决定了其他构成部分（尤其是效率）的变动范围。

第二，全要素生产率中还应该包括效率改进。效率改进可能来自宏观社会管理的进步，这使得更多资源被用于生产性活动；也可能来自企业微观管理的进步，这导致企业更为高效地生产。许多经济理论文献发现，效率改进对全要素生产率的贡献比技术进步还大。当然，如果是依赖实证证据得出这一结论的，需要对全要素生产率进行分解，至少分解为纯技术与效率两部分。我们这里说的效率是指在同样的技术和投入要素情况下产出的不同，也就是实际生产活动位于生产可能性边界之内，或者说资源未能有效利用。哪些具体原因会阻碍生产活动位于生产可能性边界上呢？其一是非生产性活动，也就是社会资源被浪费在没有实际投入生产的很多活动中。其二是资源未能充分利用，怠工、失业、产能过剩。

第三，全要素生产率中还包括结构变化。这是一种来自发展经济学家的观点，其根源在于发展经济学早期的结构主义学派。早期的结构主义学派认为，经济社会结构变化会导致经济发展。结构变化提高全要素生产率的观点为早期的结构导致发展的观点提供了一个具体解释机制。结构变化提高全要素生产率的逻辑相当简单，当生产要素从低生产率部门或行业撤出转移到高生产率部门或行业时，投入没变，产出增加，从而全要素生产率提高。

第四，全要素生产率包括其他要素的价格变化带来的影响。虽然全要素生产率冠名全部要素，但是我们实际测量时，并不可能包括所有生产过程中使用的投入要素，其原因在于数据的可获得性并不支持我们这么做。通常情况是我们只能勉强有劳动投入、资本投入的数据可用，而且劳动投入与资本投入的测量本身也会有相当大的误差。在生产过程中被使用的能源、信息以及其他中间投入，常常不在我们的考虑范围之内。当这种情况出现时，假设某种要素比如能源的价格上升，从企业角度来看，能源相对价格更贵了，因此在给定产出情况下，需要重新调整投入要素的组合，比如会雇用更多的劳动力或使用更多的资本投入。由于计算全要素生产率时投入要素中没有考虑能源，而只是考虑了资本和劳动，这样，产出不变，资本和劳动投入增加，从而我们计算出来的全要素生产率必定下降了。而实际情况是，企业的技术与效率并没有变化。

第五，全要素生产率包括运气好坏的成分。在经济发展过程中，诸如历史背景、地理位置、气候与自然资源等运气因素有时是相当重要的，因为它们会影响全要素生产率。历史背景会通过制度遗产对社会发展的进程与全要素生产率产生广泛的影响。地理位置会影响到贸易成本从而影响全要素生产率。气候与自然资源有时候就是生产过程中投入要素的一部分，比如农业生产本身就非常依赖土地与气候条件。

数字技术提升了上述第一、第二和第三个组成部分的全要素生产率。

第三章 对均衡劳动力市场理论的偏离

上一章我们讨论了均衡劳动力市场的基本理论，本章讨论劳动力市场失衡的三种情况：最低工资、效率工资与劳动力市场分割理论。这三种情况下，劳动力市场并未实现供求均衡。

第一节 最低工资理论

一、中国最低工资标准

最低工资标准，即用人单位依法应支付的最低劳动报酬。我国原劳动部于 1993 年 11 月发布过《企业最低工资规定》。2003 年 12 月 30 日，劳动和社会保障部通过《最低工资规定》，该规定自 2004 年 3 月 1 日起施行，并同时废止了《企业最低工资规定》。新规定适用于在中华人民共和国境内的企业、民办非企业单位、有雇工的个体工商户和与之形成劳动关系的劳动者，国家机关、事业单位、社会团体和与之建立劳动合同关系的劳动者，依照该规定执行。

最低工资标准有两种形式：月最低工资标准和小时最低工资标准。月最低工资标准适用于全日制就业劳动者，小时最低工资标准适用于非全日制就业劳动者。一些地方规定了日最低工资标准，日最低工资标准＝月最低工资标准/21.75。

最低工资标准由各省级行政区确定，但是各省、自治区、直辖市范围内的不同行政区域可以有不同的最低工资标准（见表3.1），例如，四川 2023 年最低工资标准按地区分三档。最低工资标准每两年至少调整一次。最低工资标准不包括：延长工作时间工资，中班、夜班、高温、低温、井下、有毒有害等特殊工作环境、条件下的津贴，国家规定的劳动者福利待遇等。

确定和调整月最低工资标准时，考虑的因素包括：当地就业者及其赡养人口的最低生活费用、城镇居民消费价格指数、职工个人缴纳的社会保险费和住房公积金、职工平均工资、经济发展水平、就业状况等。确定和调整小时最低工资标准时，考虑的因素包括：当地月最低工资标准，单位应缴纳的基本养老保险费和基本医疗保险费，非全日制劳动者在工作稳定性、劳动条件和劳动强度、福利等方面与全日制就业人员之间的差异等。

最低工资标准的影响因素可用如下公式表示：

$$M = f(C、S、A、U、E、a) \tag{3.1}$$

其中，M 为最低工资标准，C 为城镇居民人均生活费用，S 为职工个人缴纳社会保险费、住房公积金，A 为职工平均工资，U 为失业率，E 为经济发展水平，a 为调整因素。

《最低工资规定》附件中推荐了三种确定月最低工资标准的方法。第一种方法为比重法，即根据城镇居民家计调查资料，确定一定比例的最低人均收入户为贫困户，统计出贫困户的人均生活费用支出水平，乘以每一就业者的赡养系数，再加上一个调整数。第二种方法为恩格尔系数法，即根据国家营养学会提供的年度标准食物谱及标准食物摄取量，结合标准食物的市场价格，计算出最低食物支出标准，除以恩格尔系数，得出最低生活费用标准，再乘以每一就业者的赡养系数，再加上一个调整数。第三种方法为取平均工资的某一比例，这是国际上的常用方法。

以上方法计算出月最低工资标准后，再考虑职工个人缴纳社会保险费、住房公积金、职工平均工资水平、社会救济金和失业保险金标准、就业状况、经济发展水平等进行必要的修正。

例如，某地区最低收入组人均每月生活费支出为 210 元，每一就业者赡养系数为 1.87，最低食物费用为 127 元，恩格尔系数为 0.604，平均工资为 900 元。按比重法计算得出该地区月最低工资标准为

$$月最低工资标准 = 210×1.87+a = 393+a（元） \tag{3.2}$$

按恩格尔系数法计算得出该地区月最低工资标准为

$$月最低工资标准 = 127÷0.604×1.87+a = 393+a（元） \tag{3.3}$$

式（3.2）与式（3.3）中 a 的调整因素主要考虑当地个人缴纳养老、失业、医疗保险费和住房公积金等费用。

按照国际上一般月最低工资标准相当于月平均工资的 40%~60%，则该地区月最低工资标准范围应在 360~540 元之间。

小时最低工资标准确定方法为

小时最低工资标准 = ［（月最低工资标准÷21.75÷8）×（1+单位应当缴纳的基本养老保险费、基本医疗保险费比例之和）］×（1+浮动系数）

浮动系数的确定主要考虑非全日制就业劳动者工作稳定性、劳动条件和劳动强度、福利等方面与全日制就业人员之间的差异。

表 3.1　各省、自治区、直辖市最低工资标准　　　　单位：元

地区	月最低工资标准				小时最低工资标准			
	第一档	第二档	第三档	第四档	第一档	第二档	第三档	第四档
北京	2 420				26.4			

表3.1(续)

地区	月最低工资标准				小时最低工资标准			
	第一档	第二档	第三档	第四档	第一档	第二档	第三档	第四档
天津	2 180				22.6			
河北	2 200	2 000	1 800		22	20	18	
山西	1 980	1 880	1 780		21.3	20.2	19.1	
内蒙古	1 980	1 910	1 850		20.8	20.1	19.5	
辽宁	1 910	1 710	1 580	1 420	19.2	17.2	15.9	14.3
吉林	1 880	1 760	1 640	1 540	19	18	17	16
黑龙江	1 860	1 610	1 450		18	14	13	
上海	2 690				24			
江苏	2 280	2 070	1 840		22	20	18	
浙江	2 280	2 070	1 840		22	20	18	
安徽	2 060	1 930	1 870	1 780	21	20	19	18
福建	2 030	1 960	1 810	1 660	21	20.5	19	17.5
江西	1 850	1 730	1 610		18.5	17.3	16.1	
山东	2 200	2 010	1 820		22	20	18	
河南	2 000	1 800	1 600		19.6	17.6	15.6	
湖北	2 010	1 800	1 650	1 520	19.5	18	16.5	15
湖南	1 930	1 740	1 550		19	17	15	
广东	2 300	1 900	1 720	1 620	22.2	18.1	17	16.1
其中:深圳	2 360				22.2			
广西	1 810	1 580	1 430		17.5	15.3	14	
海南	1 830	1 730	1 680		16.3	15.4	14.9	
重庆	2 100	2 000			21	20		
四川	2 100	1 970	1 870		22	21	20	
贵州	1 890	1 760	1 660		19.6	18.3	17.2	
云南	1 990	1 840	1 690		19	18	17	
西藏	2 100				20			
陕西	2 160	2 050	1 950		21	20	19	
甘肃	1 820	1 770	1 720	1 670	19	18.4	17.9	17.4
青海	1 880				18			
宁夏	1 950	1 840	1 750		18	17	16	
新疆	1 900	1 700	1 620	1 540	19	17	16.2	15.4

注:本表数据时间截至 2023 年 10 月 1 日。

二、最低工资法对就业的影响

世界上绝大多数国家都有关于最低工资的法律法规。最低工资法确定的最低工资标准保护了最底层就业者的工作收益。我们用第二章的劳动力市场均衡模型来看最低工资法的影响。如图 3.1 所示，劳动力市场均衡工资率为 20 元/小时，均衡的劳动数量为240 小时。如果最低工资法规定最低工资标准为 22 元/小时，也就是说，厂商最低必须给工人支付 22 元/小时，此时，厂商的劳动需求为 220 小时，而劳动者在这一工资率下愿意供给的劳动数量为 260 小时，这样，就有了 40（260-220）小时的劳动力市场过剩，这一部分过剩的劳动供给就是最低工资标准导致的失业量。如果均衡市场工资率没变，最低工资标准提高，比如，由 22 元/小时提高到 24 元/小时，则失业更严重。

需要注意的是，如果均衡工资率本身就比最低工资标准高，则最低工资标准的规定不会影响到这一部分的劳动力市场。现实的劳动力市场中，大部分的就业者对最低工资标准是"无感的"，因为他们所在的劳动力市场均衡工资率远高于最低工资标准。

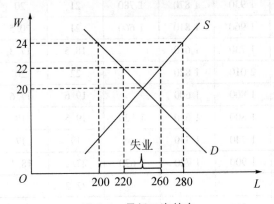

图 3.1　最低工资效应

最低工资将导致哪类工人失业呢？或者说最低工资标准会使得哪些就业者受益呢？国外文献研究大多认为，最低工资对十几岁的青少年失业的影响最大。由于如下两个原因，青少年的均衡工资率往往较低。第一，由于青少年属于劳动力中技能最低和经验最少者，他们的边际生产率往往较低。第二，青少年常常以在职培训而不是直接以工资的形式得到部分"补偿"。学徒制是用提供培训代替工资的一个经典例子。由于这两个原因，青少年工人的供给等于需求时所对应的工资就低。因此，最低工资约束对青少年要比对其他劳动力更普遍。

具体到我国，最低工资标准会对哪些人有影响呢？首先会对实习生有潜在的影响。我国在校学生实习期间，有一些企业按照最低工资标准给付劳动报酬，但是更多企业给付的劳动报酬低于最低工资标准，因为按照我国劳动法规相关规定，实习生不视为就业，未建立劳动关系，而满足最低工资标准的前提是要有劳动关系。正如上段第二点的理由一样，企业这样做的理由主要是，实习期间以在职培训而不是直接以工资的形式给予了"补偿"。

除了对实习生潜在的影响外，最低工资标准对我国一些低技能的劳动者会有现实的影响。徐佩玉于 2019 年给出了一些受惠于最低工资标准提高的具体案例①。一些劳动密集型中小微企业的企业主比较关心最低工资标准的调整，因为这些企业利润比较薄，员工薪酬可能略高于最低工资标准。中小微劳动密集型企业的粗工、非熟练工、搬运工、低端餐厅服务员、小区门卫、保安、保洁、环卫工人、超市促销员、客房服务员的工资水平基本在最低工资稍高水平。

北京某网站上一则招聘环卫工人的启事上写着："清扫马路，男女不限，60 岁以下，8 小时 2 600 元，早 5 点到晚 7 点，中间有吃饭时间，月休 2 天，每个宿舍 2 人。"2019 年 7 月 1 日起北京市月最低工资标准为 2 200 元，看起来这个招聘岗位比最低工资标准高出 400 元，但是工作要求的时长超过了"正常值"。由前述月最低工资标准换算为小时最低工资标准计算公式来看，正常工作时长为"每天工作八小时，每月工作约为21 天"。这个招聘岗位要求"月休 2 天"，每月的工作天数超过"正常值"7 天，换算成小时工资仅为 11.6 元/小时，略低于当时的全日制从业人员小时最低工资标准12.64 元/小时，更远低于非全日制小时最低工资标准 26.4 元/小时。

许多经济学家研究了最低工资对青少年就业的影响。这些研究分析了最低工资变动与就业的青少年人数变动的关系。研究发现，最低工资增加 10% 会导致青少年失业率增长接近 1%。例如，如果青少年的失业率最初是 12%，最低工资增长了 10% 后，青少年的失业率将会上升到 13%。但一些新的研究成果表明，最低工资的这种失业效应可能被高估了。具体来说，如图 3.2 所示（这被称为非传统分析），如果劳动供求对一定区间内的工资率变化不敏感甚至完全无反应，最低工资适度提高，对失业没有负效应。

图 3.2 中劳动需求曲线存在一段垂直部分，这表明只要工资在 20~24 元/小时之间升降，劳动力的需求量就不会改变。其原因可能是，企业通过改善经营效率，或通过提高它们出售给消费者价格敏感性较低的东西的价格，就可以抵消支付给劳动力的较高的工资。或者是，理性企业至少在短期内宁可承受额外的工资成本，并保持雇佣数量不变，以避免日后雇佣新工人产生雇佣和培训成本。

供给曲线同样在工资率为 20~24 元/小时的区间内是垂直的，在此区间内的工资率任意改变，对劳动力的供给没有任何影响。一种可能是，很多低收入工人是非全日制雇员，对他们来说，由于其他时间限制，特定的工作小时数比工资更重要，至少在很窄的工资范围内是如此。或者在这一工资范围内，收入效应和替代效应恰好或几乎相互抵消，以至于所提供的工作时数对工资变化不敏感。

---

① 徐佩玉. 谁在拿最低工资［N］. 人民日报（海外版），2019-08-21（11）.

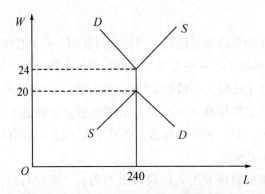

图 3.2　最低工资的影响：非传统分析

以上分析表明：最低工资很可能会对就业特别是青少年或者低技能劳动者的就业产生不利影响，但这种影响很可能相当微弱。

数字经济会改变最低工资法的影响吗？在本书第十二章中，我们将对数字技术引起的工作性质变革进行详细论述。在数字经济下，工作更有弹性，出现了新的工作形式，特别是一些小微工作任务以及零工经济更普遍地出现，使得工作者已经不再是某一企业的员工，而是特定工作任务的独立承包商。这种身份的改变，按照大多数国家的劳动法，工作者已经不再是传统意义上的就业群体，大多数情况下会脱离劳动法监管范围。换句话说，数字经济使得更多劳动者不在最低工资标准覆盖范围之内，就像我们前面讨论的实习生一样。实际上，劳动者变成了工作任务的独立承包商后，不但不在最低工资法的覆盖范围内，也很难在失业保险、医疗保险或离职补偿金等其他劳工福利政策的覆盖范围内。

专栏　最低工资影响研究

有部分学者研究发现最低工资对整体的就业存在显著负面影响，但也有学者的研究表明这种影响微乎其微。有学者对最低工资增长与就业总人数的相关问题进行研究，研究结果显示最低工资增长对新泽西州的总就业人数影响很小。劳动力市场处于动态之中，他们将青少年劳动力市场上的稳定性与流动性充分结合，最终得出了较高的最低工资标准减少了其流动并提高了工作稳定性的结论。除此之外，他们发现，当营业额水平不同或劳动力市场供求关系不同时，最低工资标准对就业的影响差异很大。他们的研究结果表明最低工资标准的提高减少了工人的流动性，对于其工作的稳定性有积极影响。工人流动性的减少在一定程度上使得最低工资标准上升对就业的影响减弱。这也在一定程度上解释了最低工资对整体的就业影响较小。

与此同时，也有学者认为最低工资标准上升对于整体的就业有积极影响，即可以增加就业，但是在忽略黑市就业市场、短期经济不景气且剔除企业倒闭的影响的前提下。

资料来源：陈荣荣. 我国最低工资标准的落实状况及其影响研究［J］. 政治经济学研究，2023（3）：65-80.

第二节　效率工资理论

根据标准的劳动力市场模型，当社会经济体出现高失业率和就业不充分时，工人会降低对工资率的期待，以换取有工作可做，劳动力市场中均衡的工资率水平下降。然而，这样的结论即使在人口密度非常大的农业国家也不成立。在很多发展中国家，工会（以及失业救济）非常弱或根本不存在，最低工资法也基本没有被实施，但仍然能看到往往（并不总是）存在着工资向下的刚性。效率工资理论对这一现象进行了解释。

效率工资理论的核心观点是：如果工资高于市场均衡工资，企业的经营更有效率。因此，企业的最优选择是更高的工资而不是市场均衡工资。效率工资解释工资刚性，是从企业的最优选择角度来说的。为什么企业想保持高工资呢？具体有四个主要原因：

第一个原因是工人的健康。这种解释认为工资与工人健康之间有联系。工资高的工人，因为获得更高的劳动报酬，从而可以购买更多更有营养的食物，所以更健康。健康是人力资本的一部分，更健康的工人生产率更高。所以，企业发现支付高工资比支付市场均衡工资对自己更有利。这种解释更适合于解释欠发达的经济体的工资刚性现象。

第二个原因是工人的流动率。这种解释认为，工资率与工人流动率有关。工人会因为很多原因离职，工资水平无疑是其中最重要的一个原因。企业发现，如果支付的工资率高于市场均衡工资率，工人的离职率更低。那么，为什么企业在意现有工人离职呢？或者说，为什么企业认为按照市场通行的均衡工资率招聘一个新工人以替代在职员工可能是不划算的呢？其原因在于招聘新员工要支付培训成本，而且培训后的新工人的生产率可能也不如有经验的工人高。因此，企业在以市场均衡工资率招聘的新工人与更高工资的在职员工之间权衡，可能选择更高工资的在职员工。

第三个原因是工人素质。这种解释将工资水平与工人素质联系起来。由于工人素质或能力里面有很多不可观察的因素，因此企业雇佣有一定的随机性。企业支付更高的工资水平，有利于吸引到素质更高的工人，从而提高其生产效率。反之，如果企业对劳动过剩的反应是跟随市场通行工资水平而降低市场工资，那么大多数高素质工人就不会去应聘，因为他们比那些素质一般的工人有更多选择机会。如果企业在意的工作能力中有较多不可观察和监督的因素，那么对企业来说支付高于市场均衡工资就是合理的。

第四个原因是工人的努力程度。这种解释认为，企业支付的工资水平与工人的工作努力程度有关。工作努力程度在一定程度上是不可观察的，企业监督工人是否努力工作需要支付成本，而工人会根据企业的监督状况对自己工作的努力程度做出相机抉择，即企业监督力度加强时更努力工作，企业监督力度下降时不那么努力工作。企业的一种解决办法就是支付高于市场均衡状态的工资水平。高工资使得工人有更大的激励去保住现有工作岗位，从而为此付出更大的努力，因为失去工作的损失更大。反过来看，如果企业仅仅支付市场均衡工资，工人就没有什么额外的激励去努力工作了，因为他们即使被解雇也会找到一份同样薪水的工作。

对于因效率工资导致的工资刚性现象的解释最早是由列宾斯特恩（Leibenstein, 1957）[1] 提出的。他给出的解释就是我们提到的第一种原因。他假设，在劳动者的营养摄入量和工作效率之间存在正向的关系，然后又研究了这种关系对工资水平和非自愿失业的影响。在工资收入太低时，工人的工作效率也会低到雇主没有兴趣去雇用的水平，这也就是效率工资理论的最早版本，后来学者又将之一般化，并进一步应用于工业化发达国家。

假设生产函数为

$$Q = F(n\lambda(W)) \tag{3.4}$$

其中 Q 是产量，n 为雇用的标准单位（如小时）劳动量，W 是单位时间工资水平，λ 是劳动力效率的度量指标。在图 3.3 中，我们将 $\lambda(W)$ 作为给定的函数。图中曲线形状刻画了工资水平与工作效率之间的关系：当工资低到一定程度时，工人效率为 0；随后效率随着工资水平上升而增加，但是边际效应递减。

雇主最大化利润：$F - nW$，我们求解最优的 n、W 得到一阶条件如下：

$$F'(n\lambda(W))\lambda(W) - W = 0 \tag{3.5}$$

和

$$F'(n\lambda(W))\lambda'(W) - 1 = 0 \tag{3.6}$$

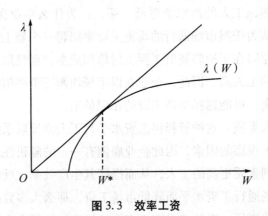

图 3.3 效率工资

注意以上优化问题中，W 并不完全是外生价格参数，在一定范围内它是企业的选择变量。

由式（3.5）和式（3.6）可得：

$$\lambda'(W) = \lambda(W)/W \tag{3.7}$$

由此确定了 W^*，即效率工资。式（3.7）左侧为增加单位工资带来的效率增量，

① LEIBENSTEIN H. Economic backwardness and economics growth [M]. New York: Wiley, 1957.

右侧为单位货币支付所购买的平均效率。这个等式表明图 3.3 中 $\lambda(W)$ 曲线上工资的平均效率与边际效率应相等，即为图中从原点出发的射线与 $\lambda(W)$ 曲线相切处确定了 W^*。换个角度来看，$W/\lambda(W)$ 是购买单位有效劳动所花的成本，而效率工资 W^* 将此成本最小化。

图 3.4 表明了劳动力需求曲线 $n = D(W)$。如图 3.4 所示，即使工人愿意在低于 W^* 的工资水平就业，雇主也不会去雇用任何多余的劳动力。垂直的劳动需求曲线段表明，当市场工资 W 低于 W^* 时，企业宁愿花更高的工资水平 W^* 来雇佣劳动者，以期获取更高的劳动效率。另外，对于所有的大于 W^* 的 W，劳动力需求曲线的斜率为负。这是因为当 W 上升到大于 W^* 的水平时，$W/\lambda(W)$ 也上升。方程（3.5）中隐含着 $F'(n\lambda(W))$ 上升，又进一步使 n 下降，这使得劳动需求曲线比没有考虑效率时变得更加趋向于水平，也就是更富弹性。理解这一段劳动需求曲线还需要注意，如果市场工资 W 大于 W^*，企业当然不能按照 W^* 来雇佣劳动者，而是要追随市场工资水平去雇佣劳动者。如果现在总供给曲线 $S(W)$ 为通常形状，那么在效率工资水平 W^* 上就存在市场均衡状态下的非自愿就业。

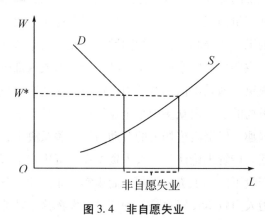

图 3.4　非自愿失业

第三节　劳动力市场分割理论

一、基本理论观点

劳动力市场分割理论的起源最早可以追溯到约翰·穆勒（John Stuart Mill）和凯恩斯（John Maynard Keynes），他们曾公开反对亚当·斯密（Adam Smith）关于劳动力市场具有竞争性质的学说，而倾向于认为劳动力市场具有非竞争性。20 世纪六七十年代，劳动力市场分割理论对以新古典经济学派为基础的劳动力市场理论提出挑战并出现了不同的学术分支，如以信息不完全和不确定性为基础发展起来的职业竞争理论、运用历史和制度分析法提出来的激进理论及双元结构论。这些理论的差别主要表现在观测点、划分方法以及研究方法不同等，其中二元结构论引述最多并成为劳动力市场分割理论的代表。

二元结构论最早由美国经济学家多林格尔和皮奥里（Doeringer and Piore）[1] 于1971年提出。他们将劳动力市场划分为一级市场和二级市场。一级市场具有工资高、工作条件好、就业稳定、安全性好、管理过程规范、升迁机会多等特征；二级市场工资低、工作条件较差、就业不稳定、管理粗暴、没有升迁机会。一级市场的岗位主要是由内部劳动力市场组成，工资的确定、劳动力资源的配置由管理制度等规则来调控，市场力量基本不发挥作用，而内部劳动力市场解决供求失衡的措施主要有招聘、培训、工作重新设计、分包、调整产出量等；二级市场的就业者多为穷人。

尽管二元结构论在劳动力市场中占据主导地位，但还是存在着另外两种不同的观点。一种认为，劳动力市场是由多个区域组成的；另一种认为，劳动力市场是一个连续不断的工作链，"链"上的工资差别很大，但并不存在界线明晰的区域。

劳动力市场分割理论的基本观点如下：

工资决定机制。传统的劳动力市场理论认为工资由劳动边际生产力决定，劳动的需求曲线就是劳动的边际产量曲线。而劳动力市场分割理论认为决定工资的因素复杂，并由此解释现实经济中的工资差异和工资歧视问题。二元结构论认为，一级劳动力市场的雇主都是一些大公司，主要生产资本密集型产品，较易形成内部劳动力市场，工人的工资不是由边际生产力决定，而是由内部劳动力市场中劳动者所处位置决定，能得到比市场更高的工资；二级市场的雇主由众多中小企业组成，产品需求变动频繁，企业对发展内部劳动力市场不感兴趣，工资由市场上的劳动力供求关系决定，趋向一个固定水平。

人力资本投资作用。传统理论认为，人力资本在工资决定中起重要作用，人力资本投资量不同，其边际产量不同，工资也不同。而现实并非如此，分割理论对人力资本投资做了新的解释，认为人力资本投资只是一种信号，发挥筛选功能，劳动力接受教育只是为进入一级市场并提供给雇主一个培训潜力大的信号，而那些接受教育少的人被认为培训潜力低，只能占据劳动力阶梯的末端或留在二级劳动力市场上。

劳动力素质影响。劳动力市场分割理论认为，二级市场的劳动者会养成懒散、无时间观念、不易合作、不尊重人等行为特征，而这与一级市场要求格格不入。因此，在二级市场就业的人，即使想办法提高受教育程度，还是很难进入一级市场。

劳动力市场分割的成因。劳动力市场分割理论认为产品市场的影响和对工人的歧视造成了劳动力市场的分割。从产品市场的影响来看，产品需求稳定或产品市场虽然不稳定但市场份额相对稳定的企业愿意进行大规模的投资，以形成资本密集型生产，会创造出含有就业保障条款在内的一级市场；如果产品市场不稳定或难以预测，企业就不会从

① DOERINGER P B，PIORE M J. Internal Labor markets and manpower analysis［M］. Lexington Mass：D. C. Heath，1971.

事大型项目投资，转而看好劳动密集型生产方式，从而在二级市场从事生产活动。从对工人的歧视来看，有些人长期从事较差的工作，并不是因为人力资本含量不足，而是由歧视所致。很多一级市场的工作只具备较低的技能就足够了，而二级市场上的某些工作却需要较高的工作技能。许多工作技能并不是寻求就业的先决条件，而是通过在职培训获得的。一级市场的工作条件通常讲究与现有就职群体的信赖关系以及群体之间的相容性，而不讲究工作技能的高低。

现代劳动力市场分割理论对一级市场和二级市场的失业形成机制做出了更好的解释，认为一级市场的工资是由议价机制或效率工资决定的。议价机制是指工资是由雇主和工会代表谈判决定的，因为企业更换工人需要成本，所以议价工资往往高于竞争性市场上的工资水平，这就能解释一级市场为什么会存在高工资和失业并存现象。效率工资则对两个市场的失业问题都能做出解释：一级市场为防止偷懒，自愿支付高于完全竞争市场的工资水平，且保持就业稳定能减少监督成本，因而一级市场就业相对稳定，劳动力一旦失业其保留工资也会较高，由此会产生自愿失业；二级市场竞争性强、工资低，企业生产需求波动大的产品有成本优势，因而二级市场劳动力需求变动频繁，劳动者易受需求冲击和摩擦性失业的影响。

二、中国劳动力市场的分割

中国的劳动力市场存在较为严重的分割，尽管随着市场经济发展，中国城乡之间的劳动力市场分割有所减弱，但在诸如户籍、所有制、体制、行业等多种因素的影响下，劳动力市场分割情况依旧错综复杂。随着我国学者对该领域的深入研究，现今研究人员认为中国劳动力市场存在城乡、地区、部门、行业等多重分割。从时间维度上来看，学者们的结论存在一些差异性：一些学者认为中国国内市场分割正在加剧[1]，但更多的学者认为中国地区间的价格差异有收敛的倾向，即趋于明显的一体化状态[2]。不过一个普遍的共识是中国存在较为明显的市场分割，而且从空间维度来看，中国各省份和各区域

① YOUNG A. The razor's edge: distributions and incremental reform in the People's Republic of China [J]. Quarterly journal of economic, 2000, 115 (4): 1091-1136; PONCET, SANDRA. Measuring Chinese domestic and international integration [J]. China economic review, 2003, 14 (1): 1-21; PONCET S. A fragmented China: measure and determinants of Chinese domestic market disintegration [J]. Review of international economic, 2005, 13 (3): 409-430; 郑毓盛，李崇高. 中国地方分割的效率损失 [J]. 中国社会科学，2003 (1): 64-72, 205.

② NAUGHTON, BARRY. How much can regional integration do to unify China's markets [Z]. Conference for Research Economic; Development and Policy, Stanford University, 1999; PERSSON K. Grain markets in europe, 1500-1900: integration and deregulation [M]. New York: Cambridge University Press, 1999; XU X P. Have the Chinese provinces become integrated under reform [J]. China economic review, 2002, 13 (2): 116-133; 桂琦寒，陈敏，陆铭，等. 中国国内商品市场趋于分割还是整合：基于相对价格法的分析 [J]. 世界经济，2006 (2): 20-30; FAN C S, WEI X D. The law of one price: evidence from the transitional economy of China [J]. The review of economic and statistic, 2006, 88 (4): 682 -697.

之间的差异较大。我国的劳动力市场分割表现在以下三个方面：

（一）城乡之间的分割

自确立市场经济体制改革方向以来，我国劳动力市场分割一直未能合理解决。首先是由来已久的在城乡之间形成的劳动力市场分割。我国在计划经济时代所形成的城乡就业隔离政策，不仅是行政上的隔离，同时又是就业体制上的隔离，即不允许农村劳动力自由进入城市就业。20世纪80年代中后期以来，随着政府管制的放松，以及城乡收入的明显差距，使得流向城市寻找就业机会的农村剩余劳动力呈日益增长的趋势。但是没有形成稳定的、制度化的吸收农村剩余劳动力的城市化机制，城市劳动力市场没有对农村全方位开放，农村劳动者和城市劳动者还不能真正享受平等竞争的权利。

在这种城乡分割的劳动力市场状态之下，首先就业者在身份上就有显著差异，甚至由农村流入城市地区的就业者被称为"农民工"，他们即使有机会同城市劳动力一起工作，但却不能获得同等待遇以及相同的制度性工资。在工种方面，流入城市的农村劳动力大多从业于劳动强度大、劳动条件差的非技术性行业，领取比城市劳动者相对低的劳动报酬。这种对农村流动劳动力的就业限制和歧视，使我国劳动力市场规模难以通过无障碍流动而迅速扩大，也不可能使劳动力在市场竞争中获得平均价格。

（二）城市间的劳动力市场分割

在我国，一般性的城市劳动力其实是不能自由流动的，城市间其实是相互封闭的。如果一个人离开了其户籍所在地，也就意味着他放弃了城市劳动管理部门所提供的各种就业优惠政策。

城镇劳动力市场的城市间分割具体表现在：由于各种非市场因素，城市劳动力难以流出本城市或者外城市劳动力难以流入本城市，造成了以城市为界的市场分割状态，各城市具有相对独立的城市劳动力市场，各市场之间呈现相对封闭状态，并具有各自不同的城市劳动力供求关系和工资率。城市劳动力市场分割与一般意义上的商品市场分割一样，其产生的直接原因在于资源缺乏流动。

（三）城市内的劳动力市场分割

同等劳动不能获得同等报酬，由此引起劳动报酬上的显著差别，是劳动力市场分割的具体表现。根据这样的判断原则，我们反过来思考城镇地区内部是否有劳动力市场分割的现象呢？答案是肯定的，过去的临时工、计划经济时代的合同工等，从本质上多反映出中国城镇地区一直存在着有差别的劳动力市场。

进入20世纪90年代，随着国有企业改革的深化和产业结构调整的加快，越来越多的人已经被迫离开了原先的劳动力市场。他们已经不能与原先的市场要素相结合，只能转而进入一些城镇地区原先被人看不上的、少有人问津的行业和部门就业。他们一般的就业形式被称为非正规就业或灵活就业。在新的行业内，他们所能获得的收入，以及相应的劳动关系、福利、社会保障待遇与原先工作部门无法相比。从长远看，这部分人也基本丧失了重新进入原先就业的部门的可能性。在城市内的劳动力市场分割的最终结果就是形成了城镇非正规就业的劳动力市场。

劳动力市场分割理论的出现对于新古典理论无法解释的现象给予更为细致和真实的诠释，大大提高了理论对现实的解释能力和理论对实际操作的指导能力。但是劳动力市场分割理论也存在着很多的不足，在对二元劳动力市场的概念界定时，并没有使用定量的标准，因而人们在实际运用中感到模糊不清。将某些产业分成一级劳动力市场和二级劳动力市场时，在这两部分中又存在着二元结构描述的特征。因此，它不足以作为用来分析各个国家和地区分割问题的普遍理论。

第二篇

结构变化：不断变化的世界

在收入普遍增长与技术变革的驱动下，各国经济都在不断变化，而且这种变化有逐渐提速的趋势。第一次工业革命后，西欧主要经济体平均增长率仅为 1% 以下；第二次工业革命后，世界主要经济体的平均增速提升到了 1% 以上；当前全球经济的增速长期超过 2%。经济的不断变化最终都体现在产业结构上，包括生产结构与人口和就业结构。

本篇包括第四章到第九章。围绕就业结构变化这一主题，阐述产业结构变迁、全球化、人口转型与人力资本和终身学习、技术进步方向、非正规就业等议题。

第四章 经典结构主义理论

结构主义方法是发展经济早期阶段的经典方法论。本章回顾发展经济学中的经典结构主义理论，包括二元经济发展理论及其拓展以及产业结构变迁相关理论。

第一节 二元经济发展理论

一、传统社会的经济机制

我们首先来看看一个描述传统社会经济运行机制的模型，即马尔萨斯模型。所谓传统社会，指的是工业革命之前的社会。在一两千年的传统社会中，各国主要的经济特征是人均收入增长极其缓慢。图 4.1 中的中国和西欧公元元年到 2000 年的人均 GDP 水平表明，无论中国还是西欧，在漫长的历史中，经济发展基本处于停滞状态。西欧大约是在 1800 年之后才开始较快速度增长，中国长期持续快速增长则是新中国成立之后的事情。我们习以为常的现代经济增长速度，其实是整个人类历史上的新鲜事物，最近一两百年来才开始出现。托马斯·罗伯特·马尔萨斯的著作《人口学原理》（Malthus，1798)[1] 可以被用来解释传统社会的经济发展现象。

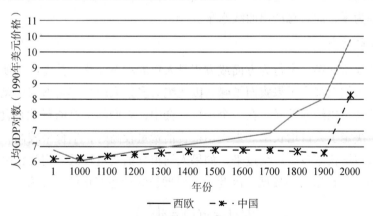

图 4.1 中国与西欧 1—2000 年人均收入

数据来源：https://www.rug.nl/ggdc/historicaldevelopment/maddison2010 年版。

---

[1] 马尔萨斯. 人口原理 [M]. 朱泱，胡企林，朱中和，译. 北京：商务印书馆，1992.

（一）生产

马尔萨斯模型由两个方面的行为或方程组成。第一个方程描述的是经济的生产活动。假设经济中仅存在农业生产部门，并且农业生产函数的边际产出递减。因此马尔萨斯模型实际上描述的是一个"一元"的传统社会经济运行状况。为便于分析，我们假设生产函数为

$$Y = \begin{cases} F(A, \bar{T}, L), & L \leqslant L_0^* \\ Y_0^*, & L > L_0^* \end{cases} \tag{4.1}$$

其中 A 为全要素生产率，生产函数 F 具有规模报酬不变的特性，但是土地的供给 $\bar{T}$ 是固定的；在上一行中，当 $L = L_0^*$，边际产量为 0，总产量为 Y_0^*，也就是下一行中的不变产量。所以，这实际上是一个连续的分段函数，其形状见图 4.2。

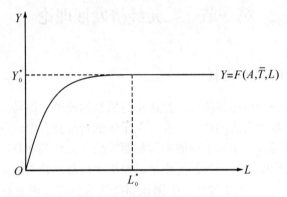

图 4.2 马尔萨斯生产函数

如图 4.2 所示，在土地供给给定的情况下，总产量 Y 由劳动投入 L 唯一确定，达到均衡前，劳动的边际生产率递减，总产出曲线凹向原点。当达到 (L_0^*, Y_0^*) 时，劳动的边际生产率为零，此后总产出曲线水平。

（二）人口动态

马尔萨斯模型的第二个行为方面或方程是人口的动态变化。首先应当明白，在一个传统社会中，人们大多为了果腹而忙碌，因此绝大多数人应当都是参与劳动的，也就是忽略人口与劳动力供给的差异。在一个传统社会中，人们的主要消费就是食物，而人均粮食的消费量决定了人口增长率。当人均粮食消费量较高时，生育率较高，死亡率相应较低，从而人口增长率较高；反过来，如果人均粮食消费量较低，则死亡率（包括婴儿死亡率）较高，人口增长率较低。因此，人口增长的动态变化的方程为

$$L'/L = g(c) = g\left(\frac{C}{L}\right) \tag{4.2}$$

其中，L' 为未来或下一期人口，L'/L 为人口总和增长率（1 加上人口增长率），g 为增函数，C 为总消费，$c = \dfrac{C}{L}$ 为当期人均（或劳均）消费。如图 4.3 所示。

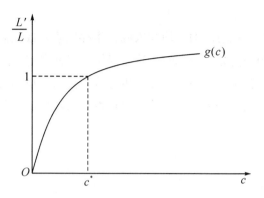

图 4.3　马尔萨斯稳定状态的决定

图 4.3 中，人口增长表示为人均消费的增函数，其中稳定状态的劳均消费 c^* 确定为没有人口增长，即 L'/L 为 1 的劳均消费水平。值得注意的是，这个函数描述的是在收入较低阶段的人口动态。当人均收入较高时，随着收入的增加，人口出生率下降，长期内会导致总人口增长率下降。

（三）稳态与最低生存收入

我们现在来解释 $L'/L = 1$ 时为什么是稳态。首先要明确的是，所谓稳态，是指如果经济系统发生偏离它能够自动恢复到原来的状态，那么这个状态就是稳态。稳态与均衡是不同的。在这个模型中，均衡是指生产出来的商品全部用于消费，即 $C = Y$，而满足这个条件的不一定是稳态。稳态总是由动态方程（微分方程或差分方程）确定的。在马尔萨斯模型中，稳态的（必要）条件是人口增长率为 0，或者未来人口数量等于当前人口数量。为看出这一点，我们将人口动态方程改写为

$$L' = g\left[F\left(A, \ \frac{\bar{T}}{L}, \ 1 \right) \right] L \tag{4.3}$$

该式是将未来人口表示为当期人口的函数，它实际上是一个动态的差分方程。根据前面的生产函数和人口动态函数假设，该式的图形可由图 4.4 表示，该图为差分方程的相位图[①]。图中满足 $L = L'$ 处（排除原点）就是稳态，我们把这时候的人口数量记为 L^*。为什么说这个位置是稳态呢？如果初始位于 $L_1 > L^*$ 处，下一期人口比当前人口少，人口增长率为负，这样人口将减少，沿着图中向左的箭头运动。进一步来看，为什么这个区间的人口增长率为负呢？其背后的原因是这时人口相对过多，人均消费量较小，根据人口增长方程的假设，人口减少，或者简单来说就是这时候数量固定的土地养活不了这么多人了。反过来，如果 $L_2 < L^*$，则人均消费量较大，人口增长率为正，人口将增长，沿着图中向右的箭头运动。这样我们可以看到，只要偏离了 $L = L' = L^*$ 的位置，经济系统的动态力量（在这里实际上是人口变动的动态力量）会使得社会回到这

---

①　从差分方程相位图来看，曲线与 45° 线交点处如果斜率小于 1，则该交点是稳定的。

个位置。所以我们把这个位置叫作稳态。

我们把经济系统位于稳态时的人均收入称为生存性收入或最低生存收入。为什么叫生存性收入呢？因为当经济处于稳态时，这个经济体里面普遍家无余财，其收入仅能维持自身生存与繁衍同等数量的下一代。最低生存收入是由人口动态方程背后的生理性与社会性因素所确定的，比如普遍嗜酒的社会生存性收入比较高，所以有时又被称为制度性工资/收入。

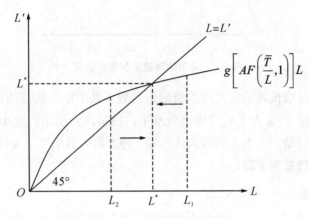

图 4.4　稳定状态的人口决定

确定了稳态与生存性收入后，我们再来看看生产函数中是如何体现这一点的。在图 4.5 中，原点与生产函数 $F(L)$ 上的各点连线的斜率表示人均收入，当劳动力稳定在 L^* 时，此时总产量为 Y^*，Y^*/L^* 等于最低生存收入，也就是图中最低生存收入线虚线的斜率为单个人的生存收入，而最低生存收入线代表整个社会不同人口数量下的最低生存收入。

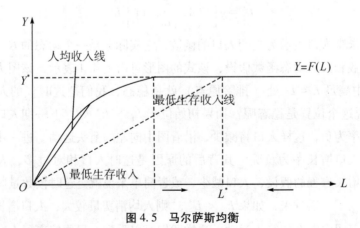

图 4.5　马尔萨斯均衡

（四）技术进步的影响

现在我们考察技术进步对马尔萨斯模型中人们生活的影响。农业技术进步可能来自耕作方式的改善或更优良的种子。技术进步将带来全要素生产率的提高，即 A 提高。原

来全要素生产率为 A_1，随后将全要素生产率提高至 A_2。全要素生产率提高使得生产函数 $Y=F(A_1,\bar{T},L)$ 向上移动到 $Y=F(A_2,\bar{T},L)$ 的位置，如图 4.6 所示。假定经济初始处于稳定状态，即人口为 L_0^*，经济系统在生产函数上位于最低生存成本线与此时生产函数的交点 A 处，人均收入为最低生存成本 Y_0^*/L_0^*。因为技术进步，而人口在这一瞬间并没有变化，所以经济位于图中 B 点，人均收入突然上升到了 Y_1^*/L_0^*。但是人均收入增加后，经济系统随后的反应是人口增加，且一直增加到人均收入重新降低到最低生存收入才稳定下来，此时经济位于图中 C 点。

因此，马尔萨斯模型的结论是悲观的，即从长期看，尽管存在技术进步，但是只要人口不断增加，生活水平就无法提高。这种无法摆脱的低收入状态被称为马尔萨斯陷阱或贫困陷阱。之所以出现这种悲观的结论，是因为技术进步的速度太过缓慢，抵不过相对快速的人口增长。

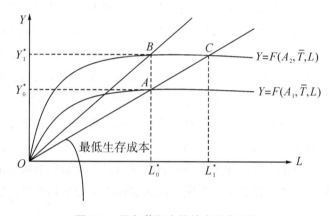

图 4.6 马尔萨斯中的技术进步均衡

二、刘易斯二元经济发展理论

(一) 剩余劳动力与无限劳动供给

现在我们来看看刘易斯的二元经济模型。1954 年，刘易斯发表《劳动无限供给条件下的经济发展》，提出了解释发展中国家经济问题的"二元"模式，在经济学界引发广泛讨论，也成为他获得诺贝尔经济学奖的重要原因。1955 年他出版的《经济增长理论》一书，对经济发展问题进行了更广泛而深入的探讨，被认为是"第一部简明扼要地论述了经济发展问题的巨著"。

他的模型是一个两部门发展模型，其中一个部门是以农业部门为代表的劳动生产率极低的传统部门，传统部门也包括城市里的一些非正规就业部门；另一个部门是以工业部门为代表的劳动生产率和工资水平较高的现代部门。

传统部门实际上就是我们上面描述的马尔萨斯式的经济。在人口众多的发展中国家，传统农业部门没有资本投入，土地供给固定，而且人口增长十分迅速，劳动力丰富。这些特征使得传统部门存在边际生产率为零的劳动力，也就是说即使将这部分劳动力从农业部门抽走，农业产量也不会下降。这部分劳动力被称为剩余劳动力（surplus labor）。

由于存在大量的剩余劳动力，所以和马尔萨斯模型一样，在传统部门的劳动者仅能获得维持生活的最低收入，即最低生存收入。在这种情况下，只要工业部门的工资稍高于最低生存收入就会引起劳动力从农村到城市的转移。发展中国家传统农业部门在经济中比重很大，剩余劳动力相对于工业部门的需求来说是极为丰富的，因此工业部门无须提高工资就能雇佣到足够的劳动力。这种在工业部门无须提高工资就能雇佣到足够的劳动力的状态，被称为无限劳动力供给（unlimited labor supply），也就是说现代的工业部门或城市部门的劳动供给曲线是水平的。

（二）劳动力转移与经济发展

现在我们用图形来说明刘易斯模型中的劳动力转移与经济发展过程，见图4.7。首先看图4.7（b）描述的传统农业部门。在传统部门中，只有一种投入，即劳动投入 L_A，4-7（b）中上方的图所对应的生产函数实际上就是上一节中的马尔萨斯模型中的生产函数。图4.7（b）下方的图是由总产出曲线推导出的传统部门的劳动平均产量 AP_{LA} 和劳动边际产量 MP_{LA} 曲线。传统部门总劳动力为 L^*，存在边际生产率为0的劳动力数量为 $L^* - L_A$，这些劳动力就是剩余劳动力。传统部门已经处于马尔萨斯稳态，该部门的实际工资或称实际收入 w_A 为生存性收入。和马尔萨斯模型一样，这个实际工资不是由劳动的边际产量决定的，较为合理的假设应当是如刘易斯所认为的那样，传统社会习俗在收入分配中发挥了相当大的作用，因此实际工资由平均产量决定，否则就会有相当多的人无法生存。

再来看图4.7（a）描述的工业部门或称制造业部门、现代部门、城市部门。我们暂不考虑工业部门的技术进步问题，假设开始时工业部门的资本存量为 K_{M1}，在这个资本存量下，工业部门总产出 Y_M 与劳动投入量 L_M 之间的关系如图4.7（a）中上图的曲线 $Y_M(K_{M1})$ 所示。现代工业部门劳动力市场是完全竞争的，劳动的边际产量曲线实际上也是劳动的需求曲线，即图4.7（a）中下图的曲线 D_1。

工业部门的劳动供给曲线是这个模型的核心。根据前面的描述，由于有大量的剩余劳动力，工业部门无须提高工资就能雇佣到足够的劳动力，这时工业部门面临的劳动供给曲线是水平的，即图中 W_M 处的水平线。工业部门的不变工资 W_M 实际上取决于农业部门的最低生存收入 W_A。直观来看，工业部门的工资只要比农业部门的最低生存收入高出一部分，剩余劳动力就愿意流动。高出的部分主要与流动成本、城乡生活成本差异以及改变生活习惯的心理成本等有关。工业企业的最优决策是使得雇佣劳动力数量直至劳动力的边际产量与实际工资水平 W_M 相等为止，也就是劳动需求曲线与劳动供给曲线相交的 L_1 处。此时工业部门吸收农村剩余劳动力的数量为 L_1。

工业部门雇佣 L_1 的劳动力时，利润总额为图中由 W_MFA 构成的图形面积 S_1。与农业部门不同的是，工业部门可以通过资本积累实现经济发展。工业资本家通过将全部或部分利润用于投资扩大生产，从而使得资本存量增加，使现代部门的资本存量从 K_{M1} 增长到 K_{M2}，从而使图 4.7（a）中的总产量线从 $Y_M(K_{M1})$ 向上移动到 $Y_M(K_{M2})$，进一步导致劳动边际产量曲线，即劳动需求曲线上升。在图 4.7（a）下方的图中，这一劳动需求曲线外移到 D_2，从而工业部门新的均衡就业水平将在 G 点，此时吸收剩余劳动量为 L_2，利润为由 W_MGB 构成的三角形面积 S_2。

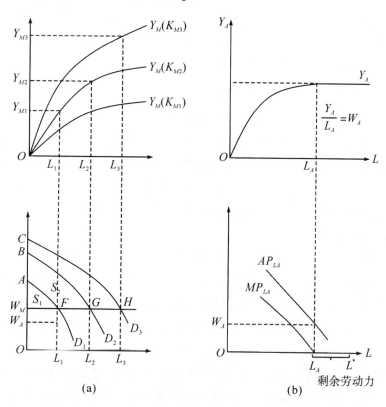

图 4.7　两部门经济中现代部门增长的刘易斯模型

与上述过程相同，工业部门将利润再一次用于追加投资，使资本总存量增加到 K_{M3}，总产量曲线和劳动需求曲线分别移至 $Y_M(K_{M3})$ 和 D_3，同时使工业部门吸收的剩余劳动力增长到 L_3。

以上描述的就是工业部门的可自我持续的增长过程和吸收传统部门剩余劳动力的过程，这个过程也同时是工业化、城市化与人口流动的过程。这个过程将一直持续到所有农村剩余劳动力都被吸收到新的工业部门为止。在刘易斯二元经济发展理论中，我们看到了劳动者从农村向城市流动，也看到了劳动者职业从农民向制造业工人的转换。刘易斯的人口流动模式暗含假定，工业部门的劳动与资本的比例始终不变。即资本积累率与就业创造率同比例增长。但实际情况是，随着现代资本主义部门的扩大，资本家越来越倾向于资本密集型技术的采用，而就业机会增加却很少。后续的大量文献研究了制造业的替代弹性与其就业吸纳能力的关系。刘易斯理论假定城市不存在失业。实际上，在许多发展中国家，城市存在大量失业，贫民窟问题突出。下一节的托达罗模型解释了人口城乡流动与城市失业并存的现象。

三、拉尼斯-费二元经济发展理论

1961 年，美国发展经济学家古斯塔夫·拉尼斯和美籍华人发展经济学家费景汉合作发表了一篇重要论文，改进了刘易斯二元经济发展模型，弥补了我们上面讨论的刘易斯模型忽视农业发展的问题，讨论了劳动边际生产力大于 0 而小于平均产品的那部分劳动力的转移条件，此后二元经济模型常被称为刘易斯-拉尼斯-费模型。

（一）粮食短缺与工业部门的劳动供给

和刘易斯模型一样，在农业部门中依然存在一个"不变制度工资"，即最低生存收入，它等于农业总产出与劳动力数量之比。但是，现在我们将农业劳动力分成三个部分。第一部分是边际生产率为零的剩余劳动力，第二部分是边际生产率大于零但小于制度工资的劳动力，第三部分是边际生产率大于最低生存收入的劳动力。第一部分和第二部分的农业劳动力加起来，也就是边际生产率低于制度工资的所有劳动力，被拉尼斯-费称为"伪装的失业者"。

下面我们来看看工业部门劳动力供给曲线如何体现上面的农业劳动力的三部分划分。图 4.8 中横轴 AO 的数量为工业与农业加总的劳动力数量，工业部门的原点在 A，农业部门的原点在 O，所以看工业部门是从左往右看，看农业部门是从右往左看。图中 $STU'V'$ 表示为工业部门的劳动供给曲线，$VUDA$ 曲线为农业部门的边际劳动生产率曲线，自 V 点至 A 点劳动的边际生产率递减，DA 段劳动的边际生产率为零。

第 1 阶段表示农业边际劳动生产率为零的剩余劳动力，此时农业劳动力数量减少不影响农业总产出，劳动力的转移不会产生粮食短缺问题，工业部门的现行工资水平不发生变化，即劳动供给曲线在第一阶段是水平的。

第 2 阶段表示劳动的边际生产率大于零但小于制度工资的劳动力，此时农业劳动力数量减少导致农业总产出减少，粮食的供给不能满足工人的需要，出现粮食短缺，因此 D 点就是"粮食短缺点"。在这一段，假定工资仍维持制度工资是不合理的，因为此时农业总产量减少，农产品相对价格提升，因此留在农业部门的实际收入超过了制度工资，此时工业部门要想吸引农业部门的工人，必须支付更高的代价。农业部门实际收入上升后带来的一个后果就是，DP 段的劳动力难以完全转移到工业部门，在农业商业化到来之前，工业化过程以及劳动力转移过程就停止了。

第 3 阶段表示劳动边际生产率大于制度工资的部分，此时工业部门为吸引劳动力，必须将工资提高到农业的劳动边际生产率以上，这样，两个部门的工资水平就都由市场原则来决定，农业开始商业化，因此 P 点就是"商业化点"。

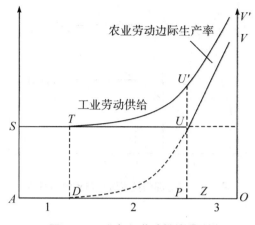

图 4.8　工业部门劳动供给曲线

（二）农业技术进步与工业扩展

正如上面分析的那样，从"粮食短缺点"到"商业化点"的劳动力转移是存在障碍的。达到粮食短缺点后，农业部门无法提供更多的劳动力，从而使工业部门无法继续扩张，发展出现停滞。要打破这个限制，需要农业部门实现技术进步，也就是促使从事农业的劳动者数量即使减少到低于粮食短缺点的人数，也能够维持农业总产出不变，而不再陷入粮食短缺的危机。

我们用农业部门生产函数图来阐明这一点。图 4.9 中，P、D 分别为粮食短缺点和商业化点（A 点的边际劳动生产率为 0），剩余劳动力为 PL^*，伪装的失业者为 DL^*，DP 为边际劳动生产率大于零但是小于制度工资的劳动力。在原来的农业部门技术条件下，DP 部分的劳动力不能全部转移到工业部门。技术进步使农业部门生产函数 $Y_{A1}(L)$ 不断向上移动，到 $Y_{A2}(L)$ 时至少能使得伪装失业者完全转移出去而粮食不会短缺。这时满足的条件是：OCD 的面积与 OAP 的面积相等。当然，如果考虑到随着人们收入水平的普遍提高，粮食会有更多的比例用于工业化用途，比如酿酒，那么农业部门生产函数应当上移更多。

因此，为了超越粮食短缺点的限制，促进工业部门扩张，农业部门的技术进步是不可或缺的。实际上，要实现劳动力从农业部门向工业部门转移，必须具备工业部门的就业吸收力和农业部门的技术进步同步发展的条件。应当注意的另一个问题是，工业扩展和工业部门就业吸纳能力增加并不能完全画等号，关于这一点的讨论参见秋山裕（2014）[1]。

① 秋山裕. 发展经济学导论［M］. 4 版. 刘通，译. 北京：中国人民大学出版社，2014.

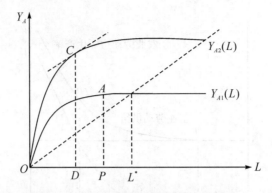

图 4.9　农业部门技术进步与粮食短缺点

四、乔根森二元经济发展理论

一些新古典经济学家否认刘易斯模型的边际生产率为零的剩余劳动力假设，认为传统农业部门的资源配置有效，劳动边际生产率为零不可能存在。1961 年，美国经济学家乔根森提出了一种新古典二元经济发展理论。该理论不承认边际生产率为零的剩余劳动力存在，也不认为农业部门和工业部门的工资水平是固定不变的，转而从农业发展与人口增长的角度来研究人口流动。

乔根森模型阐述了这样的一个基本事实：只有当农产品供给大于人口增长的需要之后，农业部门才有余力为工业部门提供粮食支持。如果对人口增长没有任何人为限制，农业产出首先要满足人口增长的需要，在此之前，所有的劳动力都应该存在于农业部门之中。粮食产出超过了人们口粮和其他基本所需的部分被称为"农业剩余"。只有存在"农业剩余"，总人口中的一部分才能脱离农业，从事工业。

"农业剩余"是新古典二元经济发展理论的关键变量，它决定了工业化与经济发展的产生与发展速度。首先，当农业部门的产出增长率超过人口增长率时，就会产生"农业剩余"，这样就有了人口向工业转移，这就是工业部门得以启动的发展条件。其次，劳动力的转移要与农业剩余的规模相适应，两者之间应当达到这样一种平衡：农业剩余占农业总产出的比例要等于工业人口占总人口的比例。简而言之，当农业剩余为零时，所有劳动力集中在农业部门，工业人口为零；农业剩余越大，能够转移到工业部门的劳动力就越多，工业人口占比也就越大。

乔根森的思路和结论虽然简明，但他采用了大量且复杂的数学形式进行证明。本章由于篇幅所限，只大致介绍其思路，难以在此具体展开模型的数学推导过程，对此有兴趣的读者可以参考其原文（Jorgenson，1967）[1] 或谭崇台老师的《发展经济学》（谭崇台，2001）[2]。

---

① JORGENSON D W. Surplus agricultural labour and the development of a dual economy [J]. Oxford economic papers, 1967, 19 (3): 288-312.

② 谭崇台. 发展经济学 [M]. 太原：山西经济出版社，2001.

第二节　二元经济发展理论的拓展

一、托达罗三元经济发展理论

由于没有考虑现代部门（城市）的失业问题，刘易斯二元经济发展理论给人这样的推论：工业部门需要多少劳动力，就从农业部门中转移来多少劳动力。如果有人进城后找不到工作，会立马打道回府。更有甚者，如果现代部门处于收缩期，则原来转移过来的劳动力需要回老家。这些论断与发展中国家的现实均不吻合。在很多发展中国家，由于经济并不总是处于长期高速增长阶段，在城市里存在大量的失业者，如巴西等国的贫民窟的失业问题一直相当严重，与此同时，农民又不断涌进城市。这种现实与理论的矛盾其实在于集体理性与个体理性的差异，具体来说，就是刘易斯模型中其实缺少劳动力流动决策的个体优化机制。

托达罗的三元经济发展理论解释了这一矛盾。在托达罗模型中，所谓三元，指的是城市现代部门、城市传统部门和农村传统部门，比二元经济多了城市传统部门。城市传统部门中的大多数人从事着收益较低的零散职业或不稳定的临时性职业，他们的生活水平与农村基本相同，有时甚至低于农村。如图 4.10 所示，农村人口转移到城市后，可能在城市现代部门中找到工作，如果找不到则进入城市传统部门。或者说，对于转移到城市的人口总体来说，一部分被现代部门雇佣，一部分进入传统部门。

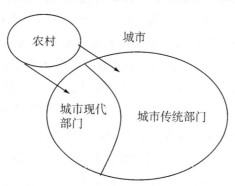

图 4.10　托达罗劳动力转移的类型

图 4.11 描述了托达罗的人口流动模型，该模型有农村农业和城市工业两部门。图形左侧纵轴表示农村工资水平，右侧纵轴表示城市工资水平。横轴 $O_A O_M$ 表示总劳动力，农村的劳动力需求用反方向曲线 AA' 表示，城市的劳动力需求用 MM' 表示。如果市场完全就业，并且工资具有弹性，在此条件下，均衡工资水平为 $W_A^* = W_M^*$，有 $O_A L_A^*$ 的劳动力从事农业，$O_M L_M^*$ 的劳动力从事工业，则劳动力得到充分利用。

但是，由于城市政治与社会结构（如工会的存在）以及工业部门的市场力量阻止

工资低到 W_M^* 的水平，存在一个城市部门的制度最低工资。现在我们假设城市制度工资水平为 $\overline{W}_M$，高于均衡工资水平 W_M^*。则由曲线 MM' 可知城市吸纳的劳动力人数为 $O_M L_M$，如果经济中不存在失业，那么将有 $O_A L_M$ 的劳动力留在农业部门，则对应的农村工资水平为 W_A^{**}，小于均衡工资水平 W_A^*，城市和农村收入出现差异。在劳动力能够自由流动的条件下，收入差异将会引诱出现城乡人口流动。尽管城市现代部门可吸纳的劳动力数量有限，他们也愿意去城市试一下运气。运气有多好？或者说农村人口进城后获得工作的概率有多大呢？我们用 L_M 表示城市工作岗位数（实际获得城市工作的人数），L_{US} 表示城市劳动力总数。每个工人获得工作的可能性为 $\dfrac{L_M}{L_{US}}$。最终迁移进城市的人数需满足如下条件：

$$W_A = \frac{L_M}{L_{US}}(\overline{W}_M) \tag{4.4}$$

式（4.4）表明，当农村收入 W_A 与城市期望收入 $\dfrac{L_M}{L_{US}}(\overline{W}_M)$ 相等时，劳动力流动达到了稳定状态。如果农村收入超过城市期望收入，则更多劳动力流入城市；如果农村收入低于城市期望收入，则劳动力从城市流向农村；两者相等时，劳动力流动是没有套利可能性的[1]，或者说劳动力流动与否是无差异的。

图 4.11 中，曲线 qq' 上的点的轨迹表示劳动力流动的无差异曲线。如何构造出这条无差异曲线呢？式（4.4）中，制度工资 $\overline{W}_M$ 是不变的，它所确定的城市雇佣人数 L_M 也是唯一的。所以，式（4.4）中实际上只有农村收入 W_A 和城市劳动力总数 L_{US} 是可变的。我们可以将这条无差异曲线看作是横轴上的变量 L_{US}（从右往左。注意：将 L_{US} 看成自变量，图中的 L_{US} 仅为一个示例）和纵轴上的变量 W_A（左边纵轴）的关系曲线。所以，式（4.4）和这条无差异曲线表明，如果农民收入等于所在位置自变量 L_{US} 确定的工资，那他迁移与否就是无差异的。举一个具体例子来看，如图中无差异曲线上的点 T。这个点告诉我们，城市总劳动力人数 $L_{US} = O_M L_M$，这时农业工资收入应当为点 T 所在水平线对应的农业工资收入，实际上就是制度工资 $\overline{W}_M$。

但是，点 T 对应的城市吸纳总劳动力数量 $L_{US} = O_M L_M$ 意味着农村劳动力为 $O_A L_M$，农村有这么多劳动力时，农业部门的工资收入为 W_A^{**}，小于制度工资 $\overline{W}_M$。也就是说，农业部门工人实际上获得的工资小于无差异曲线所确定的工资，也就是小于城市期望收入。因此，农民迁移入城市。总之，当曲线 AA' 在曲线 qq' 下方时，劳动力会从农村进入城市，只有当两曲线相交于点 Z 时，人口流动才会稳定下来（动态意义上的均衡）。此时农村劳动力从 $O_A L_A^*$ 减少至 $O_A L_A$，在城市工业部门就业的劳动力仍为 $O_M L_M$，剩下的 $L_A L_M$ 或者失业或者在低收入水平部门就业，这个低收入水平部门就是托达罗三元经

---

[1] 经济学中的均衡一阶条件都是某种无套利条件。

济理论中的城市传统部门。

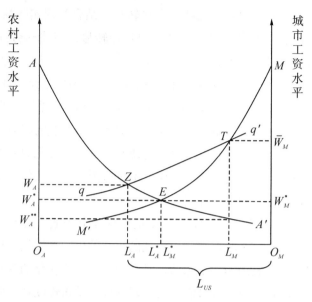

图 4.11 托达罗模型

值得注意的是,以上描述的托达罗模型可以得到出人意料的政策含义:提高城市工资水平以及增加城市工作岗位,都不能减少城市失业,反而会使得城市失业越来越严重,因为这两项措施都提高了城市期望收入;减少城市失业唯一的措施是提高农村收入从而降低城乡收入差异,从式(4.4)中可以很清楚地看出这一点。

二、李克强的三元经济结构模型

不同于托达罗的三元经济理论,李克强(1991)根据中国基本国情,构造了一个不同于托达罗的三元发展模型。李克强模型将三元经济划分为城市现代部门、农村现代部门即乡镇企业和农村传统部门,与托达罗的三元经济理论相互补充。如图 4.12 所示,农村剩余劳动力通过创办乡镇企业进入农村现代部门,再由农村现代部门实现向城市现代部门的转化。

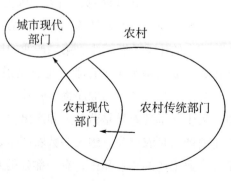

图 4.12 劳动力转移类型

根据刘易斯的理论，二元结构可以直接转化为一元结构，但我国城市工业部门的吸纳力很小，不能实现二元结构到一元结构直接转换。结合我国实际情况我们可以看到，乡镇企业的崛起代替了劳动力从农村向城市的直接转移，使我国劳动力呈现出独特的"离乡不离土、进厂不进城"模式。

在 20 世纪八九十年代，我国农村现代部门（乡镇企业）总产值增长速度快，成为农村剩余劳动力向工业转移的重要通道。但同时乡镇企业与现代工业部门仍有较大差距，具有劳动生产率低、物质装备差、倾向于劳动密集型产业的特点，更重要的是，乡镇企业的就业人口基本上仍属于农村人口，这使其不具备现代化的基本条件。因此，农村现代部门虽然具备推行工业化的特征，但又不具备现代化的条件，是与农村传统部门和城市现代部门有显著差异的新兴部门。

我国改革开放最初 20 年的经济结构转换很大程度上是通过三元结构实现的。三元结构中，农村现代部门是作为转换结构而出现的，它的中间性质使其成为传统产业与现代产业之间的桥梁，符合我国的基本国情，是我国经济结构转化的唯一选择。农村现代部门的产生与发展在现代工业和传统农业之间建立起了结构性联系，弥补了断裂层，也就必然使得国民经济流程发生有利于结构转换的变化。乡镇企业的兴起与发展很可能是我国短缺经济时代的产物，所以自 1995 年之后，由于三元结构关键部位的农村现代部门其自身诸多不足（如产权不清、产品质量跟不上市场变化节奏等），以及沿海城市经济的快速壮大，乡镇企业从 20 世纪 90 年代后期整体上开始衰落。

第三节　产业结构变化的模式与动因

一、产业结构变化的模式

（一）配第-克拉克定理

配第-克拉克定理描述了三次产业间变化规律。随着经济发展和人均国民收入水平的提高，劳动力首先从第一产业向第二产业转移，当人均国民收入水平进一步提高时，劳动力又会从第一产业、第二产业向第三产业转移。这样，第一产业创造的国民收入和占有的劳动力在整个国民经济中的比重不断缩小，第二产业的比重由上升到稳定乃至缩小，第三产业的比重不断扩大，成为最庞大的产业。也就是说，在经济发展的过程中，产业结构的重心沿着第一、第二、第三产业的顺序逐步转移。

需求收入弹性和相对劳动生产率的差异是劳动力和产出在三次产业间出现如上顺次转移的原因。第一产业的主要产品是农产品，绝大多数农产品是人们的生活必需品，其需求的收入弹性较小。第二产业生产的工业品中，有一部分是人们的生活必需品，有相当一部分属于耐用消费品，其需求的收入弹性要大于农产品，需求的增长空间比农产品较大。第三产业的产出为服务，在经济发展的较高阶段，人们才有可能对它大量消费，它的需求收入弹性通常又大于工业品，属于需求高增长的产业。这样，随着经济发展和收入水平的提高，人们的消费需求一般会从农产品转向工业品，进而又会从实物产品转向无形产品——服务。

第一产业的相对劳动生产率比较低，这样就减缓了第一产业劳动力向其他产业转移的速度，使得第一产业劳动力所占比重下降的速度落后于增加值在 GDP 中所占比重。由于科学技术的进步、大型机器设备的采用，劳动生产率较高，在工业化初期，第一产业的国民收入相对比重和劳动力相对比重都是上升的，但当工业化达到一定水平后，对工业品的需求相对增加缓慢甚至下降，从而导致第二产业劳动力相对比重趋于稳定甚至下降。第三产业由于是需求高度增长的，但是相对生产率低于第二产业，所以当经济发展到一定程度后，第三产业的劳动力相对比重上升，从而导致所谓"成本病"。

（二）工业部门结构的一般规律

发展中国家的经济发展过程，一般早期就是工业化过程。在工业化和现代化过程中，工业内部的行业部门之间的结构变动，展现出较为明显的阶段性与规律性。工业发展通常要经历三个阶段。在第一阶段，初级消费品工业如食品加工、纺织、家具制造等工业是主导型工业部门，并且比资本品工业如冶金、化工、钢铁、汽车等部门发展速度更快。在第二阶段，资本品工业部门加速增长，比重上升，但是消费品工业部门仍占较大比重。在第三阶段，资本品工业部门比重最终超过消费品部门。

德国经济学家霍夫曼将这种消费品工业与资本品工业之间的关系用霍夫曼比率定量化：霍夫曼比率=消费品工业净产值/资本品工业净产值，并提出了所谓"工业化经验法则"的霍夫曼工业化（实际上是重工业化）阶段理论。

第一阶段，霍夫曼比率为（5±1），消费资料工业的生产在制造业中占主导地位，资本资料工业的生产不发达。第二阶段，霍夫曼比率为（2.5±0.5）。在这一阶段，虽然消费资料工业生产的规模仍远远大于资本资料工业，但是其优势逐渐下降。第三阶段，霍夫曼比率为（1±0.5），资本品工业继续快速增长，并已达到和消费品工业相平衡状态。第四阶段，霍夫曼比率为 1 以下，这一阶段被认为实现了工业化，资本资料工业的规模大于消费资料工业的规模。

钱纳里的工业化阶段理论解释了工业内部资本品、中间投入品以及消费品结构的时序性。随着时间的推移，机械、运输设备等资本品工业的增加值占比逐渐增加，服装、食品、饮料等消费品工业增加值比重逐渐下降，而纸及纸制品、化工产品、纺织等中间投入品比重大致不变。

实际上，这种时序性并不是真的与日历时间有逻辑关系，而是取决于人均收入，因为一般情况下，随着时间的推移收入会增加，上述随时间推移的过程可以看作从低收入到中等收入再到高收入的发展过程。所以钱纳里将收入看作解释这种时序性的关键变量，并由此得出了以人均 GDP 为衡量标签的工业化阶段理论。

因此，钱纳里从经济发展的长期过程考察了制造业内部各产业部门的地位和作用的变动，揭示了制造业内部结构转换的原因，即产业间存在着产业关联效应，为了解制造业内部的结构变动趋势奠定了基础，提出了钱纳里工业化阶段理论（见表4.2）。初级产品生产阶段仅有少量工业生产。工业化早期以劳动密集型工业为主，如食品、烟草、采掘、建材等产品的生产。工业化中期则以资本密集型工业为主导，主要为重工业。在工业化后期，发展最快的领域是第三产业，特别是新兴服务业，如金融、信息咨询服务等。后工业化时期，制造业内部以技术密集型产业为主导，高档耐用消费品被推广普及，大致对应于罗斯托的高额大众消费阶段。在最后的现代化社会，第三产业开始分化，知识密集型服务产业开始成为主导产业。

表 4.2　钱纳里工业化阶段

发展阶段	时期	人均 GDP 变动范围	
		2020 年人民币元	1970 年美元
不发达经济阶段	1. 初级产品生产	5 100~10 100	140~280
工业化阶段	2. 工业化早期	10 101~20 200	281~560
	3. 工业化中期	20 201~40 500	561~1 120
	4. 工业化后期	40 501~76 000	1 121~2 100
发达经济阶段	5. 后工业化时期	76 001~121 500	2 101~3 360
	6. 现代社会	121 501~182 200	3 361~5 040

说明：1970 年美元数据来自《工业化和经济增长的比较研究》（钱纳里等，上海三联书店，1995）。2020 年人民币元数据根据 1970 年美元数据换算得到，换算方法为：首先将 1970 年美元换算成 2020 年美元，换算系数为 5.24，再根据 2020 年平均汇率换算成 2020 年人民币元，换算系数为 6.899 642，最后保留结果精确到百位。

二、产业结构变化的动因

（一）需求

生产的目的是满足人们的需求，因此需求结构的变化会反过来影响产出结构的变化。当收入水平较低时，人们自然将有限的收入购买满足最基本需要的商品，以解决生存问题；随着收入水平的提高，便有可能将增加的收入购买满足更高层次需要的商品。因此，现实的需求结构是随着收入水平的提高而不断变化的，并且在满足基本生活需要的基础上逐步向满足更高层次的需求转变，即不同部门提供的产品的需求收入弹性是不同的。恩格尔定律大致反映了需求力量导致产业结构随着收入提高而变化的关系（Kongsamut et al.，2001）：随着人们收入提高，恩格尔系数即食品支出占总消费支出比重在下降。

上一节中我们实际上已经利用了这种关系来解释三次产业结构变动。需求收入弹性的差异还可以用来解释细分产业结构的变化。例如，人们对理发服务的需求收入弹性较低，而对旅游、文化娱乐等服务的需求收入弹性则较高。因此，随着收入的提高，理发服务支出所占比重在下降，而旅游与文化娱乐服务支出所占比重则在上升。

（二）供给条件：要素密集度

资本和劳动是两种基本投入要素。在经济发展过程中，劳动力的增长受到生育以及社会因素的限制，人口增长率下降，从而劳动供给相对于资本供给来说会下降，资本劳动比上升。劳动变成日益稀缺的生产要素，工资率相对（相对于资本使用者成本而言）上升。在企业生产过程中，都会尽量降低总成本，从而随着资本劳动比上升，会更加倾向于转向资本密集度更高的行业。一般而言，纺织业、食品加工业等初级产品生产行业资本劳动比较低，因而在工业化初期阶段发展这些工业更为有利，而石油、煤炭等产业需要巨量的资本投入，资本劳动比较高，因而生产结构会逐渐向这些产业转移。要素密集度的分析方法还适用于更为细分的生产要素，如将劳动投入细分为普通劳动投入和专业技术人员投入。随着经济的发展，尤其是教育供给的增加，专业技术人员相对稀缺性下降，利用更多专业技术人员来生产高附加值的高端机器设备变得更为有利。

（三）技术进步及其部门差异

技术进步会对产业结构产生广泛而复杂的影响。例如，技术进步会降低产品成本，市场扩大，高端商品变成一般商品，需求随之变化。技术进步还会降低生产过程中的资源约束，使得可替代资源增加，从而改变了生产要素之间的相对稀缺性。技术进步还会使得消费品升级，改变消费结构，如智能手机功能越来越强大，同时它又是一种"快消品"，这提高了手机产业的比重。

由于生产本身的技术属性的差异，不同行业部门的技术进步速度是不同的。接触式服务业，如餐饮，需要面对面地服务，技术进步和生产率提高必然缓慢。一般而论，工业技术进步速度快于农业，农业快于服务业；生产性服务业快于生活性服务业。当工业部门发生技术进步时，会有两种相反的力量：一种是相对价格下降，挤出劳动力；另一种是劳动的边际生产力提高，吸引劳动力。在经济发展的初期，工业制品尚属"奢侈品"，需求价格弹性大，价格降低反而会使得产量增加更多，因而后一力量更为强大，工业占比上升；而在工业发展后期，工业制品越来越成为"必需品"，前一力量更大，工业占比会下降。农业产品大多属于必需品，需求弹性比工业品更低，因此农业技术进步使得农业生产收益下降，农业劳动力向工业或服务业转移。同时，由于农业技术进步速度相比工业要慢，与工业品相比，农产品相对有上升趋势。

（四）国际贸易与产业转移

国际贸易会从外部的供给与需求两个方面影响到本国的产业结构。在开放经济条件下，各国基于各自相对要素丰裕程度形成的比较优势进行国际分工，必将会导致进出口双方的产业结构变化。发展中国家在劳动密集型产业上具有比较优势，因而在开展国际贸易时会有更多资源流向劳动密集型工业部门。

对于新产品引起的发展中国家产业结构变化，可以从两个角度来看。第一是弗农提出的基于发达经济体视角的"产品循环说"。发达经济体开发出新产品后，一般首先满足国内市场，国内市场趋于饱和后便开拓国外市场，使产品出口。随着国外市场的形成，进一步出口该产品相关的资本和技术，利用当地便宜的劳动力降低产品价格，也就是将产业转移出去，转而进口该产品，获取利润后再开发新产品，由此形成一个循环。发达经济体向外转移产业的过程同时也是发展中经济体产业结构升级的过程。第二是从发展中经济体的视角来看，它们一开始会利用进口产品培育国内市场，然后逐渐开始"进口替代"，即用国内生产的方式满足市场需求，并进而扩大国际市场。这个过程同时也促进了产业结构的变动。

产业转移也带来全球服务业的兴起。首先是发达经济体因制造业人工成本上升而将制造业转移出去，剩下的仅为研发部门，形成产业"空心化"，服务业比重自然上升。其次是发达国家的许多高端服务业，如会计、律师、金融、软件等产品和服务也大量输出到发展中国家，服务业开始全球化，这也促进了发展中国家的一些高端服务业的发展，服务业在整个经济中的比重自然上升。

第五章　全球价值链与产业结构升级

　　让我们从自行车的故事开始说起。自行车，作为当今世界最流行的代步工具之一，自 19 世纪早期被发明以来，就受到了全球各国人民的普遍欢迎。全球人民的喜爱极大地刺激了自行车的生产、出口与进口。1950 年，全球自行车的产量还只有 1 000 万辆，而到 2020 年，这个数字已经增长到了 1.3 亿辆。

　　那么我们不禁想问，如此庞大规模的自行车到底是如何生产的呢？经济学的先驱亚当·斯密早在《国富论》中阐述[1]，分工是提高生产力的必要手段。发展到今天，全球各个国家的出口企业已然成为实施分工生产的主体。对于自行车而言其生产也不例外，往往采取的是全球分工合作生产的模式。具体而言，一辆自行车最开始可能是由意大利负责概念与原型设计；当设计好之后，各个零配件的图纸被发送到如中国、日本、马来西亚等全球各地的不同企业，由各个企业根据图纸进行专门化的生产；最后各个配件被发送到中国台湾，由中国台湾的企业负责将各个配件组装成一辆完好的自行车。之所以这样分配任务，是因为各个国家或地区的企业都有自己独特的竞争优势。例如，意大利一直是世界著名的时尚与设计之都，具有各种高端设计人才，在原型设计领域一骑绝尘；日本则发展形成了精细严密的工业化体系，在刹车部件的制造方面颇有心得；而中国台湾则具有众多素质较强的廉价劳动力，可以充分完成自行车组装的任务。

　　分工生产自行车的优势促进了各个国家对于自行车零部件的生产，相应地也就促进了各个国家间自行车零部件的贸易。近年来，国家间自行车零部件贸易额已经比自行车整车贸易额多出了五分之一。表 5.1 展示了 2020 年各个国家在自行车主要零配件中的出口额[2]。

表 5.1　2020 年主要国家自行车零配件出口贸易额　　　　单位：亿美元

配件名称	主要生产国家	出口金额
鞍座	中国	1
	意大利	0.85
	西班牙	0.16

---

① 亚当·斯密. 国民财富的性质和原因的研究［M］. 郭大力，王亚南，译. 北京：商务印书馆，2015.

② 数据来源：2020 世界发展报告工作组根据英国贸易数据库所编制的报告。

表5.1(续)

配件名称	主要生产国家	出口金额
主体结构	中国	9.77
	越南	1.47
	意大利	0.66
刹车系统	日本	2
	新加坡	1.72
	马来西亚	1.52
轮胎	中国	1.7
	意大利	0.28
	法国	0.26
踏板和曲柄	日本	1.5
	中国	1.37
	新加坡	1.17

表5.1 所描述的贸易金额就是全球价值链最直观的表现之一。下面让我们开始正式了解究竟何为全球价值链。

第一节　全球价值链

一、何为全球价值链

要明白全球价值链到底指代的是什么，首先我们得明晰价值链的含义。价值链（value chain）这一概念来源于管理学中对商业竞争的研究，由哈佛大学商学院教授迈克尔·波特（Michael E. Porter）于 1985 年最早提出①。我们知道，一个市场中的企业想要生存和发展，其核心目的必然是通过生产产品来为自己的目标客户创造价值。此时如果我们走进企业内部，把"生产产品"这个过程剖解开来，便可以发现企业创造价值的过程其实可以分解成为一系列各具特色而又紧密相关的经济活动。具体而言，任何一个企业生产产品都会经历设计、生产、销售、交货等经营活动步骤，这些不同的经营活动都会为最终产品贡献力量，意味着这些经营活动都为最终产品融入了自己的一份价值，每一项经营活动就像是一个创造价值的模块，而企业则把这些经营活动串联起来，最终形成了一个创造价值的动态过程。价值链指的就是企业内部这些创造价值的经营活

① 迈克尔·波特. 竞争优势 [M]. 北京：中信出版社，2014.

动的总和。

　　企业内部往往存在着价值链，那么如果我们将企业的经营范围扩大到整个地球，那这个企业的内部是否也存在着价值链呢？答案是肯定的，这种企业就是我们所说的跨国公司，而它的价值链就是我们所说的全球价值链。

　　实际上，现代全球经济是一个非常复杂的实体，犹如一台设计精妙的机械，而规模庞大的跨国公司便是这台机械中最重要的部件，是各个零件赖以相互配合支撑的关键节点。工业与信息革命带来了全球生产率的提高，使得全球分工成为可能；而通信与交通技术的进步则为全球化的分工提供了沟通条件并降低了相应的成本，促使跨国公司向全球各地分散自己的经营活动，从而实现利润最大化的目标[①]。由此，我们可以得到全球价值链的概念：全球价值链是指公司（往往是大型跨国公司）将生产过程分割并分布在不同国家。企业专注于特定环节，不生产整个产品。

　　简单举个例子，当前知名的全球电动汽车制造公司特斯拉便是一家典型的实现了全球价值链的企业。美国的特斯拉本部专注于设计、营销等经营环节，而真正的电动汽车制造则被分包给了全球各个国家的各个企业。它的电池主要来自日本的松下，铝合金组件主要来自中国的旭升股份，集成电路则来自意大利和法国的意法半导体……特斯拉的经营活动与不同国家的分工生产共同构成了它的全球价值链。

　　了解了全球价值链的概念之后，我们还想明白它表现出来的形式是怎样的。全球价值链一种最常见的表现形式是我们所熟知的微笑曲线。这个曲线的横轴代表了跨国公司的各个生产经营环节，而纵轴则代表着这些不同的生产经营环节所能附加的价值到底是多少，由图 5.1 便可以看出企业从各个生产经营环节所能得到的利润。

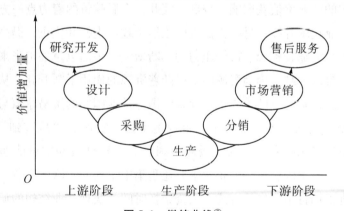

图 5.1　微笑曲线[②]

　　① LINDEN G，KRAEMER K L，DEDRICK J. Who captures value in a global innovation network？The case of Apple's iPod [J]. Communications of the ACM，2009，52（3），140–144.

　　② 图形引自：崔晓杨，闫冰倩，乔晗，等. 基于"微笑曲线"的全产业链商业模式创新：万达商业地产案例 [J]. 管理评论，2016，28（11）：264–272.

二、全球价值链中的中国

以中国为例，当前中国主要承担的仍然是全球价值链中的"生产"等与制造产品有关的经营活动。从图 5.1 就可以看出，这一部分经营活动的价值增加量是很少的，也就意味着中国实际上仍然处于价值链的低端，从中获取的附加值很少，目前仍处于不利地位。

但是，这种不利的程度有多高呢？我们笼统地知道中国在全球价值链中处于不利地位，但我们还想知道中国在其中的具体位置。根据吴明（2012）构建的国家位置指数测度方法和 WIOD 项目组编制的世界投入产出表，我们可以得出中国 1995—2009 年的国家位置指数[①]。从时间的总趋势来说，中国的国家位置指数是大幅上升的。1995 年中国的国家位置指数排名全球第 5，此时中国 GDP 排名全球第 7；到 2009 年，中国的国家位置指数和 GDP 排名都已经上升到了全球第 2。短短十多年时间，中国实现了经济发展和全球价值链参与的双重跨越。

从总量上来看，似乎中国在全球价值链中不仅不是处于不利地位，甚至可能还处于领先地位。出现这种矛盾的原因在于，虽然中国在国际分工中的位置一直在上升，但是这种上升更多来自"量的堆砌"。也就是说，中国国家位置指数上升如此之快的主要原因是国际市场份额的增加。一直以来，中国主要通过增加世界市场份额的方式来参与国际竞争，但随着资源价格上升、市场价格下降、国际贸易摩擦等诸多问题的出现，中国在国际分工贸易中逐渐迈入了困境。具体来看目前主要原因有以下三点：其一，与发达国家相比，中国的产业价值获取能力较低。因此，今后政策的着力点一方面应当注重技术引进，实现产业技术升级；另一方面也应该给予政策支持和优惠，提高中国企业的讨价还价能力。其二，随着资源、市场压力的不断增大，中国以量的扩张来实现国际市场增长的方式已经难以为继，因为资源的价格随着资源的使用不断升高，从而降低了中国的比较优势。此外，贸易量的扩张也会导致中国与其他国家的贸易摩擦与贸易纠纷不断增多。为此，今后应该一方面加强中国企业走出去，实现从"量"到"质"的转换；另一方面也应该加强国际贸易交流，缓冲中国企业在对外贸易中可能遇到的摩擦。其三，在国际分工中，中国有优势的企业主要还是集中于前向关联的产业。中国应当不遗余力地通过引进来加自主研发等方式，用资金换时间，实现产业结构的调整和升级，增强中国在全球价值链分工中的国际竞争力。

上文已经给出了一定的解决方案，但如果要改善这种情况，实现经济主体对全球价值链的把控，我们还得明白全球价值链到底是怎么形成的，形成它的逻辑机理以及动力机制具体到底是什么。

---

① 吴明. 全球价值链空间分布测度及中国位置［D］. 昆明：云南大学，2012.

三、形成动力机制

前文已经提到，全球价值链的形成根源在于，大型跨国公司为追求利润最大化而在全球范围内进行的创造价值的经营活动。那么跨国公司到底是如何形成乃至控制全球价值链的？目前学界主要有四种动力机制的解释。

第一，从供给的角度来看，在产品研发上具有极大竞争优势的产业资本跨国公司，能够形成与控制全球价值链[①]。这部分跨国公司往往掌握着不可复制的关键核心技术，因此能够凭借这种关键技术在全球范围内进行投资，形成全球生产的垂直分工结构[②]，从而形成全球价值链，我们把这种全球价值链称为生产者驱动型全球价值链。但实际上，由于其他生产者难以复制这种核心技术，非核心环节的生产者会对掌握关键核心技术的跨国公司产生依赖性，最终使跨国公司在生产者全球价值链中具有领导地位，从而控制生产者全球价值链中的其他生产活动。一般来说，大多技术密集型、资本密集型产业的价值链都属于生产者驱动型价值链，如波音的飞机制造、通用的汽车等。

第二，从需求的角度来看，有部分跨国公司虽然不具有实际的生产能力，但是在品牌和销售渠道方面具有较大的优势，包括零售商、品牌商、管理者等，从而形成了购买者驱动型价值链[③]。这部分跨国公司凭借强大的品牌优势与销售渠道，借助全球采购和贴牌生产等方式使产品在全球范围内流动，构建出自我的流动网络，从而能培养巨大的市场需求，这部分需求甚至能够推动那些倡导出口导向战略的欠发达国家的工业化进程[④]。一般来说，传统的如服装、鞋类、农产品等劳动密集型产业的价值链都属于购买者驱动型价值链，而链条的核心与动力之源是那些成熟的大型零售商与品牌商。

第三，从供需的动态发展视角来看，生产者驱动型价值链与购买者驱动型价值链并不是泾渭分明与一成不变的[⑤]。对于控制生产者驱动型价值链的跨国公司而言，随着时间的推移，迫于竞争压力不得不把自己失去比较优势的某些环节转移到成本较低的发展中国家和地区，而这势必会导致技术的外溢。另外，发达国家跨国公司对关键技术的掌握也会使得发展中国家在全球价值链中呈现"追赶"态势。此外，处于控制地位的跨国公司发展到一定阶段往往会面临技术瓶颈。这些因素都使得生产者驱动型全球价值链

① GEREFFI G, HUMPHREY J, STURGEON T. The governance of global value chains [J]. Review of international political economy, 2003 (12).

② DEDRICK J, KRAEMER K L, LINDEN G. Who profits from innovation in global value chains?: a study of the iPod and notebook PCs [J]. Industrial and corporate change, 2010, 19 (1): 81-116.

③ GEREFFI G, HUMPHREY J, STURGEON T. The governance of global value chains [J]. Review of international political economy, 2003 (12).

④ 张文宣. 全球价值链理论及其实践应用 [D]. 西安：西北大学，2008.

⑤ CADOT O, CARRÈRE C, STRAUSS-KAHN V. Export diversification: what's behind the hump? [J]. Review of economics and statistics, 2011, 93 (2): 590-605.

的领导企业获得和维持核心技术变得越来越困难[1]，技术的成熟与推广也使得企业越来越难以实现高附加值增值，处于生产环节企业的边际价值增值率就会逐渐降低，这种状况已无法满足作为需求方的消费者对技术水平的要求。与此同时，消费者通过各自渠道对市场能力的控制程度却越来越高，因而品牌经营、营销渠道建设以及对整个产品价值创造体系的协调、管理就显得日益重要，控制购买者驱动型全球价值链的企业的边际增值率就会逐渐提高[2]。生产者驱动型全球价值链逐渐没落，购买者驱动型全球价值链愈发兴盛，此消彼长之下促使了混合驱动型全球价值链的产生，当前就有相当一部分的跨国公司控制着混合驱动型全球价值链[3]。实际上，随着时间的推移，这些跨国公司会通过合同等契约形式将某些价值环节的产品生产外包给发展中国家的企业，而自身专注于研发、品牌、营销渠道等高附加值环节的经营，从而继续向购买者驱动型全球价值链转变。这也揭示了全球价值链对于跨国企业的一般演变规律：全球价值链会从生产者驱动型向混合驱动型转变，然后从混合驱动型向购买者驱动型转变。

第四，单从技术创新的角度来看，跨国公司研发新的技术也会带动新的全球价值链的出现[4]。无论是3D打印等新的生产技术还是数字平台等新的分销技术的出现都会对全球的经济活动进行一次洗牌，从而催生出全新的贸易商品与贸易服务，并帮助有关行业提高生产率与扩大生产规模，形成新的价值链板块。

总之，以上四种动力机制都促使了全球价值链的产生。了解这些动力机制之后，一个国家就可以对症下药，当需要发展一个产业时，根据这个产业的价值链的驱动力去确定该产业价值链的核心能力，然后积极发展这种核心能力，从而在该产业的全球价值链中具有竞争优势，并处于高端的高附加值地位。例如，在参与全球竞争的产业发展过程中，如果该产业参与的是生产者驱动型全球价值链，那么以增强核心技术能力为中心、打造技术壁垒的策略就是控制该种全球价值链的最优途径。

四、演进历程

交通、通信、计算机等各项技术的进步及信息化革命的推行使得经济全球化趋势愈演愈烈，世界经济日益成为紧密联系的一个整体，全球价值链也真正得以产生并得到了快速发展。

然而由于各个国家国情不同，实施的全球价值链政策战略也不同，全球价值链在实

---

① 岳云嵩，李兵，李柔. 互联网会提高企业进口技术复杂度吗：基于倍差匹配的经验研究［J］. 国际贸易问题，2016（12）：131-141.

② 池仁勇，邵小芬，吴宝. 全球价值链治理、驱动力和创新理论探析［J］. 外国经济与管理，2006（3）：24-31.

③ 张辉. 全球价值链下地方产业集群转型和升级［M］. 北京：经济科学出版社，2006.

④ 刘冬冬. 全球价值链嵌入对中国产业升级的影响研究［D］. 重庆：重庆大学，2019.

际的演进历程中出现了一些特点。具体来说，自 20 世纪 80 年代经济全球化兴起以来，全球价值链的演进历程大致可以分为以下三个独具特点的阶段[①]：

（一）垂直专业化阶段

自 20 世纪 80 年代起，经济全球化带动了产业分工的全球化与精细化，为全球价值链的兴起提供了天然的土壤。在全球价值链中，企业和国家是主体，而产业则是企业和国家发挥能力的舞台。

然而，在全球产业分工中，没有任何一个国家或企业能够在所有分工环节中都占据绝对的竞争优势和提供相关的产品服务。这一现实导致有关主体被迫将产业的生产过程分割成不同的价值增值环节或工序，并以跨境外包的形式将这些增值环节转移到成本最低、最能够有效完成这些任务的地点进行[②]。这种转移一般符合微笑曲线所揭示的价值分配规律，从而实现主体的利润最大化，即将关键核心环节更多地布局在微笑曲线两端的高价值附加环节，将中间附加值相对较低的制造环节向外转移到具有比较优势的地区，从而实现动态最优资源配置与布局。在这些分布到全球的分工中，无论是高附加值环节还是低附加值环节都由一个主体统一指挥与领导；与此同时，各个环节所在的地区也根据自身资源禀赋和能力所长，找准了自己在这一全球价值链分工的角色定位，专注于某个擅长的价值板块并开展经济活动。由此可以看出，这种发展战略既是垂直统一管理，又实现了各自的专业分工，我们便把它称为"垂直专业化"。由于其高效的特点，在最开始的阶段，大多数的国家与企业实施的都是垂直专业化战略，全球价值链体系也迎来了垂直专业化时代。

（二）模块化阶段

在垂直专业化时代，各个国家都试图提高自己的"垂直专业化引力"，从而吸引高端价值板块在本国投资与发展，实现本国经济的发展与有关技术的进步。这一现象固然有利于促进各个国家之间相互竞争，帮助全球价值链整体发展水平与利润水平提升，但这也同样暗示了全球价值链体系中一个潜藏的隐患：国际分工协作具有较强的属地性质。一方面，高价值分工板块所带来的收益是很难外溢的，因而具有相同发展特点的国家或地区彼此会相互争夺具有高价值板块的分工环节，你有了我就没有，我有了你就没有，从而形成一种近似于零和博弈的局面；另一方面，一种产品的中间产品也要多次跨越多个国家，每一次跨越都具有昂贵的信息交换成本，导致国家地理边界对垂直产业分工的分割成为国际经济贸易往来的重要阻碍，因此也对不同地区间的协作沟通提出了更高要求，跨区域信息传输就显得非常重要，而全球贸易保护主义与民粹主义加速了这一隐患的爆发。本来垂直产业化在全球形成的各个地点就将产业链在物理意义上切割开

---

① 张卫华. 全球价值链"互联网+"连接机理与中国产业升级战略研究［D］. 桂林：广西大学，2021.

② 青木昌彦，安藤晴彦. 模块时代［M］. 周国荣，译. 上海：上海远东出版社，2003.

来，而各个国家日益加剧的本国保护主义更是导致被分割后的各个价值模块在信息链接和上下游协助上大幅受限。全球价值链布局的衡量原本只有效率与利润标准，现在更多国家或企业开始考虑安全标准，倒逼全球价值链向本地化、区域化的模块形式转变，原本开放自由统一的全球价值链被分成了一个个由不同国家或行业、企业联盟组成的模块，最终形成了"全球产业分散、模块区域集聚"的分布格局[①]。全球价值链由此进入了模块化时代。

（三）信息化链接阶段

进入 21 世纪以来，一轮又一轮的技术革命洗刷着全球的经济脉络。"互联网+"的生产模式加快了产业的数字化变革，对全球价值链的分工生产体系产生了重大影响[②]。"互联网+"推动了信息技术与全球价值链的各个生产与销售环节深度融合，同时还疏通了信息流通的脉络，为不同地区提供了方便的线上沟通解决途径与虚拟的组织与平台支撑，从而极大地提高了产业内部各个价值板块相互转换的效率，大幅降低了各个地区因时空距离所带来的信息与物质交换成本，使得跨区域价值链协同不再受地域空间的限制，从而在较大程度上克服了模块化时代产生的问题，使得全球价值链向信息化链接时代转变。一个国家或地区借助"互联网+"能够与其他国家或地区链接成"网"，从而连通相应的产业价值板块，实现更大经济时空范围内的要素资源整合，促进资源向更大范围、更合理配置方向流动[③]，从而使得全球价值链整体也向中高端迈进。

此外，需要特别说明的是，由于全球发展的极度不平衡，全球价值链由一个阶段到另一个阶段的演进并不意味着完全的替代，而是一种大致的方向趋势；每个国家由于各自的国情不同，也不一定要完整经历上述三个演进阶段。全球价值链演进历程的作用更多的是为当前的国家或企业提供一种实践经验，方便各个主体吸取教训、温故知新，在全球价值链浪潮中找准自己的定位和优势，实现自身的发展。

第二节 全球价值链的度量

一、全球价值链的度量方法

从前文对全球价值链的定义可知，全球价值链指的是生产者生产产品或服务的一系列阶段，在每个阶段，不同的组成部分都为价值链增加了价值。其中，这些组成部分应该位于不同的国家。根据这个定义，如果一个国家、生产部门或企业参与了至少一个全

① BALDWIN R E. Globalisation：The great unbundlings［R］. Report for the Economic Council of Finland，2006.
② 中国信息通信研究院. G20 国家数字经济发展的研究报告［R］. 中国信息通信研究院，2018.
③ 张二震，戴翔. 顺应全球价值链演进新趋势［N］. 新华日报，2017-12-20（016）.

球价值链阶段，那么就说明它参与到了整个全球价值链当中。因此，全球价值链的度量主要来源于各国海关所记录的贸易数据。有了数据之后，根据方法的不同，全球价值链的度量可以被分为宏观层面和微观层面两个视角。

（一）宏观视角下的全球价值链

宏观视角主要采用的是投入产出表法。为了追踪各国之间的增值贸易流动，一个最直观的方法是构建全球化的投入产出表。我们可以利用在各国海关处获得的信息与各国的国家投入产出表构建全球投入产出表。全球投入产出表具有极强的研究价值和研究作用，从该表中我们不仅可以衡量近年来各个国家生产过程参与全球化的程度，也可以衡量各国以及各部门参与全球投资的情况，还可以对全球价值链进行度量。

如何度量全球价值链呢？一个重要的指标是跨边界贸易份额（至少跨过了两个国家边界），跨边界贸易份额有两种类型。第一种类型为后向全球价值链参与：当一个国家从其他国家进口了产品，又将该产品进行加工并对外出口时，我们就说这个国家是一种后向全球价值链参与，因为这个国家在进行出口生产时所使用的中间产品来源于前一个全球价值链阶段。第二种类型为前向全球价值链参与，与后向全球价值链参与相对应：如果一个国家对某个进口国的出口没有完全被该进口国的国内消费吸收，而是被该进口国用于中间品生产，体现在对第三个国家的出口中，那么我们就说这个最开始的出口国是一种前向全球价值链参与。前向全球价值链参与的国家往往处于一个产品生产的早期阶段。

（二）微观视角下的全球价值链

微观视角主要采用的是行业中间品贸易流计算法。这个方法的思路为：一般的中间品价值可能既包含从他国进口的产品价值，也包含本国新增的生产价值，因此我们可以先把范围缩小到中间品贸易的范围内，运用一定的计算方法排除产品原有的他国生产价值，然后再把范围缩小到各个行业类别，确保所计算出的价值只包括本国的中间投入。这个方法最早在1998年由Yeats提出，最开始的计算方法比较粗糙，至今仍在不断完善当中。特别是近年来，由于统计方法的改进和科技的进步，公司一级的海关数据已经被用于微观视角下全球价值链的度量当中。这一情况的出现不仅使得微观方法所度量出的结果更加准确，而且也能更明晰地看出各个国家的进出口参与是如何联系的。

二、全球价值链参与的分类

前文详细地阐述了全球价值链的度量方法，其中在宏观视角一节我们曾提到，不同国家间的跨边界贸易有两种类型：一种是前向参与，一种是后向参与。前向参与与后向参与的贸易共同构成了全球价值链贸易。全球价值链贸易在世界贸易总额中所占的份额在20世纪90年代到21世纪初实现了明显增长，但在过去的10多年中却似乎陷入了停滞。原因就在于全球价值链贸易的基本元素归根结底还是各个不同的国家。在过去的几十年间，全球各个国家通过前向贸易或后向贸易实现了本国经济的发展以及在全球价值链中的参与变迁，在各国对全球价值链参与度的不同变化之下，总的全球价值链贸易自然也出现了不同的变化。在这个过程中，我们可以依据全球价值链参与度，对各个国家进行分类，从而记录下各个国家在全球价值链中的参与度变迁进程。

全球各个国家在过去的几十年间，各自以不同方式参与了全球价值链，但它们如何参与以及国家如何在参与中实现"升级"却存在着共性。一般来说，参与全球价值链贸易的国家可以从低级到高级分为四种类型：①纯商品贸易国；②低级制造提供国；③先进制造及服务提供国；④创新活动国。这四种分类的依据是国家三类维度指标的大小。第一类指标是出口的商品及服务总额，主要包括初级商品出口增加值、制造业商品出口增加值、商业服务出口增加值等二级指标；第二类指标是一个国家的全球价值链参与程度，主要二级指标是一个国家制造业后向参与的贸易价值在该国总出口贸易价值中所占的份额，一般来说如果一个国家该项指标越高，那么这个国家就越靠近高级的贸易类型；第三类指标是创新指数，主要包括知识产权收入占 GDP 的百分比、研发投入强度等指标。

一般来说，越小的国家越会自然地依赖全球贸易，因此分类时，我们同样也会考虑国家规模的影响，对越小的国家越放宽条件，以增强分类的准确性。下面我们将详细论述四种不同国家类型的具体划分依据。

（一）纯商品贸易国

纯商品贸易国处于全球价值链贸易分类的最低层，主要指的是一些工业生产及服务体系不成熟、较大程度上依赖原材料产品出口的贸易国家。对于这一类国家，划分的硬性标准是制造业在国内出口增加值中所占的比重不超 60%。而对于不同规模的国家，划分标准通过制造业后向参与的比重被进一步明细：小国不得超过 20%；中型国家不得超过 10%；大型国家不得超过 7.5%。通过以上标准我们可以判断出一个国家究竟是否属于纯商品贸易国。在确认是纯商品贸易国后，我们还可以根据这些纯商品贸易国对制造业的出口依赖性进行进一步内部划分。当初级产品占国内出口增加值的比重不到 20% 时，为低参与度；20%~40% 为中参与度；40% 以上为高参与度。

（二）创新活动国（限于纯商品贸易国之外的范畴）

创新活动国位于全球价值链贸易分层的最高层，指的是那些已经迈过艰苦的发展阶段，踏入发达国家行列，具有极强的科技实力以及庞大的教育人才规模的国家。其划分的硬性标准为：对于小国，知识产权收入占 GDP 的百分比不低于 0.15%，研发投入强度不低于 1.5%；对于中型以及大型国家，知识产权收入占 GDP 的百分比不低于 0.1%，研发投入强度不低于 1%。

（三）先进制造及服务提供国（限于上面所提两种类型国家以外的范畴）

先进制造及服务提供国位于全球价值链贸易分层的第二层级，指的是那些发展速度较快，已基本实现工业化但高新技术产业发展与创新活动国还有较大差距的国家。第一个硬性标准为：制造业和商业服务在国内出口总额中所占的比重不低于80%。此外，针对不同规模的国家还有不同的第二条硬性标准：对于小型国家，制造业后向参与的比重不低于30%；对于中型国家，不低于20%；对于大型国家，不低于15%。

（四）低级制造提供国

除以上三种类型之外的其他国家，都被归入低级制造提供国的范畴。

三、全球价值链参与结果的计算

通过以上的分类方法，我们便可以将参与全球价值链的各个国家和地区分为不同的类别。但我们还需要一种科学的计算方法来根据上面的各个标准对各个国家进行分类。换句话说，我们其实就是在评估一个国家参与全球价值链的结果。

这种计算的方法往往被称为事件研究法[①]。根据1990—2015年146个国家的数据，我们可以量化出参与全球价值链的国家从低阶段向高阶段的演进结果。从上文中我们已经知道，国家在全球价值链中的参与可被划分为四种类型，即纯商品贸易国、低级制造提供国、先进制造及服务提供国与创新活动国。事件研究法评判一个国家向高阶段演进的基本要求是，这个国家在演进到高阶段后必须至少在四年内保持经济和外贸状况不恶化，维持住继续向高阶段演进的趋势而不会退回原来的阶段类型。站在计量经济学的视角，事件研究法可以被规范表示为

$$\ln(\text{结果变量}_{it}) = \alpha_0 + \sum_{n=1}^{20} (\delta_{t+n}^{\text{switch}}) + \delta_t + \delta_i + e_{it} \qquad (5.1)$$

其中结果变量由几个复合指标共同组成，包括人均实际收入、就业、技能专业化水平、基尼系数（衡量贫富差距）、绝对贫困人口数量和二氧化碳排放量六个指标，用作被解释变量，以表示一个国家参与全球价值链的结果。

解释变量$\delta_{t+n}^{\text{switch}}$是一个虚拟变量，如果一个国家在未来的$t$年内，过渡到了更高级的全球价值链参与阶段，那么取值为1，否则取值为0。δ_t和δ_i分别表示时间固定效应和国家固定效应，用以控制不同国家以及不同年份的变化条件。e_{it}则表示随机扰动项。

通过上面这一模型，我们就可以具体量化一个国家在不同全球价值链类型间的"升级"与"降级"，从而得出其参与全球价值链的结果。在具体操作时，将解释的虚拟变量的估计系数乘以100，就可以得到一个百分比。这个百分比表示一个国家的结果变量

① WORLD BANK. World development report 2020：trading for development in the age of global value chains ［R］. The World Bank，2019.

相比于变化之前的结果变量的变化比值。有了以上方法，我们可以得出全球各个国家和地区的分类以及其参与全球价值链的结果。

从地区来说，东亚、欧洲和北美洲往往从事先进制造及服务提供或者是创新活动；非洲、中亚和拉丁美洲则往往从事纯商品贸易或是低级制造活动。而从国家来说，每个国家都同样也可以被分为以上的四种类型之一。但在现实生活中，由于国家经济及对外贸易发展的变动程度往往较大，我们一般采用动态的结果来描述一个国家在全球价值链中的参与类型。例如：阿根廷从纯商品贸易国转向了低级制造提供国；印度从低级制造提供国转向了先进制造及服务提供国；而捷克则从先进制造及服务提供国转向了创新活动国。特别地，中国在1990—2015年实现了全球价值链参与度的快速增长，并实现了从低级制造提供国向先进制造及服务提供国的转型。表5.2介绍了更多国家在不同类型之间的转变动态[①]。

表 5.2　1990—2015 年不同国家在全球价值链参与类型的转换

转变类型	具体转变类型	国家名称
升级	纯商品贸易国→低级制造提供国	阿根廷、亚美尼亚、波斯尼亚和黑塞哥维那、柬埔寨、哥斯达黎加、塞浦路斯、萨尔瓦多、埃塞俄比亚、印度尼西亚、肯尼亚、尼泊尔、塞尔维亚、南非、坦桑尼亚
	低级制造提供国→先进制造及服务提供国	中国、爱沙尼亚、印度、立陶宛、菲律宾、波兰、葡萄牙、罗马尼亚、泰国、土耳其
	先进制造及服务提供国→创新活动国	奥地利、加拿大、芬兰、爱尔兰、以色列、意大利、韩国、新加坡、西班牙
降级	低级制造提供国→纯商品贸易国	约旦、莱索托

此外，各个国家分属的类型也反向影响了该国在全球价值链中前向和后向的参与程度。图5.2显示了从低到高四种不同类型的国家在前向参与和后向参与中不同的表现水平。从中可以看出，纯商品贸易国的后向参与程度最低，因为它们主要是出口原材料商品；到低级制造提供国时，后向参与程度开始逐渐升高；而先进制造及服务提供国后向参与程度最高，因为它们在生产产品时高度依赖其他国家的原材料及中间品进口；到创新活动国时后向参与程度出现了下降趋势，因为创新活动反而对进口的依赖程度较低。相应地，不同国家类型在前向参与程度与后向参与程度方面呈现出了截然相反的趋势。

---

① 资料来源：2020 年世界发展报告

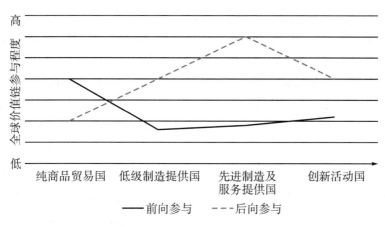

图 5.2　全球价值链不同国家参与类型的前向参与与后向参与水平

第三节　全球价值链对经济发展的影响

　　了解了全球价值链本身，清楚了跨国企业能够凭借全球价值链提高自己的经营活动运行效率之后，我们接下来想要了解的一件事是：全球价值链对强大的跨国公司有好处，那么它对全球各国经济发展的各个方面有没有好处呢？如果全球价值链仅仅有利于强大的跨国垄断资本集团而掠夺了广大的第三世界国家的发展机会与发展利益，那么全球价值链的发展仍然是不应该提倡的。实际情况表明，全球价值链对全球经济既有正面影响，又有负面影响，总体而言利于全球经济的发展。

一、正面影响

（一）提高社会生产率

　　全球价值链所带来的高度专业化毫无疑问提高了社会生产率，而企业也能够通过全球价值链来获取更多的资本、生产要素与技术扩散①。典型的例子如埃塞俄比亚，参与全球价值链的公司的生产率超过了同类型公司的两倍。而其他发展中国家的企业也通过参与全球价值链实现了生产率的显著增长。根据统计，一个国家全球价值链参与率每增加1%，人均收入就能实现超过1%的增长。但是，这种社会生产率的提高会受到具体产业分工与创新水平的限制。一般来说，参与的产业越先进，创新水平和知识水平越高，这种社会生产率的提高更为明显，持续的时间也更长。

　　总的来说，一个对外开放贸易和参与全球价值链进程的国家往往在经济增长上也表

---

　　① ROMER P M. Increasing returns and long-run growth［J］. Journal of political economy, 1986, 94（5）: 1002-1037.

现更好。全球价值链贸易中所产生的投资比起传统贸易的投资也能产生更大的收入效益，这多出来的一部分收益的根源就在于全球价值链溢出的生产力。对于后向参与全球价值链的国家而言，参与全球价值链的水平每提高10%，平均生产力就会提高1.6%[①]。这一规律同样适用于企业层面，例如在埃塞俄比亚以及大量的非洲国家，参与了全球价值链的制造业企业的劳动生产率往往高于同行业的其他企业。

那么为什么会出现这个现象呢？这种现象背后的机制规律是什么呢？

生产的比较优势。直观来说主要有两种解释。首先，参与全球价值链能够使得各个国家都从更加精细的国际化分工获得利益。这一解释主要来自大卫·李嘉图的比较优势理论，不同国家不仅在不同的生产部门，而且在生产部门内部的不同生产阶段，都具有不同的比较优势。通过把生产一个产品的工序进行精细化拆分，全球价值链的推行能够使得全球各个国家都能专门从事本国所擅长的特定部件生产，摆脱国内单一化的供需限制。其次，在全球价值链贸易中，一个国家经济的增长或生产率的提高往往是因为能够通过进口获取更多质量更好且成本更加低廉的中间产品。在传统贸易中，产品往往只能作为成品出境贸易，而全球价值链贸易解决了这一问题。同时，在全球价值链贸易中，对外贸易的开放本身就增加了中间产品的进口，从而能够促进一个国家经济的增长和生产率的提高。此外，与其他形式的开放贸易相比，全球价值链贸易对进出口以及人均收入的增加效应也更为显著。

科技流通与技术转让。全球价值链贸易还充当了科技流通与技术转让的载体。经典国际贸易理论认为，当贸易自由化的发展促进了新技术的扩散时，生产率就会提高，经济也会出现增长。在全球价值链贸易中，企业与企业之间的交流极大地促进了技术转移，具有上下游关系的企业，下游企业往往会给上游企业分享自己所拥有的专业知识和技术，因为这种分享也可以提高他们自己的生产力以及促进销售（上游企业供货更快了）。在下游企业生产力和销售提高之后，也会对上游企业供货提出更高要求，从而倒逼上游企业转型升级。例如，在肯尼亚、南非等非洲地区，全球价值链的参与使得当地具有了全球和区域性的连锁超市。这种连锁超市往往对产品有更高的采购质量要求，因而导致了上游农业技术和园艺工艺的改进，生产力得以提高，使得当地的水果和蔬菜品种更多，质量也更高，从而也增加了出口，刺激了经济增长。

（二）改善劳动力结构

全球价值链提供了更多的就业岗位，但这些岗位往往要求更高的生产率、更高的资本密集度与更高的知识密集度，反推了发展中国家的劳动力结构实现转型升级。这些岗位推动发展中国家的劳动力从生产率较低的活动中解放出来，投入到生产率更高的制造业和服务业相关活动之中，实现了劳动力技术结构的升级。此外，实际情况证明，全球

---

① CONSTANTINESCU C, MATTOO A, RUTA M. Does vertical specialisation increase productivity？ [J]. The world economy，2019，42（8）：2385-2402.

价值链的公司也往往比非全球价值链的公司更愿意雇佣女性，从而改善了劳动力的性别结构。

（三）削减全球贫困

由于全球价值链实现了社会生产率的提高、劳动岗位的增多与劳动力结构的改善，因而参与全球价值链还有利于削减贫困。例如，在墨西哥和越南，全球价值链参与程度越高的地区，其削减贫困的幅度也越大。

二、负面影响

（一）加剧全球经济不平等

全球价值链往往由部分跨国垄断集团公司或部分发达国家所掌握和控制，因而参与全球价值链的收益并没有在国家之间和国家内部合理平均分配。很多时候，将零部件和任务外包给发展中国家，实现了成本降低的大型跨国企业，它们的加价幅度和利润却仍都在上升。这一情况说明参与全球价值链降低的成本并没有被传递给消费者，而是被掌握全球价值链的经济主体所攫取。这种情况进一步加剧了全球的经济发展不平等。例如，美国和印度的服装公司，它们的加价幅度就相当明显。

（二）加剧劳动力市场不平等

全球价值链固然能够提供更多的就业岗位并改善劳动力结构，但同时也加剧了劳动力市场的不平等。具有熟练技术与知识储备的工人的工资越来越高，而非熟练工人和从事简单体力劳动的工人的工资却可能停滞不前。此外，虽然女性得到了更多的就业机会，但她们的职业生涯天花板和工资水平相较于男性却更低。女性一般都在低附加值部门任职，职场中很少出现女企业家和女经理的身影。

（三）对环境产生不利影响

与标准贸易模式相比，一方面，全球价值链分工模式由于环节更多、中间产品贸易总距离更远，其主要环境成本与规模也更大。全球价值链模式下的运输过程会向大气排放更多的二氧化碳，而更多的货物包装与货物废弃也会产生过量废弃物，尤其是当前电子科技产业方兴未艾的情况下，这种废弃物污染尤为严重。另一方面，全球价值链带来的规模增长也会加大自然资源的压力，特别是在生产补贴或能源补贴的政策指引之下，部分国家出现了大量的生产过剩，浪费了宝贵的自然资源。

三、推动政策

（一）推动的主要因素

以上动力机制为一个国家参与全球价值链提供了切入点与思路，然而这并不能就此确保这个国家就拥有了参与全球价值链的能力。对于一个国家而言，如何推动它在全球价值链贸易中的参与呢？这主要由要素禀赋、市场规模、地理位置、社会体制等基本因素决定。

要素禀赋。传统的贸易理论认为，要素禀赋是影响国家间相互贸易的一个重要因素。国家间的相互贸易基于比较优势理论产生，而各国的比较优势往往来自各国所拥有的资源禀赋。同时，要素禀赋也是全球价值链参与的一个重要决定因素，它决定了一个国家在全球价值链参与中的地位。例如，一个国家如果拥有丰富的自然资源，那么它天生更容易实现全球价值链的前向参与，因为它的自然资源或者是生产的农产品是众多下游生产过程的必需品。

市场规模。市场规模同样是影响全球价值链参与的一个重要因素。例如，对于大规模的制造业市场而言，其特征往往意味着需要大量的全球价值链前向参与以及小部分的全球价值链后向参与，因此能够促进某些国家相应的供应商参与全球价值链的积极性。直白来说，如果某个产品在全球贸易中的市场规模非常大，那么大量的需求必定也会推动生产这个产品的国家参与全球价值链，从而推动该国的全球价值链参与。以波兰为例，通用汽车在波兰成立了分公司，世界汽车市场的兴盛则就极大程度地加深了波兰的全球价值链参与程度。

地理位置。一个不容忽视的事实是，当前中国、德国、日本和美国已然成为全球价值链贸易网络的中心。理论上，如果一个国家离这四个国家越近，那么它的全球价值链参与程度也会越高。特别是对于一些上下游产业链区域要求较近的行业，这种现象更为明显，典型的例子如汽车行业。一般而言，汽车行业对价值链的距离要求非常高，原因有三：一是汽车大部分部件都比较笨重，容易损坏，因而距离的增加会在极大程度上提高运输成本；二是汽车具有较高的生产技术含量，往往对生产的时间以及产品的质量具有较高的要求，因此最适合在距离不远的地方进行生产；三是由于各个国家市场准入的限制（海关），最终汽车产品的组装往往在销售市场当地进行。但是，地理位置这个要素并非无法改进。即使距离较远，交通设施与通信基础设施的强化仍然能够减弱一个国家在地理位置上的劣势。

社会体制。在全球政治环境最不稳定的前 25 个国家中，菲律宾和泰国以制造业前向参与的形式参与到了全球价值链浪潮中，以色列则主要参与了全球价值链中的创新活动。除此之外，其他国家基本没有参与全球价值链贸易网络。政治不稳定的一大重要影响因素就是社会体制的不健全，体制不健全导致政治不稳定，最终导致了全球价值链的参与程度较低。除此之外，由社会体制决定的贸易政策与贸易协定由于关系到对外贸易的方方面面，也会对全球价值链参与产生重要影响。一般来说，越开放的贸易体制、贸易政策与贸易协定能够帮助一个国家更好更快地参与全球价值链贸易。

（二）推动政策的实施

如何使用好这些基本因素主要依赖于一个国家推动参与全球价值链的具体政策。不同的政策可以帮助一个国家在要素禀赋、市场规模、地理位置、社会体制四个不同的层面建立不同的全球价值链优势。那么具体政策到底该如何实施？实施的预计效果怎样？

我们可以用表5.3来表示。

表5.3 不同发展阶段的全球价值链参与针对政策

发展阶段	初级制造业	先进制造业与服务业	创新活动
基本面	政策重点		
要素禀赋	外国直接投资		
	融资（银行）	融资（股权）	
	劳动力成本	技术和管理技能	高级技能
市场规模	生产要素获取	标准化	
	市场准入（贸易协定）	市场准入（深化贸易协定）	
地理位置	贸易基础设施	先进的物流服务	
	基本信息与通信技术（ICT）互联互通	先进ICT服务	
社会体制	治理（政治稳定性）	治理（政策可预测性）	
	标准认证	合同	知识产权

说明：引自 WORLD BANK. World development report 2020: trading for development in the age of global value chains [R]. The World Bank，2019.

通过实施表5.3的一系列政策，一个国家能够在要素禀赋、市场规模等四个层面建立起全球价值链的参与优势。

具体举例子来说，第一，对于要素禀赋，一个国家需要吸引外国投资来加速本国的资本积累过程，为本国的各项事业发展提供基金保障。该内容在参与全球价值链的所有阶段都至关重要，它需要开放、稳定、有利的市场环境以及对投资者的保护，这就需要该国通过免税、补贴等各项投资促进策略吸引大型跨国公司的转型投资。改革开放后的中国就是该种政策最成功的案例之一。

第二，对于市场规模，贸易自由化与深化贸易协议等政策有助于各个国家扩大市场规模，获得自己生产需要的生产要素。如南美洲的秘鲁，在21世纪的最初十年，就通过单方面大幅削减关税的政策实现了全球价值链出口的增长与多元化以及生产率的快速提升；又如非洲的马达加斯加和毛里求斯，通过签署多方贸易协定使得商品与服务经济间的联系更加紧密，促进了其融入全球价值链的进程。

第三，对于地理位置，虽然从现实层面来说一个国家基本无法改变自己的地理位置，但是却可以通过改善海关与边境手续、促进运输物流服务竞争、加强港口治理与改善港口结构等政策措施来降低与时间和不确定性相关的贸易成本，从而发扬地理位置扼要所带来的优势或缓解地理位置偏远带来的劣势。

第四，对于社会体制，一个国家应当选择适合自己的社会体制，实现政治的稳定和法制的健全，从而增强参与全球价值链的稳定性。此外，还有一部分国家试图通过设立经济特区这样一种部分变革社会体制的方式来吸引外资与实现经济增长。这种经济特区由于政策的支持，各项资源都非常充沛，监管壁垒也实现了最小化，同时形成了无缝的互联互通。中国、巴拿马、埃塞俄比亚等国的经济特区都取得了成功，彰显了这一政策的有效性。

然而，需要指出的是，由于各个国家在政治制度、经济体制、社会发展历史等方面都存在着巨大的差异，以上所展示的一系列政策指引并不适用于所有国家。政策的制定与实施仍然需要对症下药。各国推动参与全球价值链的政策，应当具体问题具体分析，根据本国的发展情况和参与全球价值链的形式来量身打造。

第四节　全球价值链对就业的影响

在上一节中我们已经提到，全球价值链的发展对于经济的各个方面都产生了或大或小的影响，特别是在劳动力市场中，全球价值链对劳动力市场既有正面作用，又有消极作用。那么我们不禁想问，全球价值链对于就业的影响究竟是如何的呢？如果全球价值链对就业会产生消极影响，是否有一种可能，我们在前文中提到的全球价值链对经济发展的各种正向影响，是通过牺牲就业来获得的呢？搞清楚这个问题很有必要，因此下文我们将对全球价值链对就业的影响进行系统论述。

从直觉上来说，人们往往认为全球价值链的发展对就业的影响是负面的。参与全球价值链以及全球投资的企业往往具有更强的资本实力与技术实力，因而也更偏向于资本密集型。运用科技与资本实力、研发与使用各式先进的机器与软件设备可以实现质量更好、产量更大、成本更低的产出，帮助企业提高生产率与扩大生产规模。全球价值链的发展加速了这一进程：全球价值链的参与使得各个国家的公司与企业投放资本与募集资金都变得更加容易，同时全球也意味着更大的市场、更多的进出口。那么我们不禁想问，参与全球价值链到底对就业有没有帮助呢？有部分观察评论人士已经提出了悲观看法，认为参与全球价值链的公司往往从事资本密集型生产，导致就业减少，因此广大发展中国家将农业剩余人口转移到工业的工业化发展道路也会受到阻碍。

一、就业总量

上述担忧不无道理，然而我们要看到的是，世界上绝大部分的发展中国家，参与全球价值链起到的都是积极作用。尽管企业在生产过程中正越来越偏向资本密集型，偏向劳动密集型的企业越来越少，但是正如前文所提到的，参与全球价值链能够帮助企业提高生产效率和生产力，更高的生产效率与生产力意味着更多的总产出，也就意味着更多的就业机会。更高的生产效率带来了更多的利润，使得公司能够有能力扩大生产规模与对外投资，从而从总的角度上对就业带来积极影响。例如，埃塞俄比亚、莫桑比克、越南参与全球价值链的公司虽然资本非常密集，但是对于劳动力的雇佣（就业）数量也增长得非常快。这些例子充分证明了参与全球价值链对就业总体而言产生的仍然是正向影响。

二、就业性质

此外，除了绝对就业数量，参与全球价值链同样对就业的性质有积极影响。全球价值链给各国带来新的生产活动，从而可能导致当地就业种类、薪资等方面都发生改变。在越南，比起就业总量，一个更令人惊讶的事实是，这些企业所提供的岗位薪酬远远高于其他企业，并且这种薪酬还一直在增长，从 2004 年到 2014 年几乎翻了一倍①。同时，由于这些企业大多涉及制造业，全球价值链的参与也带动了越南就业人口从农业向工业的转变。全球价值链对于就业的一个重要作用就是：带动劳动者从生产力较低的活动转向生产力较高的活动，实现了就业岗位类型的转换升级和就业技能的提升。

这种就业类型的转换以及就业技能的提升不仅对于国家有益，而且对于劳动者个体往往更为重要。随着就业类型的升级，越来越多的劳动者退出了农业或者非正规就业部门，转向薪酬更高、技术水平要求也更高的工作。这些技术水平要求更高的工作提高了国家的整体实践技术水平，而更高的收入也使得劳动者有能力进行更多或更高层次的消费，又进一步推动本国经济的发展。

三、就业性别

从性别公平角度来看，参与全球价值链同样能够促进女性就业。对于参与全球价值链的企业，雇佣女性就业的增长速度往往比雇佣男性就业的增长速度更快。特别是在服装和电子零件领域，许多小部件的组装必须手工完成。由于女性工作更为耐心和细致，许多企业更愿意雇佣女性。这种变化不单单是在就业领域，对女性就业的重视以及雇佣对女性的其他方面也有正面影响。例如，在孟加拉国，在服装产业就业的女性往往能够推迟结婚和生育，年轻女性平均也能获得 1.5 年的额外受教育年限②。

总的来说，参与全球价值链对就业的影响是积极的、正面的。

四、对中国就业的影响

上文已经阐明了全球价值链影响就业的主要路径，但共性不完全等于特性，由全球经验总结出来的规则比较笼统，也不一定完全适用于中国的具体情况。下面我们将详细阐述全球价值链的演变对中国就业的影响。

总体而言，从劳动力结构来看，中国第二产业与第三产业的就业人数明显增加，第

---

① 资料来源：2019 年世界发展报告。

② HEATH R, MOBARAK A M. Manufacturing growth and the lives of Bangladeshi women [J]. Journal of development economics, 2015, 115: 1-15.

一产业的就业人数在下滑，说明全球价值链的参与在推动中国劳动力逐步由第一产业向第二、三产业转移，这符合库兹涅茨法则的发展规律。从速度上来看，中国总体年均就业增长率仍然十分平稳，有略微的下降趋势；第二产业就业增长值起伏比较明显，第三产业就业增长趋势和总就业增长趋势基本一致，但第一产业就业增长率一直为负数。从要素密集类型来看，劳动密集型和公共产品服务业的就业占比不断增加，而知识密集型制造业和服务业、资本密集型服务业的就业占比出现了一定增长。从行业层面来看，农林牧渔业就业虽仍然占有重要地位，但就业人数出现明显下滑，而制造业就业人数在逐年增加，建筑业、金融业、房地产行业等国民经济的热门行业就业增长也较为明显。

从技术层面来说，目前我国总就业的现状仍然是以低技术含量就业为主，其次为中等技术含量就业，高技术含量就业人数最少；从大趋势来看，目前我国低技术含量就业人数呈现减少趋势，而中、高技术含量的就业人数呈现增加趋势。从现状来看，全球价值链对中国高技术劳动力的就业的带动效应比较小，而对中、低技术含量劳动力的就业影响比较大。原因在于过去数十年间，国外投资以及跨国公司在中国进行贸易主要看重的是中国的低成本劳动力、广阔的市场以及低成本初级产品的优势，因此对中低技术含量劳动力就业影响较大；而对于高技术劳动力，一方面高技术劳动力培育周期较长、培育成本较高，另一方面出于国家竞争和地缘政治考量，国外也会对我国的高技术劳动力就业进行限制。但从未来发展趋势来看，目前全球价值链参与对低技术含量劳动力就业的影响在逐渐下降，对高技术含量劳动力就业的影响有增加趋势。原因在于一方面我国近年来在积极实施经济发展与对外贸易的转型战略，提高对外技术人才交流；另一方面也是因为随着我国经济的发展和全球经济的动荡，人口红利在不断丧失。实际上，全球价值链除了影响一个国家的对外贸易，对一个国家经济的促进与直接投资也能间接促进当地的就业，这种促进能直接形成国内需求。从实际情况来说，国内需求对中国就业的促进效应是最为明显的。

从国际产业传导路径来看，"纺织服装皮革→俄罗斯居民消费"和"作物牲畜生产→中国食品饮料烟草→日本居民消费"分别是促进中国就业增长最大的直接和间接需求途径，从中也可以看出，与周边国家的贸易能够更好地促进我国的就业。如果从具体产业来看，上游产业特别是第二产业的上游产业对中国就业的促进作用最为明显。无论是从最终需求部门还是总的最终需求国家，都是美国、日本、俄罗斯对中国就业增长的影响较大。

第五节　全球价值链与产业结构升级

一、产业结构升级的类型

通常来说，产业结构升级主要分为两个方面：产业结构的合理化和产业结构的高级化[①]。产业结构合理化主要指的是产业间相互作用所产生的效果大于不同产业能力之和的效果，并表现为产业间关联水平提高、协调能力加强的过程。对于产业结构是否合理化，主要有以下五个标准可供判断：第一，看产业结构是否符合"标准"结构。所谓标准结构指的是在大量历史数据的基础上通过实证分析得到的产业结构"模板"，对照着这个"模板"就可以检验一个国家某个阶段的产业结构是否合理。第二，看产业结构是否满足市场最终需求。市场经济条件下产业结构始终是一个资源转换器，这个资源转换器是否好用还要看它能不能最终满足市场的需求。第三，看产业间的比例关系是否协调。良好的产业比例关系是各产业协同创新发展的基础，不能存在某个产业掉队，特别是不能存在瓶颈产业的情况。瓶颈产业的出现会使得产业结构体系的综合产出能力受到极大制约与限制。第四，看产业结构能否合理和有效地利用资源。在这一点上可以运用影子价格法帮助判断：当资源得到合理配置时，各产品的边际产出应当相等，各产业部门的影子价格因而应当相同。第五，看产业结构是否符合可持续发展的要求，即既满足当代人的需求，又不对后代人满足自身需求的能力构成危害。

产业结构高级化主要指的是产业结构由低级到高级、由简单到复杂、由小规模到大规模的过程。其主要表现为第一产业比重减少，第二、三产业比重增加；产业类型中劳动密集型产业占比减少，资本密集型、技术密集型产业的比例增加；制造初级产品的产业占比减少，制造中间产品和最终产品的产业占比增加。此外，产业结构高级化的内容也包含许多方面：第一，从产业素质上看，主要包括新技术的运用、劳动力素质的上升、各产业效率的提高和产业的升级换代。第二，从结构发展来看，主要包括由初级产品制造向最终产品制造、由低附加值向高附加值转变的过程。第三，从产业组织发展来看，由分散、小规模的竞争转向联合、集团式的集中性大规模竞争，专业化协作也越来越细。第四，从产业与国际市场的联系来看，主要包括国际协调型的产业结构被不断建立以及开放程度的不断提高。

二、全球价值链推动产业结构升级的机制

目前全球价值链已经成为全球经济发展的重要特征，是全球经济实现就业和增长的

[①]　赵玉林，汪芳. 产业经济学：原理及案例［M］. 5 版. 北京：中国人民大学出版社，2020.

重要推动力。然而自 2008 年全球金融危机以后，全球经济普遍进入经济结构调整阶段，世界各个国家都面临着实现产业结构升级以带动经济增长的巨大压力。在此背景下，了解全球价值链推动产业结构升级的机制，知道如何利用全球价值链浪潮实现经济发展具有重大的理论意义与实践意义。总体来看，全球价值链推动产业结构升级主要有以下四种机制[①]，其中国际贸易与国际投资的推动作用最为显著。

（一）全球价值链分工格局给产业结构升级创造了空间

全球价值链上产品的最终价值在各个生产环节的分布并不均匀，企业在其中便有了获取更多增加值实现升级的空间。例如，在微笑曲线中，创造价值最多的环节通常是价值链上游活动（如提出新理念、研发、关键零部件的制造）和下游（如营销、品牌和顾客服务）活动。最终的组装环节往往只创造很少的价值。更多地处于价值链两端的生产性服务活动所创造的增加值，通常远大于处于价值链中心位置的制造活动所创造的增加值。此外，企业的产品和服务相对于竞争者，如果有更多的差异性，也能创造高价值。这种分工使得先进国家与发展中国家实现了产业交换，使得传统产业与现代产业之间实现了替代转换，使得同一产业内部不同门类之间交流日益密切[②]。换言之，产业间的交流与流动为产业结构升级腾出了增长空间。

（二）全球价值链通过国际贸易直接促进产业升级

企业通过参与全球价值链，可借助国际贸易实现升级。全球价值链的兴起对国际贸易最重要的影响是推动了中间品贸易的急速增长。这种中间品的生产与贸易成为产业结构升级的突破口。具体来说主要有以下三条路径：第一，在国际贸易中处于弱势的企业可借助全球分工成为大企业的跟随企业。跟随企业基于自身的比较优势，可以选择参与一个全球价值链，专注于其中特定的中间品生产。通过中间品出口的多样化，该企业就可以实现出口扩张与收入水平的提高，积累资本以进行技术研发与升级，以内生增长为主，从而实现产业结构升级。第二，一个跟随企业在参与全球价值链后，能够享有价值链既有的广阔的市场空间，有利于该企业开拓市场，实现产出升级和产品升级。第三，跟随企业能够在中间品进口获得蕴含上游生产商国际竞争力的产品，从而为进口方带来了直接学习的机会，有利于进口方模仿、学习、消化和吸收其中蕴含的创新内容，并在国内生产和销售其变异品种，最终有助于实现本国的产业结构升级。

（三）全球价值链通过国际直接投资促进产业升级

除了中间品的国际贸易外，全球价值链所带来的国际直接投资也有助于促进产业升级。国际投资是全球价值链的重要组成部分，是跨国公司跨境转移资源与重组活动的重

---

① 吴海英. 全球价值链对产业升级的影响 [D]. 北京：中央财经大学，2016；霍经纬. 全球价值链分工对中国制造业增加值率的影响研究 [D]. 大连：东北财经大学，2021.

② 孙志燕，郑江淮. 全球价值链数字化转型与"功能分工陷阱"的跨越 [J]. 改革，2020（10）：63-72.

要手段。在全球价值链中，跨国公司往往处于其中增值最大的核心环节，即创新与产品战略、营销、制造与服务等环节，同时外包直接持有的非核心功能。跨国公司向外分工的行为是近年来国际投资-全球价值链关系最重要的变化之一。在这一变化过程中，跟随这些跨国企业的小企业也能通过参与跨国公司的非核心功能，承接其外包和离岸活动，借助跨国公司的市场规模等优势实现自身的产业升级。

（四）全球价值链通过知识与技术的扩散促进产业升级

全球价值链分工能通过知识扩散效应、技术创新效应对产业升级产生影响。现实经济中，全球价值链和产业升级对知识资本的依赖度往往要求较高。首先，在全球生产网络中，人力资本积累速度的加快促进了知识创新，提升了知识外溢效果，改善了知识结构①，从而加强了产业创新的动力，提升了产业活力。知识扩散使得企业获得转移来的先进知识，扩散包括直接渠道（技术支持、生产合作等）和间接渠道（员工的交流、产品质量标准升级）。

其次，技术创新也有助于中国制造业实现转型升级，向全球价值链的高端位置攀升。从理论上分析，全球价值链分工的技术溢出效应能够有效地促进制造业技术创新水平的提升。垂直专业化分工对劳动生产率和技术创新能力的提升具有积极的促进作用，有效提高了产业的综合竞争力②。技术进步对产品内分工与国际贸易的发展具有举足轻重的作用，并为发展中国家提升综合竞争力、赶超发达国家提供了可能。

最后，外资能够为企业带来产品和生产过程的创新、管理知识和质量规范的改善。外资的进入往往会对本土企业原有的生产经营模式提出挑战。这些来自专利技术、生产经营效率等方面的压力，有助于企业的产业升级。例如，在中国，工业产业参与全球价值链分工就促进了中国产业增长方式的转型升级。此外，外商直接投资（FDI）也促进了中国的价值链升级，中国制造业通过嵌入全球价值链，有效提升了自主创新能力。

三、全球价值链对我国产业升级的贡献

如前文提到，全球价值链促进了我国工业的转型升级，但还有一个问题，全球价值链究竟在我国产业升级中发挥了多大的作用？1%的影响是影响，99%的影响也是影响，因此有必要探明全球价值链在我国产业升级中发挥的作用与贡献程度。

（一）贡献测量方法③

以下内容的推导涉及传统经典经济发展理论模型（如索罗模型、干中学模型等），本节不再对相关内容进行赘述，感兴趣的读者可以自行阅览相关著作进行进一步学习。

一般而言，采用生产函数来衡量企业的产出，而干中学模型强调知识对生产的作

---

① 杨翔宇. 基于全球价值链分解的中国就业变动驱动因素及路径研究［D］. 长沙：湖南大学，2020.
② 杨博. 中国工业全球价值链嵌入位置及其对能源偏向型技术进步的影响［D］. 上海：华东师范大学，2020.
③ 吴海英. 全球价值链对产业升级的影响［D］. 北京：中央财经大学，2016.

用。干中学模型的核心思想是在生产产品的过程中，劳动者必然会探索、思考、尝试改进生产方法，从而在生产过程中积累知识。这些知识是生产新资本的副产品，资本 K 也包括知识，知识是资本 K 的函数。从而经济增长率取决于资本和人口增长率。因此，在干中学模型中，采用 Cobb-Douglas 形式的干中学模型生产函数为

$$Y = K^{\alpha}(AL)^{1-\alpha} \tag{5.2}$$
$$A = bK^{\varphi}, \ 0 < \alpha < 1, \ b > 0, \ \varphi > 0 \tag{5.3}$$

在索洛模型中，全要素生产率代表了除劳动、资本以外的一切要素对经济增长的贡献，用以代表技术在经济增长中发挥的作用[①]。因此需要首先以全要素生产率为突破口，建立基于全球价值链的内生经济增长模型。结合前文内容我们可以知道，要想衡量全球价值链的贡献，首先需要对全要素生产率 A 进行扩展，用以刻画全球价值链主要通过国际贸易与国际投资，对企业全要素生产率 A、进而对增加值 Y 的影响。

具体地，假设生产函数中的资本 K 通过国内资本 K_d 和国外资本 K_f 来影响 Y，同时，假设全要素生产率 A 是国内资本 K_d、国外资本 K_f、中间品进口 X_f 的函数，由此，采用 Cobb-Douglas 形式的干中学模型生产函数就可以变为

$$Y = K_d{}^{\alpha} K_f{}^{\beta}(AL)^{\gamma}, \ 0 < \alpha, \ \beta, \ \gamma < 1, \ \alpha + \beta + \gamma = 1 \tag{5.4}$$
$$A = b K_d{}^{\theta} K_f{}^{\delta} X_f{}^{\varphi}, \ b > 0, \ \theta > 0, \ \delta > 0, \ \varphi > 0 \tag{5.5}$$

其中，Y 是增加值；K_d 是国内资本；K_f 是国外资本；A 是知识资本（全要素生产率）；L 是劳动力；X_f 是中间品进口。接下来，将包含全球价值链因素全要素生产率 A 的函数式代入上面的增加值函数中，可以得到

$$Y = b^{\gamma} K_d{}^{\alpha+\gamma\theta} K_f{}^{\beta+\gamma\delta} X_f{}^{\gamma\varphi} L^{\gamma}, \ 0 < \alpha, \ \beta, \ \gamma < 1, \ \alpha + \beta + \gamma = 1,$$
$$b > 0, \ \theta > 0, \ \delta > 0, \ \varphi > 0 \tag{5.6}$$

式（5.6）就是基于全球价值链的内生经济增长模型，以上模型保证了对数变换后变量具有线性可加性。在该式中，中间品进口 X_f 和外资 K_f 是全球价值链的代理变量。一方面，二者通过影响全要素生产率对增加值产生影响；另一方面，外资 K_f 本身作为生产要素资本 K 的一部分，也对增加值产生影响。特别地，模型中中间品进口 X_f 的范围不仅仅局限在用于出口的中间品进口，而是所有的中间品进口。原因是我们在前文中提到的中间品进口带来的技术进步、知识扩散和竞争力提升，也可以促进国内同行业技术的进步，从而带来更多行业增加值的提升和产业升级。

进一步，将上式两边取对数，可以得到

$$\ln Y_t = \gamma \ln b + (\alpha + \gamma\theta) \ln K_{d,t} + (\beta + \gamma\delta) \ln K_{f,t} + \gamma\varphi \ln X_{f,t} + \gamma \ln L_t \tag{5.7}$$

为简化起见，将各要素的指数缩减到只用一个系数表示，则上式变为

$$\ln Y_t = \gamma \ln b + \beta_1 \ln X_{f,t} + \beta_2 \ln K_{f,t} + \alpha_1 \ln K_{d,t} + \alpha_2 \ln L_t \tag{5.8}$$

---

① SOLOW R M. A contribution to the theory of economic growth [J]. The quarterly journal of economics, 1956, 70 (1): 65-94.

等式两边对时间求导，可得到各变量的增速，将变量的增速表示为变量前加小写字母 g，则上式可表达为

$$g_{Yt} = \beta_1 g_{Xf, t} + \beta_2 g_{Kf, t} + \alpha_1 g_{Kd, t} + \alpha_2 g_{Lt} \qquad (5.9)$$

式中，g_{Yt} 为增加值 Y 的增速，$g_{Xf, t}$ 是中间品进口 X_f 的增速，$g_{Kf, t}$ 是外资资本 K_f 的增速，$g_{Kd, t}$ 是内资资本 K_d 的增速，g_{Lt} 是劳动力 L 的增速。由该式，我们便得出了全球价值链要素（中间品进口和外贸）对产业增加值的动态贡献率。

（二）贡献大小

有了上述公式，我们便可以计算各生产要素对增加值增速的贡献率。根据公式

$$g_{Yt} = \beta_1 g_{Xf, t} + \beta_2 g_{Kf, t} + \alpha_1 g_{Kd, t} + \alpha_2 g_{Lt} \qquad (5.10)$$

可以得到：

$$中间品进口对增加值增速的贡献率 = \beta_1 g_{Xf, t} / g_{Yt} \times 100\% \qquad (5.11)$$

$$国外资本对增加值增速的贡献率 = \beta_2 g_{Kf, t} / g_{Yt} \times 100\% \qquad (5.12)$$

$$国内资本对增加值增速的贡献率 = \alpha_1 g_{Kd, t} / g_{Yt} \times 100\% \qquad (5.13)$$

$$劳动力对增加值增速的贡献率 = \alpha_2 g_{Lt} / g_{Yt} \times 100\% \qquad (5.14)$$

因此，

$$全球价值链要素对增加值增速的贡献率 (\beta_1 g_{Xf, t} + \beta_2 g_{Kf, t}) / g_{Yt} \times 100\% \qquad (5.15)$$

借助中国海关贸易数据库、中国工业统计年鉴及工业数据库 2002—2012 年共 11 年的中国工业规模以上的行业数据，结合上文所构建的模型进行运算，我们便可以得出 α_1、α_2、β_1、β_2 的系数估计结果：增加值对中间品进口的弹性系数 β_1 为 0.141，对国外资本存量的弹性系数 β_2 为 0.097，对国内资本存量的弹性系数 α_1 为 0.578，对劳动力的弹性系数 α_2 为 0.052。2003—2012 年各项增速的平均值为该变量各年增速的几何平均值。进一步，我们可以估算出全球价值链对中国规模以上工业产业升级的动态贡献率，其估计结果如表 5.4 所示。

表 5.4　全球价值链对中国规模以上工业产业升级动态贡献率

行业简称	全球价值链贡献率			内资贡献率	劳动力贡献率
	合计	中间品进口	外贸		
总贡献率	22.7	14.1	8.5	53.4	23.9
煤炭开采	51.9	35.4	16.5	34.3	13.8
石油燃气开采	−591.0	76.6	−667.6	168.0	523.0
黑色金属矿	22.1	13.0	9.0	52.2	25.7
有色金属矿	40.8	25.1	15.7	43.3	15.9
非金属矿	234.0	198.2	35.8	88.2	−222.2

行业简称	全球价值链贡献率			内资贡献率	劳动力贡献率
	合计	中间品进口	外贸		
食品加工	15.5	10.3	5.2	52.8	31.7
食品制造	16.6	12.8	3.8	57.3	26.2
饮料	36.8	31.0	5.8	43.5	19.7
烟草	-0.5	86.7	-87.2	125.2	-24.7
纺织业	9.7	-3.3	13.1	87.7	2.6
纺织服装	4.4	-2.7	7.1	68.6	27.0
木材加工	13.0	11.0	2.0	57.1	30.0
家具	21.0	13.1	7.9	50.7	28.3
造纸	24.6	10.5	14.1	61.2	14.2
印刷媒介	-5.3	-21.2	15.9	77.6	27.6
文教仪器其他	18.1	14.3	3.8	66.2	15.7
石油焦核燃	15.8	21.7	-5.9	32.1	52.1
化学制品	20.3	8.9	11.4	58.1	21.6
医药	24.2	12.9	11.3	50.9	24.9
化学纤维	1.6	-10.3	11.8	69.7	28.7
橡胶塑料	43.5	25.7	17.7	17.2	39.4
非金属矿	16.6	8.4	8.1	68.2	15.3
黑金冶炼	54.5	47.2	7.3	30.3	15.2
有色冶炼	23.7	14.5	9.2	48.4	27.8
金属制品	13.6	8.7	4.9	63.2	23.2
通用设备	24.2	14.3	10.0	56.2	19.6
专用设备	19.1	5.7	13.4	58.9	21.9
交通运输	17.5	8.3	9.2	57.8	24.7
电气机械器材	15.8	8.2	7.6	55.8	28.5
通信计算电子	16.6	9.6	7.0	49.6	33.8
电气燃力水	28.8	15.1	13.8	62.2	9.0

说明：数据引自吴海英. 全球价值链对产业升级的影响［D］. 北京：中央财经大学，2016. 表5.5及图5.3同。

表5.4从行业层面分析全球价值链对各个行业产业升级（增加值增速提升）在2003—2012年的平均影响。此外，由于通信计算机电子制造业创造的增加值规模最大，规模上参与全球价值链程度最深，我们需要重点关注这一产业在不同时点的动态升级过程中全球价值链产生的影响。

同样地，借助中国工业数据库等数据，结合所构建的模型，我们可以运算得出通信计算机电子制造业升级中来自全球价值链的贡献，其结果如表5.5及图5.3所示。

表5.5 2003—2012年中国通信计算机电子制造业升级中来自全球价值链的贡献

年份	全球价值链贡献率			内资贡献率	劳动力贡献率
	合计	中间品进口	外贸		
2003	37.7	27.3	10.4	24.4	38.0
2004	19.6	9.7	10.0	37.7	42.7
2005	43.6	24.7	18.9	11.7	44.7
2006	15.9	10.6	5.3	38.9	45.2
2007	20.1	9.5	10.6	42.5	37.4
2008	5.9	-0.5	6.4	66.2	27.9
2009	-38.6	-38.0	-0.5	165.8	-27.2
2010	15.8	8.8	7.0	63.3	20.9
2011	-68.9	14.4	-83.3	28.0	140.9
2012	2.5	2.6	-0.1	83.0	14.6
2003—2012	16.6	9.6	7.0	49.6	33.8

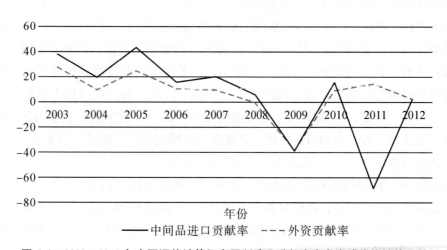

图5.3 2003—2012年中国通信计算机电子制造业升级中来自全球价值链的贡献

从表5.5及图5.3中可以看出，从全球价值链对增加值增速提升的动态贡献看，平均而言，2003—2012年，通信计算机电子制造业的增加值增速每提高1%，有0.166%来自全球价值链因素的贡献，其中来自中间品进口的贡献是0.096%，来自外资的贡献是0.07%。2008年之前，通信计算机电子制造业的增加值增速提升中来自中间品进口和外资的贡献走势高度相似。2008年后，二者走势相反。2009年中间品进口贡献的下降程度明显大于外资贡献的下降幅度，而2011年外资贡献剧烈下降，中间品进口贡献却略有回升。总之，全球价值链在我国通信计算机电子制造业的发展升级中发挥了不可磨灭的作用。

四、"互联网+"与全球价值链演进

实际上，全球价值链之所以在中国的产业结构升级中如此重要，是因为"对外借势"一直都是中国产业升级的重要战略选择。自1978年以来，中国产业通过嵌入全球价值链，成功实现了中国自己的工业革命，在产业发展中取得了历史性成就，发生了历史性变革。与此同时，中国产业发展也具有明显的内嵌性，即吸引外资来中国本土扎根，通过贸易将在中国本土生产的产品出口到全球，同时依托国内市场需求构建国内价值链实现本土产业向上攀升。改革开放40多年来，尽管基于本土空间的产业发展，中国成为世界制造中心，也成为全球第一大经济贸易体和经济总量全球第二的国家，但这一发展策略也使中国产业升级异常艰难。在全球价值链分工体系中，中国产业向上升级遭到了发达国家政府、生产型跨国企业和购买型跨国企业的三重压制，难以实现创新驱动，被长期锁定在全球价值链的中低端环节，长期处于分工的不利地位[1]。

在此背景下，"互联网+"成为中国产业对外借势、实现产业结构转换升级发展的重要途径。"互联网+"的本质是连接，随着大数据、云计算、人工智能等技术的发展和应用，物联平台、物联云使得人类社会进入"万物互联"的时代，"互联网+"为中国产业对外借势升级发展提供了重要支撑。具体而言，首先，随着远程呈现等"互联网+"信息技术的突破，经济全球化从通信成本驱动阶段进入"面对面"成本驱动阶段，产业活动不需要长途跋涉也可以达到"面对面"的效果。其次，消费互联网平台、工业互联网平台、创新互联网平台等"互联网+"平台，已有效将中国产业与全球大市场、全球创新链连接起来，为中国产业"对外向下借市"和"对外向上借智"提供了虚拟平台支撑。再次，"互联网+"有关的跨境电子商务、数字贸易业务为新冠疫情全球蔓延下的中国产业扩大出口，提供了新业态、新模式支撑。最后，"互联网+"使企业具备了连接万物的能力。"互联网+"不仅是企业可利用的资源，而且是企业能力的衍生。"互联网+"跨界战略在商业界被广泛采用，例如腾讯总裁马化腾将"连接一切"作为腾讯未来发展的愿景，将转型做"互联网+"的连接器和内容产业作为腾讯未来发展战略。毫无疑问，"互联网+"已经成为全球价值链战略主体对外拓展发展空间、创造竞争优势的新重要途径。

（一）全球价值链与"互联网+"的机理与途径

那么，"互联网+"究竟在全球价值链中扮演了怎样的角色？从全球价值链的空间演化趋势看，全球价值链致使全球生产分工出现了极强的垂直专业化特点。如果垂直专业化带来的是价值模块被不同国家或地区块状分割，那么"互联网+"带来的最直接结

---

① HENDERSON J. Danger and opportunity in the Asia-Pacific [A]. Routledge, 1998：356-384.

果就是被分割的价值模块又重新连接起来了。这种连接类似人类肌体的关节筋骨，将相关功能器官有机连接为一体，从而实现额外的价值增值，最终形成虚拟空间邻近、价值模块功能互补的全球价值网络。因此，全球价值链"互联网+"可以被定义为：在经济全球化背景下，依托"互联网+"的连接功能，不同地点的价值模块建立起基于虚拟空间的价值关联，进而实现跨区域价值创造额外增值和竞争力提升。

那么，全球价值链到底是怎样在"互联网+"中实现连接的？根据全球价值链分工环节划分标准，从研发、制造、营销三个主要价值模块来看，不同地点、不同价值模块间的"互联网+"的连接机理和途径主要可以分为两个类别：梯度连接与互补连接。其中，梯度连接主要是指同一价值模块的要素在不同地区之间的传导，最终形成地区之间各自在不同模块上的动态合作运行。互补连接主要指不同价值模块在不同地区之间的传导，最终形成上下游之间分工明确的整体。

全球价值链与"互联网+"的梯度连接，主要指后发展地区与发达地区之间同一价值模块间的"互联网+"连接。在经济全球化背景下，由于资源禀赋和经济发展水平差异，不同"地点"同一种价值模块的发展水平往往存在梯度差异，即一个地区的某个价值模块很可能具有其他地区不具备的竞争优势，如领先技术、规模经济、成本优势、管理方式、组织架构等，各地区独自发展时，往往是竞争关系，且后发展地区处于劣势低位，转型升级发展和向价值链高端迈进相对困难，跨区域间优势互补、资源共享的格局难以形成。然而，两个不同发展水平的地点建立"互联网+"连接后，由于发展水平存在梯度势差，地点各自的竞争优势在价值网内部能够双向转移，不同优势的企业相互分享各种优势资源与信息，优势从高处向洼地流动，成为产生协同效应的内部驱动，从而实现良性循环，达到价值网优势的帕累托优化。因而，这种不同地点同一种价值模块间的梯度连接，是一种优势势能的跨区域转移。

全球价值链与"互联网+"的互补连接，指不同"地点"的不同价值模块间的"互联网+"连接。在传统地理租金影响下，一个地点核心企业取得竞争优势，需要在本地布局大批配套企业，并进行模块化分解和专业化分工，核心企业通过规模化生产、流程化管理，提供低成本的标准化产品，因此传统意义上产业的区域分工是有明显地理属性的，往往以核心企业为中心向周边一定地理空间内辐射，产业发展和向价值链攀升在很大程度上受限于周边区域的资源优势和配套能力，区域分工格局以圈层结构为主。由于"互联网+"无边界化的天然属性，能推动处于分割状态的价值模块突破物理时空约束，并在无限延展的经济时空中建立联系。因此，一个地点核心企业能在更广的经济时空范围内选择比较优势大的上下游企业合作，通过这种连接红利实现额外增值，改变自身所处区域的资源局限性，并依托连接红利改变处于产业链低端的位置，提升本地区竞争力。

（二）"互联网+"与中国的产业结构升级战略

了解了全球价值链与"互联网+"连接的机理与途径，我们想要做的就是把理论运用在实践上：合理运用全球价值链中"互联网+"的连接使中国更好地实现产业结构升级。从机理中我们得知，全球价值链与"互联网+"的连接主要有梯度连接与互补连接两种途径，由此，中国的产业结构升级也有两大战略途径：一是梯度连接先进发展地区"对外向上借智"战略，二是互补连接后发展地区"对外向下借市"战略。

第一，梯度连接——连接先进发展地区的"对外向上借智"战略。全球价值链分工两个鲜明的特征是不同价值链分工地区的模块化和标准化，这就为分布于不同地理空间的功能实现互联创造了更有利的条件，也在一定程度上降低了中低端分工环节在不同地区间的迁移成本。这种全球价值链分工导致企业间的竞争加剧，并沿着供应链向上下游传导，使价值链垂直分工的企业之间的竞争也在加剧，同时，增值收益也进一步流向价值链中具有垄断地位的主导企业。特别是在新冠疫情冲击持续、中美经贸摩擦和脱钩加剧、世界贸易保护主义抬头、各国民粹主义复苏等"逆全球化"背景的影响下，全球价值链迎来了新格局，欠发达国家参与全球产业分工格局面临着严峻挑战。这一形势倒逼欠发达国家加快创新驱动和产业结构调整，加速向全球价值链中高端攀升，进而实现创新驱动发展，塑造新的竞争优势。

如何实现这一目标？一方面要依托国内空间市场，以发达国家为追赶跨越目标，通过技术创新、产品创新、功能创新，不断接近甚至超越现有发达国家的创新水平，从而推动欠发达经济发展实现"创新驱动"升级跨越；另一方面，依托互联网平台，后发地区与发达地区可以建立梯度连接，构建跨境价值网，并采取众包、众创等开放式研发创新模式，引进消化吸收发达地区优势创新要素，形成对高级生产要素的虹吸效应。在这种模式下，后发展地区相当于低成本将先进技术"搬到"家门口，进而研发自主知识产权，推动后发展地区产业"对外向上借智"升级发展。

第二，互补连接——利用欠发达地区优势的"对外向下借市"战略。简单来说，中国产业加快"对外向下借市"，就是极大享受其他（相对欠发达）国家和地区廉价的初级生产要素资源。在实现向下借市后，本土企业能够把更多资源投入到较高附加值环节，或推动制造业加快转型升级，或向研发设计、品牌塑造环节延伸。具体来看，就是具有比较优势的国家，推动其优势产业价值模块通过"互联网+"与相对欠发达国家连接，推动本土企业，特别是具有价值链中高端优势的本土跨国企业走出去，在拓展发展空间的基础上实现与欠发达国家和地区的开放合作、互利共赢。在这种模式下，按照产品内分工原则，本地区可以把先进技术和成熟模式辐射到欠发达地区，或者把自身某些缺少比较优势的产业向相对落后地区转移，实现本地区产业升级发展。在发展理念上，本国与欠发达国家应该更多寻找合作的机会而不是进行恶性竞争。要实现这一点，必须打破传统地理空间的藩篱，转向跨区域资源共享、优势互补、风险共担和产业协同等整体价值创造方式，从而形成具有价值创造协同效应、与欠发达地区互相联系的新型区域价值网发展格局。

第六章　人口转型

在本章中，我们的主要内容以人口增长为被解释变量，考察人口增长受哪些因素的影响，其中主要考察经济发展水平的变化如何影响人口增长。

第一节　人口转型的阶段

所谓人口转型（demographic transition），又称人口变迁，是指人口增长由"高高低"（高出生率、高死亡率、低增长率）的原始型模式向"低低低"（低出生率、低死亡率、低增长率）的现代型模式转变的过程。根据西欧社会的人口增长经验，这个过程划分为四个阶段①（见图6.1）。

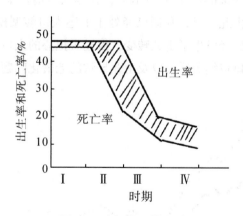

图6.1　人口变迁的阶段

第一阶段，高出生率，大量婴儿出生，但是由于卫生条件差，医疗水平低，死亡率也高，出生人口与死亡人口相互抵消，用图式表示就是"高–高–低"，这个阶段基本上反映了19世纪以前工业化国家的人口变化情况。

第二阶段发生在19世纪和20世纪初。由于经济开始发展，生活条件改善，死亡率

① 有时为了简化分析，将我们这里的第二和第三阶段合并为一个阶段，称为传统型模式，这时整个人口转型分为三个阶段。

开始降低，但人口出生率并没有下降，结果是人口增长率增高。用图式表示就是"高-低-高"。

第三阶段反映了 20 世纪初到 20 世纪 50 年代这一时期的人口增长情况。这一时期死亡率仍然在下降，但下降的速度放慢。由于城市化、工业化的迅速发展，妇女的文化水平和社会经济活动参加率的提高，以及避孕技术的进步，出生率开始呈下降的趋势，并且下降幅度要大于死亡率下降幅度。因此，这一阶段的人口增长率逐渐降低。

第四阶段出现在 20 世纪 50 年代以后，出生率下降步伐明显趋缓，这时死亡率因趋于极限而难以下降。这样，低出生率伴随着低死亡率，人口变动逐渐趋于稳定，且增长率趋向于零。

发展中国家与发达国家在人口转型方面是有差别的，并不完全吻合，当今发达国家大多已经进入第四阶段。发展中国家的人口转型比发达国家要快得多，尤其是死亡率下降相比于发达国家尤为迅速。发展中国家目前大多还处在人口转型的第三阶段，但是有些发展中国家在人口死亡率下降后出生率并没有下降（如非洲和南亚），出现了持续时间较长的"高低高"（高出生率、低死亡率、高增长率）模式。

新中国成立以来，中国人口死亡率大体上呈现下滑的趋势且最近十年来稳定在 7‰ 左右（见图 6.2），出生率总体下滑，从改革开放前的 18‰ 以上下滑到最近三年的 10‰ 以下；人口增长率也稳定下滑，改革开放前为 12‰ 以上，1998 年下滑到 10‰ 以下，直至 2022 年人口增长率为 -0.6‰。改革开放后，我国人口增长率于 2009 年首次进入 5‰ 以下的低速增长通道。由此可见，我国已经处于上述人口转型模式中的最后一个阶段。实际上，我国人口问题已经发生了重大转变，由过去担心的人口增长过快转变到了最近乃至今后将会担心的人口持续负增长以及由此导致的老龄化问题。

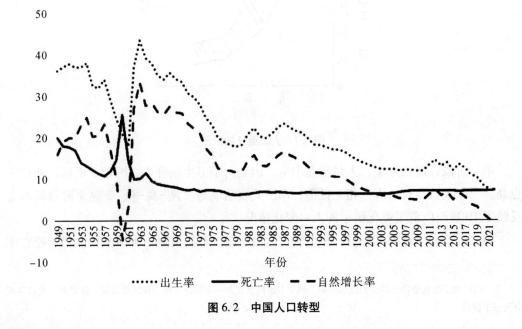

图 6.2　中国人口转型

2000 年 11 月底第五次人口普查数据显示，我国 65 岁及以上老年人口已达 8 811 万，占总人口的 6.96%，60 岁以上人口达 1.3 亿，占总人口的 10.2%，以上比例按国际标准衡量，均显示我国已进入了老年型社会。中国老龄化的特点是：第一，老龄人口总量大。到 2017 年，中国 65 岁及以上人口总数已经达 1.6 亿。第二，老龄化速度快。预计 2025 年中国就会步入"深度老龄化"社会，距离进入"老龄化"仅用了 25 年，而美国完成这一过程用了 70 年，英国用了 45 年，同样是发展中国家的印度也用了 30 年[①]。按目前的低生育率状况来看，中国极有可能是世界上从"深度老龄化"到"超老龄化"所用时间最短的国家。第三，"未富先老"。目前中国的人均 GDP 还未达到世界平均水平，距离发达国家还有不小的距离。2017 年中国的人均 GDP 约 7 300 美元，65 岁及以上老年人口占比为 10.6%。中国的老龄化程度远远高于同发展水平的其他国家，相应的社会福利体制与养老机制尚未健全，这对中国应对老龄化问题提出了重大挑战。

人口老龄化会给经济发展带来很多挑战。首先，是劳动力数量减少对经济增长带来下行压力。其次，是抚养比增加导致社会养老负担加重。再次，老龄化导致抚养比上升，还会使得储蓄率与投资率下降。此外，老龄化还会通过缓解一国的创新创业能力来影响经济发展。最后，老龄化还会对人均产出带来影响。人口老龄化也会影响到劳动力市场，尤其会影响到技能转型的速度。

具体来说，由于人口转型，我国劳动就业问题主要体现在两个方面：其一是我国总体的劳动参与率趋于下降。劳动参与率是经济活动人口（包括就业者和失业者）占劳动年龄人口[②]的比率，即劳动年龄人口中愿意参与经济活动的人口数量。2000 年，16 岁及以上人口劳动参与率为 78.76%，2010 年下降到 71.69%，2015 年进一步下降到 70.61%，2015—2017 年略有波动，2018 年又略有下降，下降到 70.31%，与 2000 年相比，劳动参与率整体下降 8 个百分点以上。可见，16 岁及以上人口劳动参与率持续稳定的下降趋势明显。

其一是劳动年龄人口由增加转为减少，是我国经济社会形势的重要变化，这标志着我国就业形势的主要矛盾逐步由总量矛盾转向了结构矛盾。劳动年龄人口（16~59 岁）规模经历多年持续扩张后，2012 年达到拐点，首次出现下降，并持续至今，从 2011 年最高的 9.24 亿，降到 2018 年年底的 8.97 亿。劳动年龄人口占总人口比例也从 2010 年的 68.8% 最高点下降到 2018 年的 64.3%，9 年间下降了 4.5 个百分点。

其二是就业的结构性矛盾更加突出，表现为随着技术进步加快和产业优化升级，技能人才短缺问题将更加凸显；在部分地区，企业用工需求与劳动力供给存在结构性失衡，造成企业"招工难"与劳动者"就业难"并存；以高校毕业生为重点的青年就业、农业富余劳动力转移就业、失业人员再就业，以及就业困难群体实现就业难度依然很大。

---

① 按照国际通行划分标准，当一个国家或地区 65 岁及以上人口占比超过 7% 时，意味着进入老龄化；达到 14%，为深度老龄化；超过 20%，则进入超老龄化社会。

② 国际上一般把 15~64 岁列为劳动年龄人口，在我国 16~60 周岁这部分人口被视为劳动年龄人口。

第二节　死亡率的变迁

人口增长率等于出生率减去死亡率。我们先来分析死亡率变迁的影响因素。首先要明确的是，在一个现代社会，以人口死亡作为政策工具是极不人道的[1]。因此，在死亡率分析方面，没有多少直接政策分析与操作的空间。

过去两个世纪，死亡率大幅下降成为人类历史上一件重要的事实，也是世界人口快速增长的主要原因。死亡率的下降主要受三个因素的驱动。第一因素为生活水平的提高与营养条件的改善。食物的质量和数量显著提高，穿着更干净的衣服，居住在更加宽敞、通风的房子里，使得人们更加远离病菌的侵袭，身体更有抵抗力。第二个因素是公共卫生体系改善与普及。如大多数人享有清洁的水源和粮食，会定期清理容易滋生蚊虫的地方。第三个因素是药物得到更广泛应用，可以治愈许多种疾病，尤其是传染性疾病的防治。

在发达经济体中，影响死亡率的这三个因素总体上是依次出现的：首先是改善营养条件和提升生活水平，其次是改善公共卫生措施，最后是医疗进步。经济史学家罗伯特·福格尔（Robert Fogel）认为，营养条件改善解释了1775—1875年英格兰和法国死亡率下降的90%，但是之后对死亡率下降的贡献减少了。19世纪中后期城市发明了现代污水处理系统和自来水供应系统，大幅度减少了霍乱和伤寒等疾病。20世纪后，药物治疗才对延长预期寿命有显著的贡献。

而对于发展中国家而言，这三个因素的影响几乎是同时发生的。第二次世界大战前后，政府和非政府组织迅速引入公共健康技术和现代药物，与此同时，发展中国家总体上生活水平也有较大幅度提高。这也解释了为什么发展中国家死亡率下降得更为迅速，以及为什么发展中国家能够在比较低的人均收入水平下延长预期寿命。预期寿命就是死亡率下降的一种反映与度量指标。

第三节　生育率的变迁

一、生育意愿与生育率

马尔萨斯理论实际上隐含地认为，在缺乏主动节育手段[2]情况下，如果食物极大丰

---

[1]　在2020年新冠疫情下，瑞典、英国、美国等西方社会鼓噪的"群体免疫"政策受到国际社会极大抨击。实际上，"群体免疫"理论是生物学家们观察到动物界面对疫情的被动应对现象，可谓现代版的"率兽食人"。

[2]　晚婚晚育、母乳喂养等被动型节育手段也可以降低生育率，并且在历史上的西欧某些地区发挥了重要作用。

富,生育率将会达到生育的生理极限。反过来说,这时的生育率受到食物或收入的约束。实际上,在这样的收入非常低的发展阶段,生育率普遍很高。在新中国成立之前,一个妇女一生生育四五个乃至更多小孩是很普遍的。例如,老一辈革命家朱德同志在《我的母亲》一文中写道:"母亲一共生了十三个儿女。因为家境贫穷,无法全部养活,只留下了八个。"

也许你会认为,在这种情况下生育率非常高仅仅是由于缺乏节育技术,现在人生育率之所以低,是因为他们有了现代节育措施。实际情况并非完全如此。在欧洲,回答是否定的。因为在节育措施广泛运用之前,生育率已经大幅下降了。例如,1910年,英国生育率已大幅下降,而当时只有16%的夫妇采用了机械的避孕手段。

在发展中国家,二战后生育率下降确实和生育控制有关。从1960年到2011年,已婚夫妇采用避孕措施的比例从9%上升到61%。但是这个事实并不能证明避孕措施的普及导致生育率下降。因为生育率可以在没有采取避孕措施的情况下降低,例如在欧洲就是如此。实际上,影响实际生育率最重要的因素是人们的生育意愿。也就是说,想不想生、想生多少个才是关键所在。

20世纪七八十年代发展中国家的数据阐明了生育意愿与实际生育率之间的关系(见图6.3),其中横轴是意愿生育数量,纵轴为实际的总和生育率,即平均来说一个妇女实际一生生育的子女数量,图中直线为45度线。从图中可以得出两个主要信息:第一,实际生育数量与意愿生育数量高度正相关。这表明,生育意愿是影响实际生育率最主要的力量。第二,实际生育数量普遍高于意愿生育数量。如果实际生育数量与意愿生育数量完全一致,图中的点应当都在45度线上。如果实际生育数量与意愿生育数量在统计上一致,图中的点应当较为平均地分布于45度线的两侧。我们观察到,图中的点几乎都在45度线的上方。这就说明,实际生育数量普遍高于意愿生育数量,换句话说,如果人们想要两个小孩,普遍实际生得比两个多。

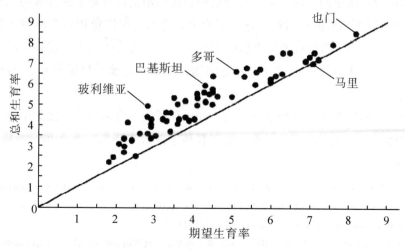

图6.3 生育意愿与实际总和生育率

数据来源:Pritchett(1994),转引自 Weil(2013)。

我们下面依次来解释生育意愿受何种因素的影响以及为什么实际生育率会略高于生育意愿。

二、家庭生育理论

意愿生育率是人们主观选择的结果。美国经济学家贝克尔创造性地运用微观经济学消费选择模型研究家庭生育问题[①]。

在家庭生育模型中，我们假定家庭选择"两种消费品"：其一为孩子 n，其二为其他的消费品 c。这"两种消费品"都是正常"商品"（收入效应为正），家庭的无差异曲线也是如图 6.4 中的 I_1 那样的正常形状。子女为什么会带来效用呢？这或许是因为我们偏好于儿孙绕膝的天伦之乐，或许是因为生物的本能，也或许是因为社会文化习俗与舆论环境的影响。

养育孩子的净价格是养育孩子的成本与养育孩子的经济收益之差。养育孩子的成本包括养育孩子的直接支出与养育孩子的机会成本。养育孩子的直接支出包括在医院生产的医疗费支出与孩子出生后到成年衣食住行、医疗和教育等所有支出，乃至包括子女结婚支出以及对子女购房的经济支持。养育孩子有机会成本的道理也很简单，因为带孩子与陪伴、教育孩子要花时间，可能要放弃一些工作机会。养育孩子可能会有一些经济收益（子女的投资品属性），一般主要考虑两项：其一是子女未成年时工作创造的经济价值[②]，其二为子女成年后给予父母的经济支持（主要是父母老年的赡养支持）。养育孩子的成本减去孩子的经济收益即为孩子的净价格（后面我们简称"价格"）。养育孩子的各成本、收益项因发展阶段、社会风俗而异。

有了"两种消费品"的价格，我们可以构造家庭选择模型的预算线，如图 6.4 中的直线 AB。预算线表示家庭能够负担得起的消费品和孩子的组合。如果这个家庭没有孩子，把所有的收入用于消费品，那么它能负担得起的消费品将等于预算线与纵轴的交点 A。如果这个家庭把所有的花费都用在孩子身上，那么它可以负担得起的孩子数等于预算线与横轴的交点 B。和所有消费者选择模型一样，最优选择点为无差异曲线与预算线相切的位置，图 6.4 中的点 (n_1, c_1)，这时选择的结果是孩子数量为 n_1，其他消费品的数量为 c_1。

孩子养育成本的变化。其他条件不变，如果孩子的净价格下降，比如引入了一个好的公共教育体系或者免费的医疗服务使得养育孩子的成本降低，那么预算线将由 AB 转

① BECKER G S. An economic analysis of fertility, demographic and economic change in developed counries [J]. National bureau of economic research, 1960: 209-231; BECKER G S, BARRO R J. A reformulation of the economic theory of fertility [J]. Quaterly jounal of econonmics, 1988, 103 (1): 1-25.

② 2020 年全球童工增至 1.6 亿，其中 2016—2020 年全球童工人数增加 840 万。据估计，新冠疫情对全球童工造成了前所未有的负面影响，至少导致童工增加 0.7 个百分点，预计到 2022 年年底全球将面临再增加 900 万童工的风险。参见：李忠东. 全球童工增至 1.6 亿 [J]. 检察风云，2022 (4): 58-59.

动为 AC。新最优选择位于点 (n_2, c_2)，生育孩子的数量为 n_2，而其他消费品的数量为 c_2，两者都增加。反过来，如果其他条件不变，孩子净价格上升，则生育孩子的数量和其他消费品的数量都减少。

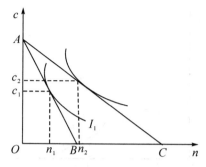

图 6.4   养育孩子的成本下降

购买消费品和养育孩子数量初始选择为 (n_1, c_1)，养育孩子的成本降低使得预算线在横轴上移动，导致商品消费和养育孩子数量增加。

收入的变化。其他条件不变，如果收入增加，预算线如图 6.5 所示由 AB 平行向外移动到 CD，最优选择点从 (n_1, c_1) 移动到 (n_3, c_3)，孩子和其他消费品数量都增加。这一结论与我们通常观察到的家庭收入越低子女数量越多并不一致。为什么呢？问题出在我们理论分析中的"其他条件不变"上。现实中，人们收入增加的同时，孩子的净价格会发生更为剧烈的上升，这既有生、养、育子女直接支出上升的因素，更大的原因则是养育子女所花时间的机会成本（尤其是女性的时间机会成本）增加。根据我们前面的分析，孩子净价格上升，生育子女数量下降。由于孩子净价格上升更为剧烈，净价格上升的影响占主导地位，所以生育率下降。

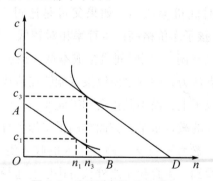

图 6.5   生育选择和收入增加

偏好的变化。发展经济体与发达经济体的一个重要差异就是经济社会结构会发生更为剧烈的变化，对子女的偏好尤为明显。例如，在中国的传统文化观念中，"不孝有三，无后为大""多子多福"是主流观点，但是现在这些观念已经逐渐淡化了。人们观念发生变化会影响偏好，从而改变无差异曲线的形状。图 6.6 表述了人们对子女的偏好减弱后家庭最优选择的变化。图中 I_1 为观念变化前的无差异曲线，I_2 为对子女偏好弱化后的无差异曲线。对子女的偏好减弱后，边际替代率下降，无差异曲线变得更加平缓，意味着增加一个子女所愿意放弃的其他消费品数量减少。预算线不变，最优选择点由（n_1，c_1）变为（n_2，c_2）。和预料的结果一样，生育率下降，消费增加。

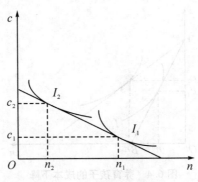

图 6.6　生育的偏好减弱

三、家庭生育模型的应用

生育补贴与计划生育。其他条件不变，生育补贴使得孩子净价格下降，征收社会抚养费类的计划生育政策使得孩子净价格上升[1]。因此，生育补贴会使得生育率上升，而计划生育政策降低生育率。

社会保障制度。社会保障制度是影响孩子净价格的一个重要变量。在没有社会保障和医疗保健计划的社会或经济部门，如农村社会，养儿育女就是为了养老。当子女在父母老年时提供经济支持时，孩子净价格下降，生育率上升。

父母的收入水平。父母收入水平对养育孩子数量的影响取决于父母获取收入的方式，或者说取决于父母的时间机会成本。如果父母是通过工作获取高收入（有钱没闲），则时间机会成本高，孩子净价格高，生育率相对较低。如果父母是通过地租之类的方式获取高收入（有钱又有闲），则时间机会成本低，孩子净价格相对偏低，生育率相对较高。所以有一种观点认为，中国之所以没有能够在清代发展起来，就是因为地主将地租都用到生养更多的孩子上，而不是投资到工商业。

父母的教育水平。较高的教育水平一方面提高了父母生育孩子的成本，另一方面降低了他们生育孩子的收益。教育不仅会提高一个人的收入潜力，而且会改变他的世界观，特别地，教育让父母看到了生育孩子之外获得快乐的途径。

父母（特别是母亲）的劳动参与。如果母亲不参与正规劳动市场，则她的时间机会成本低，孩子净价格低，从而有更高的生育率。女性参与全职的正规劳动力市场一般是城市化的结果。但是我们要注意，这一现象的逻辑关系也可能与上面所说的恰好相

---

[1]　各国采取的计划生育政策不尽相同。征收社会抚养费的政策不是导致家庭生育模型中预算线转动，而是预算线变成了拐折的分段预算线。

反。也就是说，逻辑关系也可能是：由于生育了更多子女需要母亲花更多的时间，母亲不得不退出正规的劳动力市场。

性别偏见的社会规范。重男轻女的社会规范在很多地区有程度不一的反映，其中亚洲尤为严重。这种社会规范根源于女孩的净价格更高，如女性生产率相对较低，其结果是导致家庭生育子女时进行了性别选择。虽然随着社会的发展，产生性别偏见的根源在逐步消失，但是社会规范在人们头脑中并没有立刻消失，影响了家庭生育的性别偏好。一般来说，单纯从生物学的角度来看，由于女性平均寿命更长，人口中男性比例应该略低于女性，但在亚洲，2010 年男性与女性比为 104.8：100。这种女性在人口统计中"失踪"的现象被称为"消失的女性之谜"。

四、解释生育意愿与实际生育率的偏离

家庭生育理论中的生育率是意愿生育率。为什么实际生育率会普遍高于意愿生育率呢？要回答这个"超生"问题，我们需要重新回归家庭生育模型中的生育率概念。家庭生育理论中的意愿生育率实际上是指家庭意愿的总和生育率（TFR）。总和生育率表示一个妇女平均来说生育孩子的数量。但是，一个家庭所生的孩子数量与这个家庭的父母在年老时能照料他们（提供经济支持或更简单的天伦之乐）的子女数量存在一定的偏差。第一个偏差是由死亡率尤其是婴儿死亡率引起的。也就是说，家庭意愿生育的子女数量一定是生育且存活到父母年迈的孩子数量。但是实际上，并不是每一个子女都能存活到父母年迈之时。这个过程中，造成最大偏差的是婴儿死亡率。家庭的意愿生育率应当是扣除了婴儿死亡率这一不确定性后的净生育率。正如我们前面引用的朱德同志的文章，在经济越不发达的阶段，婴儿死亡率越高，所以，要想保持一定的目标净生育率，需要生更多的子女以弥补不确定性的损失。

净生产率或净繁殖率（the net rate of reproduction，NRR）是综合考虑了生育率和死亡率影响的一个重要指标。净繁殖率（NRR）被定义为：给定生育率和死亡率，平均一个妇女一生生育的能够接替其生育职能的女孩数。例如，假设一半的女孩在婴儿期死亡，另一半在生育期生活，那么在生育期生活的妇女平均生育 4 个孩子，其中一半是女孩，净繁殖率为 1，因为 1/2 生育的可能性乘以 4 个孩子再乘以 1/2（因为大约有一半的孩子是女孩）等于 1。考虑 NRR 的另一种方法是将其视为每一代女孩人数增加的因素。NRR 等于 1 意味着零人口增长。如果 NRR 等于 2，意味着每一代人会翻倍。

在印度，如表 6.1 所示，1956—1990 年总和生育率急剧下降，由于死亡率下降导致了预期寿命提高，而同期 NRR 保持不变，然后 NRR 才几乎减少到人口更替水平。

表 6.1　印度人口统计数据

阶段	总和生育率	预期寿命	净繁殖率
1955—1960 年	5.92	42.6	1.75
1965—1970 年	5.69	48	1.87
1975—1980 年	4.83	52.9	1.73
1985—1990 年	4.15	57.4	1.61
1995—2000 年	3.45	62.1	1.43
2001—2005 年	2.73	64.2	1.17

数据来源：United Nations Population Division（2010）。

死亡率下降，还会通过子女质量-数量权衡机制降低生育率。当死亡率很高时，为了分散风险，父母会选择将有限的资金投入到多个孩子身上，这样存活下来的孩子能够带来一定的经济与效用回报。反过来，死亡率降低（通常伴随着经济发展水平提高、家庭收入提高）后，一方面，家庭要想维持既定的存活下来的孩子能够带来的经济与效用回报，无须分散资源在数量众多的子女身上，而是将资源集中到少量子女身上。超出子女生存所需的资源投入，是对子女的人力资本投资。另一方面，社会对高人力资本的人需求增加了，因此集中资金培养更高素质的孩子是一个合理的选择。

婴儿死亡率仅是导致生育决策中不确定性的一种，子女不能发挥家庭生育理论模型中所默认的作用的可能性是另一种不确定性的来源。从子女的消费品属性来看，如果子女忤逆不孝，何乐之有？从子女的投资品属性来看，如果子女在父母年迈时不但挣不到钱，反而啃老，那如何发挥应有的作用？

这些不确定性的影响有多大呢？我们通过一个数值的例子来说明一下。假定每一出生的子女有意愿且有能力给年迈父母提供照料的概率 $p = 0.5$，其中包括了子女到父母年迈之际的死亡率、子女没照料意愿的可能性以及子女没能力照料的可能性；而父母认为在年迈时需要至少有一个子女提供精神与物质照料的最低门槛概率 $q = 0.9$。这对夫妇生育的孩子数量 n 需满足：$1 - (1 - p)^n > q$。计算可得至少要生育 4 个子女。如果只有儿子能提供照料，则至少要生育 8 个子女。

五、经济发展与生育率变迁

图 6.1 中将生育率变迁分为了三个阶段，经济发展水平和其他因素如何影响这三个阶段的生育率呢？早期的高生育率阶段（图中 Ⅰ 和 Ⅱ 阶段），收入水平很低，没有社会保障，父母养育孩子的机会成本也不高，由于教育回报低，家庭不会过多地投资子女的教育，因而养育孩子的花费比较少，最终结果是孩子净价格低，因而生育率较高。中期的出生率逐步下降阶段（图中 Ⅲ 阶段）。随着经济的增长，收入水平提高，但这主要来自物质资本投入的增加，而不是人力资本的提高，同时，社会保障制度还没有建立起

来，由此带来的影响表现在两个方面：一方面，生育子女的边际收益提高，因为劳动力的回报增加，但人力资本的回报没有变化或增加很少。另一方面，生育子女的边际成本有所增加，但是增加的量并不大。成熟阶段（图中Ⅳ阶段），收入水平大大提高，人力资本回报增加，社会保障体系不断健全。生育子女的边际收益提高，因为劳动力的回报增加，但人力资本的回报没有变化或增加很少。此时，养育孩子的边际收益下降，同时边际成本上升，父母在数量–质量权衡中会倾向于选择质量，而降低生育孩子的数量。

第七章 人力资本与终身学习

第一节 人力资本的含义

一、概念与类型

人力资本是指劳动者的素质或质量，具体体现为人的知识、技能、经验与健康等方面。劳动者的素质之所以被称为资本，是因为它具有与物质资本同样的属性。一方面，人力资本同样具有生产性并能获得回报；另一方面，人力资本也是投资的产物，并且人力资本投资是大部分经济体的主要开支。人力资本与物质资本类似，因使用磨损而折旧。但知识与技能形式的人力资本通常会被认为因使用而增加（"干中学"），所以工作经验是人力资本的一部分。知识与技能形式的人力资本更有可能是因过时而折旧。

二、人力资本指数

（一）世界银行人力资本指数

世界银行发布的人力资本指数（human capital index，HCI）是当前评估人力资本的一个公认指标。该指数对儿童成长轨迹中的里程碑进行量化评估，测量了当年出生的孩童在年满 18 岁时可以达到的人力资本数值，旨在强调当前国家的健康水平和教育机会将如何塑造未来劳动者的素质。

评估涵盖了生存、学校教育和健康三个组成部分，分别采用儿童出生后平安成长为学龄前儿童（5 岁）的概率、儿童所接受的反映教育质量的学校教育年限、儿童发育迟缓率和成人存活率四个指标进行测度。参考发展核算学相关文献的计算方法，在对人力资本的组成部分进行汇总时，先将各部分转化为与完整教育和全面健康相应基准线相关的对劳动者生产率的贡献，再由三部分相乘得出人力资本指数的总量。这种方法可以更加准确地反映各部分对人力资本的贡献，避免随意汇总产生的测算误差。

表 7.1 给出了 2018 年人力资本指数的评估结果。生产率的最大值为 1，某一国家的 X 值意味着该国在既定年度出生的儿童作为未来劳动力的生产率是完整教育和全面健康基准线所能产生的 X 值部分。这一生产率可以分解为人力资本指数三个组成部分各自的贡献，每一部分的贡献以相对于基准线的生产率的标准线来表示。

人力资本差异对下一代劳动力的生产率具有举足轻重的影响。在一个每一组成部分均处于 25 百分位左右的国家中，2018 年出生的孩子在未来的生产率仅能达到完整教育和全面健康基准线水平的 43%，与每一部分均处于 50 百分位、75 百分位的国家相比，还有较为明显的差距。

表 7.1 2018 年出生的儿童未来作为劳动力所具有的生产率

		一国的人力资本处于 X 百分位时所具有的价值		
		25%	50%	75%
	组成部分 1：生存			
1	5 岁以下孩童存活率	0.95	0.98	0.99
A	对生产率的贡献	0.95	0.98	0.99
	组成部分 2：学校教育			
	期望教育年限	9.5	11.8	13.1
	考试分数	375	424	503
2	反映质量的受教育年限	5.7	8.0	10.5
B	对生产率的贡献	0.51	0.62	0.76
	组成部分 3：健康			
3	未受发育迟缓困扰的儿童的比例	0.68	0.78	0.89
4	成人存活率	0.79	0.86	0.91
C	对生产率的贡献	0.88	0.92	0.95
	人力资本指数总量	0.43	0.56	0.72

资料来源：《2019 年世界发展报告》。

注释：①对"生产率的贡献"评估的是人力资本指数的每一组成部分以及人力资本指数总量对今天出生的儿童未来作为工人所具有的、相对于完整教育和全面健康基准线的预期生产率。X 值意味着他们未来具有的生产率仅为完整教育和全面健康基准线所能实现 X 值的一部分。生产率贡献估计值根据关于教育和健康回报的微观经济计量证据估算得出。反映质量的受教育年限是该国考试分数与全球最佳考试分数之比乘以该国预期的受教育年限得出的数值。

②C 是按照 3 和 4 对生产率贡献的几何平均值计算出来的。

③人力资本指数总量 = $A \times B \times C$。

表 7.2 提供了 2018 年各经济体人力资本指数的估计结果。可以看到，世界排名前五位的经济体依次为新加坡、韩国、日本、中国香港和芬兰。

人力资本指数为发展中国家认识自身的人力资本发展提供了参考。但与所有的横向比较基准测试一样，它仍存在一定的局限性，需要在后续的版本中进一步改进和拓展。一是部分国家的数据缺失问题。人力资本的组成部分，比如发育迟缓、考试分数，在某些国家并未被测量。在生命登记不够完整或者根本不存在的国家中，成人存活率的估计值也不完全准确。二是某些人力资本的重要贡献因素并未被纳入指数当中。例如，高级认知技能、社会行为技能以及儿童早期发展等，受限于数据的可获得性与可比性，HCI未能体现这部分信息。

表 7.2　人力资本指数指标（HCI），2018 年

排名	经济体	HCI	排名	经济体	HCI	排名	经济体	HCI
157	乍得	0.29	104	埃及	0.49	51	蒙古国	0.63
156	南苏丹	0.30	103	洪都拉斯	0.49	50	乌克兰	0.65
155	尼日尔	0.32	102	尼泊尔	0.49	49	阿联酋	0.66
154	马里	0.32	101	多米尼加	0.49	48	越南	0.67
153	利比里亚	0.32	100	柬埔寨	0.49	47	巴林	0.67
152	尼日利亚	0.34	99	圭亚那	0.49	46	中国	0.67
151	塞拉利昂	0.35	98	摩洛哥	0.50	45	智利	0.67
150	毛里塔尼亚	0.35	97	萨尔瓦多	0.50	44	保加利亚	0.68
149	科特迪瓦	0.35	96	突尼斯	0.51	43	塞舌尔	0.68
148	莫桑比克	0.36	95	汤加	0.51	42	希腊	0.68
147	安哥拉	0.36	94	肯尼亚	0.52	41	卢森堡	0.69
146	刚果（金）	0.37	93	阿尔及利亚	0.52	40	斯洛伐克	0.69
145	也门	0.37	92	尼加拉瓜	0.53	39	马耳他	0.70
144	布基纳法索	0.37	91	巴拿马	0.53	38	匈牙利	0.70
143	莱索托	0.37	90	巴拉圭	0.53	37	立陶宛	0.71
142	卢旺达	0.37	89	塔吉克斯坦	0.53	36	克罗地亚	0.72
141	几内亚	0.37	88	马其顿	0.53	35	拉脱维亚	0.72
140	马达加斯加	0.37	87	印度尼西亚	0.53	34	俄罗斯	0.73
139	苏丹	0.38	86	黎巴嫩	0.54	33	冰岛	0.74
138	布隆迪	0.38	85	牙买加	0.54	32	西班牙	0.74
137	乌干达	0.38	84	菲律宾	0.55	31	哈萨克斯坦	0.75
136	巴布亚新几内亚	0.38	83	图瓦卢	0.55	30	波兰	0.75
135	埃塞俄比亚	0.38	82	西岸和加沙地带	0.55	29	爱沙尼亚	0.75
134	巴基斯坦	0.39	81	巴西	0.56	28	塞浦路斯	0.75
133	阿富汗	0.39	80	科索沃	0.56	27	塞尔维亚	0.76
132	喀麦隆	0.39	79	约旦	0.56	26	比利时	0.76
131	赞比亚	0.40	78	亚美亚	0.57	25	中国澳门	0.76
130	冈比亚	0.40	77	科威特	0.58	24	美国	0.76
129	伊拉克	0.40	76	吉尔吉斯斯坦	0.58	23	以色列	0.76

表7.2（续）

排名	经济体	HCI	排名	经济体	HCI	排名	经济体	HCI
128	坦桑尼亚	0.40	75	摩尔多瓦	0.58	22	法国	0.76
127	贝宁	0.41	74	斯里兰卡	0.58	21	新西兰	0.77
126	南非	0.41	73	沙特阿拉伯	0.58	20	瑞士	0.77
125	马拉维	0.41	72	秘鲁	0.59	19	意大利	0.77
124	伊斯瓦蒂尼	0.41	71	伊朗	0.59	18	挪威	0.77
123	科摩罗	0.41	70	哥伦比亚	0.59	17	丹麦	0.77
122	多哥	0.41	69	阿塞拜疆	0.60	16	葡萄牙	0.78
121	塞内加尔	0.42	68	乌拉圭	0.60	15	英国	0.78
120	刚果（布）	0.42	67	罗马尼亚	0.60	14	捷克	0.78
119	博茨瓦纳	0.42	66	厄瓜多尔	0.60	13	斯洛文尼亚	0.79
118	东帝汶	0.43	65	泰国	0.60	12	奥地利	0.79
117	纳米比亚	0.43	64	墨西哥	0.61	11	德国	0.79
116	加纳	0.44	63	阿根廷	0.61	10	加拿大	0.80
115	印度	0.44	62	特立尼达和多巴哥	0.61	9	荷兰	0.80
114	津巴布韦	0.44	61	格鲁吉亚	0.61	8	瑞典	0.80
113	所罗门群岛	0.44	60	卡塔尔	0.61	7	澳大利亚	0.80
112	海地	0.45	59	黑山	0.62	6	爱尔兰	0.81
111	老挝	0.45	58	波黑	0.62	5	芬兰	0.81
110	加蓬	0.45	57	哥斯达黎加	0.62	4	中国香港	0.82
109	危地马拉	0.46	56	阿尔巴尼亚	0.62	3	日本	0.84
108	瓦努阿图	0.47	55	马来西亚	0.62	2	韩国	0.84
107	缅甸	0.47	54	阿曼	0.62	1	新加坡	0.88
106	孟加拉国	0.48	53	土耳其	0.63			
105	基里巴斯	0.48	52	毛里求斯	0.63			

资料来源：《2019年世界发展报告》工作组。

（二）其他估算方法

除了用指数的形式评估人力资本的价值，我们还可以借鉴物质资本的测量方式来测量。一是成本法，人力资本存量等于初始的存量加上总投资再减去折旧，比如 Kendrick（1976）成本法。Kendrick 是构建人力资本账户的积极倡导者，他提出了用成本法计算人力资本的具体操作方法。在考虑人力资本的投资成本时，Kendrick（1976）将人力资本分为两类：有形人力资本投资，主要是孩子的养育费用；无形人力资本投资，包括教育与培训支出，医疗、健康和安全支出，以及劳动力流动等方面的支出。根据支出主体的不同，上述每项支出又由个人、企业以及政府的投资组成。人力资本存量采用永续盘存法估算，对人力资本的投资支出进行累计，并对已有的人力资本进行折旧。

二是收入法，人力资本存量等于个体在其整个生命周期中收入的净现值。这种方法也常用于估算自然资源的价值。终生收入法是以个人预期生命期的终生收入的现值来衡量其人力资本水平。假设某个体的人力资本可以像物质资本一样在市场上交易，那其价格就是该个体的预期生命期的未来终生收入的现值。采用终生收入而不是当前收入来度量人力资本的一个重要原因就是，它能够更加准确合理地反映教育、健康等长期投资对人力资本积累的重要作用。

三、教育是应对工作变革的主要手段

21世纪以来，全球科技创新进入空前密集活跃的时期，新一轮科技革命和产业变革正在重构全球创新版图、重塑全球经济结构。我们可以看到，技术应用促使人们的工作性质发生改变。它淘汰了某些工作岗位，同时也创造着新的工作类型。以家电行业为例，技术进步引发了家用电器价格的不断走低及使用性能的持续改善，与家电维修相关的工作岗位随之减少。而同一行业内部，智能家居的崛起又表现出对新兴技术人才的供求缺口。

这种工作性质的变革实质上是对劳动者技能需求的改变。当自动化重塑着工作的形式，工作所要求的技能也步入了加速转变的快车道。调查显示，在发达国家中高技能工作与低技能工作的数量正在增加，中等技能工作的数量则不断降低。这些高技能工作岗位需要劳动者掌握非重复认知型工作技能，通常不容易受到自动化发展的影响。另有一些从事理发、美容、清洁等非重复性工作的低技能劳动者，也不容易被自动化所取代。相反，从事产品包装、数据录入等程序性、重复性工作的劳动者则面临着越来越少的就业机会。

在许多发展中国家，高技能职业的就业也呈现出不同程度的增长趋势。2000—2014年，玻利维亚和埃塞俄比亚从事高技能职业的工人比例增加了8%以上。与此同时，对于低技能和中等技能工作的需求则表现出国家间的差异性。2000—2016年，约旦的中等技能就业比例增加了7.5%，同期孟加拉国的这一比例却几乎降低了20%，如图7.1所示。

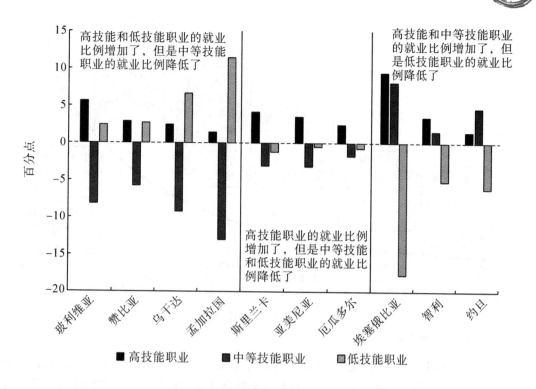

图 7.1 年度就业比例变化平均数

资料来源:《2019 年世界发展报告》工作组根据世界银行国际收入分布数据集所计算。

注释:①高技能职业:经理、专业人士、技术员与相关专业人士。中等技能职业:文秘等辅助工作者,销售与服务工作者,手工业及相关行业的交易商,技术型农业、林业和渔业工作者,工厂和机器操作员及装配工。低技能职业:清洁工和帮工等初级职业,农业、林业和渔业的劳动者,采矿业、建筑业、制造业和交通运输业的劳动者,食品配送业的帮工,街头及相关的销售工作者和服务业工作者。

②根据职业技能水平分类,2000—2015 年。

这种差异可能是自动化与全球化的竞争力量造成的。2016 年,欧洲和中亚的固定宽带用户比率达到 26%,而南非仅为 2%。全球化进程下,发达国家的低技能工作和中等技能工作向发展中国家转移,但这只是引向了某些发展中国家。发展中国家低技能工作和中等技能工作人数究竟是增加还是降低,取决于自动化和全球化力量的相对速度。

那么,高技能劳动者就可以凭借一门手艺在劳动力市场端稳"饭碗"吗?事实往往相距甚远。如图 7.2 所示,在过去,技术进步引致的技能转变耗费了几个世纪的时间才展现出来。而在数字经济时代,技术进步似乎要求人们在一夜之间掌握新的技能。面对这样迅猛、剧烈的技术变革,人们更加难以预测哪些才是未来工作中所需要的核心技能,哪些技能不日就将被淘汰。

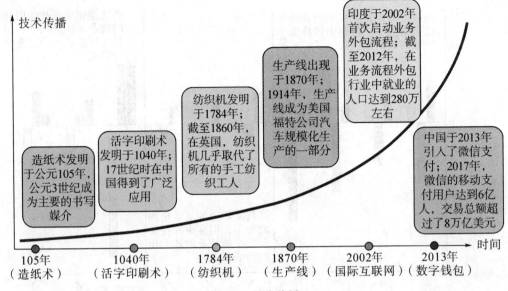

图7.2　技术传播

资料来源：《2019年世界发展报告》。

由此，劳动力市场越来越重视个体的适应性技能，即迅速适应变革、快速忘记和重新学习的能力。这一特征又要求劳动者具有某些高级认知技能（批判性思维和问题解决能力）与社会行为技能（创造性和好奇心）的组合。一项覆盖丹麦、法国、德国、斯洛伐克共和国、南非、西班牙和瑞士的就业市场分析表明，解决复杂问题的能力每增加一个标准差，个体的工资水平就会提升10%~20%。在亚美尼亚和格鲁吉亚，解决问题的能力和学习新技能的能力更是产生了将近20%的工资溢价。同样地，在柬埔寨、萨尔瓦多、洪都拉斯、老挝、马来西亚、菲律宾和越南，超过一半的企业认为具有特定社会行为技能（比如就业精神）的劳动力供应不足。创新的步伐持续加快，发展中国家亟须采取行动，加大教育投资，确保自身在未来经济中的竞争力。

四、教育的成本收益分析

20世纪60年代以来，教育的成本收益分析开始流行起来。这一分析方法既适用于个人，也适用于社会。首先，我们来讨论个人的收益与成本。

如果一个人通过教育提高了生产技能，从而增加了产出和收入，那么，这种增加的收入就是他的教育收益。一般说来，一个人受的教育越多，收益就越大。这种关系可以用年龄-收入曲线表示。

在图7.3中，横轴表示一个人的年龄，纵轴表示他的收入。从图中可以看到：①受教育越多的人，年龄-收入曲线越高；反之，则越低。没有受过教育的人收入是最低的，大学毕业生的收入是最高的。②每条年龄-收入曲线都是先上升而后下降，到50岁左右，收入达到最大，这说明一个劳动者在不同时期有不同的收入水平。③文盲在年龄很小时就能挣得收入，但起点收入很低。随着教育级别的提高，获得最初收入的年龄就不断变大，但起点收入也在增加。

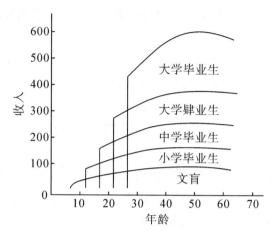

图 7.3　年龄-收入曲线

年龄-收入曲线常常被家庭作为投资于子女教育的依据之一。如果教育成本不随教育级别的上升而与教育收益同比例地增加，那么，对这个家庭来说，尽可能地让孩子受更多的教育是有利的。当然，这里需要说明一下，一个人或一个家庭的教育决策不只考虑经济因素，还有很多社会的、文化的因素也必须考虑。但是，一般认为，经济因素是被考虑的主要因素。假如书读得越多，收入反而越少，那么，有谁还愿意去上大学呢？有的发展中国家一度出现过鄙视读书的思潮，这是由一个大学教授的工资还不如一个普通工人的工资高这一脑体倒挂现象所引起的。这是对教育与收入之间正比关系的一个反证。

教育的收益是预期的，因此，一个人或一个家庭在估算教育收益时必须对某级教育的未来年份的收入进行贴现，然后把这种贴现值与该级教育成本进行比较。未来某一年的预期收入公式可以表示如下：

$$V_0 = E_t / (1 + r)^t \tag{7.1}$$

在这里，V_0 表示 t 年收入的贴现值，E_t 表示第 t 年的教育收入，r 表示利率即教育投资的机会成本。这个公式运用利率 r 把第 t 年的教育收入贴现成为现值。如果要计算某级教育 n 年的全部预期收入贴现值，那么，只要把 n 年的所有预期收入贴现值相加便可得到，其公式为

$$V = \sum_{t=1}^{n} \frac{E_t}{(1 + r)^t} \tag{7.2}$$

由家庭负担的私人成本包括两个部分：显性成本（explicit costs）和隐性成本（implicit costs）。显性成本也叫作直接成本，它包括一个家庭对子女完成最终教育的全部实际货币支出，如学费、书本费、交通食宿等开支都属于显性成本范畴。隐性成本是指学生在上学期间放弃的收入，如果他不上学而参加生产活动，本来可以获得一笔额外的收入，因此，隐性成本也叫作机会成本。显然，一个学生年龄越大，受的教育越多，放弃

的收入就越大，隐性成本越大。但是，对于一个贫穷的农民孩子来说，即使上小学也有机会成本，因为农村孩子在年龄很小时就可以为家庭干活。这也就是农村的学生辍学率较高的原因。

一个家庭预期其子女在读书期间发生的一切成本，包括显性成本和隐性成本，也像收入一样必须贴现化为现值，然后与贴现收入比较。n 年全部成本贴现公式为

$$G = \sum_{t=1}^{n} \frac{C_{et} + C_{it}}{(1+r)^t} = \sum_{t=1}^{n} \frac{C_t}{(1+r)^t} \tag{7.3}$$

在这里，C_{et} 为第 t 年的显性成本，C_{it} 为第 t 年的隐性成本，G 为 n 年全部成本贴现值。

一个家庭是否对子女进行教育投资和投资多少，取决于贴现收入与贴现成本的关系。如果贴现收入大于贴现成本，投资就是有利的。反之，如果贴现成本大于贴现收入，投资就不值得进行。比较教育投资决策是否最优的一个常用方法是计算内部收益率。它是指贴现成本之和与贴现收益之和相等时的贴现率。内部收益率可以通过下列方程求出：

$$\sum_{t=1}^{n} \frac{E_t}{(1+i)^t} = \sum_{t=1}^{n} \frac{C_t}{(1+i)^t} \tag{7.4}$$

或

$$\sum_{t=1}^{n} \frac{E_t - C_t}{(1+i)^t} = 0 \tag{7.5}$$

在这里，i 为内部收益率。通过计算内部收益率，一个家庭可以把教育投资的收益率与其他投资收益率进行比较。如果教育投资内部收益率在所有各种投资中是最高的，这个家庭对教育的投资就是最优的；否则，对教育的投资是不合算的。

以上考察的私人成本-收益分析完全适用于社会成本-收益分析，只是一个国家考虑的预期收益和成本的角度与私人不一样，做出的最优教育投资决策与私人是不同的，而且可能是矛盾的。这在发展中国家常常是存在的，因为私人收益可能大于社会收益，而私人成本可能小于社会成本。关于这一点将在下面论述教育深化时做详细论述。

西方一些学者对发展中国家和发达国家的教育投资的收益率进行了大量的经验比较研究。表 7.3 提供了教育收益率估计的一个实例。其他研究也得出了类似的结论。第一，发展中国家的教育投资收益率是高的，不仅高于发达国家，而且一般高于物质资本投资收益率。因此，在大多数发展中国家，教育投资是合算的。第二，在发展中国家，尤其是教育十分落后的国家，小学教育的投资收益率在各级教育中是最高的，而且在初级教育还没有普及的低收入国家，其初等教育收益率最高；但在完成了初等教育的国家，其初等教育收益率就难以确定了，因为没有更低的参照水平可与之比较。第三，在发展中国家，各级教育的私人教育收益率都大于社会教育收益率，但在发达国家，中等教育的私人收益率高于社会收益率，但高等教育的私人收益率却低于社会收益率。这主要是因为在发展中国家，政府对教育的补贴很大，尤其是对高等教育的补贴巨大；相

反，发达国家一般中小学教育是免费的，而大学教育费用大部分是由受教育者自己和家庭负担的。第四，随着经济的不断发展，教育的收益趋向于递减，其基本原因是，接受某种等级学校教育的劳动者不再变得那么稀缺，因此在劳动力市场上只能获得竞争性的工资或较少的垄断差价。

表 7.3　对不同收入组国家教育收益率的平均估计（20 世纪 80 年代）　　单位:%

	社会收益率			私人收益率		
	初等教育	中等教育	高等教育	初等教育	中等教育	高等教育
低收入国家	23.4	15.2	10.6	35.2	19.3	3.5
中低收入国家	18.2	13.4	11.4	29.9	18.7	18.9
中高收入国家	14.3	10.6	9.5	21.3	12.7	14.8
高收入国家	—	1.3	8.2	—	12.8	7.7
世界平均	20.0	13.5	10.7	30.7	17.7	19.0

资料来源：PSACHAROPOULOS G. Returns to education：a global update ［J］. World development，1994，22（9）：1325-1343.

五、教育深化与知识失业

西方经济学家认为，像其他产品和服务一样，个人所受教育的年限和程度主要由供求决定。教育需求主要由收入和成本决定，教育供给在发展中国家往往由公共部门决定。由于社会公众的压力，政府在财力许可的情况下不得不努力满足这些需求。这样就比较容易出现教育深化（educational deepening）和知识失业（educated unemployment）问题。

从上述的成本-收益分析中可知，公众对教育的需求决定于收入和成本。如果贴现收入大于贴现成本，对教育的需求就增加；反之，当贴现收入小于贴现成本时，对教育的需求就减少。

在发展中国家，有许多因素导致教育的私人收益远高于私人成本，从而刺激了公众对教育的无限需求。这一点可以结合图形来说明。

图 7.4 表示私人收入与成本和完成的教育年限之间的关系。从图中可知，当一个学生的教育年限越来越长时，他的预期私人收益将比他支付的教育成本以更快的比例增长。这是因为，一方面，一个人受的教育越多，他未来挣得的报酬就越高，如上一节描述的年龄-收入曲线表示的那样。另一方面，大多数发展中国家对大、中学教育尤其是大学教育实行免费或近似于免费就学，因此，个人的教育支出并不随教育年限的增加而大幅增加。这样，对于一个家庭来说，让孩子尽可能多地受教育是最优的决策。这就说明了在发展中国家，公众对教育的需求是无限的原因。

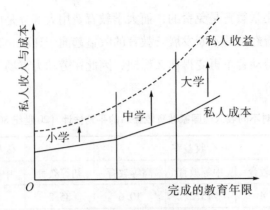

图 7.4　教育的私人收入与成本

　　如上所述，教育的供给一般是被动地适应教育的需求。面临无限的教育需求，发展中国家政府在财力许可的范围内不得不提供尽可能多的教育机会。结果，发展中国家教育发展异常迅速。当然，教育的发展可以提高整个国家的劳动力素质，从而提高劳动生产率，促进经济进步。但是，教育数量的扩张必须与教育质量的提高结合起来，否则，教育投资效益就会下降。当今发展中国家教育的主要问题不在于教育发展不快，而在于教育质量不高。这主要表现在辍学率高、教育脱离实际、智力外流、知识失业等方面。关于辍学率和教育脱离实际问题前面已讲过，关于智力外流将在下面讨论。在这里，我们将考察教育的深化和知识失业问题。

　　发展中国家不仅在城乡之间，而且在城市地区也普遍存在着二元经济结构。城市的劳动力市场一般被分割为正规部门（现代部门）和非正规部门（传统部门）。正规部门是指那些工资报酬和福利待遇比较高、工作比较稳定的大公司和政府部门；非正规部门是指工作没有保障、报酬低下且不稳定的一些个体小企业和做一些临时性工作的打工者。一般说来，受过良好教育的人是不考虑在非正规部门就业的，他们都挤在正规部门寻找工作。但是，正规部门创造就业机会的能力是十分有限的。这样，随着教育的迅猛发展，学校培养出来的知识劳动者人数就越来越大于现代部门提供的新的就业机会的数目，结果是一部分受过教育的劳动者必定找不到工作。那么，谁最容易失业呢？现代部门的雇主面对众多的各级学校毕业的求职者，首先是招聘受过高等教育的毕业生，然后考虑雇佣中学毕业生，最后才考虑雇佣小学毕业生。由于求职者多于就业机会，小学毕业生会首先被拒于工厂大门之外，其次是中学毕业生。

　　知识失业过程也是教育的深化过程。由于现代部门有限的就业机会，一方面，那些怀才不遇者只好屈身俯就，寻找低一级的工作；另一方面，雇主也倾向于雇佣文化程度更高的人从事原来由较低文化程度的人从事的工作。这样，原文盲能胜任的工作现在由小学毕业生代替了，原小学毕业生能胜任的工作现在由中学毕业生代替了，而原中学毕业的人能做的事情现在被大学毕业生代替了。这就意味着，相对于国民经济对人力的需要而言，出现了"教育过度"的情况。

发展中国家教育的"过度"发展导致了知识失业，但反过来，知识失业也助长了教育的进一步扩张。在教育发展初期，失业者主要由文盲组成。为了免遭失业的风险，父母把自己的孩子送去上小学，于是，初等教育在扩大。但随着初等教育的扩展，小学毕业生的失业率逐渐上升。为了防止失业，那些读完小学的学生现在不得不进入中学继续读书。但是，扩张中等教育必须同时扩大初等教育，因为那些在现代部门几乎找不到工作的文盲现在必须接受最低限度的教育。待到中学毕业生难以找到工作时，对高等教育的需求就增加了。政府只能扩张高等教育，但又必须同时扩张中等、初等教育。可见，就业状况的每一次恶化就要求扩张一次正规教育。

由此得出一个似乎难以置信的结论：发展中国家可能出现这样一种情况，某级教育作为一个终点变得越无利可图，这级教育的需求扩张就越迅速，对政府扩大该级教育的投资所施加的压力就越大。

教育的过度发展与知识失业的相互作用必然造成发展中国家的资源配置不当，教育投资效率低下。这反映在两个方面：一方面，受过相当教育的知识劳动者处在闲置和半闲置状态中，这是人力资源的严重浪费；另一方面，教育过度发展耗费了国家的大量物质资源，如果把这些资源用于别的地方，可能产生大得多的效益。这种情况可以用图7.5 来表示。

在图 7.5 中，一方面，社会收益曲线最初上升得很快，后来上升得很慢（斜率最初递增，后来递减，这是边际社会收益变动情况），这反映了对初等教育的投资效益很高，小学后的教育投资效益逐步下降；另一方面，社会成本曲线在基础教育阶段上升得缓慢，在高等教育阶段上升得异常迅速。其原因是，一方面对高等教育投资耗费高，如修建校舍，购买设备、书籍等需花大量资金；另一方面，在发展中国家，大学常常得到政府的大量补贴，包括对学生的生活补贴。

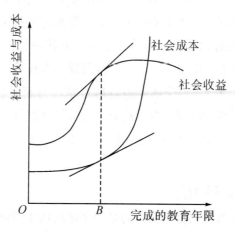

图 7.5 教育的社会收益与成本

从图 7.5 中可以清楚地看到，一个国家最优教育发展战略应该是为该国全体青少年提供 *OB* 年的教育。完成的教育年限超过 *OB* 年，边际社会成本大于边际社会收益，从而增加教育投资将产生负社会收益率。在现实中，发展中国家迫于政治压力，提供的教育机会远远超过了 *OB* 教育年限要求的数量，从而必然导致资源配置的浪费。

第二节　中国教育人力资本回报率

一、教育回报率的含义

人力资本理论认为，教育作为人力资本投资的一种主要形式，可以提高劳动者生产率，进而增加劳动者工资收入。教育回报率就是用于评估这种人力资本投资的收益大小，通常定义为劳动者每多接受一年教育所多获得的收入比例。作为人力资本价值的市场信号，教育回报率和劳动力市场变化密切相关，了解和掌握教育回报率变化对于更好地理解劳动力市场变化有着重要意义。

二、估算方法

（一）OLS 估计

教育回报率通常可以采用 Mincer 工资方程回归计算得出。根据该方程，个体工资收入是受教育水平、工作经验等多种因素共同作用的结果。模型的基本形式如下：

$$y = \beta_0 + \beta_1 S + \beta_2 E + \beta_3 ES + \beta_4 X + \varepsilon \tag{7.6}$$

在这里，y 为小时工资收入的自然对数，S 为个体受教育年限。E 代表工作经验，由年龄减去受教育年限再减 6 得出，ES 为工作经验的平方。X 为一系列控制变量，包括性别、省份、行业和单位所有制。式中 $\beta_0 \sim \beta_4$ 为待估系数，其中 β_1 衡量了在其他条件不变的情况下，个体受教育年限对工资水平的边际影响，即教育回报率。

使用 OLS 方法估计教育回报率具有数据易得、方法简便等操作优势。但不可否认的是，该方法存在能力偏差、测量偏差、异质性及样本选择等问题，所导致的估计偏差不容忽视。尤其是"能力偏差"，个体能力背后是基因与家庭背景等难以观测的因素，这些因素会影响劳动者教育的获得，进而影响工资水平。这样，在劳动力市场上观察到的教育对收入的正向影响，很可能包含能力因素产生的影响，从而高估了教育对收入的影响。

（二）使用双胞胎数据估计

使用双胞胎数据估计教育回报率被认为是一个解决内生性问题的有效方法。基于双胞胎（尤其是同卵双胞胎）的基因和家庭环境相同这一假定，对双胞胎数据进行组内差分处理，可以消除这些因素的差异。根据 Ashenfeilter 和 Krueger（1994）和 Behrman 等（1994），在教育收益的同质性假定条件下，适用于双胞胎数据的 Mincer 工资方程的基本形式如下：

$$y_{ij} = \beta S_{ij} + a_{ij} + f_j + v_{ij} \tag{7.7}$$

下标 i、j 分别表示双胞胎个体（$i=1$，2）和家庭；y 表示个体收入（对数形式）；S 表示个体受教育年限，其系数 β 即为教育收益率；a 表示不可观测的个体能力禀赋；f 表示双胞胎共有的家庭背景等因素；v 表示其他随机干扰项（包含了测量误差）。这里，首先假定不存在测量误差问题，而且 $cov(v, S) = 0$。

对于来自同一个家庭的一对同卵双胞胎，可以假定其基因决定的能力是相同的，即 $a_{1j} = a_{2j}$，这样，通过同一家庭内一对双胞胎的组内差分，基本形式变为

$$\Delta y_j = \beta \Delta S_j + \Delta v_j \tag{7.8}$$

其中，$\Delta y_j = y_{2j} - y_{1j}$，$\Delta S_j = S_{2j} - S_{1j}$，$\Delta v_j = v_{2j} - v_{1j}$。经过差分之后，消除 a 和 f，估计组内差分后的公式就可以得到教育收益率 β 的无偏估计，该估计量被称为双胞胎组内差分估计量。

Ashenfeilter 和 Krueger（1994）及 Ashenfeilter 和 Rouse（1998）同时还给出了另一种可供选择的估计方式。令 $A_j = a_j + f_j$，表示不可观测的个体能力禀赋和共有的家庭背景因素。由于 A_j 与教育水平 S_{ij} 相关，其线性关系可表示为

$$A_j = \gamma \left[(S_{1j} + S_{2j})/2 \right] + w_j \tag{7.9}$$

将上式带入基本形式，得到：

$$y_{ij} = \beta S_{ij} + \gamma \left[(S_{1j} + S_{2j})/2 \right] + u_{ij} \tag{7.10}$$

$\left[(S_{1j} + S_{2j})/2 \right]$ 表示一对双胞胎平均的教育水平，γ 表示一对双胞胎共同的能力及家庭背景与教育之间的关系，称为选择效应。如果 $\gamma > 0$，说明能力越高、家庭背景（如父母受教育水平、家庭收入等）越好的个体，教育水平就会越高，反之亦然。

（三）其他估计方法

一般来说，教育回报率估计中会遇到三类困难或者问题：第一类是省略变量的问题，在无法控制与教育相关的其他人力资本变量如能力变量等的情况下，有关教育回报率的 OLS 估计就是有偏的；第二类是测量误差问题，教育变量通常是根据教育程度并结合学制估算而来的，这不可避免地会带来测量误差问题；第三类是教育回报的异质性问题，简单来说就是收入方程中教育回报率是否被允许随个体而发生变化。无法克服这三类问题影响的估计在某种程度上来说都会造成有偏估计。

诸多研究采用不同的方法解决估计教育回报率的内生性问题。除了利用双胞胎数据控制家庭背景和内生的能力，还有部分文献采用工具变量法、Heckman 选择模型、GMM 方法修正教育回报率估计的有偏估计（表7.4）。

表 7.4　2002 年以来有关中国个人教育回报率研究的部分成果综述

作者和时间	数据	方法	因变量	其他重要控制变量	主要结论
齐良书,2005	中国健康和营养调查（简称"CHNS调查"）	Heckman 选择模型	年收入	每周工作小时数、职业和所有制类型	城市教育收益 20 世纪 80 年代后期至 90 年代初有所下降,自 1993 年以后才呈上升趋势
李雪松和赫克,2004	中国城镇居民家庭收入与支出调查	局部工具变量法（IIV）;考虑教育异质性 Mncer 方程	年收入	父母收入、地区、所有制类型	大学教育回报率为 11%;OLS 估计下偏,IV 估计上偏;忽略个人能力会导致教育回报向上偏斜
姚先国和张海峰,2004	2004 年有关企业和农村劳动力流动调查	常规最小二乘法（OLS 估计）	小时工资	户籍、婚姻、资历、培训、职业等	城镇教育回报率为 8% 左右,而农村仅有 4% 左右
侯凤云,2004	中国 15 个省（自治区、直辖市）进行的典型调研	OLS 估计	年收入	培训、教育类型等	农村教育收益率为 3.66%
李实和丁赛,2003	1995 和 1999 年城镇住户抽样调查（简称 CHIP 调查）	OLS 估计	年收入	党员身份、所有制、单位盈亏状况、单位所在产业、地区等虚拟变量	城镇教育回报 1990 年为 2.43%,1999 年为 8.1%;高等教育的收益率大于初等教育的收益率
Li and Luo,2004	第二轮城镇住户抽样调查（1995 年 CHIP 调查）	GMM 估计,二阶段最小二乘法（2SLS 估计）	小时工时	民族、父母教育水平等	GMM 估计结果显示,中国城镇教育回报率总体高达 15%
Brauw and Rozelle,2004	2000 年中国 6 省调查	Heckman 选择模型	小时工资	正式培训、省份、父母教育等	教育回报率为 6.4%,年轻人、迁移者以及小学以上教育水平的人具有较高回报率
Maurer Fazio M and Dnh N,2004	2000 年城镇劳动力市场整合调查	OLS 估计	小时工资	党员、婚姻、居住地、企业所有制、健康状况、薪水支付方法等	教育回报率随市场化和竞争程度的加深而得到提高;在城市劳动力市场中,教育的差异是解释不同群体收入差异的重要因素
Fleisher and Wang,2005	1994 年回顾性抽样调查	2SLS 估计	年收入	"文化大革命"期间下乡年限、1969—1972 年上学年限	"文化大革命"之前教育回报率呈下降趋势;"文化大革命"后直到 20 世纪 90 年代教育收益率才有所回升
Li,et al.,2005	2002 年中国 5 城市双胞胎调查	OLS,双胞胎组固定效果模型,GLS 以及 IVFE 估计	月收入	城市、婚姻状况等虚拟变量	OLS 估计城镇教育回报率为 8.4%,而使用双胞胎数据组固定效果模型使得教育回报率下降至 2.7%;省略能力或家庭背景效果会导致教育回报率被高估

资料来源:张车伟.人力资本回报率变化与收入差距:"马太效应"及其政策含义［J］.经济研究,2006（12）:59-70.

注:其他重要控制变量是指除了一般必须考虑的工作经验、性别和年龄等个人特征之外的其他变量,如地区、职业和行业等。

可以说,要克服或解决教育回报率测量中所遇到的所有问题几乎是不可能的。因此,得到教育回报率"一致性"估计的研究就成了经济学研究中一个长盛不衰的问题。只要利用了较新的数据或者是在方法上做了任何改进基本上都能为这一问题提供新知识。

三、自雇教育回报率

自雇与传统的拿工资受雇于人相对应，是指在非农产业部门为自己工作的所有工作形式。近年来，自雇发展成为我国农村劳动力非农就业的一种重要形式，从事自雇创业的农民工规模在 2017 年达到 7 612 万人，其比例在 2010—2017 年一直维持在 40%～45%（朱志胜，2019）。农村自雇劳动力的收入也呈现出明显的上升趋势，由 2012 年的 3 664.97 元上涨至 2018 年的 5 366.84 元[①]。

自雇教育回报率的估计通常也是采用明瑟收入方程。模型的基本形式如下：

$$y = \beta_0 + \beta_1 S + \beta_3 X + \varepsilon \tag{7.11}$$

在这里，y 表示劳动力自雇就业月收入对数，S 表示自雇劳动力的受教育年限。X 代表影响劳动者收入的控制变量，包括性别、以年龄及平方项近似代替工作经验及平方项、是否结婚，以及地区特征、流动范围和年份虚拟变量。式中 β_0—β_4 为待估系数，其中 β_1 表示自雇劳动力的教育回报率。

多数学者按有无雇员对自雇群体进行进一步细分，将身为雇主有雇员的划分为机会型创业，而自主经营无雇员的划分为生存型创业。李强等（2022）研究表明，不同类型的自雇群体，女性的月平均收入都低于男性（图 7.6a）。自雇者的月平均收入随着教育水平的提高而增长，女性的月平均收入低于男性（图 7.6b）。

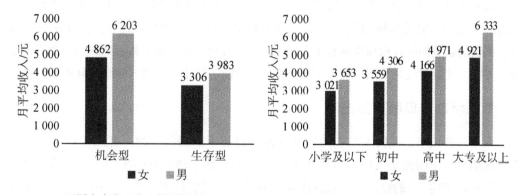

a　不同自雇类型收入性别差异　　b　不同受教育程度自雇者的月平均收入

图 7.6　自雇教育回报率

资料来源：李强，宋中丽，刘晓红，等. 农村流动人口自雇教育回报率的性别差异研究［J］. 中国农业大学学报（社会科学版），2022（2）：151-168.

注：以 2012—2018 年原国家卫生和计划生育委员会组织的全国流动人口动态监测调查为样本，每年样本超过 4 万人，总样本为 367 107 人。

教育能够显著促进男性、女性自雇者的收入提高。其中，女性自雇者的教育回报率为 4%，高于男性自雇者的教育回报率 3.8%，表明女性自雇者教育水平的增长使她们的

---

① 数据来源于中国流动人口动态监测调查数据。

收入效应超过了男性，教育对缓解自雇者性别收入差距起到了一定程度的积极作用。女性机会型创业者的教育回报率为 3.2%，低于男性（3.6%），女性生存型创业者的教育回报率为 3.7%，高于男性（3.1%）。女性生存型创业者教育水平的增长使她们的收入效应超过男性，而女性机会型创业者提升教育水平所创造的收入效应无法追上男性。

表 7.5 描述了不同教育阶段自雇教育回报率的性别差异。分教育阶段来看，女性自雇者初中、高中阶段的教育回报率显著高于男性，大专及以上阶段的教育回报率没有显著的性别差异。

表 7.5　自雇教育回报率及性别差异　　　　　　　　　　　单位：%

教育阶段	自雇	男性	女性
初中	16.32	14.80	17.76
高中	30.97	28.07	34.73
大专及以上	51.13	49.24	51.71

数据来源：李强，宋中丽，刘晓红，等. 农村流动人口自雇教育回报率的性别差异研究 [J]. 中国农业大学学报（社会科学版），2022（2）：151-168.

注：分教育阶段的自雇教育回报率由受教育程度的虚拟变量回归得出，不同于总体教育回报率，总体教育回报率是收入与受教育年限变量的回归结果。

随着时间推移，教育投资对自雇者收入的重要性越来越凸显，自雇群体、生存型创业群体、机会型创业群体的教育回报率均呈现稳中有升的趋势。此外，相比生存型创业，机会型创业的教育回报率均稳定上升，其中女性机会型创业者教育回报率的增长速度快于男性。这表明机会型创业对于实现女性个人价值、缩小男女收入差距具有重要影响。

四、流动人口教育回报率

改革开放以来，我国人口在地区间的流动趋势不断加强。2020 年第七次全国人口普查数据显示全国流动人口达到 3.76 亿，人口城镇化率达到 63.89%[①]。一方面，乡村人口仍在以年均 1% 的增长速度加快向城市流动，大量农民工仍然是我国流动人口的主体；另一方面，城城流动人口由 2013 年的 14.44% 提高至 2018 年的 15.84%，在全部流动人口中所占比重呈上升态势[②]。

为了获得更高的教育回报是人口流动就业的重要原因。通常情况下，城市教育回报率高于农村，大城市平均教育回报率要高于中小城市。因此，为了追求更高的教育回报，人口必然不断从农村流向城市、从欠发达小城市流向发达大城市。

[①] 国家统计局，国务院第七次全国人口普查领导小组办公室. 第七次全国人口普查公报 [EB/OL]. (2021-05-13) [2023-11-20]. http://www.gov.cn/guoqing/2021-05/13/content_5606149.htm.

[②] 根据中国流动人口动态监测调查数据 2013—2018 年数据计算。城城流动人口是指流动人口中现居住地在城市且户口性质为非农业和非农转居的人口。

（一）农民工教育回报率

农民工在我国劳动力市场中是一个庞大而特殊的群体。2021 年，全国农民工总量 29 251 万人，比上年增加 691 万人[①]。地区和城乡收入差距使大量劳动力从欠发达的农村地区流向发达的城市地区，形成了庞大的农民工群体。而由于教育水平低、歧视和信息不对称等，农民工的工资水平普遍低于城镇本地职工。

多数的研究结果表明，农民工在我国城镇劳动力市场中的教育回报率相对较低，不同时间和不同地区的教育回报率存在显著差异。表 7.6 列示了总体和分区域的农民工教育回报率。可以看到，不管是 2005 年还是 2011 年，农民工教育回报率的地区差异都十分明显，其中东部和发达城市的教育回报率高于其他地区。同时，随着时间的变化，所有地区的教育回报率均有所下降。

表 7.6 总体和分区域的农民工教育回报率

时间	北京和上海	东部地区	中部地区	西部地区	整体
2005 年	0.072 2	0.081 4	0.042 3	0.055 8	0.075 1
2011 年	0.069 9	0.048 0	0.041 6	0.039 7	0.046 6

资料来源：邢春冰，贾淑艳，李实. 教育回报率的地区差异及其对劳动力流动的影响 [J]. 经济研究，2013 (11)：114-126.

注：2005 年的数据是 2005 年 1% 人口抽样调查数据的五分之一随机样本。2011 年的数据是国家人口计生委的 2011 年流动人口动态监测调查数据[②]。

估计省级层面、市级层面的教育回报率也可以得出类似的结论（见表 7.7）。比较 2005 年和 2011 年的结果可以发现，教育回报率的地区差异有所降低。所有省份教育回报率的标准差由 2005 年的 0.024 下降到 2011 年的 0.019。总体上仍然是东部地区的教育回报率高于中西部地区。

表 7.7 各省份农民工教育回报率

省份	2005 年	2011 年	省份	2005 年	2011 年
广东	0.099	0.081	黑龙江	0.049	-0.002
青海	0.092	0.054	山东	0.046	0.032
北京	0.087	0.083	浙江	0.045	0.039

① 数据来源：2021 年农民工监测调查报告 [EB/OL]. (2022-04-29) [2023-11-20]. http://www.gov.cn/xin-wen/2022-04/29/content_5688043.htm.

② 西部地区包括重庆市、四川省、云南省、贵州省、西藏自治区、陕西省、甘肃省、青海省、宁夏回族自治区、新疆维吾尔自治区；东部地区包括天津市、河北省、辽宁省、江苏省、浙江省、福建省、广东省、海南省、山东省；中部地区包括山西省、内蒙古自治区、吉林省、黑龙江省、安徽省、江西省、河南省、湖北省、湖南省、广西壮族自治区。

省份	2005年	2011年	省份	2005年	2011年
上海	0.071	0.059	辽宁	0.044	0.033
江西	0.070	0.042	重庆	0.044	0.049
四川	0.066	0.062	海南	0.039	0.027
天津	0.065	0.053	山西	0.036	0.048
福建	0.065	0.045	陕西	0.036	0.014
河南	0.065	0.070	新疆	0.034	0.038
广西	0.064	0.022	安徽	0.025	0.053
云南	0.061	0.035	内蒙古	0.023	0.039
湖北	0.054	0.047	宁夏	0.023	0.026
江苏	0.052	0.046	河北	0.018	0.031
甘肃	0.052	0.065	贵州	0.018	0.026
湖南	0.050	0.051	标准差	0.024	0.019

图7.7则更形象地说明了教育回报率地区差异的变化模式。图中的实线为45度线，横轴和纵轴则分别代表2005年和2011年的教育回报率。可以看出，大部分省份位于45度线的下方，总体教育回报率有所下降。对于一些2005年教育回报率很低的省份而言，其回报率到2011年有所上升。这说明，在总体教育回报率下降的同时，不同地区的技能价格呈现出向均值回归的趋势。

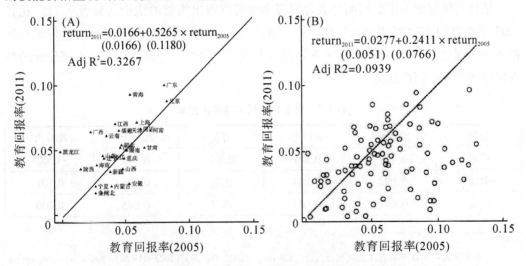

$$return_{2011}=0.0166+0.5265 \times return_{2005}$$
$$(0.0166) \quad (0.1180)$$
$$Adj\ R^2=0.3267$$

$$return_{2011}=0.0277+0.2411 \times return_{2005}$$
$$(0.0051) \quad (0.0766)$$
$$Adj\ R2=0.0939$$

图7.7　省级层面（A）和市级层面（B）的教育回报率

我们可以看到，教育回报率有一个趋同的趋势：2005年教育回报率比较低的省市到2011年教育回报率下降程度相对较小，甚至有一部分省市的教育回报率有所上升；而2005年教育回报率较高的省市到2011年教育回报率下降幅度相对比较大。

教育回报率的上述变化可能存在两方面原因：一方面，由于教育回报率存在地区差异，高技能人才更倾向于流动到回报率较高的地方，劳动力供给结构由此发生变化，使得低回报地区的教育回报率相对上升，高回报地区的教育回报率相对下降；另一方面，也可能是地方政府教育政策相应调整的结果，本地劳动力市场的供给结构发生变化，从而使农民工的教育回报率发生不同程度的变化。

（二）城城流动人口教育回报率

当前中国已全面迈入城镇化中后期，人口迁移流动的类型和模式也随之发生深刻转变，人口的城城流动开始逐渐趋于常态化。在全部流动人口中，城城流动人口的平均受教育水平相对较高，2013—2018 年平均受教育水平为 12.9 年，高于流动人口总体 10.1 年和城乡流动人口 9.6 年的平均水平。受教育水平高于城镇平均水平的城城流动人口，在不同规模城市就业，能否实现相对较高的教育回报率呢？

城城流动人口的教育回报率呈现出以下四方面特征：

第一，教育对城城流动人口的收入具有正向影响。受教育年限每增加 1 年，城城流动人口的个体收入增加 4.91%~7.30%。个体工作经验对收入存在显著的非线性影响，呈倒"U"形，即个体工作经验对收入的影响，会先增长，然后下降，与经典明瑟方程的结论一致。

第二，城城流动人口教育对收入增长的影响具有较为显著的城市异质性和区域异质性。越是较高层级的城市越能够对要素的流动和配置提供更有效的途径和载体；越是发达的区域越能够为要素流动与配置提供更好的环境。具体而言，受教育年限每增加 1 年，特大及以上规模城市流动个体收入增加 10.16%，明显高于其他类型城市流动个体收入增加程度，并且随城市规模等级下降而下降。当然，教育对城城流动人口收入增长影响的区域异质性表现出一定程度的复杂性，主要是除东部地区以外，其他三个区域教育回报率与各区域受教育年限平均水平呈相反的趋势，即受教育年限平均水平最低的东北地区，其教育回报率相对更高，西部次之，这可能与各区域产业结构与就业结构有关（见表 7.8）。

表 7.8　2018 年各类区域和城市的教育回报率　　　　　　　　单位：%

	特大及以上规模城市	大城市	中小城市	东部地区	中部地区	西部地区	东北地区
收入的对数	8.75	8.40	8.35	8.72	8.37	8.33	8.23
受教育年限	13.87	13.02	12.46	13.67	12.90	12.88	12.13
工作经验	15.39	16.68	18.83	15.79	17.24	17.29	19.46
流动时长	6.52	5.53	6.11	6.59	5.38	5.46	6.14
跨省流动	76.68	35.65	42.72	76.34	21.30	35.28	38.33
教育回报率	10.16	4.06	3.83	9.23	3.21	3.34	3.84

资料来源：侯力. 城城流动人口教育回报率研究［J］. 人口学刊，2022（6）：88-101.

注：样本数据来源于中国流动人口动态监测调查数据（CMDS）。

第三，城城流动人口的教育回报率随着城市经济的不断发展而增长，在2013—2017年呈逐步上升态势，但是在2018年城城流动人口的教育回报率有所下降。城市发展的放缓是导致城城流动人口教育回报率开始下降的可能因素。城市作为现代经济发展的载体，其发展速度和发展质量必然关系流动人口的微观福利。近年来，各个城市都在进行"抢人大战"，但是各个城市在关注吸引人口流入的同时，也应当努力通过城市的发展提高城城流动人口的教育回报率，增进其微观福利。

第四，教育对于就业选择具有重要影响，并且在大城市层面的各项特征更为突出。受教育水平提升会相应地增加流动人口进入具有一定门槛但工资水平较高的职业的概率，如党政机关事业单位办事人员和专业技术人员等。同时城市规模越大，劳动者对成为雇员的倾向越强，以期通过获得更高工资增加收入。

五、教育回报率的地区差异

得益于我国教育事业的发展和城乡一体化进程，我国城乡教育和收入差距有缩小趋势，城乡教育回报率差异在过去的20余年呈现先下降后上升再下降的趋势，但总体而言，城乡间的教育回报率差异仍然显著。表7.9显示了1995—2018年城乡的工资、受教育年限和教育回报率水平。

表7.9 1995—2018年城乡工资、受教育年限和教育回报率

地区	城市					农村				
年份	1995	2002	2007	2013	2018	1995	2002	2007	2013	2018
小时工资/元	3.227	5.198	11.740	12.520	16.880	3.783	3.144	6.634	16.450	13.950
受教育年限/年	10.81	11.53	12.25	12.25	11.69	7.82	8.43	8.97	9.25	9.65
教育回报率1/%	4.74	9.29	8.46	9.48	8.63	2.06	3.20	2.53	2.24	2.65
教育回报率2/%	4.74	9.54	8.10	9.47	8.30	2.06	8.03	6.00	3.63	5.77

数据来源：邢春冰，贾淑艳，李实.教育回报率的地区差异及其对劳动力流动的影响[J].经济研究，2013（11）：114-126.

注：样本数据来源于1995年、2002年、2007年、2013年和2018年五轮CHIP住户数据。教育回报率1是原始样本的回归结果，教育回报率2是调整样本的回归结果。由于城市中有相当一部分人是从农村迁移过来的，如果忽略这一因素，可能会低估农村的教育回报率，故将2002年、2007年和2013年的外来务工住户样本归入农村样本。此外，将城镇样本中有过"农转非"经历且是在完成正规教育后实现户籍转换的样本归入农村样本。如此调整后的样本，为城乡的调整样本。

城市具有更高教育水平及其在生产率、市场化环境、劳动力流动性及技能互补等方面的优势，教育回报率维持在8%~9%这一较高水平。同时，持续的技术进步和经济转型升级仍在增加对高教育水平劳动力的需求，城镇地区居民进行教育投资的激励仍然很强。

　　农村教育回报率显著更低，长期维持在 3% 以下，说明农村地区内部的经济结构并未构成对高教育水平劳动力大幅增加的需求，也未出现明显改善的趋势。但考虑迁移人口后，农村教育回报率显著上升。尤其是在 2018 年，考虑移民样本后估计得到的教育回报率上升了 3.12 个百分点。这说明，迁移机会对农村居民实现教育回报起到了至关重要的作用。

　　而考虑迁移人口后农村的教育回报率仍低于城市，这至少说明两方面问题。一是低教育水平劳动力进入城市构成庞大的进城务工人员群体，即使在城市工作相比留在农村获得了更高的收入，但由于教育水平低，加之歧视和信息不对称等原因，进城务工人员的工资水平仍显著低于城镇本地职工。二是由于农村基础教育质量相对较低，居民获得高质量高等教育的机会相对较少，通过接受高等教育留在城市进而获得理想教育回报的难度增大。此外，不同教育水平的劳动力在城乡间无法实现充分流动，农村居民在迁移过程中，确实还面临一些障碍，导致他们难以找到非常适合的工作，使得教育回报率并不理想。

第三节　工作经验

一、工作经验的重要性

　　学习并不止于学校。人们从学校走向职场的同时，也获得了持续积累人力资本的机会。劳动经济学的创始人明瑟证实了收入差异与人力资本投资的关系。在人类生命周期中，人力资本投资呈现不断增长的变化趋势，起初是在学校随后是在工作中增长。这类投资的收益可以通过受教育时间或者工作时间每增加一年所增加的收入来衡量。在上一节中，我们已经简单介绍了教育回报率的含义、估计方法以及几类代表性群体教育回报率的特征。这一节，我们将继续探讨工作经验的回报率。

　　（一）明瑟收入方程估计

　　类似于上一节中教育回报率的估计，我们同样可以采用明瑟收入方程对工作经验回报率进行估计。模型设计如下：

$$y = \beta_0 + \beta_1 S + \beta_2 E + \beta_3 ES + \beta_4 X + \varepsilon \tag{7.12}$$

在这里，y 为小时工资收入的自然对数，S 为个体受教育年限。E 代表工作经验，由年龄减去受教育年限再减 6 得出，ES 为工作经验的平方。X 为一系列控制变量，包括性别、省份、行业和单位所有制。式中 β_0—β_4 为待估系数，其中 β_2 衡量了在其他条件不变的情况下，个体工作年限对工资水平的边际影响，即工作经验回报率。

（二）工作经验-工资曲线

横截面工作经验-工资曲线能够刻画出拥有不同工作经验的劳动者收入差异的变化情况，是我们理解工作经验回报的基础。

其具体步骤如下：首先，按工作年限对样本进行分组，每5年为一组分别计算每组的平均工资。其次，将每组的平均工资表示为与最低工作经验组（0~4年）的工资均值差异，来计算各调查年份的工作经验-工资曲线。最后，将所有年份的平均工作经验-工资曲线作为我们所刻画的工作经验-工资曲线。该方法类似于在控制时间固定效应的同时，用重复的横截面来估计工作经验-工资曲线。

横截面方法是测度工作经验-工资曲线最为直观的方法，但也存在一些问题，比如没有考虑时代变化、教育差异带来的影响。因此，也有一些学者在明瑟收入方程中引入表示时代和年份的变量，通过控制时代效应和年份效应，使用横截面数据对工作经验回报进行估计。如D-H方法和HLT方法，就是分别通过对总收入增长来源、职业生涯后期的经验效应进行假设，来消除工作经验、年份和时代之间的完全共线性关系。

二、中国劳动者工作经验的演变

长期以来，收入增长都是关乎国计民生的重大议题。收入增长是一个动态变化的过程，而工作经验回报，即工作年限增加对收入的影响，能够刻画出劳动群体收入演变发展的轨迹。

（一）中国劳动者工作经验回报的整体概况

图7.8采用横截面工作经验-工资曲线刻画了中国城镇职工的工作经验回报。从图中可以看出，随着工作经验的增长，劳动者工资收入也呈现出整体增长的态势。与最低工作经验组（0~4年）相比，其他工作经验组别的工资均值差异约为23%。

不同阶段工作经验回报的增长情况不同，工作经验-工资曲线整体呈现出倒"U"形。在职业生涯早期，工作经验回报率往往较高。工作经验为5~9年、10~14年的劳动者工资增长最快，相应的工作经验回报也更高，其中最大值出现在工作年限为25~29年的阶段。而在工作了30年后，劳动者的工资往往相对下降。这是符合人力资本理论基本判断的，一方面，随着工作年限（年龄）的增长，劳动者进行人力资本投资的回收期变短，投资动机进而下降；另一方面，年长劳动者受到健康状况的影响，人力资本水平整体下降，这就会出现职业生涯后期工资缓慢增长或是没有增长的情况。

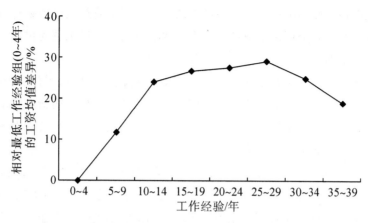

图 7.8 我国城镇职工工作经验-工资曲线

资料来源：韩雷，彭思倩. 我国城镇职工工作经验回报的长期演变：基于 CHIP1988—2013 的分析［J］. 经济评论，2022（3）：91-109.

注释：采用的是来自 1988 年、1995 年、2002 年、2007 年、2013 年中国家庭收入调查中的城镇住户调查数据。

（二）中国劳动者工作经验回报的长期变化

图 7.9 刻画了我国 1988—2013 年中国城镇职工的工作经验-工资曲线的变化。可以发现，随着时间推移，中国劳动者的工作经验-工资曲线的形态发生翻转，在 1988 年、1995 年和 2002 年均大致表现为向右上方倾斜，但在 2007 年、2013 年转变为倒"U"形。从总体来看，1988—2013 年我国城镇职工的工作经验回报在职业生涯前期差异相对较小，但在职业生涯的中后期表现出逐年下降的趋势。

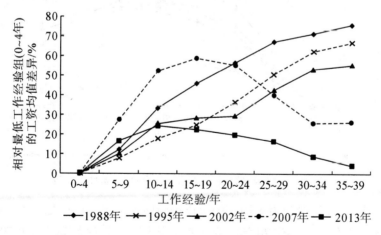

图 7.9 1988—2013 年工作经验-工资曲线的长期变化

这种工作经验回报的长期演变要在经济环境变化及时代变迁的背景下来考察，对此，我们提出了三种可能的解释。

一是所有制结构变迁。进入 20 世纪 90 年代后，我国劳动力市场开始逐步进行制度改革。随着市场化进程不断推进，不同所有制类型的企业相对数量发生变化，国有企业的工资制度性更强，而非国有部门则更注重效率。国有企业在改革后数量骤减，外资企业、民营企业等非国有企业迅猛发展，合力导致了劳动力市场工资支付体制从制度化逐渐转向市场化，从而引起城镇职工工作经验回报的变化。

二是技术冲击及产业结构变迁。经济发展总是伴随技术进步，与此同时结构调整又催生了一大批新兴产业。旧的经验难以适应劳动力市场的需要，而新进劳动者与新岗位的技能要求具有更高的匹配性。因此，在技术冲击的影响下，年长劳动者的旧技能难以适应新发展，更容易面临淘汰压力。

三是人口结构变化。我国计划生育政策开始于 20 世纪 80 年代，随之而来的是 21 世纪新进劳动力数量的减少。相比之下，年长劳动者的供给数量较多，社会人口结构开始发生变化。年长劳动者面临竞争人数增多和技能不足的双重压力，工作经验回报倾向于下降。

（三）劳动者工作经验回报的国际对比

与较发达国家相比，中国工作经验回报水平在职业生涯末期下降较快。图 7.10 显示了中国与部分发达国家的工作经验-工资曲线。从图中可以看出，工作经验回报最高的是德国，工作 20 年的劳动者比刚入职的劳动者工资高出了一倍多，其次是美国，约为 90%，加拿大、韩国以及英国则约为 80%。显然，中国工作经验回报水平和发达国家之间还存在一定差距。

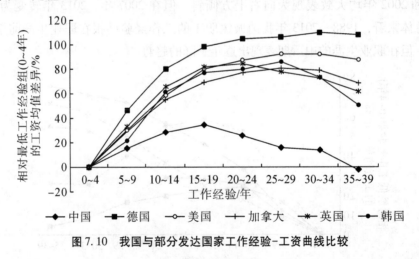

图 7.10 我国与部分发达国家工作经验-工资曲线比较

图 7.11 则显示了部分发展中国家的工作经验回报情况。印度尼西亚、巴西的工作经验回报水平相对较高，工作 20 年的劳动者比刚入职的劳动者工资高出 70% 左右。与中国情况较为相似的有墨西哥、牙买加、孟加拉国、越南等，与刚入职的劳动者相比，其工作经验组工资的增长均位于 50% 以下。

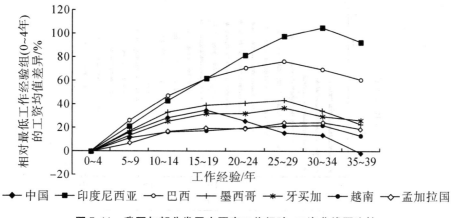

图 7.11 我国与部分发展中国家工作经验-工资曲线图比较

与发达国家相比，发展中国家劳动者的工作经验回报往往较低。《2019 年世界银行发展报告》指出，在荷兰和瑞典，工作年限每增加一年，工资提高 5.5%，而对于阿富汗的劳动者而言，工作经验回报仅有 0.3%。是什么导致了两类经济体工作经验回报的巨大差异？

一是，发展中国家的劳动者更多从事学习空间较小、自动化风险也更大的手工业职业，这类职业的工作经验回报往往更低。对手工业职业和认知性职业的工作回报的比较显示，认知性职业的工作年限每增加一年，工资收入上涨 2.9%，而手工业职业的这一指标是 1.9%。

二是，发展中国家的劳动者平均受教育水平较低，在非正规就业部门工作的比例相对较高，只能获得较低的工作经验回报。世界银行的数据表明，和未受过教育的劳动者相比，受过教育的劳动者在工作中学习的空间更大。对于受教育程度不高的劳动者而言，工作经验每增加一年，年工资收入增长 2%。相比之下，教育程度较高的劳动者的年回报率为 2.4%。

三、农民工与流动人口工作经验回报率

关注我国的就业及其质量问题，流动人口是不容忽视的群体。超大规模的人口流动是中国城镇化过程中的一个重要特点，劳动力的就业流动则是这一进程的主要动力和组成部分。

图 7.12 显示了中国农民工工作经验与工资的相关关系。从图中可以看出，农民工的工资与工作经验呈二次曲线的关系，工资随着工作经验的增加先上升，到达一个顶点后再下降。随着打工经验的增加，农民工的人力资本在不断地积累，推高了工资水平，而这种积累的速度是递减的，因此会出现一个顶点。工资出现下降趋势可能是因为从事体力劳动的农民工到达一定的年龄阶段后，体力下降的作用超过人力资本积累（经验）的作用，使得工资下降。

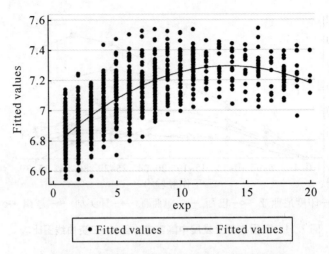

图 7.12 农民工工作经验与工资的二次曲线关系

资料来源：王子，叶静怡. 农民工工作经验和工资相互关系的人力资本理论解释：基于北京市农民工样本的研究 [J]. 经济科学，2009（1）：112−125.

注：样本数据来自北京大学经济学院叶静怡教授 2007 年发展经济学课程调研问卷，调查对象为在北京城区工作的农民工。其中，工资为名义月工资的对数；工作经验为农民工外出务工到接受调查的整个时间段，即用 2008 减去外出打工年份[①]。

　　接受了更好教育的农民工在工作中人力资本的积累速度较快，工资随经验增长速度较快。图 7.13 为按教育变量分组的农民工工作经验-工资拟合曲线[②]。左上为小学组，右上为初中组，左下为高中组。可以看出，受教育较多的农民工不仅工资水平较高，而且其工作经验的工资回报也较高。教育引起的人力资本积累不仅有水平效应，而且有增长效应。人力资本积累在工资随工作经验上升的过程中发挥着重要的动力作用。

　　工作经验在流动人口的工资增长过程中发挥着重要作用。但需要注意的是，工作经验只是教育的补充，并不能取代教育，教育水平的差异仍然是造成可见收入差异的主要原因。研究表明，流动人口的就业质量更多受到教育水平的影响，多接受一年教育带来的就业质量提升幅度是多工作一年的 9.3 倍左右[③]。

---

　　① 这是因为数据中没有测量农民工累计打工的时间，考虑到多数农民工一旦外出务工，则回乡务农的时间大大小于在外务工时间，因此选择用此作为代理变量。

　　② 由于未受教育和大专及以上教育的人数过少，只对小学教育、初中教育和高中教育（包括中专）进行分组回归。

　　③ 数据来源：刘涛，王德政. 教育水平、工作经验与流动人口就业质量 [J]. 人口研究，2021（4）：85−99. 研究采用的数据来自 2017 年 5—10 月在珠三角核心 6 市（广州、佛山、深圳、东莞、中山、珠海）进行的城市流动人口调查。其中，工作经验采取迁徙以来累计工作年数来测量，教育质量包含工作收入、工作时间及社会保障 3 个分维度。

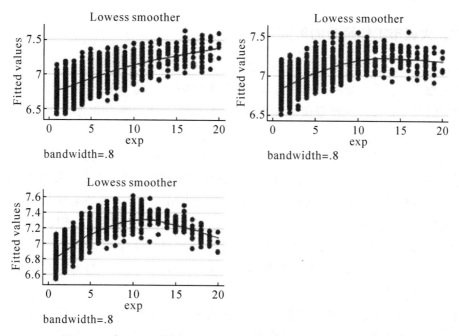

图 7.13 农民工工作经验与工资的中位数回归（按教育变量分组）

进一步探究发现，这是职业层次和就业正规性的中介效应带来的。图 7.14 描述了教育影响下的流动人口就业质量分化。从生命历程的视角来看，教育水平较高的流动人口有更高的概率进入高层次职业和正规就业，他们往往可以获得较高的基准收入水平，拥有较好的就业质量，并在工作中不断积累经验，维持较高的就业质量水平。而教育水平较低的流动人口大概率进入较低层次职业和非正规就业，在后续工作过程中只能依靠迁移和工作积累缓慢提高自身就业质量。这两种路径的流通性并不是很强，流动人口的职业惯性较强，在主要依靠受教育年限带来的第一份职业确定下来之后，依靠后期的经验积累实现职业层次上升和非正规就业转为正规就业的可能性总体较低。

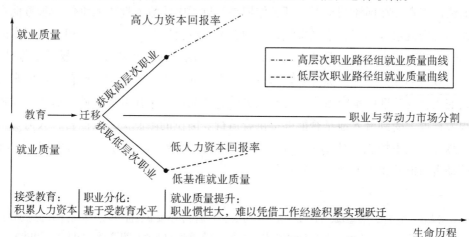

图 7.14 教育影响下的流动人口就业质量分化及发展路径

资料来源：刘涛，王德政. 教育水平、工作经验与流动人口就业质量 [J]. 人口研究，2021 (4)：85-99.

四、大城市工作经验的价值

凭借工资溢价、就业机会、基础设施、人力资本积累等方面的优势，以北上广深为代表的大城市吸引了大量的劳动者流入。《2021 中国人口大迁移报告》显示，近 10 年来人口持续向少数核心城市集聚，一线城市与四线城市人口年均增速分别为 2.37% 和 −0.45%。

为什么越来越多的劳动者不断流向大城市呢？研究表明，大城市工作经验存在 0.9% 的工资溢价，这意味着大城市工作经验可以带来相对更快的工资增长效应[①]。经验表明，城市规模越大，资本、劳动等要素往往就越丰裕。大城市的技术与人力资本优势促进了新知识的创造，劳动者在城市间流动并与周围群体互动交流，知识、技术、信息得以快速传播，在知识溢出效应的影响下，劳动者的技能水平可以得到更大幅度的提升。简单来说，劳动者前往大城市工作可以更快地提升个人能力，进而享有相对中小城市的工作经验溢价。

现实情况中，劳动者回流的现象也越来越明显。资源短缺、环境恶化、高居住成本等"城市病"都对劳动力流出产生推力。高昂的住房成本叠加不完善的户籍、社会保障制度因素，使得多数劳动者在流入大城市一段时间后面临回流选择问题。此外，当前乡村振兴战略的实施也吸引着劳动力主动回流到中小城市。我们不禁想问，在劳动者回流到中小城市后，大城市的工作经验依然发挥作用吗？

相关研究表明，对回到中小城市的劳动者而言，在大城市的工作经验每多一年，当前工资就会上升约 3.6%。大城市的工作经验不仅可以留存至中小城市，甚至实现了相对留在大城市而言更高的溢价。需要说明的是，这种溢价并不一定意味着劳动者在回流后获得了绝对工资的提高，而是在当前所在城市收入基准条件下相对更高的工作经验回报。

这种回流后的工资溢价主要来源于工资锚定效应。大城市工作经历使劳动者获得了更高的锚定工资，在回流劳动者展开工作搜寻的过程中，流入地用人单位会参考他上一份工作的工资流水以确定其未来报酬，劳动者本身也会以此为基准寻找相对高回报的工作。同时，相对于中小城市劳动者而言，大城市劳动者往往可以更快地提升工作技能，实现生产效率的提升。这种提升表现为劳动者更快的工资增长速度，而在回流中则表现为以先前工资为基准的锚定效应。当然，劳动者的大城市工作经验在回流后能否发挥作用，很大程度上受到流入地是否能够提供合适行业岗位的限制。一般而言，人力资本的专用性越强，其市场流动性越差。也就是说，当回流城市的产业结构与大城市差异越大，劳动者所能获得的回流溢价往往越小。

---

① 数据来源：宁光杰，崔慧敏，付伟豪. 大城市的工作经验在中小城市有价值吗？：劳动力回流视角的分析[J]. 经济评论，2022（5）：51-66. 该研究选取了中国劳动力动态调查（CLDS）2012 年、2014 年、2016 年、2018 年数据作为研究样本。其中，工资收入是年工资收入的对数，工作经验采用劳动者全部工作经验（年）来测量。城区常住人口 500 万以下的归为中小城市，城区常住人口 500 万及以上则归为大城市。

第四节 终身学习

技术应用变革了人们的工作性质，也对人们的技能要求转变提出了更快、更多的要求。面对这样的变化，国家教育体系被寄予厚望，但受限于现实的种种矛盾，教育体系改革往往步履艰难，不足以适应工作性质的剧烈变革，也不足以应对这种社会技能需求的快速发展。

对于大多数儿童而言，小学教育与中学教育是奠定这类技能基础的重要途径。然而，《2018 年世界发展报告》指出，在许多低收入和中等收入国家中，人们并未如愿地在学校学习中习得这类基础技能。可以说，技能供给再调整往往发生在义务教育或正规就业以外的领域，如儿童早期学习、高等教育，以及工作之外的成人学习等。它们在满足未来劳动力市场的技能需求上发挥着越来越重要的作用。在这一节，我们将介绍终身学习的含义，并对儿童早期学习、高等教育以及工作之外的成人学习展开更多的探讨。

一、终身学习的含义

（一）终身学习

随着技术变革的不断深化，几十年如一日从事一份工作或者就职于同一家企业的时代正在逐渐消失。为适应工作性质的持续变革，劳动者需要不断提高自身的技能水平，这是一件与终身学习息息相关的事情。"终身学习促使学习者通过培养能力、改变方向和克服挫折来改善个人生活。"（Aspin et al.，2012）终身学习对于个人适应劳动力市场需求变化并在社会中取得成功至关重要，其可以帮助个人提升抵御外部冲击的能力（OECD，2021）。

（二）终身学习在中国的提出

1993 年，中共中央、国务院颁发了《中国教育改革和发展纲要》，这是我国政府重要文件中首次正式使用"终身教育"这一概念。该纲要重点论述了成人教育发展的重要性，以促进经济和社会的发展为基本目标。1995 年通过的《中华人民共和国教育法》明确提出了"终身教育体系"，政府层面对终身教育的重要性有了进一步认识，但总体而言这种认识仍然是模糊的。

1998 年，教育部制定的《面向 21 世纪教育振兴行动计划》开始同时使用"终身教育"和"终身学习"的概念，文件提出现代远程教育工程是实现终身学习体系的主要手段，建立和完善继续教育制度，不断扩大社会成员的受教育机会；开展社区教育的实验。此时，国家对终身教育和终身学习的实施重点还是在成人教育领域。

中共中央办公厅、国务院办公厅联合印发的《2002—2005年全国人才队伍建设规划纲要》提出构建终身教育体系，在加快普通教育发展的同时，大力发展成人教育、社区教育；开展创建"学习型组织""学习型社区"活动，促进学习型社会的形成。可以认为，此时终身学习的思想得到了进一步的发展，开始走向更大范围的学习型社会的构建。

2004年教育部发布的《中国2003—2007年教育振兴行动计划》指出，"构建中国特色社会主义现代化教育体系，为建立全民学习、终身学习的学习型社会奠定基础"。并提出了多种具体的措施鼓励人们通过多种形式和渠道参与终身学习，提到要适时起草终身学习法等，"到2020年，要全面普及九年义务教育，基本普及高中阶段教育，积极发展各类高等教育，大力发展职业教育和成人教育，形成体系完整、布局合理、发展均衡的现代国民教育体系和终身教育体系。"

中国政府自从明确推展终身学习政策以来，对于终身学习的理念认识和实践推动都在不断的发展过程中。主要的措施是发展各种形式的成人教育和职业教育，不仅进一步规范、改进原有各种正规成人和职业教育，而且积极探求各种非正规学习、非正式学习等与正规教育体系的沟通，目的在于铸造一个终身教育体系。但是需要注意的是，这个教育体系主要指向成人和职业教育领域，是与国民教育体系相并列的，具体包括成人高等教育、企业职工教育、干部教育、社区教育、老年教育和扫盲教育等内容。

二、儿童早期学习

（一）儿童早期学习的意义

工作性质的变革要求劳动者发展新技能，而获得这种新技能最有效的途径是及早开始培育技能。人的大脑结构是在胎儿期到五岁期间形成的，这一阶段是发展人的认知技能和社会行为技能的重要阶段。在此期间，大脑从经验中学习的能力处于巅峰期（见图7.15）。这一时期的经验与学习对他们成年时期的成就具有直接影响。对儿童生命早期的营养、健康、社会保障和教育进行投资，可以为他们未来习得认知技能和社会行为技能奠定坚实基础。如果错失了这一机遇之窗，培育技能的难度将会增大。

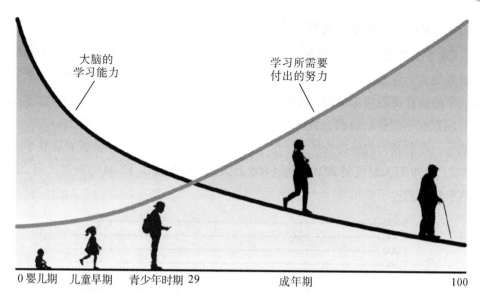

大脑的
学习能力

学习所需要
付出的努力

0 婴儿期　儿童早期　青少年时期 29　　　　成年期　　　　　　100

资料来源：《2019年世界发展报告》工作组。

图 7.15　大脑从经验中学习的能力随着年龄的增加而降低

资料来源：《2019 年世界发展报告》。

优质的学前教育强化了儿童执行能力，比如记忆能力、变通性思维能力和自制力等，将儿童引入更加有效的学习轨道。在孟加拉国农村地区，和没有参与学前教育的儿童相比，参与了学前教育的儿童在低年级的口语、写作和数学等科目中的表现更加优秀。在莫桑比克农村地区开展的学前教育改革对儿童社会行为技能的发展具有积极的影响，参与学前教育的儿童更善于与其他儿童互动、遵守指令并在面临压力时更好地调整自己的情绪。然而，为实现这些成果，学前教育的质量必须达到一定的水平。在某些情况下，劣质的学前教育对儿童发展造成的不利影响甚于根本不参加学前教育造成的不利影响。

早期儿童发展项目也有助于父母更好地回归工作。许多女性由于将时间和精力消耗在抚养儿童上而不能参与工作。在英国，如果能够得到高质量的、价格合理的儿童护理服务，半数留在家里照顾孩子的母亲愿意重返工作岗位。20 世纪 90 年代，阿根廷大规模建设幼儿园的方案对母亲就业产生了积极的影响。由于为 3 岁的儿童提供了全天的公共护理服务，同期西班牙的母亲就业比例增加了 10%。

早期儿童发展投资也能促进公平。对那些饱受贫穷和其他不利条件折磨的儿童而言，优质的早期儿童发展提高了他们成人后的能力，减少了暴力行为和社会压抑感，同时也促进了下一代人的增长。危地马拉实施的一项以贫穷家庭为目标对象的儿童早期发展营养干预方案大幅度提高了这些儿童在成年时期的工资水平。在牙买加，对婴儿和学步期儿童进行早期刺激使他们未来的收入增加了 25%，这相当于他们在更加富裕的家庭中成长所产生的效果。

（二）中国学前教育的发展

《国家中长期教育改革和发展规划纲要（2010—2020 年）》《国务院关于当前发展学前教育的若干意见》下发以来，各级政府高度重视，我国学前教育改革发展取得显著成效。学前教育资源快速增加，各级财政投入不断加大，教师队伍建设逐步加强，"入园难"问题初步缓解。目前，我国学前教育发展主要呈现出以下四个特点：

第一，学前教育规模持续扩大，学前教育普及率快速提高。学前教育在校学生数由 2005 年的 2 179 万人增长至 2021 年的 4 805 万人，学校规模由 12.44 万所扩大到 29.48 万所，规模扩大超过了一倍。

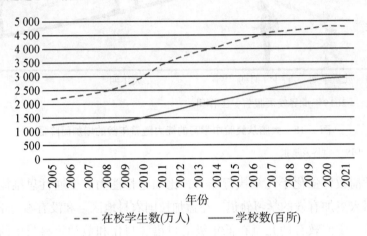

图 7.16　2005—2021 年我国学前教育在校学生数及学校数

第二，幼儿园教职工队伍的人数不断增加，教师学历层次持续提高，培训次数有所增加，总体状况有所改善。2010 年以来，我国幼儿教师逐渐增多，学历层次逐年提高。教育部统计数据显示，截至 2018 年年底，全国幼儿园园长和专任教师总数为 287.35 万人，比 2017 年增加 16.14 万人。其中，研究生毕业的幼儿园园长和专任教师 7 852 人，本科毕业人数为 68.63 万人。

第三，学前教育经费投入持续增加，但学前教育经费占教育经费的比例仍然较低，远不够高速发展的需要，学前教育所能够占有的社会资源相对于社会资源总体来说还是比较稀少的。当然，出现这一问题也是由于我国处在经济发展的高速时期，许多方面的根基都还不够稳固。但是，任何一项改革如果要求获得长远的动力，就必须有强大的经济基础作为支撑，学前教育改革也是如此。纵观各个发达国家，无一不是加大了对教育的投入，每年的财政支出中教育都是一大头，我国与之相比仍有一定差距。

第四，学前教育的地区发展差异较大。表 7.10 描述了 2015 年我国各省份学前教育发展指数的情况。可以看出，东部省份学前教育发展水平普遍高于中西部省份。学前教育综合发展指数排名前三的省份分别为上海、北京和江苏。学前教育发展的地区差异很大程度上与国家经费分配模式的单一性有关。在我国，国家财政性学前教育经费集中投向城市和县镇的部分公办幼儿园。这一分配模式导致了地区之间经费分配偏向倾斜，偏远地区容易出现财政性学前教育经费投入的结构性缺失问题，学前教育的公平性受到某种程度的破坏。

表 7.10 2015 年我国各省份学前教育发展指数

省份	入园率指数	教育投入指数	公办园在园儿童数占比指数	师幼比指数	教师学历指数	城乡公平指数	综合发展指数
上海	0.999	0.783	0.686	0.683	0.960	1.000	0.889
北京	0.999	0.340	0.646	0.864	0.868	1.000	0.839
江苏	1.000	0.472	0.692	0.515	0.925	1.000	0.826
内蒙古	0.990	0.563	0.509	0.628	0.854	1.000	0.817
天津	0.992	0.391	0.643	0.587	0.853	1.000	0.807
新疆	0.934	0.522	0.830	0.461	0.824	0.972	0.806
浙江	1.000	0.538	0.375	0.612	0.852	1.000	0.797
陕西	0.994	0.577	0.423	0.541	0.811	0.999	0.792
河北	0.999	0.478	0.613	0.423	0.730	0.998	0.780
山东	1.000	0.336	0.611	0.569	0.719	1.000	0.779
西藏	0.968	0.934	0.812	0.362	0.886	0.644	0.777
福建	0.996	0.531	0.458	0.495	0.675	0.996	0.768
山西	0.985	0.311	0.609	0.491	0.739	1.000	0.765
黑龙江	0.995	0.230	0.444	0.607	0.796	0.992	0.756
吉林	0.983	0.269	0.416	0.613	0.780	1.000	0.756
辽宁	0.999	0.209	0.395	0.668	0.739	0.999	0.751
甘肃	0.992	0.349	0.616	0.433	0.826	0.888	0.748
宁夏	0.998	0.296	0.456	0.437	0.840	0.938	0.737
安徽	0.999	0.277	0.415	0.359	0.829	0.998	0.734
四川	0.998	0.312	0.437	0.390	0.766	0.966	0.729
贵州	0.983	0.268	0.549	0.428	0.720	0.945	0.728
广东	0.972	0.245	0.351	0.598	0.661	1.000	0.725
青海	0.927	0.364	0.520	0.361	0.700	0.975	0.719
河南	0.999	0.245	0.357	0.420	0.711	1.000	0.716
湖北	0.993	0.240	0.421	0.423	0.660	0.989	0.713
重庆	0.974	0.198	0.366	0.404	0.751	1.000	0.708
云南	0.989	0.282	0.472	0.379	0.745	0.892	0.705
广西	0.985	0.263	0.402	0.331	0.699	0.985	0.704
海南	0.978	0.274	0.223	0.503	0.702	0.962	0.698
湖南	0.978	0.181	0.283	0.397	0.697	1.000	0.689
江西	0.986	0.220	0.267	0.440	0.583	0.996	0.684

资料来源：《学前教育发展报告（2016）》。

三、高等教育

21 世纪以来，人类发展进入了一个新时代，科技和创新越来越成为促进社会发展和进步的重要因素。由创新驱动发展的经济社会越来越需要更多接受了良好教育、能够不断学习、拥有创新精神和能力的世界公民，高等教育的重要性不言而喻。2015 年 11 月，联合国教科文组织发布的《教育 2030 行动纲要》提到，要确保所有人获得负担得起的、有质量的职业技术教育以及一般高等教育的公平机会。

工作性质的变革提高了高等教育的吸引力。第一，技术在生产生活领域的广泛应用增加了对劳动者高级一般性认知技能的社会需求，比如解决复杂问题的能力、批判性思维能力或者可以在不同工作之间转移使用但不能从学校教育中习得的高级沟通技能。这类技能需求量的持续增加提高了高校毕业生的工资溢价，同时降低了社会对教育程度较低的劳动者的需求量。第二，高等教育增加了社会对终身学习的需求。社会期望劳动者一生中有多元化的事业，而不仅仅是从事了多份工作。高等教育以其种类繁多的课程设置和灵活的授课模式满足了这一持续上涨的需求。第三，高等教育集聚了大量专业化人才，承担着创新平台的重要角色，在工作性质的变革过程中愈发具有吸引力。

随着国家收入水平的提高，高等教育毛入学率不断提高，高等教育层次结构将会发生变化。表 7.11 描述了不同收入水平国家（地区）高等教育各层次在校生规模占比、毛入学率与人均 GDP 情况。可以看到，人均 GDP 的增长对高等教育毛入学率的提高和高等教育层次结构的变化均有重要影响。图 7.17 更直观地显示了这一特征，在经济发展水平的不同阶段，高等教育毛入学率和层次结构存在较大差异。

表 7.11 不同收入水平国家（地区）高等教育
各层次在校生规模占比、毛入学率与人均 GDP 情况

收入水平	指标	2015 年	2016 年	2017 年	2018 年	均值
高收入	专科占比/%	22.26	22.07	21.44	21.47	21.81
	本科占比/%	58.13	58.18	58.46	58.19	58.24
	硕士占比/%	16.95	17.03	17.44	17.66	17.27
	博士占比/%	2.65	2.72	2.66	2.68	2.68
	人均 GDP 均值/美元	39 734.91	40 343.13	42 013.15	44 415.46	41 626.66
	高等教育毛入学率均值/%	75.03	75.98	76.37	77.04	76.11
中等偏上收入	专科占比/%	28.68	28.09	28.14	28.35	28.32
	本科占比/%	62.50	63.29	63.31	63.06	63.04
	硕士占比/%	7.76	7.52	7.45	7.47	7.55
	博士占比/%	1.06	1.10	1.10	1.12	1.10
	人均 GDP 均值/美元	7 698.21	7 632.38	8 368.50	8 906.20	8 151.32
	高等教育毛入学率均值/%	48.00	49.83	50.82	51.79	50.11

表7.11（续）

收入水平	指标	2015 年	2016 年	2017 年	2018 年	均值
中等偏下收入	专科占比/%	6.49	5.99	5.72	5.51	5.93
	本科占比/%	81.89	82.51	82.80	82.95	82.54
	硕士占比/%	11.02	10.85	10.81	10.83	10.88
	博士占比/%	0.60	0.66	0.67	0.71	0.66
	人均 GDP 均值/美元	1 884.58	1 921.07	2 037.37	2 091.39	1 983.60
	高等教育毛入学率均值/%	22.65	22.74	23.19	23.67	23.06
低收入	专科占比/%	8.44	8.39	8.23	8.16	8.31
	本科占比/%	82.28	82.57	82.12	82.32	82.32
	硕士占比/%	8.51	8.47	8.87	8.42	8.57
	博士占比/%	0.78	0.57	0.78	1.09	0.81
	人均 GDP 均值/美元	884.79	790.16	792.83	795.96	815.93
	高等教育毛入学率均值/%	9.53	9.44	9.49	9.53	9.50

数据来源：李立国. 经济增长视角下的高等教育层次结构变化［J］. 国内高等教育教学研究动态, 2022（9）：11.

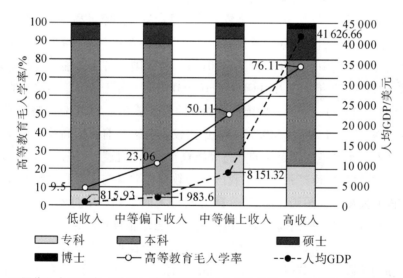

图 7.17 不同收入水平国家（地区）高等教育在校生层次结构、人均 GDP 与高等教育毛入学率

在人均 GDP 达到 1 万美元后，高等教育层次结构普遍发生重要调整。经济发展水平越低的国家，人均 GDP 对高等教育毛入学率的促进作用也就越明显。伴随人均 GDP 的提高，高等教育毛入学率会逐步提高。同时，高等教育的层次结构也会产生较大变化。在人均 GDP 达到 1 万美元的国家中，专科生占比呈现先上升、后下降的趋势。人均 GDP 的提高还会促进硕士生和博士生占比的提高，而且对硕士生占比的提高影响更大。适度扩张研究生教育占比是人均 GDP 超过 1 万美元时更加有效的高等教育发展战

略。这也充分表明，后人均 GDP 1 万美元时代是高等教育层次结构调整的重要时期。

表 7.12 列示了 2005—2021 年我国高等教育的发展情况。长期以来，我国高等教育在学规模持续扩大。2021 年，我国高等教育毛入学率达到 57.7%，高等教育在学总人数达到 4 430 万，迈入高等教育普及化国家行列，建成了世界规模最大的高等教育体系。

表 7.12 我国高等教育发展情况

指标	2005 年	2010 年	2015 年	2020 年	2021 年
普通专科在校学生数/万人	713.00	966.20	1 048.60	1 459.55	1 590.10
普通本科在校学生数/万人	848.82	1 265.61	1 576.68	1 825.75	1 893.10
硕士在校学生数/万人	78.73	127.95	158.47	267.30	282.29
博士在校学生数/万人	19.13	25.90	32.67	46.65	50.95
高等教育毛入学率/%	21.00	26.50	40.00	54.40	57.70
人均 GDP/美元	1 765.73	4 524.06	8 166.76	10 525.00	12 561.69

数据来源：国家统计局。

我国高等教育发展虽然遵循发展阶段的普遍规律，但与世界其他国家在学制、体制和意识形态等方面千差万别。其中一个较大差异是：发达国家是高中教育规模较大后推动的高等教育发展，我国是在高中教育入学率长期维持在 40%~50% 的情况下，高等教育快速扩展反向拉动高中教育（袁振国，2016）。从我国经济支撑能力与高等教育相对规模的关系来看，2020 年中国人均 GDP 为 10 500 美元，低于世界平均水平的 10 926 美元（国家统计局，2021）；同年，中国高等教育的总入学率为 58.42%，略高于世界中上收入国家入学率 57.55%（UIS，2021）。通过比较说明，当前我国高等教育发展水平相较于国民经济发展水平是适度超前的。高等教育"揠苗助长"后陷入了成长中的烦恼：自 1999 年以来的短期急速扩张导致了我国高等教育在数量与质量、供给与需求、结构和功能等方面的失衡（李国强，2017），高等教育大而不强、质量不高是不争的事实。因此，高等教育从规模发展向高质量发展的战略转变是非常必要的。

面向 2035 年，我国正处于人均 GDP 从 1 万美元增长到 2 万美元的时期，高等教育发展进入了新的阶段。就国际经验而言，高等教育普及化发展已有 40 多年的历史。放眼世界，进入高等教育普及化阶段的国家（地区）越来越多，它们的经历部分与时代、特定国情有关，部分则反映了高等教育普及化进程的普遍规律。若能从中探寻到客观规律和科学理论，我国发展普及化高等教育则有迹可循。当然，我们绝不能只是从前人的理论和他国的经验中寻找发展普及化高等教育的方向和路径，因为我国有自己的国情。我国高等教育的超大规模绝无仅有，它接近美国高等教育同时期学生规模的四倍，现时期的两倍有余。这也就注定了我国高等教育普及化发展更具挑战性，要完成普及化发展任务，必须有更多的支撑力量，有更具针对性的理论和战略。我们已经处在一个智能时代，它不同于后工业化时代和信息化时代早期，踏上时代的节奏，利用时代所提供的前所未有的条件，加强普及化实践探索和理论研究，加强普及化发展战略谋划，是我国高等教育发展必须解答的课题。

四、工作场所之外的学习

随着工作性质的变革，部分劳动者陷入了技能中断的困境，过去习得的技能已经无法适应工作的新需求。随着各经济体为塑造下一代人的人力资本进行调整，当前的工作年龄人口对就业前景倍感焦虑。成人学习是减缓这种焦虑的重要举措之一，旨在帮助那些没有接受完整的学校教育或者失业的劳动者获得新技能和提升技能。

改革开放以来，以 1977 年恢复高考制度为转折，随之而来我国就恢复了函授教育，相继开办了函授大学、夜大、广播电视大学、职工大学、远程教育、成人高等自学考试等多种成人学习形式。千千万万青年人、中年人甚至老年人选择参加成人学习，学习内容涉及政治、历史、法律、理财、经营、管理、科技等知识。特别是在 20 世纪 90 年代以后，为迎接新技术革命的挑战，千千万万人投入到各种形式的学习活动之中。

同时，国家为成人学习创造了优越的外部环境，鼓励成人学习的方针政策相继出台。函授、夜大、电大、职大、自考、网校、社区学校如雨后春笋般出现，受到了广大学习者的喜爱。这些成人学习的方式又可以进一步区分为学历教育和非学历教育，学历教育包括成人高等教育和成人中等教育，非学历教育主要包括职业资格培训、社区教育等。

截至 2019 年年底，我国共有成人学校 1 633 所，其中成人高中 333 所，比上年减少 21 所；成人中等专业学校 1 032 所，比上年减少 65 所；成人高等学校 268 所，比上年减少 9 所。目前，我国成人中等教育由于其补偿性的特点逐渐减弱而逐步被其他教育类型所替代。目前我国的非学历成人教育则由于教学模式多样化，受众群体较广，逐渐发展起来。

成人高校是我国成人学历教育的重要组成部分。我国成人高等教育经过近年来政府的改革已逐渐向正规化迈进，更加符合国家对于办学条件与规模的要求。目前，以高职教育逐渐替代短学制的高等专科学历教育是我国高等教育发展的重要方向。经过近几年的调整，我国成人高校与国家大力发展高等职业教育的大方向相一致，但是数量却有所下降。经过调整后的成人高校，已不再是原来意义的"成人高校"，而是具备国家的办学条件和规模的高职学院。据统计，2019 年，全国共有成人高等学校 268 所，较上年减少 9 所。

虽然我国成人高等教育经过改革调整趋于正规化，影响力也在不断上升，但是学校在教育教学方式上仍存在许多问题，例如培养方案死板、教学手段单一等。这些问题使得我国成人高教相比于其他高等教育缺乏一定的竞争力，同时学生的培养效果欠佳。目前这些问题都是我国成人高教亟须解决的重点问题。

相比于成人高等教育，成人中等教育的发展状况不是特别良好。我国成人中等教育是与普通中等教育同一层次的成人正规教育，属于补偿性的教育，主要为那些没有接受过中等教育或因某种原因而辍学的青年人提供第二次教育机会。现阶段随着我国大众受教育年限逐渐增长，社会对于补偿性教育的需求逐渐减弱，由此我国成人中专的发展受到了制约。2012—2019 年，全国成人中专学校数量逐年减少，截至 2019 年年底，全国成人中专学校数量为 1 032 所，同比减少 65 所。普通高校扩招造成的"普高"热，再加上普通中专招生事实上的全面放开，成人中专学校在生源上遇到了巨大挑战。面对这一严峻的形势，成人中专学校必须认清形势，扬长避短，不断创新，实施相应策略扩充生源，例如增加办学层次、建立立体招生网络等，努力办出自己的特色，逐步形成自己的优势，通过锐意改革，以求得生存和发展。

成人非学历教育同样也是我国成人教育的重要组成部分，而其中又以职业资格培训为主。目前我国职业资格培训虽为校外教育，但是也逐渐具备一定的制度。近年来，国家对于职业资格证书建立的制度包括国家职业资格证书制度、就业准入制度、国家职业资格证书等级及考试申报制度等。经过国家政府的大力发展与改革，目前我国职业资格培训已向着正规化发展。2019 年根据人力资源和社会保障事业发展统计公报显示：截至 2019 年年末，年末城镇登记失业人员 945 万人，城镇登记失业率为 3.62%。在所有的失业人群中，如果按照每个人 2 000 元的再就业培训经费计算，职业资格培训的市场规模达到 189 亿元左右。

社区教育作为成人非学历教育的另一重要组成部分，其发展也较为迅速。同时社区教育又是面向社区全体居民开展的教育培训活动，因此其教学形式也灵活多样。其内容所涉及层面也较传统的教育要宽，并且不仅仅局限于文化知识或者单一的职业技能培训。由于社区教育是满足社区居民多样化学习需求，实现人有所学、学有所教和建设学习型社会的社会载体，其内容涉及文化知识、职业技能、卫生体育、家庭理财、环境保护等社会文化生活的多个方面。截至 2019 年年底，我国共有国家级社区教育实验区 249个，各地确定的省市级社区教育实验区 500 多个，基本形成了覆盖范围较广、较为优质的现代国民教育体系和较为完善的终身教育体系，逐步提高了居民的社区教育参与率和满意度。

五、国外终身学习模式

二战结束后至 20 世纪 60 年代中期，发达工业国家因异乎寻常的经济增长、技术进步带来社会急剧变化，引起人们精神不安，在寻求出路中提出了终身教育、学习社会理论。日本立即引进新观念，展开了讨论研究，产业界首先从终身教育观点看待职业培训。随着经济社会发展变迁，科技进步带来产业结构加速升级换代，劳动者需要不断更新知识和技能；国际化、信息化快速发展迫使人们只有不断学习才能跟上时代；人均寿命延长、闲暇时间增多，人们精神需求高涨。同时，过分重视名校学历的学历社会使应试竞争激烈，学校教育侧重知识灌输和考试技能，导致青少年厌学、缺乏创造性。自20世纪70年代起社会各界基于各自的问题意识纷纷呼吁教育改革，日本中曾根内阁时推行全面教育改革，设立临时教育审议会（临教审），首先确定工作规则和程序，设立四个分会展开审议。既有专家委员会的调查研究，又面向国民举办教育改革征文，在各地召开公众意见听取会，审议结果及时发布公报，经过不同意见的充分辩论和交流后达成一致。1987年10月公布教育改革推进大纲，确立了重视人的个性、建设终身学习社会的教育改革基本方针。从"终身教育"到"终身学习"的概念转换，突出了学习者的主体地位。终身学习社会，是指无论何时何地，人们都能够根据自己的愿望和能力开展学习活动、开发自己潜能、获得全面发展的社会。

为了推进终身学习事业，日本教育行政上文部省设立生涯学习局等，内阁14个省厅开展相关事业，制定了《终身学习振兴法》等一系列法律、政策，地方自治体都道府县、市町村纷纷制订终身学习推进计划、设立生涯学习推进会议，通过举办"终身学习节"等方式营造浓厚的学习氛围。学校教育上，初等教育上推广每周五天授业制减轻学生负担，加强青少年课外活动和生活体验活动，培养学习兴趣，开放校园设施；高中采用学分制，扩大学生自由选择权；大学通过放宽对入学者年龄、学历等的限制，增加公开讲座，开设夜大，利用函授、广播、电视、因特网等现代技术发展大学教育、研究生教育，设立多种形式的研究生院，扩大学校间、校企间、国家间合作等。通过增加图书馆、博物馆、体育馆（场）等设施，在社区建立"生涯学习中心"等，大力发展学校外的社会教育，并且致力于与学校教育联结成网。

日本终身学习的内容丰富多彩，从职业技能训练到文化素养类的文学艺术、哲学宗教、乡土文化、兴趣爱好、健康休闲、环境保护等。形式有个人独学和团体活动，以团体活动为主。地方和民间表现得积极主动。日本终身教育学习事业是地方、民间先行，然后形成国家政策推广的。东北地区的秋田县等地早在20世纪70年代就把终身学习纳入地方经济社会综合规划中，自主发展终身教育事业。地方自治体把终身学习与地方的自然环境、历史文化、产业经济、里邑建设等结合起来，旨在提高居民素质、促进居民和谐相处、助推地方振兴。民间对于教育文化事业的高度热情是事业发展的基础。它表现在初等教育后的学校中除占多数的私立学校外，还有民间团体、志愿者活动、自由大学、企业创办的文化中心等。针对成人的终身学习，与欧美着重于职业技能开发不同，日本以兴趣教养为主，二战后发展起来的社会教育成为终身学习事业中的主角。以国民的自觉主动为基本，行政力量通过制定鼓励政策、提供学习机会和信息、培养领头羊、建立学习成果评价体制、增加学习成果运用机会等方式，引导、支援国民的学习事业。

日本在终身学习事业发展上有着与本国历史文化相适应的特色。第一，以对美欧的追踪与解决自身问题为终身学习的发展动力。二战后日本教育模式基本是美国式，终身教育学习事业发展中，从理论到实践，无论民间还是内阁，都极力追踪美欧的做法。同时，国家和地方自治体把终身学习作为振兴地方文化、经济，提高居民生活质量的途径之一。作为学习主体的国民，也把学习作为解决生活问题的途径。第二，官方与民间密切合作。在建设终身学习社会事业中，政策形成是根据民间意志，在保持不间断的意见沟通的基础上形成的。官方政策立足于民间自主、自动，行政在前面引导、从背后支援，创造公民平等的学习机会，但并不越俎代庖或直接指挥。学习主体依然是国民自己，政府从法律上给予支持。第三，以文化素养、休闲健身等社会教育为主要内容。在日本公众意识中，终身学习不是为了实现个人和国家的经济目标，而是人们消磨闲暇、满足求知欲、在社会生活中体验愉悦感受的提高日常生活质量的方式。1992年2月发布的《关于生涯学习的舆论调查》结果显示，回答者表示今后希望终身学习的内容有：58.2%的受访者选择学习兴趣爱好类，52.7%的受访者选择学习健康运动类。

第八章 技术进步的方向

技术进步并非是一件完全美好的事。无论是技术进步会使得很多人原有的工作技能变得过时而没有市场价值，还是机器有时会替代工人，其最终结果都是影响社会收入分配。本章从技术进步的方向或技术进步偏向的概念出发讨论这一问题。前面各章中，我们都是把技术或技术进步看作一个没有方向性的标量，属于总量意义上的技术进步。本章中我们将讨论技术进步的结构与方向问题。技术进步的结构或方向问题，被称为技术进步偏向。

第一节 技术进步偏向的含义

一、技术进步偏向的直观含义

有偏技术（biased tecknology），又先后被称为诱导性技术（induced tecknology）和有方向的技术（directed tecknology）。这个概念的讨论可以追溯到 1932 年希克斯的工资理论[①]。它到底是什么意思呢？从最一般的意义上讲，有偏技术进步是指这一种技术进步偏向于或者是有利于整体某一种经济行为或者某一部分。整体经济的某一部分，可以按照生产结构中的产出来划分，也可以按照投入来划分。因此，技术进步偏向，通常可以分为部门（产业或区域）偏向以及要素使用偏向。

技术进步的部门（产业或区域）偏向是指技术进步使得特定的部门（产业或区域）增长得更快，从而使得该部门（产业或区域）的产出比重增加。比如，出口部门技术进步一般会比非出口部门增长更快，因此在一定时间内，出口部门产出不断增长，其从业人员在国民收入中所占的比重相应增加。再如，技术进步会使得第二产业在整个经济中的比重先增加后下降，第三产业在整个经济中的比重逐渐增加，而第一产业在整个国民经济中所占比重逐渐下降。城市的技术进步也会快于农村地区，因此技术进步有城市偏向。

技术进步要素使用偏向是指技术进步有利于资本投入还是劳动投入。是否"有利

---

① HICKS J R. The theory of wages [M]. London：Macmillan，1932.

于"的判断方法之一是看产出。这是一种在"技术适宜性"语境下表述的技术进步偏向。如在一些发展经济学文献中①，如果技术进步使得不同资本密集程度（资本-劳动比，即劳均资本存量）下的产出都同比例增加，则这种技术进步是无偏中性的，即技术进步既不偏向于资本要素也不偏向于劳动要素，不管在哪种资本-劳动比之下都一样能提高产出；反之，如果技术进步只能在资本密集程度较高的情况下才能提高产出，而在资本密集程度较低的情况下不能提高产出或提高得很少，则技术是偏向于资本的，或者说技术更适宜于在发达的经济体中使用，而不适宜于在发展中经济体使用。那些偏向资本密集程度高的技术，对较为落后的发展经济体是没有太大作用的。技术呈现偏向于较高资本密集程度，原因在于技术要素与资本要素的互补性。

技术进步要素偏向的另外一种"有利于"特定要素的标准是看产出回报，这也是当前文献中最常见的技术进步偏向的含义。如果技术进步使得劳动（资本）在一定约束条件下获得的回报增多，则称这种技术进步为劳动（资本）偏向型的。当技术进步引起的生产函数的扩张不影响收入分配时，技术进步就是中性或无偏的。除了特别说明外，本章中所使用的技术进步偏向就是指的这种收入分配意义上的要素使用偏向。

显而易见，无论何种意义上的技术进步偏向，其实都是刻画的技术进步的结构性特征。例如，技术进步的部门偏向揭示的是技术进步在不同产业部门之间的结构性差异。最后一种技术进步偏向，即收入分配意义上的技术进步偏向，揭示的是技术进步对收入分配或者说劳动者福利的影响。

二、技术性定义

令生产函数为

$$Q = F(K, L; t) \tag{8.1}$$

其中，Q、F、K、L、t 依次为总产出、生产函数、资本投入、劳动投入和时间，生产函数满足通常的标准假设且对三个自变量是连续的，即边际产品为正且递减。在要素市场完全竞争条件下，实际工资和利率（或租金率）分别为

$$W = F_L(K, L; t) \tag{8.2}$$

$$R = F_K(K, L; t) \tag{8.3}$$

资本报酬份额（资本报酬占总产出比例）为

$$\pi = \frac{RK}{Q} \tag{8.4}$$

劳动者报酬份额为

$$1 - \pi = \frac{WL}{Q} \tag{8.5}$$

---

① 姚洋. 发展经济学 [M]. 北京：北京大学出版社，2018.

定义相对份额即劳动者报酬份额与资本报酬份额之比为

$$\frac{1-\pi}{\pi} = \frac{WL}{RK} \tag{8.6}$$

值得注意的是，劳动者与资本报酬份额之比变动方向与劳动者报酬份额（资本报酬份额）变动方向完全一致（相反），也就是说，劳动者报酬份额（资本报酬份额）提高，则劳动者与资本报酬份额之比提高（下降）。

技术进步的中性与偏向性定义为

$$I = \left. \frac{\partial(WL/RK)/\partial t}{WL/RK} \right|_{P} \tag{8.7}$$

技术偏向指标 I 刻画的是技术进步引起的相对份额变化百分率。当 $I=0$ 时，技术进步引起的相对报酬份额是没有变化的，则沿着这条指定的路径，技术进步是中性的；当 $I<0$ 时，技术进步引起的劳动相对报酬份额下降，技术进步在收入分配意义上是有利于资本的，因此这种技术进步是资本偏向型的。在这种技术进步下，任一相对工资率（相对于资本报酬而言）下的劳动的相对需求下降，可以说技术进步是劳动节约型的（labor saving）或资本使用型的（capital using）；反之，当 $I>0$ 时，技术进步引起的劳动相对报酬份额上升，技术进步在收入分配意义上是有利于劳动要素的，因此这种技术进步是劳动偏向型的。在这种技术进步下，劳动的相对需求上升，又可以说这时技术进步是劳动使用型的（labor using）或资本节约型的（capital saving）。后两种情况的技术就是有偏的，前者是偏向资本的技术，后者是偏向劳动的技术[1]。

上式中的 P 是指定的偏导数的路径。生产函数上不同的点在生产函数曲线整体移动时技术进步偏向的取值不同，因此需要指定特定的移动路径。在技术进步的偏向性的定义中，指定的路径是非常关键的，不同的路径导致不同意义上的技术进步偏向性的定义不同。常见的有三种类型的特定指定路径，也就是三种划分技术进步中性-非中性的方法。第一种特定路径是不变的资本-产出比，如果沿着这条路径 $I=0$，则称技术进步是哈罗德中性的，否则技术进步就是哈罗德意义上的有偏的。第二种特定路径是不变的资本-劳动比，如果沿着这条路径 $I=0$，则称技术进步是希克斯中性的，否则技术进步就是希克斯意义上有偏的。第三种特定路径是不变的劳动-产出比，如果沿着这条路径 $I=0$，则称技术进步是索洛中性的，否则技术进步就是索洛意义上的有偏的。三种中性技

① BURMEISTER E, DOBELL A R. Mathematical theories of economics growth [M]. New York：Collier-Macmillan, 1970；ACEMOGLU D. Directed technical change [J]. Review of economic studies, 2002（69）：781-809；ACEMOGLU D. Patterns of skill premia [J]. Review of economic studies, 2003, 70（2）：199-230；ACEMOGLU D. Equilibrium bias of technology [J]. Econometric, 2007, 75（5）：1371-1410；ACEMOGLU D. Introduction to modern economic growth [M]. Princeton University Press, 2009；ACEMOGLU D, ZILIBOTTI F. Productivity differences [J]. Quarterly journal of economics, 2011（116）：563-606；ACEMOGLU D, GANCIA G, ZILIBOTTI F . Offshoring and directed technical change [J]. American economic journal：macroeconomics, 2015, 7（3）：84-122.

术进步分别对应着技术进步的纯劳动增进型表述、等劳动与资本增进型表述以及纯资本增进型表述。

三、图形解释

下面我们用生产函数图形和等成本函数图形的变化来解释哈罗德中性和希克斯中性技术进步所代表的生产函数移动或者要素价格前沿的移动（单位等产量曲线与单位要素价格前沿类似）[1]。首先以集约形式表述上述生产函数为

$$q = f(k; t) \tag{8.8}$$

其中 $q = Q/L$，$k = K/L$。

（一）希克斯技术进步中性

希克斯技术进步偏向性在资本-劳动比不变的条件下进行比较。定义工资-租金比为

$$\omega = W/R \tag{8.9}$$

则有：

$$\frac{WL}{RK} = \omega/q \tag{8.10}$$

图 8.1 展示了工资-租金比的直观解释。资本租金率为直线 AB 的斜率，租金为 CD，单位劳动投入的报酬即工资为总产出减去资本租金，在图中为 OC 的长度，由此，OB 的长度即为工资-租金比。

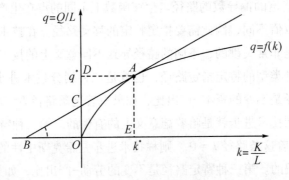

图 8.1 工资-租金比

在资本-劳动比不变条件下，相对要素报酬份额不变意味着工资-租金比不变。以图形表示为（见图 8.2），在同一资本劳动比 $k = \alpha$ 处，切线交于横轴左侧同一位置，如上所述，该点到原点距离即为资本工资租金比，此时技术进步是希克斯意义上中性的。希克斯意义上的资本偏向型（劳动节约型）技术进步，意味着技术进步使得资本-租金

---

① BURMEISTER E, DOBELL A R. Mathematical theories of economics growth [M]. New York：Collier-Macmillan，1970.

比上升，生产函数上移后在同一竖直位置上的切线与横轴交点更靠左，显得生产函数更为平坦。

新古典生产函数存在一个对偶的（dual）成本函数[①]，该成本函数和生产函数具有同样的齐次性和凹性。单位成本函数形如：

$$C(W, R) = 1 \tag{8.11}$$

该单位成本函数定义了实际要素价格前沿（real factor-price frontier）。由于有：

$$\frac{dW}{dR} = -\frac{K}{L} \tag{8.12}$$

所以得到要素价格前沿的弹性为

$$\eta = -\frac{R}{W}\frac{dW}{dR} = \frac{RK}{WL} = \frac{\pi}{1-\pi} \tag{8.13}$$

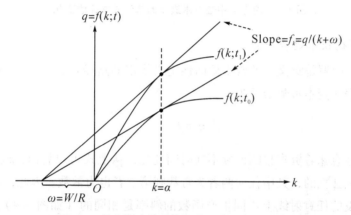

图8.2 希克斯中性技术进步下的生产函数变化

即要素价格前沿曲线的弹性等于资本的相对要素报酬份额，或等于劳动的相对要素报酬份额的倒数。引入技术进步后单位成本函数形如：

$$C(W, R; t) = 1 \tag{8.14}$$

如果技术进步是希克斯中性的，则单位成本函数为

$$C(W/a(t), R/a(t)) = 1 \tag{8.15}$$

由生产函数的一次齐次性（规模保持不变），可得成本函数也是一次齐次的，所以上式为

$$C(W, R) = a(t) \tag{8.16}$$

希克斯中性技术进步的成本曲线移动如图8.3所示。技术进步希克斯中性意味着工资率增长率和租金率增长率均与$a(t)$增长率相等。图中，$\eta_0 = A_0B_0/B_0C_0 = A_1B_1/B_1C_1 = \eta_1$，不同成本函数在位于通过原点的射线上的点的切线斜率相等。

① SAMUELSON P A. A theory of induced innovations along kennedy-weisacker Lines [J]. Review of economics and statistics, 1965, 47 (4): 343-356.

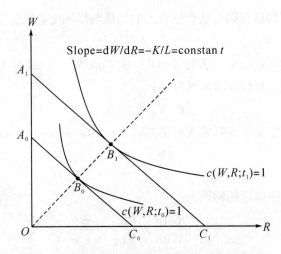

图 8.3　希克斯中性技术进步的单位成本曲线变化

（二）哈罗德技术进步中性

如上所述，哈罗德意义上的资本偏向性定义指定的路径是资本-产出比不变。以集约型生产函数表述资本报酬份额为

$$\pi = f_k \frac{k}{q} \qquad (8.17)$$

哈罗德中性意味着资本报酬份额不随时间变化，从上式可以看出，π、f_k、k/q 三者为常数并非完全独立的，其中任何两者为常数则第三者也为常数。因此，哈罗德中性意味着从原点出发的任意射线上不同生产函数的斜率是相同的（如图 8.4）。哈罗德意义上的资本偏向型（劳动节约型）技术进步意味着同一射线上，位于同一过原点射线上技术进步后的生产函数上的点的斜率大于技术进步前。

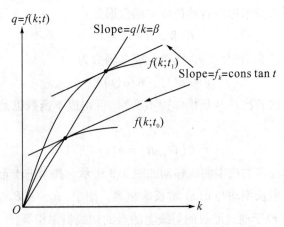

图 8.4　哈罗德技术进步中性的生产函数变化

如果技术进步是哈罗德中性的，成本函数为

$$C(W/a(t),\ R) = 1 \qquad (8.18)$$

定义工资-利率比 $\omega \equiv W/R$。由要素价格前沿等于资本相对报酬份额可以证明，$\dot{\omega}/\omega = \dot{k}/k = \dot{a}/a$，$\dot{\omega}/\omega - \dot{k}/k = 0$，从而 k/ω 为常数。哈罗德中性技术进步的要素价格前沿移动如图 8.5 所示。图中，$\eta_0 = A_0 B_0/B_0 C_0 = A_1 B_1/B_1 C_1 = \eta_1$，不同成本函数在同一竖直位置的点的切线交于横轴。

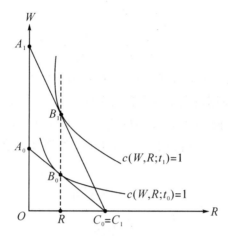

图 8.5 哈罗德中性技术进步的单位成本曲线变化

第二节 技术偏向的创新可能性边界

技术进步通常表述为要素增进型，即将生产函数 $Q = F(K, L; t)$ 表述为

$$Q = G(b(t)K, a(t)L) \tag{8.19}$$

要素增进型技术进步的意思是这种技术进步"好像"是放大了或者说增加了要素的数量。我们不能排除有些技术进步类型与特定要素效率或质量相联系，但是这种要素增进型表述并不必定意味着特定技术进步类型就是特定要素效率或质量的增加。实际上，这种表述方式仅是一种"比喻"或折算方式。以劳动增进型技术进步为例，它不一定是劳动者技能与人力资本提高，仅仅是从技术进步的作用后果来看，它与增加劳动投入数量是同样的效果。我们通过这种构建方式，将技术进步折算成一单位劳动小时数的效率单位含量，这样我们构建生产函数关系时，不同年份的投入-产出函数关系稳定不变，而不是每年用一个不同的生产函数。"就像对打字机的设计做出的改进。这种改进使得一名秘书在一年时间过去之后能抵得上 1.04 名秘书。要紧的是，应当有一种依照时间进程而不是资本存量来计算劳动的效率单位的方法，以便投入-产出曲线在这种计算方法中根本不会改变。"[1]

此外，值得注意的是，如果我们的分析仅仅限于稳态，所要求的技术进步类型必定

---

[1] 索洛. 经济增长理论：一种解说 [M]. 2 版. 朱保华，译. 上海：格致出版社，2015.

是纯劳动增进型的。反过来，资本增进型技术进步是刻画稳态偏离状态下的投入-产出函数关系的一种方法。

哈罗德偏向性、希克斯偏向性与索洛偏向性三者之间有一定的联系。Diamond 表明，两要素生产函数的技术进步可由如下两个指数进行刻画[①]：

$$D \equiv \frac{\frac{\partial(F_L/F_K)}{\partial t}}{F_L/F_K} = \frac{F_{Lt}}{F_L} - \frac{F_{Kt}}{F_K} \quad (8.20)$$

式（8.20）度量了投入不变（进一步地资本-劳动比不变）情况下资本劳动替代率的变化。资本-劳动比不变时的资本劳动替代率等于工资-利率比，因此，D 是希克斯意义上的技术进步（劳动）偏向指数，即 $D = I_{Hicks}$，而且 $D < 0$、$D = 0$、$D > 0$ 依次可以表示为劳动节约型、中性、劳动使用型技术进步。类似地，哈罗德技术偏向指数可定义为

$$I_{Harrod} = \frac{\frac{\partial(Q/K)}{\partial t}}{Q/K}\bigg|_{F_K} \quad (8.21)$$

相对份额变化百分率可表述为

$$\dot{\omega}/\omega - \dot{k}/k = -\frac{\dot{\pi}/\pi}{1-\pi}(\dot{f}/f - \dot{k}/k - \dot{f_k}/f_k) = (1/\sigma - 1)\dot{k}/k + D \quad (8.22)$$

其中 σ 为两种要素之间的替代弹性。如果技术进步是要素增进型的，我们可以得到

$$D = I_{Hicks} = (1/\sigma - 1)(\dot{b}/b - \dot{a}/a) \quad (8.23)$$

希克斯意义上的技术中性与偏向是最常用的类型。式（8.23）带来了一个有趣的结果：资本与劳动要素相对增进型技术变化与技术进步偏向类型之间没有简单关系。D 是希克斯意义上的技术进步（劳动）偏向指数，它大于 0 表示是偏向劳动的，即其他条件不变时收入分配有利于劳动一方。但是如果劳动增进型技术进步快于资本增进型技术进步，只有在 $(1/\sigma - 1) < 0$ 的前提下才能保证 $D > 0$，即要求替代弹性 $\sigma < 1$，也就是资本和劳动两种要素总体上是互补的。

当替代弹性小于 1 时，相对技术进步降低了相对边际产品，从而偏向于技术进步更慢的生产要素。这看起来有点绕，也有点奇怪，但是其机制是很清楚的。如果替代弹性小于 1，则表明资本与劳动总体上是互补的，因此当资本增进型技术进步相对增加时，对劳动的相对需求增加，或者说对劳动的需求增加得比对资本需求增加得更多，从而劳动边际生产率增加更多，从而收入分配更有利于劳动。

$$I_{Solow} = -(1/\sigma - 1)\dot{a}/a \quad (8.24)$$

$$I_{Harrod} = (1/\sigma - 1)\dot{b}/b \quad (8.25)$$

---

① DIAMOND P A. Disembodied technical change in a two-sector model [J]. The review of economic studies, 1965 (32): 161-168.

由此我们得到

$$I_{\text{Harrod}} + I_{\text{Solow}} \equiv I_{\text{Hicks}} \equiv D \tag{8.26}$$

如果替代弹性 $\sigma = 1$，生产函数实为柯布–道格拉斯型（简称"C–D 生产函数"），技术进步同时属于三种中性类型。

本节中所说的新古典增长理论，既是指生产函数满足标准新古典假设，又是指技术进步是外生的。也就是说，两种要素增进型的技术进步仅为外生变量，它们是如何来的不是新古典模型考虑的问题，企业最大化时仅为从这些不知来源的外生变量中进行最优选择。下一节我们在内生模型框架下讨论技术进步偏向的内生选择问题。

和新古典增长理论核心假设是外生技术进步一样，技术进步偏向的新古典增长理论核心在于外生的技术创新可能性边界（invention possiblity frontier）。我们知道，生产可能性边界衡量的是在给定资源约束情况下，生产不同产出的权衡组合关系。与之类似，创新可能性边界衡量的是，在创新投入给定的情况下，生产（发明）出来的不同新技术之间的权衡组合关系。创新可能性边界假设两种技术的创新可能性边界具有与生产可能性边界类似的形状，大多是凸向外，表示创新的成本递增。

假设技术进步是两种要素的增进型，即生产函数为 $Q = G(b(t)K, a(t)L)$，定义 a 的增长率为 $\hat{a}$，其他变量类似。假定技术可能性边界满足

$$\hat{a} = \psi(\hat{b}) \tag{8.27}$$

$$\psi'(\hat{b}) < 0 \tag{8.28}$$

$$\psi''(\hat{b}) < 0 \tag{8.29}$$

$$\psi(0) > 0 \tag{8.30}$$

创新可能性边界即为式（8.27）的关系，即劳动增进型技术进步速度与资本增进型技术进步速度之间的关系，如图 8.6 中曲线所示，它表明在现有技术与既定投入研发资源条件下，两种技术进步之间的权衡关系。式（8.28）意味着，由于研发资源是既定的，所以要想提高资本增进型技术进步率需要以牺牲劳动增进型技术进步率为代价。式（8.29）则意味着这种代价随着资本增进型技术进步率逐渐提高而递减。假定 $\hat{a} < \hat{a}_0$，$\hat{b} < \hat{b}_0$，这两个不等式和式（8.30）为边界条件，它们保证了图形通常情况下处于第一象限。

企业最大化技术进步率 $\tau \equiv F_t / F$，这等价于最大化给定要素价格的成本削减率，即使得资本租金率增长率和劳动工资率增长率的加权和下降幅度最大化，权重为各自两种要素收入比重。所以，总体技术进步率 τ 等于两种要素增进型技术进步率之加权和，权重为各自两种要素收入比重。最优化问题为

$$\max \tau = \pi \hat{b} + (1 - \pi) \hat{a} \tag{8.31}$$

$$\hat{a} = \psi(\hat{b}) \tag{8.32}$$

求解这个最优化问题得到：

$$\frac{\partial \tau}{\partial b} = \pi + (1 - \pi)\frac{\partial \hat{a}}{\partial \hat{b}} = \pi + (1 - \pi)\psi'(\hat{b}) = 0 \qquad (8.33)$$

由于

$$\frac{\partial^2 \tau}{\partial \hat{b}^2} = (1 - \pi)\psi''(\hat{b}) < 0 \qquad (8.34)$$

所以最优解存在且唯一。由式（8.33）得到最优化的一阶条件为

$$\psi'(\hat{b}) = -\frac{\pi}{1 - \pi} \qquad (8.35)$$

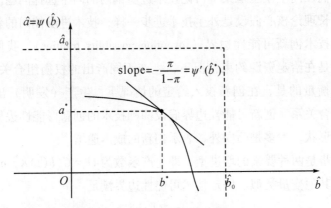

图 8.6　创新可能性边界与要素增进型技术进步的最优选择

这一最优化问题的解本质上就是创新可能性边界式（8.28）与总和技术增长率式（8.33）相切，即两者斜率应当相等，如图 8.6 所示。由这一优化问题我们可以得到如下结论：

第一，创新生产可能性边界整体外移，则技术增长率提高。从图形上看，创新可能性边界外移，它将式（8.33）相切于使得总体技术进步率更大的位置。如图 8.7 所示，最优选择点由（a^*，b^*）向右上移动到（a^{**}，b^{**}），两种要素增进型技术进步增长率都提高，总体技术进步率提高。创新可能性边界代表着既定研发资源下两种技术生产的总体效率。它外移表明无论是资本增进型技术还是劳动增进型技术的"生产效率"都整体提高了，也就是社会整体创新效率提高了。

第二，如果生产可能性边界变得更为陡峭，即资本增进型技术进步率相同时的生产可能性边界斜率增大，则意味着增加一个单位的资本增进型技术进步率所需放弃的劳动增进型技术进步率增多，最优选择点左移，生产可能性边界变得更为陡峭。其实质指在现有研发条件下，研发劳动增进型技术相对变得越来越困难，代价越来越大，相对应地，研发资本增进型技术变得相对容易。直观上看，其必然结果是劳动增进型技术进步会减缓。但是这一点似乎主要是技术进步方面的科学属性，毕竟经济学家无法了解哪种技术进步难度更大。

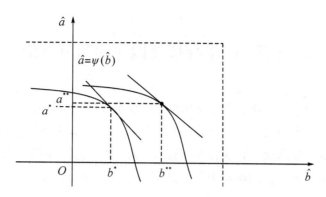

图 8.7 创新生产可能性边界外移的影响

第三，作为这个模型中的相对价格，要素收入分配比例的变化对于两种要素增进型技术进步率都有影响。对式（8.35）求导得到：

$$\frac{\mathrm{d}\hat{b}}{\mathrm{d}\pi} = -\frac{1}{(1-\pi)^2 \psi''(\hat{b})} > 0 \tag{8.36}$$

$$\frac{\mathrm{d}\hat{a}}{\mathrm{d}\pi} = \psi'(b)\frac{\mathrm{d}\hat{b}}{\mathrm{d}\pi} = -\frac{\pi}{1-\pi}\frac{\mathrm{d}\hat{b}}{\mathrm{d}\pi} < 0 \tag{8.37}$$

$$\frac{\mathrm{d}(\hat{h})}{\mathrm{d}\pi} = -\frac{1}{(1-\pi)^3 \psi''(\hat{b})} > 0 \tag{8.38}$$

式（8.38）中 $(\hat{h}) = \hat{b} - \hat{a}$。以上三个式子告诉我们（如图 8.8 所示），最优选择点由 (a^*, b^*) 向右移动到 (a^{**}, b^{**})，收入分配结构本身会影响到技术进步结构。具体而言，资本（劳动者）报酬份额提高会刺激资本增进型技术进步，但是会阻碍劳动增进型技术进步，从而对资本-劳动相对技术进步速度有正面影响。报酬份额变化会影响到技术进步偏向是一个有趣的结论，它和我们在下一小节中要说到的市场规模效应有关。某种要素报酬份额增加，可能会来源于这种要素的市场规模扩大了，这刺激了与这种要素互补的技术进步。

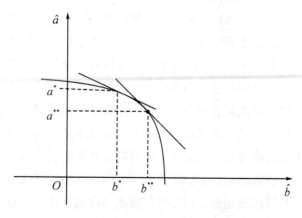

图 8.8 收入分配对技术进步偏向的结构性影响

第三节　技术与技能偏向的衡量方法

工人们在同一家工厂工作，负责车床调控的技术人员的工资通常比流水线工人的工资要高，二者的薪资差距是由什么导致的？个体之间的薪资差距可能由多种因素所致，劳动者技能的高低正逐渐成为影响收入高低的重要因素。进一步地，数字技术已经成为前所未有的重塑经济和社会的驱动力量，数字技术是否存在技能偏向？它会带来什么？本节将回答上述问题。

一、技能偏向的含义

随着技术进步和教育的迅速发展，劳动力市场逐渐出现劳动报酬分化的现象，拥有较高技能水平和生产率的劳动逐渐从普通劳动中分离了出来。具体表现有：一是同质性劳动者内部同工不同酬；二是同类劳动者由于工龄和行业差异，其劳动报酬出现不平等；三是异质性劳动者工资不平等即出现技能溢价现象。技能偏向是导致技能溢价的根本原因。

技能偏向（skill bias）是指技术进步导致劳动力市场偏向技能劳动，从而使得技能劳动报酬和非技能劳动报酬出现分化，进而引发技能溢价（skill premium）的现象。20世纪80年代以前，学者对劳动报酬分化的现象的研究多集中于对劳动者类型依据教育程度、性别、行业和城乡等个体异质性进行细分。20世纪80年代后，伴随着软件设备业投资发展和设备投资品价格下降，技术进步愈加表现出物化趋势，资本和技能的互补性更使得技术进步朝着偏向于技能劳动方向发展。其原因是技能劳动更能适应新机器设备和新技术的要求，技术进步物化趋势使资本投资越多，技能劳动需求越大，资本与技能互补性增强，非技能劳动越易被设备和技能所取代，从而使得技能型劳动需求越大且报酬越高，出现技术进步技能偏向性。

不难看出，技能偏向的最直接影响是带来就业和工资不平等问题。技能偏向型的技术进步导致劳动力市场对技能劳动力的需求增加，压缩了对非技能劳动力的需求，进而加剧了工资不平等。通常认为，腐蚀效应和市场规模效应导致了不平等。新技术的出现意味着更高的生产力，但是同时也伴随着旧技术的淘汰，对于劳动力而言需要花时间来学习和适应新技术，这会降低其有效劳动时间，这就是腐蚀效应。市场规模效应是指由技能劳动力所决定的技术变迁，持续增加的技能劳动力供给将会导致更多的技术创新，而技术创新又增加了对技能劳动力的需求，进而提高技能劳动力的工资，加剧就业市场的分化和工资不平等。技能偏向带来的工资不平等问题在中国可能更加严重，一是因为中国的技术革新并不是缓慢变化的，而是类似技术革命的冲击。通过 FDI 和机器设备的进口导致新技术迅速扩散，由此带来的腐蚀效应更严重，导致更严重的工资不平等。二是因为从传统农业部门转移到现代工业部门的大部分农民工和产业工人即使有人力资本投资意愿，也会因自身初始财富较少且难以在正规信贷市场获得贷款而无法获得技能的提升，进一步加剧腐蚀效应。

二、技能偏向的衡量方法

技能偏向技术进步属于投入要素偏向技术进步的一个子类，用来测度技术进步偏向的方法也可以用来测量技能偏向。目前学术界主要存在 3 类代表性识别和测算方法，分别是 DEA-Malmquist 法、标准化供给面系统法（normalized supply-side system approach，NSSA）和超越对数成本函数法（translog cost function）。

（一）DEA-Malmquist 法

使用 DEA 法通过 Malmquist-TFP 指数分解是测度技能偏向技术进步的一种方法[①]。将每个生产主体看作生产决策单元，各生产主体有 n 种投入（如资本、技能劳动和非技能劳动等），$x = (x_1, \cdots, x_n) \in R_+^n$，相应有 p 种产出，$y = (y_1, \cdots, y_n) \in R_+^p$。生产可能性集合 T_t 可以看作 t 时期所有投入-产出向量集合：$T_t = \{(x, y) \in R_+^{n+p}\}$。生产可能性集合满足闭集、凸的、可自由处置的假设。定义要素距离函数 $D_t(x, y)$，在 R_+^{n+p} 内部是连续、凹的，并表达为

$$D_i^t(y, x) = \max\left\{\lambda : \left(\frac{x}{\lambda}, y\right) \in T_t\right\} \tag{8.39}$$

则投入偏向技术进步 IBTECH 表示为

$$\text{IBTECH} = \sqrt{\frac{D_i^{t+1}(y^t, x^t)}{D_i^t(y^t, x^t)} \times \frac{D_i^t(y^t, x^{t+1})}{D_i^{t+1}(y^t, x^{t+1})}} \tag{8.40}$$

IBTECH 指的是要素投入从 x^t 到 x^{t+1} 期间技术进步的几何平均。现在考虑两种类型的要素偏向技术进步，分别是技能劳动 x_1 使用偏向技术进步（非技能劳动 x_2 节约偏向技术进步），以及技能劳动 x_1 节约偏向技术进步（非技能劳动 x_2 使用偏向技术进步），可得：当 $\dfrac{x_1^{t+1}}{x_2} > \dfrac{x_1^t}{x_2}$，且 IBTECH > 1 时，技术进步方向为 x_1 节约偏向技术进步（非技能劳动 x_2 使用偏向技术进步）；当 $\dfrac{x_1^{t+1}}{x_2} > \dfrac{x_1^t}{x_2}$，且 IBTECH < 1 时，技术进步方向为 x_1 使用偏向技术进步（非技能劳动 x_2 节约偏向技术进步）。同理，当 $\dfrac{x_1^{t+1}}{x_2} < \dfrac{x_1^t}{x_2}$，且 IBTECH > 1 时，技术进步方向为 x_1 使用偏向技术进步（非技能劳动 x_2 节约偏向技术进步）；当 $\dfrac{x_1^{t+1}}{x_2} <$

---

① 王俊，胡雍. 中国制造业技能偏向技术进步的测度与分析 [J]. 数量经济技术经济研究，2015，32（1）：82-96.

$\dfrac{x_1^t}{x_2}$，且 IBTECH < 1 时，技术进步方向为 x_1 节约偏向技术进步（非技能劳动 x_2 使用偏向技术进步）。

（二）标准化供给面系统法

我们把技能劳动与非技能劳动投入比不变时，技术进步所引发的技能与非技能劳动边际产出比（TRSL）的变化率定义为技术进步技能偏向性指数 T_s。

$$\mathrm{TRSL} = \frac{\dfrac{\partial Y_t}{\partial L_s}}{\dfrac{\partial Y_t}{\partial L_n}} \tag{8.41}$$

$$T_s = \frac{1}{\mathrm{TRSL}} \frac{\partial \mathrm{TRSL}}{\partial (A_s/A_n)} \times \mathrm{d}(\frac{A_s}{A_n})/\mathrm{d}t \mid_{\frac{L_s}{L_n}=a_0} \tag{8.42}$$

其中，L_s 和 L_n 分别表示技能和非技能劳动投入，A_s 和 A_n 分别表示技能和非技能劳动增进型技术效率，a_0 为常数。根据定义可知，当 $T_s > 0$ 时，技术进步偏向技能劳动，值越大说明偏向技能劳动的程度越高；当 $T_s < 0$ 时，技术进步偏向非技能劳动，值越小说明偏向非技能劳动的程度越高；当 $T_s = 0$ 时，技术进步呈现无偏性，即中性特征。

想要准确测算 T_s 值的关键是对要素替代弹性的估计。目前学术界普遍认可的方法是标准化供给面系统法（NSSA）。标准化供给面系统法是对标准化的生产函数（CES 函数）、资本需求函数和劳动需求函数的一阶条件的联立方程组进行估计。由于这三个方程中替代弹性和技术进步率参数互相影响，因此解决了结构参数的可识别问题，从而能够得到对替代弹性和有偏技术进步参数的稳健估计。这里我们将其变形，对标准化的生产函数（CES 函数）、资本需求函数、技能劳动需求函数和非技能劳动需求函数的一阶条件的联立方程组进行估计，从而达到识别要素替代弹性的目标。

首先假定宏观经济产出的生产技术满足双层嵌套 CES 生产函数（two-level nested CES）：

$$Y_t = \{\alpha (A_{Kt}K_t)^\rho + (1-\alpha)[\beta(A_{st}L_{st})^\theta + (1-\beta)(A_{nt}L_{nt})^\theta]^{\frac{\rho}{\theta}}\}^{\frac{1}{\rho}} \tag{8.43}$$

其中，A_{Kt}、A_{st} 和 A_{nt} 分别代表资本、技能劳动和非技能劳动增进型技术效率；α 和 β 代表要素贡献份额参数。替代弹性参数 θ 可以表示成技能与非技能劳动的替代弹性 σ_{sn} 的函数，$\theta = \dfrac{\sigma_{sn}-1}{\sigma_{sn}}$。替代弹性参数 ρ 可以表示成资本和劳动替代弹性 σ_{KL} 的函数，$\rho = \dfrac{\sigma_{KL}-1}{\sigma_{KL}}$。不难看出，当令 $L = [\beta(A_{st}L_{st})^\theta + (1-\beta)(A_{nt}L_{nt})^\theta]^{\frac{1}{\theta}}$ 时，双层嵌套型 CES 生产函数可以简化成一般形态的 CES 生产函数。

由此，根据技术进步技能偏向性的定义和生产函数式（8.43）的假定，可得：

$$\text{TRSL} = \frac{\partial Y_t}{\partial L_s} / \frac{\partial Y_t}{\partial L_n} = \frac{\beta}{1-\beta} \left(\frac{A_{st}}{A_{nt}} \right)^{\theta} \left(\frac{L_{st}}{L_{nt}} \right)^{\theta-1} \tag{8.44}$$

通过化简（推导过程见附录），可得：

$$\begin{cases} A_{Kt} = \dfrac{Y_t}{K_t} \left(\dfrac{\alpha_{Kt}}{\alpha} \right)^{\frac{1}{\rho}} \\[3mm] A_{st} = \dfrac{Y_t}{L_{st}} \beta^{-\frac{1}{\theta}} \left(\dfrac{1-\alpha_{Kt}}{1-\alpha} \right)^{\frac{1}{\rho}} \left(\dfrac{\alpha_{st}}{1-\alpha_{Kt}} \right)^{\frac{1}{\theta}} \\[3mm] A_{nt} = \dfrac{Y_t}{L_{nt}} (1-\beta)^{-\frac{1}{\theta}} \left(\dfrac{1-\alpha_{Kt}}{1-\alpha} \right)^{\frac{1}{\rho}} \left(\dfrac{\alpha_{nt}}{1-\alpha_{Kt}} \right)^{\frac{1}{\theta}} \end{cases} \tag{8.45}$$

其中，α_{Kt}、α_{st}、α_{nt} 分别表示 K、L_s 和 L_n 三种要素产出在总产出中的份额。

在考虑跨期技能与非技能劳动增进型技术进步时，由于二者的演变路径不同，因此如果事前假定二者以固定增长率变化，会导致其蕴含的信息低于时变增长率时的信息量。Box-Cox 变换是 Box 和 Cox 在 1964 年提出的一种广义幂变换方法，用于连续的响应变量不满足正态分布的情况。我们假定技术进步增长率满足 Box-Cox 变换：

$$\begin{cases} A_{Kt} = A_{K0} \, e^{g_K(t, t_0)} \,, \quad g_K(t, t_0) = \left\{ t_0 \dfrac{\gamma_K}{\lambda_K} \left[\left(\dfrac{t}{t_0} \right)^{\lambda_K} - 1 \right] \right\} \\[3mm] A_{st} = A_{s0} \, e^{g_s(t, t_0)} \,, \quad g_s(t, t_0) = \left\{ t_0 \dfrac{\gamma_s}{\lambda_s} \left[\left(\dfrac{t}{t_0} \right)^{\lambda_s} - 1 \right] \right\} \\[3mm] A_{nt} = A_{n0} \, e^{g_n(t, t_0)} \,, \quad g_n(t, t_0) = \left\{ t_0 \dfrac{\gamma_n}{\lambda_n} \left[\left(\dfrac{t}{t_0} \right)^{\lambda_n} - 1 \right] \right\} \end{cases} \tag{8.46}$$

其中，$\lambda_i (i = K、s、n)$ 表示不同类型要素增进型技术效率参数，$\gamma_i (i = K、s、n)$ 为增长率参数。

我们使用 $t = 0$ 时的值作为样本初始值的均值来体现更多的样本信息，并用某个规模因子 ξ 修正其引起的不等水平。为了估计参数的需要，令 $\beta_n = \dfrac{\overline{\alpha_n}}{1-\overline{\alpha_K}} = \dfrac{\overline{\alpha_n}}{\overline{\alpha_s} + \overline{\alpha_n}}$，将式（8.46）代入式（8.45）则有：

$$\frac{Y_t}{\xi \overline{Y}} = \left\{ \overline{\alpha_K} \left(\frac{K_t}{\overline{K}} \right)^{\rho} e^{\rho g_K(t, \bar{t})} + (1-\overline{\alpha_K}) \left[(1-\beta_n) \left(\frac{L_{st}}{L_s} \right)^{\theta} e^{\theta g_s(t, \bar{t})} + \beta_n \left(\frac{L_{nt}}{L_n} \right)^{\theta} e^{\theta g_n(t, \bar{t})} \right]^{\frac{\rho}{\theta}} \right\}^{\frac{1}{\rho}} \tag{8.47}$$

至此，我们得到了技术进步技能偏向的标准化供给面系统方程组为

$$\begin{cases} \dfrac{Y_t}{\xi\overline{Y}} = \left\{ \overline{\alpha_K} \left(\dfrac{K_t}{\overline{K}}\right)^{\rho} e^{\rho g_K(t,\bar{i})} + (1-\overline{\alpha_K}) \left[(1-\beta_n) \left(\dfrac{L_{st}}{L_s}\right)^{\theta} e^{\theta g_s(t,\bar{i})} + \beta_n \left(\dfrac{L_{nt}}{L_n}\right)^{\theta} e^{\theta g_n(t,\bar{i})} \right]^{\frac{\rho}{\theta}} \right\}^{\frac{1}{\rho}} \\[4mm] \dfrac{\partial Y_t}{\partial K_t} \dfrac{K_t}{Y_t} = \overline{\alpha_K}\, e^{\rho g_K(t,\bar{i})}\, \xi^{\rho} \left(\dfrac{\frac{Y_t}{\overline{Y}}}{\frac{K_t}{\overline{K}}} \right)^{-\rho} \\[4mm] \dfrac{\partial Y_t}{\partial L_{st}} \dfrac{L_{st}}{Y_t} = (1-\overline{\alpha_K})(1-\beta_n) e^{\theta g_s(t,\bar{i})} \left(\dfrac{Y_t}{\xi\overline{Y}}\right)^{-\rho} \left(\dfrac{L_{st}}{L_s}\right)^{\theta} \left[(1-\beta_n)\left(\dfrac{L_{st}}{L_s}\right)^{\theta} e^{\theta g_s(t,\bar{i})} + \beta_n \left(\dfrac{L_{nt}}{L_n}\right)^{\theta} e^{\theta g_n(t,\bar{i})} \right]^{\frac{\rho}{\theta}-1} \\[4mm] \dfrac{\partial Y_t}{\partial L_{nt}} \dfrac{L_{nt}}{Y_t} = (1-\overline{\alpha_K})\beta_n\, e^{\theta g_n(t,\bar{i})} \left(\dfrac{Y_t}{\xi\overline{Y}}\right)^{-\rho} \left(\dfrac{L_{nt}}{L_n}\right)^{\theta} \left[(1-\beta_n)\left(\dfrac{L_{st}}{L_s}\right)^{\theta} e^{\theta g_s(t,\bar{i})} + \beta_n \left(\dfrac{L_{nt}}{L_n}\right)^{\theta} e^{\theta g_n(t,\bar{i})} \right]^{\frac{\rho}{\theta}-1} \end{cases}$$

$$(8.48)$$

表 8.1 展示了以大学生存量数为技能劳动（ L_{st} ）指标，以全国总劳动力数量减去技能劳动数量为非技能劳动（ L_{nt} ）指标的参数估计结果，表 8.2 展示了技术进步技能偏向性指数估计结果（1979—2010 年全国数据）[①]。

表 8.1　贝叶斯法和 FGNLS 法的参数估计结果

参数	贝叶斯法	FGNLS 法
λ_k	2.349	2.371***
λ_s	1.401	1.387***
λ_n	1.950	1.975***
γ_K	−0.008	−0.025***
γ_s	−0.441	−0.908***
γ_n	0.254	0.133***
α	0.841	0.324***
β_n	0.679	0.980***
ξ	1.136	0.768***
ρ	−0.409	−0.673***
θ	−0.135	−0.124***
σ_{sn}	0.881	0.890

注：表内数据源于董直庆和王林辉（2014），下表同；***、** 和 * 分别表示 1%、5% 和 10% 水平上显著。

---

① 董直庆，王林辉. 技术进步偏向性和我国经济增长效率 ［M］. 北京：经济科学出版社，2014.

表 8.2 技术进步技能偏向性指数估计

年份	贝叶斯法	FGNLS 法	年份	贝叶斯法	FGNLS 法
1979	0.007	0.025	1996	0.035	0.082
1980	0.011	0.039	1997	0.036	0.083
1981	0.014	0.046	1998	0.037	0.084
1982	0.017	0.051	1999	0.038	0.085
1983	0.019	0.055	2000	0.039	0.086
1984	0.020	0.059	2001	0.040	0.087
1985	0.022	0.062	2002	0.041	0.088
1986	0.024	0.065	2003	0.041	0.089
1987	0.025	0.067	2004	0.042	0.090
1988	0.026	0.069	2005	0.043	0.090
1989	0.028	0.071	2006	0.044	0.091
1990	0.029	0.073	2007	0.045	0.092
1991	0.030	0.075	2008	0.045	0.093
1992	0.031	0.076	2009	0.046	0.094
1993	0.032	0.078	2010	0.047	0.094
1994	0.033	0.079	均值	0.032	0.075
1995	0.034	0.081	标准差	0.011	0.017

总的来看，技术进步技能偏向性为正且不断递增，这表明改革开放以来中国技术进步偏向技能劳动。

（三）超越对数成本函数法（translog cost function）

考虑生产主体 j 中有一个代表性生产厂商[①]。生产主体 j 的厂商使用资本（K）、技能劳动（L_s）、非技能劳动（L_n）和中间投入（M）四种生产要素生产产品，行业 j 的产出 Q_j 可表示为由资本、技能劳动、非技能劳动、中间投入以及技术进步（t）所构成的生产函数：

$$Q_j = f(K_j, L_j^s, L_j^n, M_j; t) \tag{8.49}$$

根据对偶理论，生产主体在给定各种投入要素价格、总产出水平与技术进步 t 的条件下，会最小化其生产成本，即 $\min C^j = (p_i^j, y^j; t)$。根据超越对数成本函数，假设每个生产主体的成本函数形式如下：

---

① 何小钢，王自力. 能源偏向型技术进步与绿色增长转型：基于中国 33 个行业的实证考察 [J]. 中国工业经济，2015（2）：50-62.

$$\ln C_t^j = \beta_0^j + \sum_i \beta_i^j \ln p_i^j + \frac{1}{2} \sum_i \sum_{i'} \beta_{ii'}^j \ln p_i^j \ln p_{i'}^j + \sum_{i=1} \beta_{iy}^j \ln p_i^j + \sum_i \beta_{it}^j \ln p_i^j t + \beta_y^j \ln y^j +$$

$$\frac{1}{2} \beta_{yy}^j (\ln y^j)^2 + \beta_{yt}^j \ln y^j t + \beta_t^j t + \frac{1}{2} \beta_{yy}^j t^2 \tag{8.50}$$

式（8.50）中，i，i' 代表四种生产要素。根据 Shepard 引理，$\frac{\partial C}{\partial P_k} = K$，$\frac{\partial C}{\partial P_{ls}} = L_s$，$\frac{\partial C}{\partial P_{ln}} = L_n$，$\frac{\partial C}{\partial P_m} = M$。其中，$K$，$L_s$，$L_n$，$M$ 分别为资本、技能劳动、非技能劳动和中间投入的需求，P_k，P_{ls}，P_{ln}，P_m 分别为资本、技能劳动、非技能劳动和中间投入的要素价格。可得：

$$\frac{p_i X_i}{C} = \frac{\partial C^j}{\partial P_i} \cdot \frac{p_i}{C^j} = \frac{\partial \ln C^j}{\partial \ln P_i} = S_i^j = \beta_i^j + \sum_{i'} \beta_{ii'}^j \ln p_{i'} + \sum_{i=1} \beta_{iy}^j \ln y^j + \beta_{it}^j t \tag{8.51}$$

式（8.51）中，S_i^j 表示生产主体 j 要素 i 的份额，β_i^j、β_{iy}^j、β_{it}^j 分别用来衡量常数、要素投入价格变化的份额效应和技术进步的要素偏向性。之后可利用多种估计方法对式（8.51）进行估计。

三、数字技术的技能偏向

（一）数字技术的影响

世界正处于信息通信革命进程中，数字技术的发展为世界带来了更多的选择与便利。据统计，全球超过 40% 的人可以访问互联网，且这一比例还在不断增加。即使在世界最贫穷的 20% 的家庭中，也有近 70% 的家庭拥有手机，这一比例甚至超过了拥有清洁的生活用水的家庭比例（图 8.9）。数字技术的普及带来了更多的选择与便利，但是不可否认的是它同时也带来了不平等。

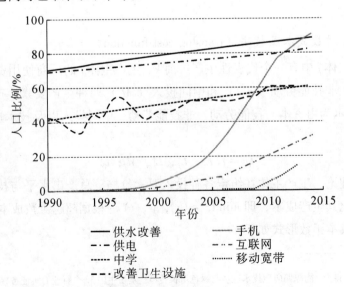

图 8.9　数字技术在发展中国家迅速普及（引自 WDR 2016）

数字技术为贫困及弱势人口提供了更多机会，包括就业机会和自我发展的机会。女性在数字技术的帮助下可以更加便利地进入劳动市场，她们可以成为电子商务创业者，从事网络商务活动。全球 10 亿残障人士在数字技术的帮助下，借助文本、声音和视频通信等技术手段可以实现更好的生活。全球 24 亿没有正规身份文件的人可以通过数字身份证系统来获得更多公共服务。

从经济运行的宏观视角看，数字技术的未完全普及以及各国各地区数字技术发展的差异，会导致在数字基础设施建设薄弱的国家的贫富差距和不平等进一步拉大。从就业市场的微观视角看，数字技术造成的不平等是其自身的技能偏向导致的，即企业更愿意雇佣能够熟练运用数字技术的劳动者，或者说企业会解雇能被数字技术（自动化）取代的岗位人员。

（二）数字技术的技能偏向的表现

与其他技术进步的技能偏向类似，数字技术同样具有技能偏向。随着计算能力的提升，再加上互联网的连接性和信息价值，数字技术正在取代越来越多的工作任务。数字技术更易取代程序性工作，即按照明确且严格的程序进行的工作，例如处理工资单、开火车等工作。而那些非程序性工作则受数字技术的影响较小，如产品设计师、美容师、保安等工作。数字技术对工作的影响取决于工作的类型以及技术是提升这项工作还是代替这项工作（见表 8.3）。在一些情况下，技术可以通过辅助工作的形式提升劳动者的生产力。研究人员和美发师所从事的工作都是非程序性的，都不容易被电脑编成程序，但技术让研究人员（在工作中使用更多先进技能）的工作变得更有效率，而技术对美发师的影响并不大。这意味着数字技术同样具有技能偏向性。

表 8.3　技术和技能在工作中的相互影响

		互补性容易程度（技术是劳动节约型的）	
		高 （认知分析和社会情绪密集型工作）	低 （手工技能密集型工作）
自动化容易程度（技术是劳动节约型的）	高 （程序性工作）	1 记账员、校对员、书记员	2 机械操作员、出纳、打字员
	低 （非程序性工作）	4 研究人员、教师、管理人员	3 清洁工、美发师、街头小贩

注：从事第 4 象限工作的工作者会获利最大，因为他们的工作任务中绝大多数是难以自动化的，而且他们的核心任务可以在数字技术的协助下变得更有效率。第 1 象限和第 2 象限的工作岗位很容易被自动化。第 3 象限工作岗位的生产率不会直接受到数字技术的影响。表格来自 WDR 2016。

数字技术技能偏向性的存在使得程序性工作更易被取代，因而导致一个国家的收入分配从程序性工作向非程序性工作转移。图 8.10 显示了美国因数字技术的发展导致程序性工作收入占总收入的比例不断下降，在美国处于技术前沿的产业中，从事程序性工作的劳工收入占总收入比例自 20 世纪 60 年代末开始从 38%下降到 23%，而同时非程序性工作收入比例从 23%上升到 34%。这一现象在发达国家和发展中国家均表现明显（见图 8.11）。

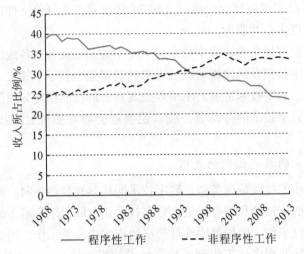

图 8.10　程序性工作收入和非程序性工作收入占总收入的比例

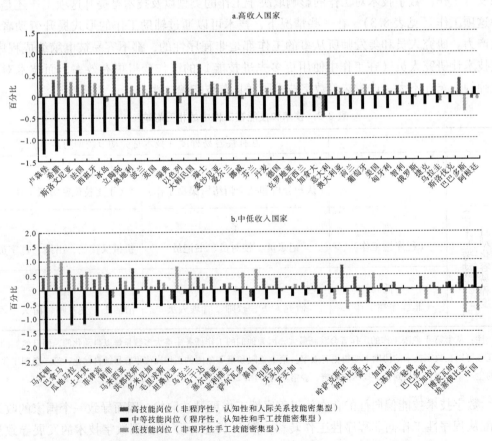

图 8.11　1995—2012 年发达国家和发展中国家的劳动力市场就业岗位比例年均变化

（三）数字技术的技能偏向与就业

对于劳动者而言，数字技术在就业和收入方面产生了新的机会，但也带来了风险。其中第一个风险是劳动力市场的变化速度加快了，以及工作岗位逐渐消失。第二个风险是个人闲暇和劳动者权益受到了侵蚀，由于数字技术的进步，办公时间和场所变得更加弹性，提高效率的同时也在侵蚀着劳动者的闲暇和权益。第三个风险也是最大的风险是劳动者之间的收入不平等更加严重，掌握数字技术的劳动者的报酬显著高于未掌握数字技术的劳动者。

数字技术的技能偏向对就业数量的影响主要有两个方面。一方面，由于采用新技术促使技能劳动者边际产出增加，企业增加了对于技能劳动者的需求，部分非技能劳动者的劳动被替代，因而企业降低了对非技能劳动者的需求，这会导致工作岗位的消失，减少就业数量。另一方面，从企业长期发展来看，由于技能劳动者比例的增加，企业整体劳动生产率提升，企业利润增加，因而企业生产规模扩张。随着企业生产规模的扩张，企业内不可替代的非技能劳动需求会随之增加，这会间接增加就业岗位和就业数量。但是综合来看，"替代效应"导致的就业数量的减少量大于"收入效应"导致的就业数量的增加量。

数字技术的技能偏向对就业质量的影响也主要有两个方面。一方面，从就业层次来看，数字技术进步导致的技能偏向使得技能劳动者获得技能溢价，这种技能溢价效应使得具备互联网技能的劳动者可以获得更高水平的劳动回报。这种正向激励使劳动者有动力不断提升自身的信息技能和整体素质，进而增加就业机会和就业回报，获得更高的就业层次。另一方面，技能偏向带来的技能溢价能够使非技能劳动者通过人力资本投资来获得数字技术，从而转变为技能劳动者，实现就业质量的提升。

尽管数字技术的技能偏向会对就业质量的提升提供激励作用，但是这种激励作用在现实中并不那么行之有效，因为人力资本的积累投资周期长，非技能劳动力向技能劳动力的转换变得困难。数据显示，拥有数字技术的人们比拥有相同教育水平但从事传统工作的人们在薪酬水平上要高出 25%～40%。技能偏向造成的就业数量的减少和收入不平等问题依旧是严重且不容忽视的。

附录

已知生产函数为式（8.43），为了方便计算，令 $L_t = \left[\beta \left(A_{st} L_{st} \right)^{\theta} + (1-\beta) \left(A_{nt} L_{nt} \right)^{\theta} \right]^{\frac{1}{\theta}}$，则有：

$$Y_t = \left\{ \alpha \left(A_{Kt} K_t \right)^{\rho} + (1 - \alpha) L_t^{\rho} \right\}^{\frac{1}{\rho}} \tag{A.1}$$

在完全竞争条件下，可得：

$$k_t = \frac{\partial Y_t}{\partial K_t} = \alpha A_{Kt}^{\rho} \left(\frac{Y_t}{K_t} \right)^{1-\rho}$$

$$\omega_{st} = \frac{\partial Y_t}{\partial L_{st}} = (1 - \alpha) \beta Y_t^{1-\rho} A_{st}^{\theta} L_{st}^{\theta-1} L_t^{\rho-\theta}$$

$$\omega_{nt} = \frac{\partial Y_t}{\partial L_{nt}} = (1 - \alpha)(1 - \beta) Y_t^{1-\rho} A_{nt}^{\theta} L_{nt}^{\theta-1} L_t^{\rho-\theta} \qquad (A.2)$$

由式（A.2）可得：

$$\frac{\omega_{st}}{\omega_{nt}} = \frac{\beta}{1-\beta} \left(\frac{A_{st}}{A_{nt}} \right)^{\theta} \left(\frac{L_{st}}{L_{nt}} \right)^{\theta-1}, \quad \frac{\omega_{st}}{k_t} = \frac{1-\alpha}{\alpha} \beta A_{st}^{\theta} L_{st}^{\theta-1} L_t^{\rho-\theta} A_{Kt}^{-\rho} K_t^{1-\rho} \qquad (A.3)$$

化简得：

$$A_{nt} = \left(\frac{\beta}{1-\beta} \frac{\omega_{nt}}{\omega_{st}} \right)^{\frac{1}{\theta}} \left(\frac{L_{nt}}{L_{st}} \right)^{\frac{1-\theta}{\theta}} A_{st}, \quad A_{Kt} = \left(\frac{1-\alpha}{\alpha} \beta \frac{k_t}{\omega_{st}} A_{st}^{\theta} L_{st}^{\theta-1} B_t^{\rho-\theta} K_t^{1-\rho} \right)^{\frac{1}{\rho}} \qquad (A.4)$$

易得，t 期 K、L_s 和 L_n 三种要素产出在总产出中的份额分别为

$$\alpha_{Kt} = \frac{k_t K_t}{Y_t}, \quad \alpha_{st} = \frac{\omega_{st} L_{st}}{Y_t}, \quad \alpha_{nt} = \frac{\omega_{nt} L_{nt}}{Y_t} \qquad (A.5)$$

根据 CES 的齐次性可知 $\alpha_{Kt} + \alpha_{st} + \alpha_{nt} = 1$，则有：

$$L_t = \left[\beta \left(\frac{1-\alpha_{Kt}}{\alpha_{st}} \right) \right]^{\frac{1}{\theta}} A_{st} L_{st} \qquad (A.6)$$

将 A_{nt}、A_{Kt}、L_t 代入式（A.3），可得：

$$A_{st} = \frac{Y_t}{L_{st}} \beta^{-\frac{1}{\theta}} \left(\frac{1-\alpha_{Kt}}{1-\alpha} \right)^{\frac{1}{\rho}} \left(\frac{\alpha_{st}}{1-\alpha_{Kt}} \right)^{\frac{1}{\theta}}, \quad A_{nt} = \frac{Y_t}{L_{nt}} (1-\beta)^{-\frac{1}{\theta}} \left(\frac{1-\alpha_{Kt}}{1-\alpha} \right)^{\frac{1}{\rho}} \left(\frac{\alpha_{nt}}{1-\alpha_{Kt}} \right)^{\frac{1}{\theta}}$$

$$L_t = \left(\frac{1-\alpha_{Kt}}{1-\alpha} \right)^{\frac{1}{\rho}} Y_t, \quad A_{Kt} = \frac{Y_t}{K_t} \left(\frac{\alpha_{Kt}}{\alpha} \right)^{\frac{1}{\rho}} \qquad (A.7)$$

令 $t = 0$，可得：

$$A_{s0} = \frac{Y_0}{L_{s0}} \beta^{-\frac{1}{\theta}} \left(\frac{1-\alpha_{K0}}{1-\alpha} \right)^{\frac{1}{\rho}} \left(\frac{\alpha_{s0}}{1-\alpha_{K0}} \right)^{\frac{1}{\theta}}, \quad A_{n0} = \frac{Y_0}{L_{n0}} (1-\beta)^{-\frac{1}{\theta}} \left(\frac{1-\alpha_{K0}}{1-\alpha} \right)^{\frac{1}{\rho}} \left(\frac{\alpha_{n0}}{1-\alpha_{K0}} \right)^{\frac{1}{\theta}}$$

$$L_0 = \left(\frac{1-\alpha_{K0}}{1-\alpha} \right)^{\frac{1}{\rho}} Y_t, \quad A_{K0} = \frac{Y_0}{K_0} \left(\frac{\alpha_{K0}}{\alpha} \right)^{\frac{1}{\rho}} \qquad (A.8)$$

第九章　非正规就业

【引入案例】

近年来，互联网平台经济的兴起催生了"零工经济"，使"非正规经济"成为一大热点话题。但"非正规经济"不仅仅是平台经济的产物，要了解其形成原因，就要探讨它在中国经济中发挥了怎样的作用。

著名历史社会学家黄宗智指出[①]，非正规经济模式实际上是从西方引进的，但在中国的规模超过了西方，原因是中国的非正规经济与西方相比，实际上有着深刻的社会历史背景：明清以来的人地压力和城市-农村户籍二元制度，共同形成了"半工半耕"小农经济模式；改革开放以后，大规模离土又离乡的"农民工"开始进入城市打工，减轻企业人工费用压力的需求导致了农民工的非正规待遇。结果，非正规经济虽然历史性地推动了经济快速发展，却也带来了社会不平等。

第一节　非正规就业的含义与事实

一、非正规就业的含义

非正规部门和非正规就业的概念最早由国际劳工组织在20世纪70年代初提出。各国根据本国国情，又对此概念进行了界定，所以各国非正规部门和非正规就业的界定存在较大的差异。

根据国际劳工组织1999年的定义，非正规部门是指规模很小的从事商品生产、流通和服务的单位，主要包括微型企业、家庭型的生产服务单位、独立的个体劳动者[②]。

我国学者根据我国国情对非正规部门和非正规就业做了如下定义[③]：

我国非正规部门是指在依法设立的独立法人单位（企事业单位、政府机构和社会团

---

① 黄宗智. 中国的非正规经济 [J]. 文化纵横, 2021 (6): 64-74.

② 胡鞍钢, 杨韵新. 就业模式转变: 从正规化到非正规化: 我国城镇非正规就业状况分析 [J]. 管理世界, 2001 (2): 69-78.

③ 李桂铭. 我国非正规就业状况分析 [J]. 合作经济与科技, 2006 (1): 27-28.

体、社会组织）之外的规模很小的经营单位。它包括由个人、家庭或合伙自办的为社会提供商品和服务的微型经营实体，如个体经营户、家庭手工业户、雇工在7人以下的个人独资企业等；以社区、企业、非政府社团组织为依托，以创造就业和收入为主要经营目标的生产自救性和公益性劳动组织；其他自负盈亏的独立劳动者。

我国非正规就业主要指广泛存在于非正规部门和正规部门中的，有别于传统典型的就业形式。它包括非正规部门里的各种就业门类；正规部门里的短期临时性就业、非全日制就业、劳务派遣就业、分包生产或服务项目的外部工人等，即"正规部门里的非正规就业"。对非正规就业的分类如图9.1所示。

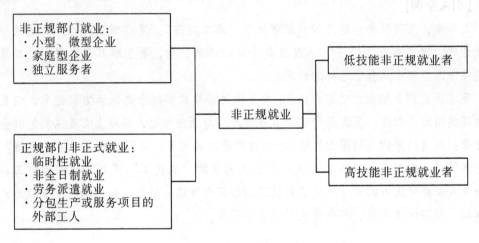

图9.1　非正规就业分类

二、非正规就业基本事实

（一）国外非正规就业现状

国际劳工组织（ILO）根据人均收入水平将世界上主要国家分为低收入国家、中低收入水平国家、中高收入水平国家和高收入水平国家。不同收入水平国家的非正规就业体现出不同的特征。本部分别选取阿富汗（低收入国家）、伊拉克（中低收入国家）、阿根廷（中高收入国家）和巴拿马（高收入国家）作为典型国家，分析其非正规就业情况。

1. 非正规就业人数

非正规就业人数反映了非正规就业的规模，不同收入水平典型国家2021年的非正规就业人数和性别分布情况如图9.2和图9.3所示。其中，阿富汗非正规就业的人数达到665.5万人，占比达到86.4%；伊拉克非正规就业人数为580.8万人，占比为67.0%。作为中高收入国家的阿根廷，其非正规就业的人数为599.2万人，占比仅为48.9%。作为高收入国家的巴拿马，其非正规就业的人数达到97万人，占比为55.7%。以上数据表明，不同收入水平的国家非正规就业都占据了一半左右的比重，非正规就业已成为人民就业的重要形式。同时，收入水平较低的国家其非正规就业所占的比重较高，如阿富汗的非正规就业人数占比达到了 86.4%，而巴拿马仅为 55.7%。

从性别分布来看，男性非正规就业人员数量普遍高于女性非正规就业人员数量。如在阿富汗，非正规就业人员中男性就业人数为 487.3 万人，占比为 63.4%；女性就业人数为 178.2 万人，占比为 36.6%。而在巴拿马非正规就业中，男性就业人数为 60.9 万人，占比为 62.8%，女性就业人数为 36.1 万人，占比为 37.2%。

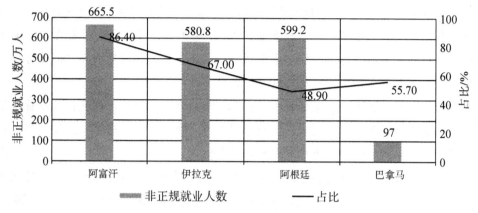

图 9.2　非正规就业人数与占比

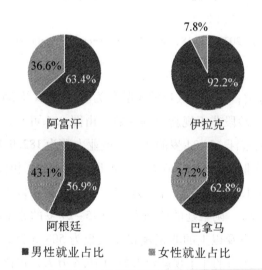

图 9.3　非正规就业性别分布

数据来源：国际劳工组织数据库。

专栏　巴拿马的流动商贩

由于新冠疫情，巴拿马许多人失去了自己原有的工作，虽然目前就业状况有所好转，但更多的人实际上从事的是非正规工作，流动商贩就是其中一种。巴拿马首都巴拿马城的商贩近日分享了自己的经历。

巴拿马《星报》1月16日报道，在巴拿马首都巴拿马城繁忙的中央大道（Avenida Central）上，索诺拉·埃斯皮诺萨（Sonora Espinosa）向路人售卖着口罩和小吃，她面前的小桌子也是她的"临时商店"。索诺拉是一名60岁的失业妇女，每天都在为自己的生计奔波。

经历了年末年初假期的喧嚣，1月前几周中央大道上的人流非常稀少。这条大道两旁有很多商店和摊位，其中既有固定的摊位和有市政许可的小商店，也有流动的街头小贩。这些小贩中就包括索诺拉，她一边向顾客展示着自己卖的东西，一边吆喝着"口罩"。

索诺拉之前一直经营着一家学校食堂，直到2020年3月新冠疫情暴发，全国学校被迫关闭，她的食堂也不得不停业。索诺拉表示，在食堂工作的9个人中，没有一个人现在有正式的工作，她的丈夫也很久没有工作了。

对于做流动商贩的感受，索诺拉表示："12月的时候比较忙，但现在人流量少了很多。人们只是路过，但并不会买东西。生活真的十分艰难。"她希望，随着今年3月学校全面恢复面授课程，她能够继续经营自己的食堂。

根据巴拿马2021年10月公布的数据，索诺拉只是巴拿马67.8万名非正规就业者中的一员。虽然巴拿马的失业率已经从2020年9月的18.5%下降到了2021年10月的11.3%，但巴拿马大学经济学院院长罗兰多·戈登（Rolando Gordón）表示，正在恢复的就业岗位大多数是非正式就业岗位。

资料来源：南美侨报网，2022-01-18，http://www.br-cn.com/static/content/news/nm_news/。

2. 年龄分布

根据ILO组织的分类，将就业人口的年龄分为15~24岁及25岁以上。图9.4给出了2021年不同国家各年龄段非正规就业的人数。由图9.4可知，非正规就业群体多为25岁及以上的群体。阿富汗15~24岁的非正规就业人数为182.9万人，占比为27.5%；25岁及以上的非正规就业人数为482.6万人，占比为72.5%。伊拉克劳动人口中15~24岁的非正规就业人员为135.4万人，占比为23.3%；25岁及以上的非正规就业人数为445.4万人，占比为76.7%。阿根廷的劳动人口中15~24岁的非正规就业人数为90.7万人，占比为15.1%；25岁及以上的非正规就业人数为508.5万人，占比为84.9%。巴拿马的劳动人口中15~24岁的非正规就业人数为16.4万人，占比为16.9%；25岁及以上的非正规就业人数为80.6万人，占比为83.1%。以上数据表明，非正规就业人员主要为25岁及以上的劳动力，且国家收入水平越高，15~24岁的非正规就业人员占比越低。

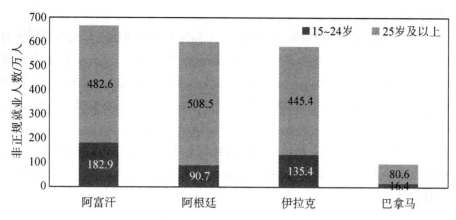

图9.4　非正规就业者年龄分布

3. 教育程度

从受教育程度来看，不同国家的非正规就业人员受过的基础教育差异较大。图9.5为不同国家非正规就业人员受教育程度的占比情况。非正规就业人员中，阿富汗的基础教育以下的就业人员占比高达62.2%，伊拉克的基础教育以下的就业人员占比为68.4%，巴拿马的基础教育以下的就业人员占比为45.7%，阿根廷的基础教育以下的就业人员占比仅为38.2%。从高等教育占比来看，阿富汗非正规就业人员中受过高等教育的占比仅为3.7%，伊拉克的占比为12.9%，阿根廷的占比为15.7%，巴拿马的占比为8.8%。以上数据表明，非正规就业的人员覆盖各教育水平的劳动力，一般而言，收入水平较高的地区，从事非正规就业人员的平均受教育水平较高。

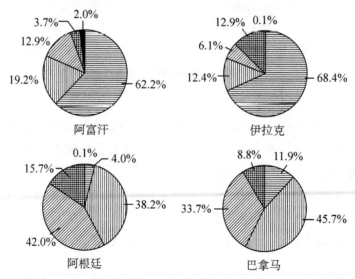

图9.5　非正规就业者受教育程度分布

4. 企业规模

从非正规就业人员从事的企业规模来看，大部分的非正规就业呈现小规模和分散化特点（如图 9.6 所示）。如在阿富汗的非正规就业人员中，1~4 人企业规模占比为47.3%，而在巴拿马非正规就业人员中1~4 人企业规模的占比达到了 84.1%。国家收入水平高的地区，更为常见的是 1~4 人的企业规模。可见，非正规就业企业普遍规模较小。

同时，在 50 人以上的企业占比中，阿富汗仅为 1.3%，阿根廷为 2.6%，而作为高收入国家的巴拿马占比为 5.3%。因此，收入水平高的地区为非正规就业的企业良性发展创造了有利的条件。

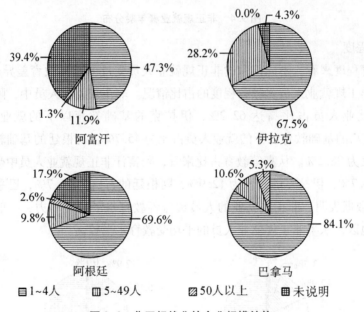

图 9.6　非正规就业的企业规模结构

5. 职业技能

从非正规就业人员的职业技能来看，从事非正规就业的人员覆盖拥有各等级职业技能的员工。图 9.7 是不同收入水平国家非正规就业人员的职业技能结构。由图 9.7 可知，大部分的非正规就业人员的技能等级在 2 左右，表明员工有一定的专业性。如阿富汗技能等级 2 的员工占比约为 50.7%，在巴拿马则占到 68.7%。

收入水平较高的地区，高等级职业技能的员工占比则相对较高。在阿富汗非正规就业人员中，高技能等级的员工占比为 13.5%，阿根廷为 18.4%，而在巴拿马则高达 21.6%。

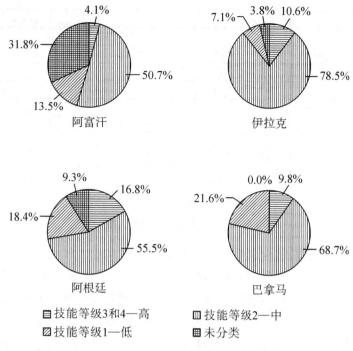

图 9.7　非正规就业者的职业技能分布

（二）中国非正规就业

关于我国的非正规就业的规模，按照张彦[1]、胡鞍钢和赵黎[2]、王海成等[3]等的做法，运用差值法来估算各地区城镇非正规就业规模，将城镇从业人员中的正规就业（国家机关事业单位、国有企业、集体企业和三资企业）以外的私营企业和个体从业人员作为非正规就业。2013—2021 年我国非正规就业人数及其占比情况如图 9.8 所示。

我国的非正规就业人数由 2013 年的 2.871 6 亿人增长至 2021 年的 3.852 3 亿人，我国非正规就业人数呈稳步增长的趋势。从非正规就业人数占比来看，其比重也在逐步上升，由 2013 年的 74.5% 上升到 2021 年的 82.4%。可见，非正规就业逐渐成为我国劳动力就业的主要方式。

①　张彦. 对上海市人口非正规就业规模的估算与分析 [J]. 中国人口科学，2009（3）：40-47.

②　胡鞍钢，赵黎. 我国转型期城镇非正规就业与非正规经济（1990—2004）[J]. 清华大学学报（哲学社会科学版），2006（3）：111-119.

③　王海成，苏桔芳，渠慎宁. 就业保护制度对非正规就业的影响：来自中国省际面板数据的证据 [J]. 中南财经政法大学学报，2017（2）：32-40.

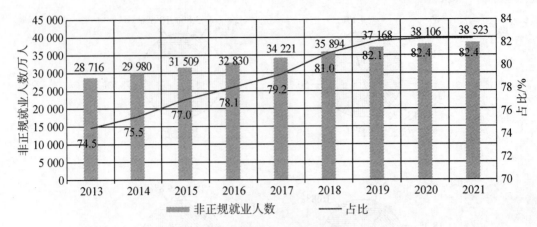

图9.8 我国非正规就业人数

从我国非正规就业的结构来看，主要是个体城镇就业人员及私营企业城镇单位人员。如图9.9所示，2021年我国非正规就业人员中，私营企业城镇就业人员为1.59亿人，占比为33.9%。与2018年相比，私营企业城镇就业人员增长0.13亿人，占比下降8%。2021年个体城镇就业人员为2.26亿人，占比为48.3%。与2018年相比，个体城镇就业人员增长1.09亿人，占比上升14.7%。可见，近年来，新冠疫情的冲击以及数字经济的发展对于我国就业方式产生了重要的影响。

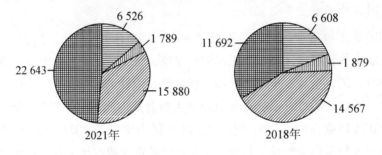

■ 有限责任公司城镇就业人员/万人　　Ⅲ 股份有限公司城镇就业人员/万人
◪ 私营企业城镇就业人员/万人　　▦ 个体城镇就业人员/万人

图9.9 我国非正规就业结构

从我国非正规就业者（私营企业和个体城镇就业人员）的行业分布来看（见图9.10），大部分的非正规就业者从事批发和零售业、制造业、租赁和商务服务业。其中，批发和零售业从业人员在2019年的就业规模达到了1.54亿人，占比达到了45.8%；制造业从业人员在2019年规模达到了0.59亿人，占比为17.5%；租赁和商务服务业从业人员在2019年规模为0.34亿人，占比为10.0%。

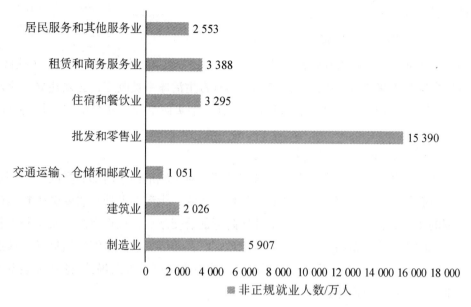

图 9.10 2019 年我国非正规就业者行业分布

2021 年我国不同类型城镇单位的平均工资如图 9.11 所示。其中，非正规就业者（其他单位）的平均工资水平为 76 342 元/年，继续保持增长趋势，但与正规就业者的收入相比差距较大。城镇单位非正规就业者的平均工资水平与城镇集体单位平均工资水平基本保持一致，低于城镇单位的平均工资水平，与国有单位、外商投资单位相比差距较大，非正规就业者的工资水平有待进一步提高。

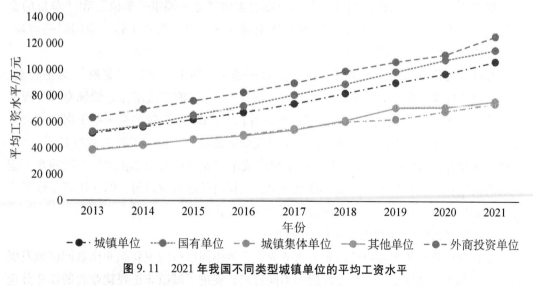

图 9.11 2021 年我国不同类型城镇单位的平均工资水平

三、非正规就业的行为特征

非正规就业者的就业过程是一个认知过程和行为过程。本土非正规就业者和外来非正规就业者体现出不同的行为特征。

（一）城市本土非正规就业者的特征

由于本土非正规就业者在体制转换过程中，突然遭遇下岗，其原来的家（社区）-工作场所之间的连接路线被中断。以前熟悉的日常生活体系被改变，必须建立一个新的生活-工作空间。在建立这一空间的过程中，有一个实体空间、社会空间和行为空间认知互动的过程。

1. 实体空间认知——市民化程度高

大多数非正规就业者从小就生活在城市社区，对于城市社区内部的空间组织都很了解。几乎所有的人都知道家周围的公园、学校、医院、街道办事处、居委会等机构的地点和周围的建筑物、构筑物的用途。对住所附近的公交站点，也很熟悉，特别是对从家到工作单位的主要公交路站，都能够如数家珍。"这里是我家，即使这里拆迁，政府也要安置我啊。""大的商场，即使我不买东西，难道去逛逛不可以吗？"这些都表明他们基本上都具有很强的市民化素质。

2. 社会空间认知——以社区为主

一般的下岗再就业人员，在城市社区经过长期的生活交往，具有一定的社会交往网络，这些交往网络构成了个人的社会资本。这些社会交往网络，成为就业者有效的社会资源。这表明在具体找工作过程中，主渠道还是已有的社会资源。社会空间向外扩展得不多，而高等级的职业主要来源于社会空间交往。

3. 行动空间认知——暂时的空间剥夺

职工在下岗后，在日常的行动空间上由过去的"家—邻里—单位"和"单位的业务空间"转变为"家—邻里"，在空间范围上被压缩。由于失去工作，空闲时间增多，失去工作产生的失落感将得到强化。

在社会交往空间上，也由过去的"家庭—邻里—同事"向以"家庭"为主转变。特别是由于经济拮据，对周围熟悉的空间利用减少。"以前常去游泳，锻炼身体，现在几乎都不去了。""电影院基本不去了，在家看租来的碟片。"这些都表明下岗者对公共设施的利用减少。在空间上，这也是一个自我剥夺的过程。由于需要节省过日子，"少出门、少交往"，以减少开支。害怕产生交往成本，导致社会资本流失。"以前在一起玩玩牌的朋友，现在很少交往了，我也知道，这样自己越来越封闭，但交往需要钱啊。"经济限制导致阶层意识丧失，从而被圈层自动排斥在外。

4. 职业在空间上也具有一定的分选性

非正规就业总体上是以社区服务就业为主。但不同区域的主要职业比重同区域发展特色密切相关。地域经济、社会发展的不同特点，促进了城镇非正规就业者的职业分选性，但这种职业分选性不强。

专栏 泰国曼谷：改善居家工作者的工作权益

Rattana 曾是工厂工人，在 1997 年经济危机期间被解雇。她现在为度假村供应手工制作的人字拖。她和她的丈夫是 HomeNet Thailand 的长期成员，并为非正规工人在包括全民医疗保险的多项政策活动中做出了贡献。通过 HomeNet，他们还帮助泰国在家的制衣工人正式注册成为一家服装合作社。作为法人实体，合作社扩大了获得工作订单的机会，加强了居家工人的流动。

HomeNet 是位于泰国曼谷的一个社会组织，其成员为居家工作者和其他非正规工人，通过在家中生产各种商品和提供服务谋生。他们和其他一些民间组织一起倡导建立全民医疗卫生体系（universal health coverage，UHC），还促成了《家庭工人保护法》和家政工人法规的出台。法规对泰国家庭工人和家政工人的最低工资、职业健康和安全保护以及其他基本劳工权利做出了规定。

HomeNet 在政府和居民间架设了很多沟通对话的桥梁。特别地，在 2013—2014 年，它成功说服了曼谷交通管理局（Bangkok Mass Transit Authority，BMTA）为从曼谷市中心搬迁到郊区的居家工作者提供交通服务，政府新增了两辆通勤大巴，并承诺在临时房屋区周边一处危险的十字路口新建人行天桥。

（二）外来非正规就业者的行为特征

外来人口在城市社区就业很少签订劳动合同，缺乏社会保障，没有住房而导致不稳定感，特别是由于本地人的排斥，没有社区认同感。大部分外来人口是以都市过客身份存在于城市之中。我国外来人口的非正规就业主要是在小微企业中就业及成为街头小贩。

1. 小微企业的非正规就业行为

第一，雇主的源地背景对雇员的分选性有极大的影响。来源不同社区背景的雇主在雇佣劳动中有着不同的特征。来源于农村的雇主更倾向于雇佣亲戚和同乡，强调地缘和血缘关系。在实力强大，形成规模化经营以后，则既强调基于地缘和血缘关系的雇佣，也强调对本地人的雇佣，特别是在销售环节，雇佣本地人很多。来源城镇背景的雇主，特别是原先是非农业人口的雇主，在强调雇员的乡缘和血缘的同时，也有一半以上的劳动力来源于劳动力市场。来源城市背景的雇主，雇佣劳动力基本上是利用劳动力市场这一渠道的。

其实这一点与创业者原来的社区文化密切相关，也反映了中国生活在不同地域社区的人日常生活交往的网络。农村社区一般是均质性社区，邻里之间存在密切的交往，而且这种交往在城市社区存在排斥的情况下，倾向于把原来的社区关系带到新的社区之中，以增强对陌生环境的抵御能力。乡镇是介于农村社区与街道社区之间的社区形态，在城镇社区生活的人既有城市生活方式的一面，但也天然地同乡村有着密切的联系。他们在利用社会网络的过程中，既强调同乡之间的地缘关系，同时也强调本地化概念。他们一方面努力融入本地社区，另一方面又被本地社区排斥，特别是语言符号的排斥，显示出矛盾的心理。而对于街道社区来源者来说，原先生活的社区网络没有乡村社区网络那样牢固，他们羡慕来自农村社区的劳动力雇佣方式，原因是这种雇佣方式的凝聚力强，但也对这种雇佣方式表示不屑，认为这种雇佣是对同乡的严重剥削。更深层次的原因是来自街道社区的雇佣者，一般不太愿意为打工者提供食宿。

第二，雇员日常工作空间和社会交往空间有限。作为小型、微型企业的就业者，其收入水平相对较低，福利水平相对较差，就业者对周围的空间认知基本上是来自日常的工作，而且很多打工者对出行的路线很不熟悉。大部分人去工作时，都是由雇主领着去的。自己主动认识的空间一般仅限于店面周围，认为高楼大厦是富人去的地方，很少光顾。对高大的单体建筑的排斥，特别是对于一些标志建筑的忽略，导致了打工者对于空间方向认知的不明确，进而也影响了其对空间的学习能力。

在交往上以老乡之间的内部交往为主。基于业缘关系与当地人也有交往，但不亲密。即使是在同一工作单位与同事的交流也相对很少。一部分原因是语言方面的差异，这无形中成为外来人口同本地人交往的鸿沟。

专栏　小微企业非正规就业

我的家乡在湖南省长沙市的一个乡下小镇，8 年前来上海打工。一开始由于自己的亲戚从事石膏材加工，所以自己和丈夫一起来上海，到亲戚厂里打工，小孩留在老家，由爷爷和奶奶照看。由于和老板是亲戚关系，让自己从事销售，而丈夫由于身强力壮，在厂里从事石膏材加工。做了半年以后，石膏材的技术相对也比较简单，丈夫基本上掌握了加工技术，另外丈夫利用中学时候学过的一点绘画知识，在石膏上面雕刻一些画案，做出来的石膏材销路很好。

由于自己从事销售，交往的人群范围相对比较大。听周围的同事说，在附近街道有一家店面要转让，在得到亲戚同意后，夫妻俩一合计，从家里和亲戚那里借了一笔钱把店盘了下来，自己从事石膏材料销售，前期主要销售亲戚厂里的建材。

尽管石膏材生产过程工艺相对比较简单，但安装却是技术要求比较高的行业。由于丈夫对这一行业的技术有一定的了解，主要从事安装工作。又因为技术比较好，生意也越做越好。这样做了 4 年，自己有一定的积蓄。丈夫在江桥开了一家石膏材加工厂，雇用了 6 个人。

这几年上海的房屋建设速度比较快，家装市场很红火。本来在江桥有门面房，实行前店后厂的生产管理。那里开厂、做销售的亲戚很多，目前自己的亲戚在上海开同样的厂和店的有 15 家，基本上都是她舅舅带出来的。亲戚都在一起好处是相互帮忙，但在生意上相互竞争也产生一些矛盾，亲戚也陆陆续续从江桥搬了出去。一次在看电视时，看到金沙江建材市场的招商广告，自己和丈夫考虑到金沙江这边的大型建材市场比较

少，去开店一定能够赚钱，也就搬过来了。

现在在金沙江建材市场租了一间门面房，大概 25 平方米，在房子上面有个小阁楼，可以用来居住，每月房租 3 000 元。由于店铺刚刚开张，相比较而言，售货价格还是比较便宜的。现在生意一般，慢慢会好起来的，并且发现到这边之后亲戚之间矛盾少多了，心情也舒畅多了。

店里面雇用了 4 个安装人员，都是从老家来的，雇用老家来的人的一个主要原因是好管理，同时石膏材销售安装是一体的，安装好才付款。这样安装人员身上携带销售款成为经常性的事情，雇用老家来的人，不会出现携款而逃的情况。

安装人员实行计件制工资，包住不包吃，晚上住在门面房里面。一般安装人员的工资可以达到 1 000 元/月。她和小孩、丈夫住在阁楼上。由于安装是石膏建材的关键，所以安装行业需要的是熟练工。因为这会影响到安装的速度、质量和安装过程中建材的浪费程度。

资料来源：乔观民. 大城市非正规就业行为空间研究［D］. 上海：华东师范大学，2005.

2. 街头商贩的非正规就业

就业者具有工作场所流动、工作时间长的特性。就业者的工作时间一般为 8:00—20:00，工作时间在 12 小时左右。街头商贩处于社会最底层，在空间上处于被支配地位，在生活上通过适应或压缩自己的居住和行为空间来获得生存工资。在社会交往上，以乡土的地缘关系为主。只有少数人可以与本地人进行交往，获得社会资本。

街头商贩由于基本上不具备在城市生活的技能，难以进入现代再生产体系内，无工作场所，特别在场所上不具有占有性，收入不稳定。由于每天长时间工作，街头商贩缺乏基本城市生活方式的学习时间。而且他们当中大部分人的社会比较是同家乡相比，更多地强调经济利益。在生活中，房租是他们的一项重要的开支，居住、食品占其收入的 30%～60%。

几乎所有的人都把收入带回家去供养父母和子女。来城市挣钱养家，大多数人对生活的愿望寄托在下一代，希望下一代能够获得良好的教育。这几乎成为他们工作的精神支柱。

他们日常生活以节俭为主，对城市的基础设施基本上没有利用或很少利用，处于社会的底层，虽然卖的商品如电话卡本身产业链与正规部门紧密相连，但他们属于体制外人员。因此，在分割的劳动力市场上，就该行业来看，非正规部门向正规部门的通道基本上是没有的。街头商贩是以都市过客的身份存在于大城市之中的。

专栏 印度：为街头商贩划出专属用地

街头商贩一般在街面以较低的价格出售商品和服务。城市中的街头商贩群体往往数量庞大，然而大多数城市政府能颁发的商贩执照和营业许可证数量极其有限。在全球，每天都会发生多起针对街头商贩的强迫驱逐行为，有一些甚至是大规模的暴力驱逐。被驱逐的街头商贩需要搬到人烟稀少的边缘地带。另外，一些街头商贩还会时不时受到某些警察和城市管理人员的骚扰，包括索贿、罚款和没收商品。

布巴内什瓦尔是印度一座新兴的城市，但城市中街头商贩与城市管理者间的矛盾却由来已久。2007 年以前，城市中的街头商贩被认定是非法经营者，因而经常面临警察和城管的执法和查抄。双方的不信任和仇恨导致冲突和示威抗议时有发生。"双输"的局面让双方走到了协商桌上，并在 2006 年终于达成一致，选择由政府支持大量存在的商贩合法化、正规化。

到 2011 年，布巴内什瓦尔为街头商贩划出了 54 个专用的售货区域，新建了约 2 600 个专用售货亭。一方面，城市居民可以继续在街头商贩处买卖；另一方面，商贩在指定区域合法经营，不会受到骚扰或面临被没收的风险。布巴内什瓦尔由此成为印度第一批承认街头商贩是城市不可分割一部分的城市之一。布巴内什瓦尔通过复杂的公共、私人和社区合作模式为他们指定空间，解决了长期存在的社会矛盾，同时保障了大量非正规工作者的劳动权益。

资料来源：新浪财经，2021－12－24，http://finance.sina.com.cn/esg/ppa/2021－12－24/doc－ikya-kumx6101304.shtml.

四、体面劳动与非正规就业

（一）体面劳动的内涵与特征

近年来，"体面劳动"的概念开始进入国内外学者们的视野，引起了国内政府、学者和各类社会组织的广泛关注，这也表明了"体面劳动"作为劳动者的基本权利得到了全社会的充分尊重和深切关怀。

1. 体面劳动的内涵

为了应对经济全球化过程中劳动和社会等领域内出现的各种问题，国际劳工组织提出了"体面劳动（decent work）"这一重要战略措施。在 1999 年召开的第 87 届国际劳工大会上，局长胡安·索马维亚首次提出"体面劳动"这一概念，并对这一概念做了较为权威性的定义："体面劳动是促进劳动者在公平、自由、安全和人格尊严的条件下，能够获得体面的生产性工作机会。"这一定义意味着社会应该给经济以"人的面孔"，劳动者在从事生产劳动的过程中，应该获得足够公平的劳动报酬收入和充足的社会保护，同时还能参与社会对话，有效地保障劳动者的合法劳动权益。

"体面劳动"作为一项解决劳动和社会领域问题的战略措施，其内涵包括下列五个方面：

一是促进工作中的基本原则和权利实现。所谓工作中的基本原则和权利，主要指 1998 年 6 月召开的国际劳工大会上通过的《工作中的基本原则和权利宣言及其后续性措施》中所规定的工人的基本权利：禁止强迫劳动和使用童工、结社自由、自由组织工会和进行集体谈判、同工同酬以及消除就业歧视。

二是促进就业。就业权利是劳动权利中最基本的权利，保障劳动者的就业权利，包括劳动者自愿选择就业方式、就业培训的机会、公平就业和平等待遇，以及获得生产性工作机会和体面的报酬等内容。体面劳动的目标是追求就业的公平与公正，禁止性别、种族、年龄、身体等方面的歧视，劳动关系应该建立在尊重人类尊严的基础上。

三是促进社会保护。社会保护主要针对处于弱势地位的弱势劳动群体，为其提供免受社会风险和伤害的社会性保护措施，包括社会保障和职业安全等方面。对于失业群体的失业社会保障方面，应该让失业者获得一些社会帮助以寻找新的职业，让其享受各种形式的社会保障。针对劳动者在劳动过程中遇到健康、工伤事故问题而导致就业或劳动能力丧失时，社会应该给予养老和提供救济金方面的帮助。当劳动者遇到极端恶劣的工作条件，如高温、噪音、粉尘和超负荷的工作等，应当保障他们安全的工作条件，防止工伤事故和职业病等的发生。

四是促进社会对话。这要从几个层面来分析：从企业和产业的层面，主要是指实施集体谈判和职工的民主参与管理，劳动者有权就对自身有影响的决策向组织提出申诉，参与组织的管理和决策；从地方和国家的层面，主要是指实施劳方、资方和政府就劳工问题和劳工政策的三方协商机制。实施劳资合作模式是三方进行沟通和协调劳动关系的主要手段。鼓励劳动者参与那些直接对他们产生影响的决策，政府和劳动就业组织应该为他们提供申诉问题和解决问题的途径。

五是促进劳动者发展。这主要是指劳动技能培训和工作提升。体面劳动的目标是追求劳动者在其职业生涯中应该享有公平的劳动技能培训机会，让劳动者在工作中有晋升和提拔的机会，促进劳动者的身心得到健康发展。

2. 体面劳动的特征

目前，国际社会把体面劳动作为一种和谐、文明、有人格尊严的社会劳动。它充分体现了广大劳动者的利益诉求和共同愿望，是人类社会和谐发展的客观要求，也是构建现代和谐社会的奠基石。其特征有如下六点：

第一，体面劳动是以人为本的劳动。体面劳动最关注劳动者的就业权，包括享受自由，承认工作中的基本权利，保护劳动者在工作中免受歧视，保障劳动者的报酬收入能够满足劳动者本人和家庭的基本经济需要，让劳动者和家庭成员享受充分的社会保障，使其在工作中享有平等的待遇和平等的劳动技能培训机会、职业晋升和提拔的机会，劳动者可以直接或间接地对自己产生影响的决策发表观点和看法，工作中可以向组织或工会表达自己的意愿和参与组织管理，等等。

第二，体面劳动是关注弱势群体的劳动。弱势群体主要是指那些由于社会资源缺乏、职业技能差和文化水平低等，在劳动力市场上处于弱势的群体。他们虽然在积极寻找工作，但很难找到合适的工作，即使就业也基本属于非正规就业或灵活就业，就业质量低下。平等的劳动就业权、足够的劳动报酬收入权、充分的劳动技能培训权等基本劳动权益无法得到保障。弱势群体是一个国家中劳动权益最易受到侵害的代表性人群。他们位居社会最底层，是社会财富的主要创造者，是体面劳动的共享主体。为了维护社会主义市场经济条件下的社会公平正义，必须保障这部分弱势群体的合法劳动权益，真正实现其体面劳动。

第三，体面劳动是有尊严的劳动。劳动不仅是生产要素的组合，以及劳动者脑力和体力劳动的结合与付出，也是劳动者健康的身心需求。体面劳动是劳动者完全处于身心自由的条件下的以人为本的自主性劳动。它与自我强制或他人强制条件下的服从性劳动完全不同。强制性劳动使得劳动者的身心得不到自由、人格得不到尊重。而体面劳动的最大特点就是能充分体现劳动者的人格尊严。体面劳动不仅要求劳动者要有一份维持自身或家庭基本生活需要的工作，而且还要有安全的工作条件和环境、足够公平的劳动报酬收入、稳定的就业机会、充分的社会保障等劳动权利，意味着要尊重劳动，尊重劳动者的尊严和权利。体面劳动的实现过程，是劳动者争取自主、获得尊严、劳动权益受保障、走向自我实现的过程。

第四，体面劳动是有回报的劳动。体面劳动意味着劳动就应该有回报，劳动使劳动者的生活水平有所提高，并能实现劳动者的自我价值。劳动者在生产性劳动中，其劳动权益应该得到充分的保障，并获得与其劳动力价值相符的劳动报酬。可在很长一段时间内，部分劳动者特别是处于弱势地位的劳动者的劳动报酬未能体现其劳动力价值，劳动力价值被低估的现象相当普遍。为了实现体面劳动，劳动者应该拥有良好的工作环境和条件、享有公平的工作待遇和合理的培训晋升机制，获得工作技能，得到应有的公平待遇回报。

第五，体面劳动是有保障的劳动。体面劳动意味着劳动者拥有一些最为基本的劳动权利，如结社权、集体谈判权、获得体面收入、自主择业权和就业权等。这些权利能为劳动者及其家庭现在和未来的生活提供长期性保障。体面劳动使劳动者在劳动中得到尊重和尊严，为劳动者及其家庭提供乐观积极的情绪。体面劳动要求政府和社会组织要为劳动者提供免于遭受社会风险和伤害的社会性保护措施，包括社会保障、职业安全、安全的工作条件和舒适的工作环境等方面。针对失业群体来说，社会应该给予更多的帮助使其寻找到新的职业，让其自身和家庭享受各种形式的社会保障，解决失业群体的后顾之忧；针对劳动者来说，当他们在劳动过程中遇到健康问题、工伤事故问题等而导致就业或劳动能力丧失时，社会应该给予医疗保险、养老保险和提供救济金等方面的关怀；当劳动者遇到恶劣的工作条件和工作环境时，社会就应该给予更多的人文关怀，防止职业病和工伤事故发生。

第六，体面劳动是对话的劳动。在现代社会，劳动者要拥有充分的保障性权利、就业权利，良性沟通对话是必要的。为了实现体面劳动目标，必须让劳动者在不同程度上对组织的决策过程和各级管理工作发表自己的意见和建议，让他们与组织领导者处于平等地位研究和讨论组织中出现的重大问题，使他们感受组织的信任，以及自身的利益和组织的发展密切相关，从而产生强烈的责任感。同时，劳动者参与对话为他们提供了一个得到别人重视的机会，从而给人一种成就感，使其感受到受尊重，劳动者因为能够参与商讨与自己切身利益相关的问题而受到激励。因此，体面劳动是一种对话的劳动，既对劳动者个人产生激励，又为组织目标的实现提供了保障。

（二）非正规就业与体面劳动

体面劳动的主旨和核心内容就是劳动者的劳动权益问题，即劳动者在从事社会劳动的过程中获得的各种劳动权利和利益。然而，我国现阶段在非正规就业群体的劳动权益保护方面仍不完善，难以促成非正规就业群体的体面劳动。

1. 体面劳动视角下非正规就业群体存在的问题

处于次级劳动力市场的非正规就业群体，在很多方面不能像正规就业群体那样享受更为全面的社会保障。非正规就业在提供大量的就业机会、创造较高劳动生产率、提供更多的社会产品和服务的同时，在社会保障、工作环境条件、劳动保护和职业发展等方面的状况不容乐观，主要表现在以下五个方面：

第一，非正规就业群体的养老保险覆盖率低。根据《2022 年中国统计年鉴》，我国基本养老保险覆盖人数从 2011 年的 2.839 亿人增加到 2021 年的 4.807 亿人，增长率为69.32%。但是，在同一时期城镇劳动年龄人口增长速度很快，特别是非正规就业人数大量增长，相比之下，城镇非正规就业群体的基本养老保险覆盖率增长并不明显。城镇正规企业就业人数占总参保人数的比率从 2011 年 70.3% 下降到 2021 年的 64.7%，而非正规就业群体基本养老保险人数占总参保人数的比率在 2011 年时是 5.6%，而其后的5 年中每一年的比率不但没有增加反而下降。直到 2016 年非正规就业群体的参保比例开始逐步上升，2018 年上升到 8.6%。但近年来，又呈现逐步下降的趋势。2021 年，我国非正规就业群体的参保人数比例仅为 7.9%。非正规就业群体为主体的非公有制企业的养老保险覆盖率与国有企业比起来是相当低的。非正规就业群体每年的参保人数增长率上升速度非常慢，近年来平均增长率仅为 1.93% 左右，其增长率并无明显优势，具体情况见表 9.1。

表 9.1　历年城镇养老保险情况统计

年份	总参保人数/万人	正规就业企业人数			其他人员（非正规就业企业人数）		
		参保人数/万人	占总参保人数比例/%	增长率/%	参保人数/万人	占总参保人数比例/%	增长率/%
2011	28 391.3	19 970	70.3		1 595	5.6	
2012	30 426.8	21 360.9	70.2	7.0	1 620.2	5.3	1.6
2013	32 218.4	22 564.7	70.0	5.6	1 612.6	5.0	−0.5
2014	34 124.4	23 932.3	70.1	6.1	1 598.7	4.7	−0.9
2015	35 361.2	24 586.9	69.5	2.7	1 632.3	4.6	2.1
2016	37 929.7	25 239.6	66.5	2.7	2 586.7	6.8	58.5

表9.1（续）

年份	总参保人数/万人	正规就业企业人数			其他人员（非正规就业企业人数）		
		参保人数/万人	占总参保人数比例/%	增长率/%	参保人数/万人	占总参保人数比例/%	增长率/%
2017	40 293.3	25 856.3	64.2	2.4	3 411.3	8.5	31.9
2018	41 901.6	26 502.6	63.2	2.5	3 601.4	8.6	5.6
2019	43 487.9	27 508.7	63.3	3.8	3 668.8	8.4	1.9
2020	45 621.1	29 123.6	63.8	5.9	3 735.1	8.2	1.8
2021	48 074	31 101.5	64.7	6.8	3 815.6	7.9	2.2

第二，职业层次低，就业稳定性不强。根据国务院研究室课题组对中国农民工的调研报告，城镇农民工主要集中在制造行业、建筑行业、社会服务行业、住宿餐饮行业和批发零售行业。这些行业的特点为：项目终止时，劳动者不得不更换工作，就业稳定性不强。这就意味着非正规就业是一种不稳定的、短期性的、季节性的和临时性的就业，劳动者就业具有非长期性，主要从事基层工作，职业层次非常低，对从业人员劳动技能要求不高，在劳动力供大于求的情况下，劳动力个体之间存在较强的替代性。

第三，工资增长机制不完善。一些民营企业为了实现经济利益最大化，给员工确定的工资标准就是政府规定的最低工资标准，没有随着经济的发展和企业利润的提高建立职工工资增长机制。部分民营企业以给员工提供食宿等福利待遇为由，给非正规就业群体低于国家最低工资标准的报酬；一些企业故意利用最低工资标准压低劳动者报酬，把最低工资标准直接作为工资发放标准；还有部分企业通过随意提高劳动定额标准、延长劳动时间或增加劳动强度等方式变相压低其工资水平。这些非公有制企业为了赚取更多的利润，利用非正规就业群体的弱势地位，严重地侵犯了非正规就业群体的劳动权益。

第四，最低工资制度在部分民营企业未得到有效贯彻执行。最低工资制度是国家通过立法程序制定的保障劳动者最低生活水平的工资制度。由于最低工资制度属于社会保障措施范畴，也称为最低工资保障制度，是政府对经济实行宏观调控、确保社会公平、确保劳动者及其家庭成员的基本生活而制定的一项制度。但最低工资制度在部分民营企业中贯彻执行得不到位，往往以变相不执行或以劳动者在试用期为名，低于最低工资标准支付劳动者工资，侵害劳动者的合法权益。

第五，非正规就业群体的职业技能培训覆盖面非常低。这主要表现在两个方面：一方面，政府或劳动就业组织提供的职业技能培训主要是针对在正规部门就业的正规就业群体，而对于非正规就业群体的职业教育培训体系很不完善，大部分以生存为主的低人力资本的非正规就业群体很少有机会接受比较正式的职业技能培训，导致他们的职业技能无法提高，始终停留在低端劳动力市场。另一方面，即使是有面向非正规就业群体的职业技能培训项目，其覆盖面非常有限，大多都是为城镇下岗失业群体提供的，生存型非正规就业群体中的主流人群农民工难以享受。目前，我国城市还没有将转移进城的农民工当作提供职业技能培训服务的必然对象，企业也未能全面履行对农民工进行职业技能培训的义务。无论是政府还是企业等劳动就业单位，都还没有充分认识到对农民工提供职业技能培训的重要意义，由此导致对农民工提供职业技能培训的资本投入缺乏力度，农民工的培训缺乏资金、人员和设施保障。这种低质量的职业技能培训不但影响了政府的积极性，同时也影响了农民工参与培训的积极性。

2. 原因分析

第一，劳动个体方面的原因。一方面，非正规就业群体自身文化水平低，劳动技能差。人力资本之父舒尔茨曾经指出：劳动者的人力资本主要是通过正规教育、职业培训、劳动迁移和劳动者的健康投资形成的。人力资本是个体已经被内化了的知识和劳动技能，它能使劳动者在劳动力市场上获得高额的劳动回报。在我国次级劳动力市场上，城镇非正规就业群体的劳动就业质量不高和劳动权益屡遭侵害的最为根本的原因是劳动者自身人力资本投资不足。他们普遍受教育程度很低，劳动职业培训机会少，劳动技能低下。另一方面，非正规就业群体劳动者维权意识薄弱。由于城镇非正规就业群体大多文化教育程度低，人力资本拥有程度差，各方面的条件欠缺，在劳动权益保障方面处于弱势地位，劳动权益屡遭侵害。目前，我国正处在社会转型时期，市场机制还未完善，劳动法律法规还不健全，劳动执法和监察力度不够，使得城镇非正规就业群体处于劳动力市场的弱势地位，他们的生存权、安全权、社会认同权和受尊重权都受到不同程度的侵害。城镇非正规就业群体自身相关法律知识缺乏，经济贫困，维权意识较为薄弱，不知道自身拥有哪些合法劳动权益，或者在合法劳动权益受到侵害时，不知道如何使用法律武器维护自身合法劳动权益。

第二，劳动就业组织方面的原因。首先，企业产权制度不明晰。在我国，许多中小型企业属于民营私有企业。这些企业普遍采用家族制的产权模式。这种产权模式导致企业所有权和经营权高度统一在企业所有者手中，他们直接参与管理企业，掌握企业的管理权和决策权。民营私有企业所有者凭借自身对生产资料的所有权，不但拥有对企业生产经营管理的决策权，还掌握对企业劳动力的使用权和支配权，劳动者在企业中参与管理企业的权利非常有限。而工人权益的代表者和维护者——工会组织在民营私有企业中的组建率非常低，即使企业组建了工会组织，但工会组织完全依附于劳动就业组织，基本处于无权状态。在这种劳动就业组织简单、经营权与所有权重叠、工会组织无权化、集权化相对严重的企业，劳动者的劳动权益得不到保障。

其次，劳动合同制度不健全。我国虽然有明确颁布的《中华人民共和国劳动合同法》，但在部分民营私有中小企业中没有得到贯彻落实。具体表现为：

（1）不与所雇佣的劳动者签订劳动合同，部分企业只与关键岗位劳动者签订劳动合同，如管理人员和技术人员，不与底层劳动者签订劳动合同，特别是非正规就业群体；部分企业歪曲劳动派遣等弹性用工制度，以弹性用工的名义拒绝与劳动者签订劳动合同，从而规避应该承担的社会保险缴纳责任。

（2）劳动合同内容不规范。由于劳资双方力量悬殊，特别是非正规就业群体处于弱势地位，许多民营私有企业在劳动合同内容上存在"霸王条款"，甚至某些条款还存在着违法问题。大部分条款都是对企业方的利益起保护作用，对劳动者的合法权益起不到保护作用。

（3）劳动合同短期化现象严重。对于劳动就业组织而言，不签订书面劳动合同，就可以规避用工风险或降低劳动成本。他们不给员工缴纳社会保险，任意延长劳动时间，无故增强劳动强度，劳动报酬由劳动就业组织单方确定。这种企业劳动用工形式的多样化，无疑会导致劳动力的流动性加大，部分民营私有企业开始滥用试用期，试用期过后就不再继续使用，对于要长期使用的劳动者，也只签订短期劳动合同，对于满足相关法律法规的老员工，不签订无固定期限的劳动合同。

（4）城镇非正规就业群体受自身教育程度的影响，迫于生存压力，部分劳动者只能接受较差的劳动条件和劳动环境，不主动要求与劳动就业单位签订劳动合同，导致部分劳动就业组织随意解雇职工而不支付劳动补偿，当劳动者出现工伤事故时，也不会主动承担法律责任。这样使劳动者的劳动权益极易受到侵害。

（5）职工参与制度缺乏保障。我国的中小型民营私有企业很多较为排斥职工实质性参与企业管理。这种现象显示了我国中小型企业员工参与制度不完善或者缺乏职工参与制度。从法律层面上讲，职工民主参与企业管理主要是通过以下三种方式实现：一是通过职工代表大会这种基本形式参与到企业民主管理之中；二是通过选派职工代表进入企业的决策机构或监督机构，实际分享企业生产经营管理权和监督权；三是通过集体协商或集体谈判对企业中涉及劳动者自身利益相关事务进行参与。虽然我国对职工民主参与企业管理有明确的法律条例，但在部分企业中没有得到贯彻执行。从工会角度来看，由于部分民营私有企业的工会建设大大滞后和企业管理者缺乏对基层员工的重视，劳动者无法参与企业的重大决策，劳动者的一些好的想法和建议常常被忽视；从员工角度来看，部分民营私有企业的高层管理人员掌握着企业的经营管理权和决策权，而作为企业利益相关方的职工群体对企业的各项事务常常无权过问。双方地位的不平等使得职工参与制度难以建立，即使建立了，也可能会流于形式。

第三，政府方面的原因。一方面，劳动法律法规制度不完善。我国现行的劳动法律法规制度还不完善，相关的劳动法律法规以及政策标准还有很大的进步空间。现行的法律制度如就业制度、收入分配制度、劳动安全和卫生制度、职工休假制度、劳动监察制度和社会保障制度等，有的不适合非正规就业群体。有的城镇非正规就业群体与劳动用工单位没有签订劳动合同，即使签订了劳动合同，也存在权利与义务不对等的情况。城镇非正规就业群体在面临收入分配不公、劳动条件差、劳动环境恶劣、工伤事故、社会保障和社会福利待遇缺失等问题时，处于弱势地位，难以通过劳动法律手段来维护自身的合法劳动权益。另一方面，职业培训效率不高，效果不理想。城镇非正规就业群体由于自身劳动技能素质较差，通过培训来提高其劳动技能是非常重要的手段之一，但培训效果与培训手段和方式有关。目前地方政府组织举办的各种再就业培训主要针对的是城镇下岗失业人员，而对于其中的主流人群——农民工，则缺乏相应的培训机制。

第四，工会方面的原因。一方面，工会独立性不强。我国实行的是单一工会制，工会组织是从上而下进行逐级批准建立的。为了能更好地促进各级社会组织建立工会，我国采取了国家工会经费扶持政策。我国工会组织从经济上无法摆脱对政府和劳动就业组织的依赖，不能做到完全独立。另一方面，工会集体谈判能力薄弱。工会作为劳动者劳动权益的代表者和维护者，代表劳动者参与集体谈判，是集体谈判的主体。但目前在我国中小民营企业中，由于工会经费的不独立，工会组织摆脱不了对政府组织和企业的依赖；而且一些私有劳动就业组织还没有条件成立工会组织。

第二节 非正规就业的成因与影响

一、非正规就业的形成

（一）非正规就业形成的理论

对非正规就业的形成主流解释可分为二元经济理论、贫困就业理论和非正式经济理论。

1. 二元经济理论

本书第四章介绍了一些经典二元经济理论。大多数二元经济理论实际上是一元论，认为劳动力会最终被整合到现代劳动力市场和城市工业部门。但是，实证研究并没有支持这一论断。1972年，国际劳工组织的肯尼亚报告指出，肯尼亚的现代企业所雇佣人员十分有限，城市就业的大部分人员并不在正规现代部门，而是作为街头商贩、擦鞋匠、木匠、石匠、裁缝、厨师、司机等在"非正规部门"就业，同样在经济上有效率并且赢利。此后，Hart对加纳的研究[1]和Breman对印度的研究[2]也发现了这一点。第四章中的托达罗三元发展模型中的"城市传统部门"其实就是"非正规部门"。随着经济发展，第三世界国家的城市非正规部门不仅没有消失的迹象，反而还在经济危机期间有所扩张。此外，先进工业国的许多正规部门工作也变得非正规化了。第三世界国家的非正规化和先进工业国家的非正规化挑战了二元经济理论，针对这些经验事实的研究实际上形成了二元主义，即非正规部门和正规部门。

---

[1] HART K. Informal income opportunities and urban employment in Ghana [J]. Journal of modern African studies, 1973 (11)：61-89.

[2] BREMAN J. The informal sectorin research：the oryand practice, CASP [M]. Erasmus University Rotterdam, 1980.

2. 贫困就业理论

贫困就业理论主要是由国际劳工组织于 1972 年在考察肯尼亚就业形势时提出来的。国际劳工组织认为，在一些发展中国家，政府面临的主要问题不是失业，而是社会经济中存在着一大批有工作但贫穷的人。尽管这些人通过生产产品或提供劳务从事着市场经济活动，维持着最低的生活水平，但没有得到政府当局的认可和保护。此后，国际劳工组织在对一些发展中国家的贫困化问题、就业问题以及失业问题等进行深入研究后认为，非正规就业就像海绵一样，具有吸纳劳动力和减轻城市贫困的功能。当发展中国家面临日益严峻的就业问题时，大力发展（自雇佣和受雇佣）非正规就业形式，能够成为解决这些问题的有效途径。因此，在某种程度上，非正规就业是城市贫困的一个特征，是城市中贫困群体为了维持生存而采取的一种有效的就业模式。

随后，随着非正规就业在世界范围内的发展扩大，国际劳工组织对贫困就业理论的内涵和外延都进行了较大的拓展。但将非正规就业仅仅看作贫困群体为了谋求生存而采取的一种就业模式是有失偏颇的，尤其是在发达国家，非正规就业已经渗透到社会经济的各个领域。贫困就业理论为解决经济贫困落后的国家和地区的就业问题提供了理论依据。

3. 非正式经济理论

非正式经济理论同样认为非正规就业是一种谋生手段，不同的是，它把非正规就业视为国民经济体系中客观存在的有机成分。非正式经济的概念最早是由经济社会学家 Hart 于 1973 年提出的。Hart 认为，广义地讲，非正规就业是这样一种经济活动：没有注册、不受政府监管，从而也就不会纳税的就业形式。吸纳非正规就业劳动力（包括城市非熟练工人、失业的弱势群体以及转移的农村劳动力）的主要部门是非正规部门。非正规部门的管理、规范以及运作是介于城市现代化部门和传统的农业部门之间的。Hart 描述了加纳（Ghana）的流动群体，他指出，这些采取临时经济战略的群体往往通过自我雇佣的方式就业，而这类就业绝大多数不是通过政府创造的，这也就意味着非正规就业者面对的是边缘（低级）劳动力市场（a marginal job market），但这些边缘市场在总体上却反映了实际的社会需要。

Hart 认为，在非洲一些城市中，与其说那些收入低下、颠沛流离、居无定所的非正规就业者是"失业的"，还不如说他们是"就业的"。尽管这些经济活动与政府组织的"正规"经济相比较，是一种松散的、规避政府监管、不缴纳税金的"非正规收入机会"，但它却是一种大众管理机制，是人们谋求生存的有效手段。其后，Hernando（1989）和 Feige（1990）等人对非正式经济理论进行了发展，他们认为：在发达或者发展中国家，合法参与经济的权利一般都给予了一小撮精英阶层，而非正规经济指的那些未被国家规定，但能赚取收入的行为，包括不符合已建立的制度原则或得不到制度原则保护的经济行为。非正式经济活动是一种谋生手段，从事该经济活动的最终目的是更加充分地利用时间，改善自己的生活条件。实际上，非正规经济活动弱化了家庭对于市场供给的商品和服务的依赖性。

（二）中国双轨制的三元劳动力市场

在现实生活中，并不存在理论意义上的完全竞争的劳动力市场，从我国城乡居民收入的差别、行业之间同工不同酬的劳动报酬的差别、地区间居民个人收入差别等多方面都能看到中国目前存在着劳动力市场分割。因此，目前我国的劳动力市场应该用"双轨制的三元劳动力市场"来进行描述①。"双轨制的三元劳动力市场"是指劳动力配置的市场机制和行政机制同时并存，农村劳动力市场、城市正规劳动力市场和城市非正规劳动力市场的"三元市场"同时并存的情况。在三元劳动力市场中，市场配置机制不能简单地使用一种理论或制度结构来加以解释。在三元分割的劳动力市场体系中，劳动关系、劳动价格、保障制度、劳动力的供求关系的差异性，常常导致实施某项政策后，劳动力市场的调整信号并不能在整个分割的市场得到一致的响应。

图 9.12 分析了在劳动力市场分割情况下，劳动力供需的可能情况。其中曲线 S 代表了市场上总的劳动力供给，在不存在市场分割的情况下，市场总体上均衡于 E 点，产生均衡的就业量与均衡工资率。由于非市场因素的存在，劳动力供需主体被动地被置于两个不同的子市场上。其中 S' 表示城镇正规就业的子市场上，劳动力的供给相对短缺，从而其供给曲线上移；与此相反，S'' 表示的非正规就业市场上劳动力的供给处于过剩状态，导致 S'' 下移。

可以直观地看到，由于分割的存在，市场的均衡点由一个 E 变为两个（E_1，E_2）。在正规就业子市场上，以高于 E 点的 E_1 点达成均衡，其均衡工资率高于全市场的均衡工资率；而非正规就业子市场上的均衡点 E_2 则低于 E 点，进而其均衡工资率也低于全市场的均衡工资率。从劳动力市场的总体上看，由于市场分割的存在，尽管在劳动力供需总体平衡的情况下，仍有可能出现一方劳动力不足（S'），而另一方劳动力过剩（S''）的现象。

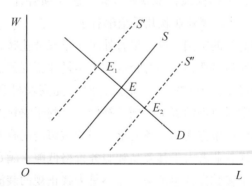

图 9.12　劳动力市场分割

劳动力市场的分割使得不同属性的供需主体处于非公平竞争状态。对于正规就业子市场上的厂商而言，它们获取所需的劳动力变得更加困难，从而提高了它们的劳动力使

① 姚宇.中国城镇非正规就业研究［D］.上海：复旦大学，2005.

用成本，进而提高了厂商总生产成本；而 S 非正规就业子市场上的厂商所需的劳动力的获取相对容易。从劳动力供给主体的角度看，正规就业市场上的劳动力的就业相对容易，工资相对较高且较为安全，而非正规就业子市场上的劳动力的就业状况就要艰难得多。同时，劳动力市场的分割使劳动力的流动需求受阻。由于该市场分割来自劳动者自身无法控制的因素，非正规就业子市场上的劳动者进入正规就业子市场就变得极为困难，进而会对劳动力的部门结构调整带来负面影响。

二、非正规就业的影响

非正规就业作为我国就业形式的补充，对我国的就业形势产生了一定的积极影响，但也造成了一定的后果。

（一）积极影响

第一，有利于就业形势的改善。由于产业结构调整，技术进步以及产品市场有效需求不足等因素，就业岗位成为社会上最稀缺的资源。"人往何处去"成了各地发展中的一个难题。非正规就业减少了政府为解决就业问题的负担和压力。从事非正规经济的生产或服务一般投资少，具有相当的灵活性。在政府无力包办就业的情况下，非正规就业可为政府排忧解难。

第二，非正规就业大大降低了劳动成本。成本下降不完全表现在直接工资方面，而主要是在间接工资方面即社会福利方面。在美国，失业保险、健康保险、事故保险和养老保险等社会保障被称为边际福利，非正规就业能降低成本，就是因为其节省了这些边际福利。我国正规就业单位需要承担的边际福利有如下部分：养老保险金占职工工资的比例约为 20%，医疗费用相当于工资总额的 10%，住房公积金占 5%～12%，失业保险相当于职工工资的 1%，工伤保险占 0.5%～2%，这 5 项合计一般超过了工资总额的40%，而这些边际福利，非正规就业就几乎全部省去了。

第三，减轻了弱势群体的贫困程度。尽管处于非正规就业状态的人收入不高，无法享受到社会保障和医疗保障待遇，但不可否认的事实是非正规就业部分解决了城市和农村的贫困问题。外出农民工给农村家人的汇款，对于提高农村家庭收入起了很大的作用。农民工的汇款还使农村急需的资金得到了补偿，有利于农村经济的发展。

第四，满足了城镇居民多方面的劳务需求。随着城镇居民收入普遍提高，对劳务的需求也逐渐增加。非正规就业者由于其商品和服务价格低廉，满足了中低收入居民的需要。比如，居民装修房子多数去找包工头，而不是去找正规的装潢公司；买菜大多数去自由市场，而不是去超级市场。

第五，加快了城市化进程。相对于工业化水平而言，我国城市化水平相对滞后。由于非正规就业的发展，大批农村剩余劳动力进入城市，加快了城市化进程。

（二）消极影响

第一，生产效率低，资源浪费严重。这主要是由于非正规部门资金少、规模小、技术落后，从业人员技能低下。一些小煤窑、小矿厂还存在安全隐患。第二，不公平竞争。由于非正规部门劳动成本低，又经常逃税、漏税，正规部门与非正规部门的竞争不公平，非正规部门的扩张引起正规部门的不满。第三，引发一些社会问题。如影响城市环境和公共卫生，贩卖违禁物品，经营饮食的小贩缺乏卫生设施等。第四，非正规就业者收入微薄，劳动保障差。非正规就业者由于收入微薄，不仅难以提高自己的受教育程度和劳动技能，而且其子女得不到良好的教育，影响到他们的成长。雇主与雇工之间一般没有劳动合同，雇工劳动条件恶劣，劳动时间长，没有任何社会保险，广大劳动者的权利受到侵害。第五，非正规就业者在未来会加重国家负担。非正规就业者由于没有养老保险、医疗保险等社会福利，这些人的未来，特别是当他们年老或生病时，仍然需要国家民政部门的救济，这样会加大政府的负担。

总之，非正规就业只是为广大贫困民众提供了一个"避难所"，绝非提高生活质量和改变社会地位的途径。

第三节　中国正规就业与非正规就业的工资差异

一、正规就业与非正规就业工资差异的影响因素

一般认为非正规就业与正规就业的工资有系统性差异。哪些因素导致了这种工资差异呢？一般从竞争性劳动力市场下的人力资本理论和分割劳动力市场下的非竞争性工资理论两个角度来理解正规就业与非正规就业的工资差异。我们分别在第七章和第三章阐述了这两种理论的细节。人力资本理论认为非正规就业与正规就业工资差异的原因（即使不是全部原因，也是最主要的直接原因）在于两种个体特征尤其是人力资本特征差异，即正规就业者人力资本高因而工资高。市场分割理论则认为非正规就业与正规就业工资差异是非市场或非竞争性的市场分割造成的，这种工资差异是歧视性差异。具体来看，人力资本中的受教育程度、工作经验[①]以及户籍和性别[②]因素是导致非正规就业与正规就业工资差异的显著因素。

[①]　屈小博. 城市正规就业与非正规就业收入差距及影响因素贡献：基于收入不平等的分解 [J]. 财经论丛，2011（2）：3-8；胡凤霞，姚先国. 城镇居民非正规就业选择与劳动力市场分割：一个面板数据的实证分析 [J]. 浙江大学学报（人文社会科学版），2011，41（2）：191-199；屈小博. 中国城市正规就业与非正规就业的工资差异：基于非正规就业异质性的收入差距分解 [J]. 南方经济，2012（4）：32-42.

[②]　魏下海，余玲铮. 我国城镇正规就业与非正规就业工资差异的实证研究：基于分位数回归与分解的发现 [J]. 数量经济技术经济研究，2012，29（1）：78-90；杨凡. 流动人口正规就业与非正规就业的工资差异研究：基于倾向值方法的分析 [J]. 人口研究，2015，39（6）：94-104；丁述磊. 正规就业与非正规就业工资差异的实证研究：分位数回归的视角 [J]. 财经论丛，2017（4）：3-10；张抗私，刘翠花，丁述磊. 正规就业与非正规就业工资差异研究 [J]. 中国人口科学，2018（1）：83-94，128.

二、中国正规就业与非正规就业工资差异的衡量

这一部分中，我们概述非正规就业与正规就业工资差异的衡量方法和一些实证结果。

（一）衡量方法

衡量方法由两部分组成。首先是用 Mincer 方程对工资进行回归：

$$\text{lnwage} = \beta_0 + \beta_1 \text{formal} + \beta_i X_i + \mu \tag{9.1}$$

其中，被解释变量 lnwage 代表月工资的对数；formal 代表"就业类型"的虚拟变量，以非正规就业为参照组，代表是否是正规就业对工资的影响，β_i 代表其他解释变量对工资的影响；X_i 代表除就业类型外，其他影响工资的控制变量，包括年龄、民族、婚姻状况、教育年限、工作经验、工作经验的平方、职业、行业、所有制、省份等。

然后对总体工资差异进行分解，考察就业的正规性与非正规性差异在总体工资差异中所占比重。最经典的工资差异分解方法是 Oaxaca 和 Blinder 于 1973 年提出的（Blinder，1973；Oaxaca，1973），主要用于研究按照某一指标划分的两个群体（如按照性别分的男女，按照就业正规性分的正规就业和非正规就业）在工资方面的差异，用以度量歧视程度，分析按照这一指标划分的两个群体的工资差异的各影响因素的相对重要性。Oaxaca 分解方法原理用于研究性别工资差异较多。在 Mincer 工资方程回归后，将性别工资差异 $\ln \overline{W_m} - \ln \overline{W_f}$ 分成两部分[1]，一部分是可以被男性和女性劳动者的教育、工作经验等生产力特征 X_m，X_f 解释的部分 $(\overline{X_m} - \overline{X_f}) \hat{\beta_f}$，另一部分 $\overline{X}(\hat{\beta_m} - \hat{\beta_f})$ 则表示无法被解释的被作为歧视或其他不可观测因素导致的工资差异。具体如式（9.2）所示，其中 $\hat{\beta_m}$ 和 $\hat{\beta_f}$ 分别表示男性和女性工资方程的系数向量。

$$\ln \overline{W_m} - \ln \overline{W_f} = \overline{X_m} \hat{\beta_m} - \overline{X_f} \hat{\beta_f} = (\overline{X_m} - \overline{X_f}) \hat{\beta_f} + \overline{X}(\hat{\beta_m} - \hat{\beta_f}) \tag{9.2}$$

Oaxaca 分解方法在研究性别歧视时存在很多缺陷，所得结果与加入的解释变量的个数有关，加入解释变量越多，得到的歧视度量值越小。此外，该方法主要是把结果差异分成可解释和不可解释两部分，但无法了解各具体因素对差异的贡献。为此，Yun（2004）[2] 提出了详细分解技术（detailed decomposition），将差异的贡献分解到各个影响因素上去，具体方法如下：

$$\overline{Y_a} - \overline{Y_b} = \sum_i^K W_{\Delta X}^i [\overline{F(X_a \beta_a)} - \overline{F(X_b \beta_a)}] + \sum_i^K W_{\Delta \beta}^i [\overline{F(X_a \beta_a)} - \overline{F(X_b \beta_\beta)}] \tag{9.3}$$

其中，$W_{\Delta X}^i = \dfrac{(\overline{X_a^i} - \overline{X_b^i}) \beta_\alpha^i f(\overline{X_\alpha \beta_\alpha})}{(\overline{X_\alpha} - \overline{X_b}) \beta_\alpha f(\overline{X_\alpha \beta_\alpha})} = \dfrac{(\overline{X_a^i} - \overline{X_b^i}) \beta_\alpha^i}{(\overline{X_\alpha} - \overline{X_b}) \beta_\alpha}$，$W_{\Delta X}^i = \dfrac{(\overline{X_a^i} - \overline{X_b^i}) \beta_\alpha^i f(\overline{X_\alpha \beta_\alpha})}{(\overline{X_\alpha} - \overline{X_b}) \beta_\alpha f(\overline{X_\alpha \beta_\alpha})} =$

---

[1]　m 代表男性，f 代表女性。

[2]　YUN M. Decomposing differences in the first moment [J]. Economics letters, 2004, 82 (2): 275-280.

$$\frac{(\bar{X}_a^i - \bar{X}_b^i)\beta_\alpha^i}{(\bar{X}_\alpha - \bar{X}_b)\beta_\alpha}$$，Y 代表产出结果，X 代表决定产出的一些变量，β 则是这些变量对产出结果的影响系数向量，α，b 代表了需要被分解差异的两个群体，在这里即为正规就业者和非正规就业者。这样，Yun 分解方法将正规就业与非正规就业的工资差异分解为两个方面的差异：一是就业者个人特质、禀赋不同带来的工资差异，称为禀赋差异，为合理差异；二是歧视等不可解释因素带来的工资差异，叫作系数差异或禀赋回报率差异。

（二）衡量结果

用中国居民家庭收入调查（CHIP）2002 年和 2013 年的数据进行分析，得到 Mincer 工资方程回归结果见表 9.2。

表 9.2　回归分析结果

变量	2002 年月工资对数	2013 年月工资对数	混合样本月工资对数
正规就业	0.045 ** (0.021)	0.234 *** (0.022)	0.193 *** (0.015)
男性	0.136 *** (0.016)	0.207 *** (0.019)	0.178 *** (0.013)
民族	0.036 (0.040)	0.007 (0.040)	0.018 (0.029)
年龄	0.000 (0.002)	0.001 (0.001)	0.000 (0.001)
已婚	0.068 (0.051)	0.135 *** (0.029)	0.133 *** (0.026)
教育年限	0.034 *** (0.003)	0.057 *** (0.004)	0.053 *** (0.003)
工作经验	0.031 *** (0.005)	0.034 *** (0.004)	0.022 *** (0.002)
工作经验平方	0.000 (0.000)	−0.001 *** (0.000)	0.00 *** (0.000)
常数项	6.384 *** (0.352)	6.459 *** (0.316)	5.580 *** (0.185)
观测值	6 550	8 351	14 901

注：*** 表示 $p<0.01$，** 表示 $p<0.05$，* 表示 $p<0.1$，下同。

通过两个年份以及混合样本的工资方程估计结果可以看出，正规就业和非正规就业的工资差距在拉大，且由就业类型差异所带来的工资差距在 2002 年为 4.5%，到 2013 年上升到 23.4%。除了就业类型外，另外一个影响工资差距的重要因素是性别，男性和女性之间工资差异也很大，并且呈现上升趋势。教育和工作经验收益率在 2002—2013 年之间都有所提高，其中教育收益率由 3.4% 上升到 5.7%，工作经验收益率由 3.1% 上升到 3.4%，这说明在过去十几年中，人力资本的投资回报率有所提升。工作经验平方的系数为负，也证明了 Mincer 工资方程关于工龄对收入的非线性影响假设是符合现实的。在 2013 年，已婚人士的工资显著高于单身人士，婚姻状况对收入的影响明显，这说明婚姻带来的稳定性有助于劳动者获得高工资收入。从回归分析中还可以看出，民族、年龄对工资差异没有显著影响。

从表 9.3 中可以看出，从 2002 年到 2013 年，正规就业与非正规就业工资差异的系数效应在下降；禀赋效应对工资差异的解释比例则在上升。在 2002 年的时候禀赋效应小于系数效应，到了 2013 年禀赋效应则超过了系数效应对工资差异的影响。这表明由歧视带来的不同工作类型间的工资差距在缩小，但是个人特征、禀赋等带来的工资差距在扩大。正规就业和非正规就业群体的工资差异越来越多地取决于两类群体的特征差异，这是由市场因素决定的，也就导致使用政策手段来缩小两者之间的工资差距的空间有所缩小。

表 9.3　正规就业与非正规就业工资差异的分解结果

	2002 年	2013 年	混合样本
禀赋效应	0.226 ***	0.404 ***	0.048 5 ***
	(0.019)	(22.880)	(3.400)
系数效应	0.355 ***	0.294 ***	0.345 ***
	(0.026)	(11.260)	(16.190)
总效应	0.580 ***	0.698 ***	0.393 ***
	(0.017)	(36.340)	(24.920)
观测值	9 438	6 085	15 523

为了更清楚地了解哪些具体因素对工资差异的贡献更大，我们将禀赋效应和系数效应进一步分解到各变量上。从表 9.4 可以看出，在禀赋效应中，教育年限对工资差异产生的作用相对较大，且在过去十几年中不断加大，系数由 0.011 上升到 0.078；性别的禀赋效应在上升，而年龄对工资差异的贡献略微有所下降。由此可见，教育程度越高的人越容易获得正规就业岗位，提升非正规就业群体的教育水平和教育年限是缩小正规就业和非正规就业群体工资差距的有效措施。

表 9.4　正规就业和非正规就业工资差异的禀赋效应和系数效应

变量	2002 年		2013 年	
	禀赋效应	系数效应	禀赋效应	系数效应
性别	0.013 ***	-0.066 ***	0.017 ***	-0.021 ***
	0.002	0.018	(10.000)	(0.970)
民族	0.000	0.007 *	0.000	-0.005
	(0.000)	0.004	(0.320)	(1.110)
年龄	0.110 ***	-1.022	0.070 ***	-1.137 *
	(0.023)	(0.811)	(3.460)	-1.12

表9.4(续)

变量	2002 年		2013 年	
	禀赋效应	系数效应	禀赋效应	系数效应
婚姻状况	0.009*** (0.003)	-0.021 (0.054)	0.005 (1.930)	0.016 (0.030)
教育年限	0.011*** (0.006)	-0.075 (0.152)	0.078*** (2.300)	0.269 (1.300)
工作经验	0.008 (0.018)	0.404 (0.445)	0.001 (0.170)	0.390 (0.710)
工作经验平方	-0.053*** (0.005)	0.185*** (0.107)	0.045*** (9.740)	0.321*** (3.010)
常数项	0.000 (0.000)	0.467 (0.431)	0.000 (0.000)	0.715 (1.820)
观测值	9 438		6 085	

第四节　数字经济与非正规就业

随着数字经济新业态新模式的蓬勃发展，数字经济在促进劳动力非正规就业方面的作用成为社会关注的热点问题。数字经济的就业吸纳能力强、形式灵活、岗位需求多元化等特点不断显现出来，以美团、饿了么、滴滴出行为代表的互联网平台为我国劳动者提供了大量新就业机会，特别是在抗击新冠疫情的复工复产方面发挥了稳定器作用，也为后疫情时代拓宽经济发展空间提供了新模式和新路径。美团研究院《2019 年及 2020 年疫情期美团骑手就业报告》数据显示，2020 年新冠疫情暴发后的两个月内，美团平台新注册的且有订单任务的外卖骑手达到 33.6 万人，外卖配送工作成为就业蓄水池，有效发挥了"稳就业"作用。

一、数字经济对非正规就业的影响机制

Acemoglu 和 Restrepo（2019）将数字经济对就业的影响归纳为替代效应、生产率效应和结构效应三个效应①。

替代效应指以机器人为代表的数字经济的发展取代劳动力工作。对于低复杂性、重复的劳动任务，相较于人工劳动力，机器人具有使用成本较低、工作时间更长、生产效率更高、安全性更高等优势，会对从事相关任务的劳动力产生挤出效应，导致企业劳动力需求下降。非正规劳动市场的进入成本较低，劳动力从正规就业转向非正规就业的成本要远低于从非正规就业转向正规就业的成本，非正规就业为不能找到正规劳动岗位的

① ACEMOGLU D, RESTREPO P. Automation and new tasks: how technology displaces and reinstates labor [J]. Journal of economic perspectives, 2019, 33（2）：3-30.

劳动力提供就业机会。由于被替代的劳动力相较于机器人不具有竞争优势，原先工作岗位被取代，被替代劳动力的议价能力降低，不得不降低对工作稳定性、社会保障等的诉求，选择非正规就业。因此，当机器人替代从事重复工作的劳动力时，由于非正规就业较低的进入门槛，被替代的劳动力会流向非正规劳动市场，个体非正规就业概率上升。

生产率效应内嵌于企业生产，数字经济的使用提高了企业的生产效率，企业生产成本下降，所提供商品和服务的价格下降，消费者需求增加，进一步推动企业扩大经营规模，企业对不能被数字经济发展所替代的岗位的需求增加。在企业生产过程中，数字经济的使用通过推动产出规模扩张来提高企业劳动需求。市场上劳动力供过于求，就业数量取决于劳动需求，生产率效应主导下市场上劳动需求增加，若增加的劳动需求保持原先市场上的正规就业和非正规就业比例，则个体非正规就业概率不变；若增加的劳动需求中正规就业比例较高，则个体非正规就业概率下降，反之个体非正规就业概率上升。由于数字经济的使用往往集中在规模较大企业，而大企业提供的正规岗位比例较高，除此之外，大企业往往在正规部门经营，生产率提升下正规部门的扩张会导致非正规部门的萎缩，非正规岗位减少。因此，生产率效应下个体非正规就业概率下降。

结构效应意为自动化导致劳动力在行业间流动。结构效应源于消费者最终需求增加、产业链上下游互动、数字经济的使用带来的行业间生产率不同导致的行业增值份额变化（Autor and Salomons，2018）。若劳动力原先在非正规就业比例较低的行业就业，数字经济作用下在非正规就业比例较高行业更易找到工作机会，则个体非正规就业概率上升；反之，概率下降。因此，有必要对数字经济作用下劳动力在行业间的流动进行研究。有研究发现，数字经济的发展导致传统制造业和传统服务业就业占比下降，信息传输软件和信息技术服务业和金融业等高端服务业占比提升（韩青江，2022），由于高端服务业非正规就业比例较低，在此情形下个体非正规就业概率下降。但也有研究发现，自动化将低技能劳动力配置到服务业（David and Dorn，2013），吸收这些劳动力的往往是传统服务业（Rodrik，2018），而传统服务业非正规就业比例较高，引起个体非正规就业比例上升。由上述可见，已有文献关于数字经济对劳动力流动方向的影响尚未形成一致意见，因此，结构效应下数字经济对非正规就业的作用方向仍难以确定。

综上所述，替代效应下个体非正规就业概率上升，生产率效应下个体非正规就业概率下降，结构效应的影响取决于劳动力的流动方向，最终对非正规就业的影响方向为三者综合。由于替代效应和生产率效应对非正规就业的影响方向不同，而结构效应的影响方向并不确定，因此，无法直接判断数字经济对非正规就业的影响方向。

二、数字经济对非正规就业影响的实证分析

（一）数字经济对非正规就业的影响

为进一步探讨我国数字经济发展对非正规就业的影响路径，本部分将实证分析数字经济对非正规就业的影响机制。由于被解释变量非正规就业为二元变量（正规就业取

0，非正规就业为 1），因此拟采用 probit 模型进行估计，基准回归如下：

$$\Pr(informal_{ijt} = 1) = \Phi(\varphi_0 + \varphi_1 Robot_{jt} + \gamma X'_{ijt} + \gamma Z'_{jt} + v_t + \mu_j + \varepsilon_{ijt}) \quad (9.4)$$

其中，$informal_{ijt}$ 表示 j 城市的个体 i 在第 t 年是否非正规就业，若是则取值为 1，反之取值为 0；$Robot_{jt}$ 衡量城市 j 在第 t 年机器人的使用程度，以此说明该城市的数字经济发展水平（下文不再说明）；X_{ijt} 代表个人控制变量，包括户口、年龄、性别、受教育水平等；Z_{jt} 为城市控制变量，包括经济规模、人口规模、产业结构、政府干预程度等；v_t 为年份固定效应，μ_j 为城市固定效应，ε_{ijt} 为残差项。

模型中的核心解释变量为各城市的工业机器人存量密度。由于 IFR 协会提供的信息为每年各行业总的机器人数量，无法直接获得各城市机器人的安装密度，因此，参考既有文献的做法（Acemoglu and Restrepo，2020）[1]，构建 Bartik 工具变量来衡量城市层面机器人的渗透度。Bartik 工具变量的构建需要各城市的总就业人数和分行业的就业人数、行业的全国就业人数和机器人各行业的安装数量，其中，行业机器人的安装数量可以从 IFR 提供的数据获取，就业人数的数据参考魏下海等（2020）的做法，通过第二次经济普查工业板块的数据获得。具体的计算方式如下：

$$Robot_{jt} = \sum_{s=1}^{s} \frac{employ_{s,j,t=2008}}{employ_{j,t=2008}} \cdot \frac{Robot_{st}}{employ_{s,t=2008}} \quad (9.5)$$

其中，S 表示各行业的集合，$employ_{s,j,t=2008}$ 为 j 城市 s 行业在 2008 年的就业人数，$employ_{j,t=2008}$ 为 j 城市在 2008 年的就业人数，$Robot_{st}$ 为 s 行业在 t 年机器人的安装数量，$employ_{s,t=2008}$ 为 s 行业在 2008 年的就业数量。

涉及的主要数据来源有：

①国际机器人联盟（IFR）统计的工业机器人安装数据。IFR 数据中包含了各个国家不同行业的工业机器人安装信息，本书在回归中主要使用其存量数据。

②2008 年第二次全国经济普查数据的工业企业模块。通过此数据提供的各企业的行业代码和劳动力数量，本书可以计算出各地级市分行业的就业人数，与 IFR 的工业机器人数据相结合计算出每个城市的工业机器人安装密度。

③个体的微观数据来源于北京大学中国社会调查中心执行的中国家庭追踪调查数据。该数据库从 2010 年正式开始访问，样本覆盖 25 个省份 162 个县，调查对象为受访家庭的全部家庭成员。

④经济规模、人口规模、产业结构、政府规模等控制变量来自《中国城市统计年鉴》。

表 9.5 汇报了机器人密度对个体非正规就业的直接影响。第（1）列的结果显示控制了年份和城市固定效应后，机器人的使用显著提高了个体非正规就业的概率。第

---

① ACEMOGLU D, RESTREPO P. Robots and jobs：evidence from US labor markets［J］. Journal of political economy，2020，128（6）：2188-2244.

（2）、（3）列依次加入个体和城市层面特征，依然得到了显著的正向结果，且城市机器人密度的回归系数基本保持不变。从第（3）列的回归结果来看，城市机器人安装密度提高 1 台/万人，该地劳动力非正规就业的概率会显著提升 0.9 个百分点。

上述回归结果证实机器人的使用即数字经济的发展会增加非正规就业的概率。随着国家和地方政府对机器换人的大力推广，城市机器人密度迅速上升。样本城市自 2013 年到 2017 年平均机器人安装密度从 1.14 台/万人上升到 4.54 台/万人。

表 9.5　基准回归结果

变量	核心解释变量（基于存量计算）		
	（1）	（2）	（3）
机器人	0.008 ***	0.009 ***	0.009 ***
	(0.002)	(0.002)	0.003
农村户口		0.175 **	0.175 **
		(0.013)	(0.013)
年龄		0.003 ***	0.003 ***
		(0.001)	(0.001)
男性		−0.001	−0.001
		(0.011)	(0.011)
上过大学		−0.196 ***	−0.196 ***
		(0.011)	(0.011)
经济规模			−0.102
			(0.245)
人口规模			−0.102
			(0.245)
产业结构			−0.052
			(0.040)
政府干预			0.318 ***
			(0.012)
观测值	14 402	14 402	14 402
pseudo R^2	0.080	0.148	0.148

（二）数字经济对不同形式非正规就业的影响

前文主要围绕数字经济发展对非正规就业的影响展开，但并未将非正规就业区分为自雇和非正规受雇两种雇佣形态。而这两种类型非正规就业的性质不同、形成机理不同，不可一概而论。

1. 自雇

自雇即个人创业，可以分为生计型创业和机会型创业。不同创业类型的动机不同，且机器人对不同技能劳动力的影响不同。因此，有必要结合个体受教育水平，探讨数字经济发展对不同创业类型的影响。已有文献中关于生存型创业和机会型创业有不同衡量方法，本书参考周广肃（2017）[①] 的做法，将雇佣 7 人以下的创业定义为生存型创业，而将雇佣 7 人及以上的创业定义为机会型创业。

表 9.6 中各列因变量分别为就业个体的就业类型是否为创业、是否为生存型创业和是否为机会型创业，并分教育水平讨论。回归结果显示，数字经济发展并未显著改变总样本中是否创业的概率，这一结果在分教育水平讨论的情形下依然成立。但如果本书将创业分为生存型创业和机会型创业后结果有所改变。对于生存型创业来说，数字经济的发展显著提升了低教育水平个体生存型创业的概率，但是对教育水平较高的样本影响并不显著。这表明在受到机器人的冲击时，教育水平较低的个体往往迫于生计而创业。另外，数字经济的使用和推广显著降低了个体机会型创业的概率，这一结果集中在上过大学的群体。这可能是由于机器人的生产率效应提升了企业对于高技能群体的需求，相应提高了高技能群体的工资和他们创业的机会成本。数字经济的发展显著提高了低技能个体生存型创业的概率，降低了高技能劳动力机会型创业的概率。

表 9.6　数字经济与创业

变量	是否创业（1）	是否生存性创业（2）	是否机会型创业（3）
Panel A　全样本			
机器人	-0.02 （0.002）	0.001 （0.002）	-0.003 *** （0.001）
观测值	14 396	9 523	8 082
psedudo R^2	0.101	0.089	0.064
Panel B　上过大学样本			
机器人	-0.004 （0.004）	-0.004 （0.005）	-0.007 *** （0.004）
观测值	3 057	1 960	1 167
psedudo R^2	0.133	0.134	0.101
Panel C　未上过大学样本			
机器人	-0.002 （0.004）	0.004 ** （0.005）	-0.003 （0.002）
观测值	10 941	7 106	5 442
psedudo R^2	0.103	0.082	0.064

① 周广肃. 最低工资制度影响了家庭创业行为吗？来自中国家庭追踪调查的证据 [J]. 经济科学，2017（3）：73-87.

2. 受雇

对非正规受雇来说，由于数字经济的使用和非正规就业均存在企业规模的差异，故按照企业规模分析个体的非正规受雇。在数字经济的使用上，由于数字经济的初始投资较高，使用数字经济的主要是大企业，Cheng 等（2019）使用中国企业劳动力匹配调查数据研究发现，企业规模越大，使用机器人的概率越高[①]。

本书基于受雇单位的规模来讨论机器人对劳动者非正规受雇的影响。参考国家统计局 2011 年制定的《统计上大中小微型企业划分办法》，将企业分为大、中、小型企业和微型企业。表 9.7 中因变量分别为个体是否在大、中、小型企业非正规就业，是否在大、中、小型企业正规就业，是否在微型企业非正规就业和个体是否在微型企业正规就业，并分别对总体和教育水平在大学及以上和高中及以下的样本进行讨论。

由回归结果可知，数字经济的发展降低了个体在规模较大企业非正规就业的概率，这一影响主要集中在低教育水平个体，对教育水平在大学及以上群体的影响并不显著。这体现了机器人对劳动力影响的技能异质性。

表 9.7　机器人对非正规受雇的影响

变量	是否在大中小型企业非正规就业（1）	是否在大中小型企业正规就业（2）	是否在微型企业非正规就业（3）	是否在微型企业正规就业（4）
Panel A 全样本				
机器人	0.002 (0.003)	−0.005 *** (0.002)	0.003 (0.001)	−0.02 (0.001)
观测值	9 511	9 526	9 531	9 236
psedudo R^2	0.040	0.138	0.075	0.052
Panel B 上过大学样本				
机器人	0.007 (0.006)	−0.04 (0.006)	−0.001 (0.004)	−0.002 (0.003)
观测值	2 366	2 393	1 967	1 792
psedudo R^2	0.088	0.100	0.110	0.078
Panel C　未上过大学样本				
机器人	−0.000 (0.004)	−0.005 ** (0.002)	0.004 (0.003)	−0.03 (0.002)
观测值	7 082	7 090	7 109	6 651
psedudo R^2	0.460	0.109	0.057	0.058

[①]　CHEN H, JIA R, LI D, et al. The rise of rohots in China［J］. Journal of economic perspectives, 2019, 33（2）：71-88.

三、数字经济对非正规就业影响机制的实证分析

(一) 替代效应

职业被替代是数字经济替代效应的直接表现之一。由于工作内容和工作性质不同，不同职业被数字经济替代的概率也存在差异。本书从职业被替代这一角度分析替代效应下数字经济对非正规就业的影响。职业被替代的概率数据来源于周广肃等（2021）[①] 的研究，他们通过将 Frey 和 Osborne（2017）[②] 测算的美国劳工部标准子行业代码下（SOC）各职业被替代的概率对应到中国国家标准职业分类代码（CSCO），测算了中国各职业被数字经济替代的概率，概率越高表明职业越容易被智能化替代。

表9.8中第（1）列在基础回归模型中加入了机器人密度与个体上一期所从事职业被智能化替代概率的交乘项。机器人与职业被替代概率的交乘项对非正规就业的影响为正，并且在1%的水平上显著，这表明如果个体上一期所从事职业被智能化替代概率越高，机器人密度对本期从事非正规就业的正向作用越大。结合职业被替代概率的中位数，本书将样本划分为易被智能化替代的群体和不易被智能化替代的群体。分样本的回归结果也证实了这一异质性影响，即机器人仅显著提高了易被智能化替代的职业劳动者从事非正规就业的概率。

(二) 生产率效应

基于前文分析，数字经济通过提高企业的生产率进而推动企业的产出规模扩张来提高劳动需求。由于使用数字经济的大多是规模较大的企业，大企业面临的监管成本较高，大多提供正规岗位，生产率效应下个体非正规就业概率降低。为对上述机制进行验证，本节首先计算城市层面生产率，并建立如下模型进行机制检验，检验数字经济是否通过生产率影响个体非正规就业概率：第一步检验数字经济对城市生产率的影响，如式（9.6）所示，M_{jt} 为机制变量，在此指城市生产率；第二步检验数字经济通过生产率对非正规就业的影响，如式（9.7）所示。

$$M_{jt} = \beta_0 + \beta_1 \text{Robot}_{jt} + \delta Z_{jt} + v_t + \mu_j + \varepsilon_{jt} \tag{9.6}$$

$$\Pr(\text{informal}_{ijt} = 1) = \varphi_0 + \varphi_1 \text{Robot}_{jt} + \varphi_2 M_{jt} + \gamma X'_{ijt} + \gamma Z'_{jt} + v_t + \mu_j + \varepsilon_{jt} \tag{9.7}$$

由表9.8回归结果可见，数字经济显著提升了城市生产率，且在1%的水平上显著。生产率的提高降低了个体非正规就业的可能性，但这一影响并不显著。Sobel-Goodman 中介效应检验的 p 值为 0.41，证明了间接效应的影响并不显著。除此之外，若生产率效应加强，则市场上的就业总量应该增加。进一步分析数字经济对就业市场的影响发现，

[①] 周广肃，李力行，孟岭牛. 智能化对中国劳动力市场的影响：基于就业广度和强度的分析 [J]. 金融研究，2021（6）：39-58.

[②] FREY C B, OSBORNC M A. The future of employment: how susceptible are jobs to computerisation? [J]. Technological forecasting and social change, 2017（114）：254-280.

数字经济并未显著改变就业市场总量，侧面印证了生产率效应的影响并不占主导地位。

（三）结构效应

结构效应下数字经济推动了劳动力在行业间的流动，结构效应对个体非正规就业概率的影响取决于劳动力的流动方向。为对该机制进行验证，本书基于 2010 年《中国人口普查分县资料》计算了各行业非正规就业群体比例。基于个体数据中的行业编码进行匹配，得到个体本期和上一期所在行业的非正规就业比例，随后将主回归中的因变量替换为个体所在行业非正规就业比例较上一期所在行业非正规就业比例的变化值。若数字经济的系数显著为正，则表明数字经济导致个体流向非正规就业比例较高的行业，从而印证了结构效应的存在。

由表 9.8 第（6）列回归结果可见，机器人数量每增加 1 台/万人，个体流向非正规就业比例较高行业的概率提升 1.2 个百分点，但这一结果并不显著。这表明结构效应并不是个体非正规就业比例升高的主要动因。

表 9.8　机制分析

变量	替代效应		生产率效应		结构效应	
	（1）	（2）	（3）	（4）	（5）	（6）
	全样本	轻易被智能化替代概率	不易被智能化替代概率	生产率效应	非正规就业	所有行业非正规就业比例变化
机器人	−0.030*	0.034*	0.022	261.71***	0.008***	0.012
	（0.017）	（0.017）	（0.025）	（90.09）	（0.003）	（0.016）
机器人×职业被替代率	0.104***					
	（0.027）					
生产率					−0.020	
					（0.017）	
观测值	6 884	4 611	2 049	351	14 402	7 785
pseudo R^2/R^2	0.19	0，186	0.17	0.546	0.182	0.021

综合上述分析，在分别检验了替代效应、生产率效应、结构效应下数字经济对非正规就业的影响后，本书发现数字经济主要通过替代效应导致个体非正规就业概率上升，生产率效应、结构效应的影响并不显著。

第三篇

数字技术：新挑战

技术进步与对外开放以及由此引起的产业结构变化，是导致我们所处世界不断变化的重要原因。数据变成了一种重要的生产要素以及数字技术，深刻影响着各国的经济发展方式，也深刻影响着各国的劳动力市场。前面章节中我们都在不同部分阐述了数字技术对劳动力市场的一些影响，本篇从数据要素入手集中论述数字技术带来的新挑战。

第十章　数据：一种新的生产要素

世界银行在其 2016 年、2019 年和 2021 年的《世界发展报告》[①] 中都从不同角度阐述了数字技术或数据要素对经济增长和发展的作用。其中，2016 年报告的主题是阐述数字红利，解读数字经济的潜力所在；2019 年报告的主题是工作性质的变革，阐述数字技术对劳动力市场的影响；2021 年报告的主题是"让数据创造美好的生活"，从生产要素角度阐述数据在发展中的利弊。本章以 2021 年报告为主，概述数据作为一种生产要素在经济发展中的作用。

第一节　数据要素的基本概念

一、生产要素理论

古典经济学中就有了与生产要素相关的研究，但是并没有形成完整的理论学说，正如诺贝尔经济学奖得主施蒂格勒所言，这一时代"缺乏生产服务理论"。大卫·休谟、亚当·斯密、大卫·李嘉图以及穆勒等代表性经济学家大多认为，劳动、资本和土地是重要的生产要素（休谟，1955；斯密，2016；斯拉法，2013）[②]。古典经济学的集大成者大卫·李嘉图认为产出是土地、资本和劳动的函数，而资本可以用工资的形式提供给生产过程中公认的食品和必需品。在古典经济学家视野中，土地要素的重要性是非常突出的，这也与当时的历史实际相吻合。这一时期的要素理论以萨伊提出的劳动、土地、资本"三要素论"广为流传。

肇始于边际革命的新古典经济学开始构建"生产服务理论"，逐渐形成了要素市场的供给与需求理论以及对应的市场均衡分析方法。施蒂格勒的博士论文《生产与分配理

① WORLD BANK GROUP. World development report 2016: digital dividends [M]. World Bank Publications, 2016; World Bank. World development report 2019: the changing nature of work [R]. The World Bank, 2018; World Bank. World development report 2021: data for better lives [R]. The World Band, 2021.

② 休谟. 经济论文选 [M]. 麦迪逊：威斯康星大学出版社，1955；亚当·斯密. 国富论 [M]. 郭大力，王亚男，译. 北京：译林出版社，2016；斯拉法，多布. 大卫·李嘉图全集（第一卷）：政治经济学及其赋税原理 [M] 郭大力，王亚南，译. 上海：商务印书馆，2013.

论：形成时期》[①] 对 1870—1895 年的生产服务理论的形成以及从杰文斯到克拉克等十位经济学家的各种要素理论进行了详尽的论述。在这一时期，马歇尔的劳动、土地、资本、企业家才能"四要素论"是其中的典型代表，土地的相对重要性在下降，而资本和企业家才能的理论重要性在上升。

20 世纪 30 年代，随着边际生产力理论的进一步发展，希克斯、弗里希、萨缪尔森等人把原有的生产理论进行综合，形成了新古典学派的生产理论。此时，生产理论、要素理论、成本理论与分配理论形成了一个相互印证的逻辑体系。要素需求是生产的诱导性需求，要素供给取决于要素供给意愿，市场均衡决定要素价格，要素价格决定企业的生产成本，生产要素的价格等于其边际生产力，产出按照各要素边际贡献进行分配（萨缪尔森，1948）。

20 世纪 80 年代中后期开始的内生增长理论中，知识（创意或称技术）成为新的被强调的生产要素（Romer，1990；Barro，2004；Acemoglu，2009）[②]。

在各要素之间的关系方面，早期经济学家们更强调各要素之间的合适比例关系（列昂惕夫生产函数），散见于《资本论》《反杜林论》《共产主义原理》等著作中的马克思生产要素配置理论提出生产要素合理配置的原则：质上相适应和量上按比例。直到 20 世纪 30 年代，1932 年希克斯的《工资理论》[③] 和琼·罗宾逊的《不完全竞争经济学》[④] 提出替代弹性的概念，要素之间的可变比例关系才逐渐在经济理论分析中变成了常态。要素之间的可替代性在宏观增长模型中的处理，以 Solow 增长模型替代了哈罗德-多玛增长模型成为分析增长问题的主流理论为标志。可以预测，随着技术进步，要素之间的灵活配比将提高，替代弹性变大，以至于德拉格兰德维尔将替代弹性称为一个重要的技术参数（De La Grandville，1989，2009）[⑤]。

二、数据的含义

数据这个术语很难定义。在不同时间、不同学科，它有不同的含义。这个术语最初被简单地定义为事实，指对客观事件进行记录并可以鉴别的符号。后来慢慢地指与数学或者数字表述相关的事实，但不仅仅限于数字，还可以是具有一定意义的文字、字母、图形，甚至我们也可以把阴阳八卦看成数据。最近几十年，随着计算科学的发展，音

① 施蒂格勒. 生产与分配理论 [M]. 晏智杰，译. 成都：西南财经大学出版社，2019.

② BARRO R J, SALA-I-MARTIN. Economic growth [M]. MIT Press, 2004；ACEMOGLU D. Introduction to modern economic growth [M]. Princeton University Press, 2009；ROMER P M. Endogenous technical change [J]. Journal of political economy, 1990, 98（5）：71-102.

③ HICKS J R. The Theory of Wages [M]. London：Macmillan, 1932.

④ 罗宾逊. 不完全竞争经济学 [M]. 王翼龙，译. 北京：华夏出版社，2013.

⑤ DE LA GRANDVILLE O. Economic growth：a Unified approach [M]. Cambridge University Press, 2009；DE LA GRANDVILLE O. In quest of the slutsky diamond [J]. The American economic review, 1989, 79（3）：468-481.

频、视频、文本等都变成了数据。其中一个最好的例子就是医学里面的放射组学（ra-
diomics），这是一门将医学图像转化为数据的科学，一旦对数据进行结构化和分析，就
可以帮助患者诊断和康复。文本分析最近几年在经济学乃至其他社会科学中被广泛运
用，这种方法是将文本转换为数据的另一个例子。

Carrière-Swallow 和 Haksar 指出："数据在本质上可以是定量的或定性的，并且可以
存储在模拟介质（纸张、石碑）或数字介质上。"[①] 这个定义对数据的性质（定量和定
性）以及存储方式进行了描述。实际上，数据除了定量和定性外，还可以定位（如坐
标数据）和定时（如年、月、日等）。记录、存储数据需要媒介，这种媒介成本已经发
生了巨大变化。当前我们所讨论的数字经济，就是由于数据的记录、复制介质变成了二
进制代码，从而使得记录与复制成本迅速下降，这也是使数据要素不同于其他要素的根
本原因。

所以，广义上讲，我们对数据的定义是：对客观事物的记录，它的表现方式和存储
方式多种多样。

理解数据的含义还需要注意数据和信息的区别。这两个术语在很多时候是可以互换
使用的，但是也有一些细微的区别。计算机编程人员、科幻作家 Daniel Keys Moran 指
出："有些数据可能不提供信息，但所有信息都依靠数据。"这一描述表明：数据并不
等同于信息。相反，数据必须经过处理、结构化和分析才能转换成信息。数据和信息之
间的语义区别强调了改进的数据管理、读写和分析对于从数据中提取信息和创造价值的
关键作用。

三、数据发展简史

最早的记事记录是"结绳记事"。《周易·系辞下》："上古结绳而治，后世圣人易
之以书契。百官以治，万民以察。"这句话的意思是，中国原始社会时期通过"结绳记
事"进行记事与简单的统计分组，大事绳子打大结，小事绳子打小结，这就可以知道发
生了多少大事和小事了。这里说的"上古"是指夏朝之前，而夏朝建立于约公元前
2070 年。而到了黄帝、尧舜等圣人时代，创制了从一到十的数字，于是便开始在竹、
木或龟甲、兽骨上刻字以记数、记事，统计向"书契记数"的时代迈进。这样，数据
记录的媒介从绳子转变到了竹简或龟甲。

从夏朝开始已经有了人口统计和土地统计。《通典卷第七·食货七》记载："禹平
水土，为九州，人口千三百五十五万三千九百二十三。"《禹贡》记载："禹别九州，随
山浚川，任土作贡。"这是把土地分为三等九级。在商朝，不仅有统计数字，而且有简
单情况说明，这表明商代已有人口调查统计的表册。如《卜辞》记载："登帚好三千登

---

① CARRIÈRE-SWALLOW Y, HAKSAR B. The economics and implications of data: an integrated perspective ［R］.
Washington, DC: Strategy, Policy, and Review Department, International Monetary Fund, 2019.

旅一万，呼伐羌。"西周建立采风制度，《汉书·食货志》记载："孟春之月，群居者将散，行人振木铎徇于路以采诗，献之太师，比其音律，以闻于天子。"《诗经》可能是最早的社情民意调查报告。西周还形成了官方调查机构与官职。《周礼·夏官·职方氏》记载："职方氏掌天下之图，以掌天下之地，辨其邦国、都鄙、四夷、八蛮、七闽、九貉、五戎、六狄之人民与其财用、九谷、六畜之数要，周知其利害。"

《管子·八观》记载："行其田野，视其耕芸，计其农事，而饥饱之国可以知也……故以此八者观人主之国，而人主毋所匿其情矣。"管仲的"八观"调查，直至当今仍具有借鉴意义。春秋战国建立上计统计报告制度。春秋战国时期鲁国开展了第一次田亩调查。《左传·鲁宣公十五年》记载："公田之法，十足其一；今又履其余亩，复十取一。"春秋时期，鲁国实行"初税亩"，无论公田还是私田一律按田亩数征税，正是古代田亩调查真正起源。春秋战国时期还有了第一次家计调查。《汉书·食货志》记载："今一夫挟五口。治田百亩。岁收，亩一石半……除社间尝薪春秋之祀用钱三百，余千五十。衣，人率用钱三百，五人终岁用千五百，不足四百五十。"这段话记录了典型农户家庭的收支情况。

此后，秦代建立户籍管理制度，秦代创始被调查者自填法，"令黔首自实田"。汉代实行案比核查户口，建立编户制度，《告缗令》实行统计处罚，《汉书·武帝纪》："元鼎三年（公元前114年），十一月，令民告缗者以其半与之。"隋代貌阅清查户口，仓储进行分组统计；唐代有了中国历史上最早统计资料汇编，编制手实记账；宋代编制了土地统计簿册，开展了统计分析，其时的《会计录》内容包括户籍、记账等统计资料，分析采用了本期收、支对比，与前期对比，比例分析等统计方法，故在中国统计史具有一定的地位与影响；明代建立户贴（人口）调查制度，推广鱼鳞图册开展土地统计。

国外统计史方面，罗马人每五年对男人和他们的财产进行一次普查——这是基督教《圣经》中提到的一种做法。1400—1500年印加帝国的记录保持者统计了人口、住所、骆驼、婚姻和潜在的新兵数量。强调客观科学调查的启蒙理想在19世纪欧洲的兴起，带来了对数据在社会中的作用的态度转变——从简单地计数和记录现象到描述和理解整个社会的生活条件。从18世纪后期开始，欧洲和北美新兴民族国家的政府建立了统计机构，以发布关于国家状况的官方统计数据，并为公共话语提供信息。欧洲国家开始系统地进行全面的人口普查，十年一次的全国人口普查成为美国宪法的一项条款。到19世纪末，世界人口的一半已经在人口普查中得到统计。

四、数据分类

随着数字革命，数据的类型和范围发生了巨大的变化，收集的数据量呈指数级增长。在这种新形势下，私营部门行为者通过基于平台的商业模式在数据收集方面发挥着越来越大的作用，在这种模式下，数据是作为业务流程的副产品被动收集的。数字平台也扩大了公民收集数据的机会，这往往发生在政府未能收集数据的时候。即使在当下，仍有一些数据是用传统调查方法搜集和保存的。我们可以将数据按照搜集方法和工具与使用意图两个维度进行分类（见表 10.1）

表 10.1　数据的分类

数据搜集方法和工具	公共意图数据	私人意图数据
传统方法	人口普查、国民账户、家庭调查、企业调查、劳动力调查、个人财务调查、行政记录	私营实体进行的任何调查，包括私营实体开展的民意调查；来自公司财务账户的管理数据
新方法	卫星成像的位置数据、数字识别、公共摄像头的面部识别、电子政务平台的公共采购数据	来自私营部门数字平台的个人行为/选择的实时数字数据

说明：转引自 World Bank. World development report 2021：data for better lives ［R］. The World Bank，2021.

为商业目的收集的新类型和传统类型的数据都被称为私人意图数据。私人意图数据有时是有目的行为的结果，如民意调查公司搜集的数据；有时是其他活动的副产品，如我们加入某一 App 平台后，平台搜集我们的个人数据往往不是双方的最初目的。最初为公共目的收集的数据被称为公共意图数据。公共意图数据往往是有目的地收集的，目的是提高代表性。私人意图的数据可以转化为公共用途，反之亦然。

公共意图数据通常与人口普查和调查等传统数据类型相关，尽管较新的数据来源（如卫星成像或电子政务平台）变得更加普遍。按照设计，政府的传统数据收集工作是为了公共目的，并用于为政策制定提供信息。但由于通过传统方法收集公共数据成本相对较高，调查很少进行，而且缺乏对感兴趣的亚群体做出有意义推断所需的粒度。与此同时，传统的公共意图数据在人口覆盖率方面比新的私人意图数据具有优势，因此它们有可能惠及更多人，这使它们能够被用于研究人员和政府官员的推理分析。

六类公共意图数据较为常见。其一为行政数据。其包括出生、婚姻和死亡记录等行政数据以及身份识别系统的数据、人口、健康、教育和税务记录、贸易流量数据等。其二为普查数据。我国开展了人口普查和经济普查。人口普查旨在系统地列举和记录整个感兴趣人群的信息。其三为抽样调查数据。抽样调查利用整个人口中较小的、有代表性的样本，通常来自人口普查，以更频繁地收集详细信息。这些调查涵盖了许多领域，如家庭调查、农场调查、企业调查、劳动力调查以及人口和健康调查。失业率和国民账户等关键官方统计数据依赖于调查数据，通常与行政数据和人口普查数据相结合。其四为个人生产的数据。例如，HarassMap 是一种在线工具，根据公民报告绘制性骚扰案件地图，ForestWatches 是一个公民监测亚马孙森林砍伐的平台。其五为机器生成的数据。机器生成的数据是由传感器、应用程序或计算机进程自动生成的，而无须人工交互。监测空气污染的传感器就是一个例子。当设备嵌入传感器和其他技术，使它们能够相互传输数据时，这些数据就会出现，这一系统被称为物联网。其六为地理空间数据。地理空间数据根据其地理位置将多层信息联系起来。公共意图的地理空间数据包括地球的卫星图像等。

五、数据的经济学性质

极低的边际成本。数据的"生产"技术的最主要特点就是非常低的边际成本。相较于传统龟甲、纸张等方式，采用现在的电子比特方式，我们记录、复制数据的成本已经几乎可以忽略不计了。数据这种极低边际成本的特点，可以使得数据被重复使用。数据生命周期（见图10.1）很好体现了这一点。数据的生命周期描述了数据使用、重复使用和重新利用的潜在循环性，数据可以在广泛的用户中被安全访问，除非采取明确的步骤销毁数据。但是从宏观来看，存储数据需要耗费大量的电力成本。2023年11月，中国建成了全球首个商用海底数据中心。之所以要建在海底，其中一个重要考虑就是容易冷却，节省电力。相对于陆地，海底100个数据仓，每年能节省用电总量1.22亿千瓦时。数据储存处理耗费的大量电力，阻碍了一些小国以及不发达国家的数据基础设施建设。

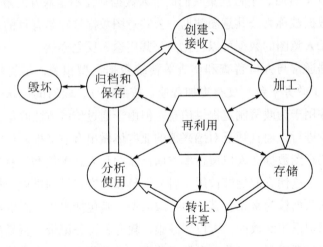

图10.1　数据的全生命过程

非竞争性。可以被重复使用体现了数据要素的重要经济学特性：非竞争性。由于数据的非竞争性及其对无限重复使用的影响，尽管已经进行了许多尝试，但从本质上讲，依旧很难对数据进行经济价值评估。目前所采用数据估值的方法包括：基于成本的方法，将信息价值链的不同组成部分相加；通过提高效率、降低交易成本或扩大市场，直接量化数据产生的经济效益的方法；根据数据密集型公司和相关收购交易的股票市场价值进行估计。尽管这些方法都同意数据的高价值，但这些不同方法只抓住了数据某些属性，这无疑会阻碍我们对数据价值得出明确的结论。但是有一点结论似乎很明确：数据的生产严重不足。原因为：数据的意外二次使用、三次使用的经济价值可能远远超过数据的一次使用的经济价值，也就是数据最初收集的用途。这样，最初搜集者明显激励不足，因为承担数据收集成本的实体不一定是获取其全部经济价值的实体。

专栏　通过市场交易数据面临的挑战

数据需要从数据持有者手上流通交易到使用者手上才能实现数据的价值。各国都在纷纷探索通过市场实现数据交易。在2014年，国家信息中心就主办成立了第一家国内数据交易平台——国家信息中心数据交易所。然而，实践中，数据的市场交易面临一些挑战。

首先，法律和经济挑战混淆了数据产权的定义。一个核心问题是在数据主体和数据收集者之间分配产权所涉及的模糊性，每个数据收集者都有一些合法的"数据所有者"。目前各国的法律框架对此并无清晰的规定。如欧盟的《一般数据保护条例》分配某些特定权利，含蓄地将剩余权利作为纯粹事实上的财产权。通常，更大程度的数据保护将有利于数据所有者，而损害其他潜在的数据用户，反之亦然。这一发现表明，存在一个经济上最优的数据保护水平。然而，如果没有有效的产权分配，就无法实现这种社会福利的最大化。

其次，尽管私人双边数据市场交换在某些双边市场已经建立（特别是将个人数据交易到目标广告），但目前还没有开放的多边数据市场，许多创建此类数据市场的尝试都失败了。由于数据是许多难以在价格和质量等领域进行预先评估的经验产品之一，一个重要的挑战是数据提供者如何在提供访问之前传递有关其数据质量的信息。

可排他性。最初收集和持有数据的实体可以阻止其他人访问这些数据。因此，数据并非纯粹的公共产品。按照公共物品的竞争性和排他性分类，数据属于俱乐部产品，具有自然垄断性质。在私营部门，公司不想出售或与他人交换数据，可能是因为缺乏提供数据的激励措施（或法律要求）。

规模经济。数据规模越大，价值越高。这种性质同样来自边际成本极低的特点。但是这也导致了数据持有者缺乏分享、出售或交换数据的动机。尽管少量数据的回报基本上为零，但是达到一定临界点后，来自额外数据和支持这些数据的系统改进的回报数额大且不断增加，直到它们最终趋于平稳。例如，在人工智能领域，数据集的大小是预测算法准确性的关键决定因素。现代深度学习技术及其复杂的模型，对大型数据集的需求甚至比传统的机器学习更大，并且它们可能不会开始经历收益递减，直到它们将更大的规模与包含数千万或数亿个数据点的数据集结合在一起。

范围经济。除了规模经济之外，数据还具有范围经济的特征，也就是数据可以有多种用途，就像一个企业可以生产多种产品一样。例如，搜索引擎数据可能被用来评估广告的有效性。社交媒体还可以跟踪用户的行为，然后建立非常详细的广告简介。

第二节 数据驱动经济发展的基本框架

图 10.2 概述了数据要素驱动发展的概念框架，包括数据要素对发展的正面影响与负面影响。

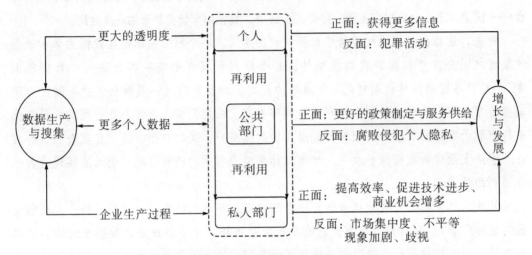

图 10.2 数据要素驱动经济发展的概念框架

转引自：World Bank. World development report 2021: data for better lives ［R］. The World Bank，2021.

数据要素可以通过多种途径促进经济增长并改善穷人的生活，从而促进发展。中间途径是公共部门生成或接收的数据，用于支持服务提供和政策制定。最上面的途径是个人和市民社会创建和使用的数据，以监测和分析政府计划和政策的影响、获取各种资讯以及获取促进个人生产率提高的信息。最重要的途径是私人部门生成的数据。这些数据可能是推动公司和经济增长的一个生产因素。

一、公共部门

医生给病人开药前先要"望闻问切"，了解病情。政府做出决策也同样如此，需要做到心中有数，才能做出正确决策。公共部门使用公共意图数据主要通过三种方式提高价值。

第一，改善服务供给。首先，增加获得政府服务的机会。公共意图数据改善生计的基本方法之一是增加获得政府服务的机会。更多的机会通常需要代表所有居民的数据。使用行政数据，特别是国家身份证和民事登记处等基本身份证系统以及数字身份证，可以确保所有人都能被覆盖，并且获得的公共服务机会是公平的。在世纪之交的泰国，只有 71% 的人口参加了旨在全国普及的公共医疗保险计划。然而，该国有一个近乎普遍的基本身份证和人口登记系统，公民和居民在出生或家庭首次登记时都会获得个人身份证号码。利用这一登记册和现有公共保险计划中的个人身份信息，政府能够识别未覆盖的人群，从而将医疗保险覆盖率从 71% 提高到 95%。其次，更好地准备和应对紧急情况。当灾难发生时，无论是与环境、金融、健康还是与冲突相关的，公共意图数据也可以带来更好的应急响应。例如，发布高温气候预报，可以帮助人们提前做好准备。最后，生成有用的知识。学术机构、智库和国际组织生成和使用的数据在确保政策基于证据方面发挥着至关重要的作用。改革和发展项目的影响评估经常被用来评估过去的政策是否产生了预期的效果，并改进方案设计。来自巴西 2 150 个城市的证据发现，许多市长愿意花钱学习影响评估的结果，向市长通报对简单有效政策的研究，会使其所在城市实施该政策的可能性增加 10 个百分点。

第二，确定稀缺资源的优先顺序。首先，定位资源去向，惠及边缘化人口和地区。如果公共意图数据可以定位到个人（细粒度的数据），它们可以帮助定位资源并促进包容性，让更多人获取资源。我国在脱贫攻坚过程中的"建档立卡"就起到了将扶贫资源定位到家庭的作用。其次，节约资金和资源。地理空间数据和政府记录之间的互通性可以帮助政府节约资源。不完整的、过时的财产和纳税人记录是许多低收入和中等收入国家的税收收不上来的重要原因。坦桑尼亚在税务申报和财政收入收集中引入了地理信息系统，这一系统收集和数字化有关其特征的数据，并提供了一个全面且及时更新的应税财产记录。使用这种新方法，阿鲁沙市政府确认了 102 904 栋建筑：几乎是没有使用该系统时的五倍。最后，监控进展情况并确定优先事项。我国很多地方都会对"五年规划"中的目标进行中期检查，这时候需要相关数据支撑。

第三，监督与问责。公共意图数据可以提高政策和政府行政行为的透明度，从而加强对政府的监督与问责。例如，我国政府采购需要信息公开。《中华人民共和国政府采购法》第十一条规定，政府采购的信息应当在政府采购监督管理部门指定的媒体上及时向社会公开发布，涉及商业秘密的除外。《中华人民共和国政府采购法实施条例》第八条对上述规定做了细化，即政府采购项目信息应当在省级以上人民政府财政部门指定的媒体上发布；采购项目预算金额达到国务院财政部门规定标准的，政府采购项目信息应当在国务院财政部门指定的媒体上发布。

公共部门的数据搜集和使用可能会产生负面影响。政府或某些政治任务可以出于政治日的滥用个人数据。在一些国家的政治人物竞选期间，经常会通过一些数字工具定向发送一些信息试图影响选举结果。

个人、民间社会和学术界。在首要途径中，广泛提供数据使个人和民间社会能够让政府对政策选择负责。民间社会的投入提供了一种反馈机制，通过这种机制可以调整和改进政策，从而实现更具响应性的治理。民间社会组织自己通过直接从公民那里收集调查和众包信息来创建数据。这些数据可以促进讨论、政府问责制的完善和提高透明度。简单地让个人更好地访问政府、国际或私营部门行为者收集的自己的数据，是公民为自己辩护和改善生活的另一种方式。

二、个人与社会

这一路径的行为主体包括作为消费者和劳动者的个人、社会组织以及学术机构。下面我们对三类行为主体搜集、利用数据能提高发展绩效做一简单概述。

第一，个人。个人主要以消费者和劳动者的双重身份出现在市场经济中。一位在亚马逊从事小微工作的年轻女性说："在我使用互联网后，我的生活变得更轻松了。我可以学习任何学科。它还帮助我通过自由工作者网站赚取了一些收入。它帮助我寻找健康和美容信息，了解当前发生的事件和新闻。通过互联网，我能够与我的朋友和亲人保持沟通。"① 这段话说出了数字技术或数据要素对个人三个方面的影响。

首先，互联网提高了消费品的可得性。互联网节约了消费者的搜寻成本，使得消费者购买东西的时候搜寻范围扩大，有更多种类的商品可供选择。微观经济理论告诉我们，消费者有更加偏好多样化消费的心理倾向，所以更多商品选择能增加福利或消费者剩余。数字技术因此提高了福利水平。在非洲 12 个国家开展的数字技术调查发现，62% 的人相信手机的使用为他们的家庭带来了更多好处，其中有 76% 的人声称手机帮他们节省了旅行的时间和成本，62% 的人认为手机使他们的生活变得更安全（见图10.3）。许多研究估计了搜索引擎产生的消费者剩余：谷歌搜索所产生的消费者剩余对于每位用户来说预计每年为 500 美元，即 3 亿名用户每年的消费者剩余总额为 1 500 亿美元②。爱沙尼亚的数字签名在每次签名时平均节省 20 分钟的时间。欧洲和美国的消费者愿意支付的那些现在通过互联网可以免费获取的服务的平均金额为每月 50 美元。巴西、中国和墨西哥的互联网也产生了大量的消费者剩余③。

其次，互联网能给消费者提供更多信息，尤其是提供了学习渠道，从而提升人力资本和劳动生产率。

最后，互联网会给劳动者带来更多的工作机会。一方面，通过互联网可以将更多业余时间用于工作增加收入，这是由于互联网增加了工作的灵活性。另一方面，互联网增强了劳动力市场的包容性，使得原来找不到工作的人更容易找到工作。本教材的第十三章将对此进行深入讨论。

---

① WDR，2016。该引用内容取自网上工作者的线上调查，于 2014 年 9 月，WDR 2016 的背景文件。

② VARIAN, HAL. Economic value of Google［EB/OL］. (2011-10-17)［2023-12-26］. http://www.web2summit.com/web2011.

③ GREENSTEIN, SHANE, MCDEVITT R. The global broadband bonus: broadband internet's impact on seven countries［M］//ARK B V. In the linked world: how ICT is transforming societies, cultures and economies. New York: Conference Board.

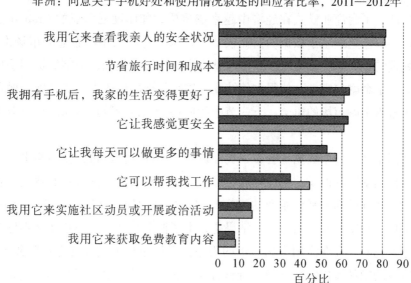

图 10.3 手机的使用提高了安全感并节省了时间

转引自：世界银行. 2016 年世界发展报告：数字红利［M］. 胡光宇，等译. 北京：清华大学出版社，2017.

第二，社会组织与学术机构。社会组织和学术机构能够生成或利用数据来监督政府政策执行，针对公共部门的社会治理是一种反馈机制。例如，绿色环保组织会根据掌握的数据监督环境问题。包括大学在内的学术机构往往会有为各级政府提供决策咨询报告的工作内容。这样的工作内容一方面会监督既有政策法律的执行情况，另一方面又会给政府提供一些决策建议。

个人和社会组织乃至学术机构生成与利用数据也会有负面影响。首先，最严重的负面影响是利用数字技术的犯罪活动。全球蔓延的网络电信诈骗就是一个显著的例子。利用数字技术的犯罪方式远不止网络电信诈骗，为买卖毒品、伪造货币、处理赃物、套取信用卡号、伪造文件、枪支和人体器官的非法贸易提供技术便利，乃至通过暗网等地下数字平台从事人口与器官贩卖。其次，个人信息泄露、隐私被侵犯是互联网使用者的普遍问题。再次，信息过载。越来越多的信息唾手可得，有用的没用的都一股脑涌入每个人的大脑。每个人的大脑或者每一个结构处理的信息量都有一定的限度。太多无用信息充斥其中，如何筛选出有用的信息是一个大问题。最后，连接过度。人们始终在线并且可以被联系到，这使得休闲和工作之间的界限已变得越来越模糊。这很可能会让人们在休息时也会处于工作状态。美国有超过三分之一的互联网用户声称尽管感觉更有效率，但技术使他们的工作时间变得更长了。

三、企业

数据在许多公司的生产过程中变得至关重要。中国目前一些非常有影响力的公司

（如腾讯、阿里巴巴、大疆）的商业模式是基于数据的。很多其他发展中国家乃至发达国家也是如此，平台商业模式在经济中越来越重要，如印度尼西亚的 Grab 和拉丁美洲的 Mercado Libre。这些基于数据的商业模式可以极大地扩大中小企业的市场准入机会。其他基于数据的私人解决方案可以直接改善穷人的生活。例如，数字信贷用手机就可以申请，这提升了金融包容性，使得在传统商业银行等金融机构中不能办理金融业务的人或企业有了进入金融市场的机会。下一节中我们将专门讨论数据是如何在企业中发挥作用的。

企业部门生产与使用数据也会带来负面影响。前面我们说过，数据要素属于俱乐部产品，具有自然垄断的性质。企业可能会通过反竞争行为滥用消费者的数据。随着用户规模的扩大，数据驱动的平台企业的规模回报率急剧增加，这导致了正的网络外部性，使其对更多用户越来越有吸引力。其结果是，电子商务、搜索引擎和社交媒体等平台业务集中度越来越高，存在滥用市场力量的隐患。滥用市场力量表现为：服务质量下降；提供给消费者的隐私保护水平下降；价格合谋；精准营销或诱导营销（nudging）。在第十五章讨论数字经济伦理时会进一步讨论基于数据的平台类企业有了"动态改价"能力后实施完全价格歧视，从而剥夺消费者剩余的情况。

第三节　数据在企业生产过程中的作用

一、数据与企业

数据在生产过程中的作用可以以不同的方式概念化，这取决于所考虑的公司、行业、技术和数据类型的具体情况。下面的类别总结了理解数据在企业创造价值中的作用的各种方法。这些是数据作为生产要素、生产力的助推器、副产品或产出的价值。

第一，数据作为生产要素。对于一些公司来说，数据被认为是其业务的核心输入，对实现其核心目标至关重要。在这种情况下，数据被认为是与劳动力、资本和土地同等的生产要素，是产出和生产力的主要决定因素。例如，许多社交媒体平台都是围绕着将用户的数据货币化用于广告而建立的。

第二，数据作为生产力的助推器。数据也可以被概念化为全要素生产率（TFP）的驱动因素。全要素生产率的提高反映了生产要素的更有效利用，而生产要素往往被认为是由技术变革驱动的。企业通过改进业务流程、更多地了解客户、开发新产品或做出更好的数据驱动决策，利用数据和各种技术提高生产力。在这种情况下，在生产过程中添加数据可以提高其他生产要素的效率，从而获得更好的性能。根据一项研究，在美国医疗保健部门，大数据的使用与每年 0.7% 的生产力增长有关。其他研究发现，在 179 家美国大型上市公司中，采用数据驱动的决策使生产率提高了 5%~6%。

第三，数据是生产过程的副产品。数据往往是作为经济活动的副产品被动创建的。例如，通话详细记录（CDR）是电话使用的副产品。关于消费者购物模式的数据是在线电子商务的副产品。以这种方式创建的数据可以用于提供数据的公司或其他公司提供新产品或服务。例如，电子商务平台使用作为其平台上交易副产品创建的数据来改进其产品。

第四，数据作为产出。对于一些公司来说，数据是生产过程的主要产出。例如，数据中介机构，包括尼尔森等评级服务机构、盖洛普等民调机构以及数据聚合器，如 dataPublica。然后，这些数据要么被其他公司用于生产过程，要么被政府用于政策制定。

二、创造价值的路径

第一，现有产品和服务的质量改进。该渠道包括使用数据驱动的决策，为消费者提供更好的健康诊断、更好的信用评分、更好的搜索结果和更个性化的产品推荐。

第二，降低交付产品和服务的成本。数据和分析可以降低交付成本，从而降低价格（前提是市场具有足够的竞争力）。例如，更好的信用评分可以降低贷款成本，并降低贷款利率。基于传感器的农业设备和平台可以获取和分析土壤读数，从而告知农民应该施用多少肥料，减少浪费和成本。

第三，在开发新产品和新服务方面进行更大的创新。例如，开发新的金融产品、智能合约和供应链跟踪服务、依赖在线地图或翻译等应用程序的新产品，以及基于购买趋势分析的新消费品。

第四，更有效的中介服务和更低的交易成本。平台公司可以帮助解决市场失灵的问题，降低连接到这些平台的公司的进入和交易成本。这在一定程度上是通过减少信息不对称，从而增加对这些公司的信任。分布式账本技术不仅可以降低交易成本，还可以通过安全的交易增强信任。更好的中介可以破坏传统的市场结构，降低中介的市场力量，尤其是在农业等部门，中介在价值链中一直发挥着核心作用。

这四条路径可以归结为两个关键效应。其一是实现更好的数据驱动决策，其二是促进交易，包括将商品和服务的供应商与需求者进行匹配。总之，数据的使用可以帮助克服市场失灵问题，对生产力、增长、就业和福利产生积极影响。

三、数据对发展的积极影响

第一，减少市场碎片化，增加落后地区和民众参与的机会。与线下供应商相比，活跃在全球电子商务平台上的在线供应商与距离相关的成本低 65%。数据驱动的商业模式可以降低进入市场的成本，并为小公司和低收入家庭提供新的机会。通过电子商务平台和物流服务公司，将产品从偏远的地区推向各个大市场。在中国的"淘宝村"，每年电子商务交易额超过 1 000 万元，至少 10% 的家庭从事电子商务，在淘宝平台上交易商品的农村家庭的收入和收入增长速度明显高于不在淘宝平台交易的家庭。

第二，创造新的出口机会。首先，互联网为国际贸易提供便利，让更多企业进入了国际贸易市场。线上市场能够降低买方卖方之间的信息差，降低信息不对称的程度，让更多发展中国家企业参与国际贸易。互联网使新国际市场的开拓变得更加容易，从而增加了粗放贸易边际，更多的企业开始从事出口业务，且出口的产品愈加丰富。如果出口国的互联网使用率增长 10%，两国贸易将增长 1.5%；这种粗放贸易边际增长可占互联网对贸易总影响的 78%（见图 10.4）。其次，无形的数据服务现在也可以跨境流动。很多发展中国家在国际市场中受益。菲律宾被估计出口了 230 亿美元的信息技术服务，相当于该国商品贸易出口的近一半，是农业出口总额的两倍多。最后，数字技术促进了国际分工。更好的通信技术促进了工作任务的分工，即所谓的国际贸易的"二次分工"。第一次国际分工是指运输成本的降低导致消费和生产可以分布在不同的地理位置。在第二次国际分工中，企业能够将生产的不同阶段放在不同的国家进行，从而在每个阶段获得更高的效率。这样的分工让企业得以将生产过程和服务外包到成本更低的发展中国家，反过来又能增加中间商品的贸易。

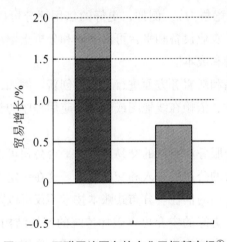

图 10.4　互联网让更多的企业开拓新市场①

转引自：世界银行. 2016 年世界发展报告：数字红利［M］. 胡光宇，等译. 北京：清华大学出版社，2017.

第三，提高生产率，促进经济增长。由于数字核心产业占整个经济的比重不大，数字技术促进生产率增长有很大一部分来自使用数字技术的行业，而不是生产硬件与软件的信息通信技术行业。数字技术提高企业生产率的方式包括：将数据密集型的生产过程自动化、重组业务模式从而提高管理效率，提高资本和劳动力的使用效率，增加竞争并促进创新。互联网的使用使越南企业全要素增长率提高了 1.9%，如果同时开展电子商务，这些企业的全要素增长率将再额外提高 1.7%（见图 10.5）。2003—2010 年，在14 个欧洲国家劳动生产率增长中，电子销售活动的增加占 18%。根据 2018 年的一项建

---

① 粗放贸易边际指更多的企业开始从事出口业务，更多的产品被出口；集约贸易边际指出口商增加了相同产品的出口额。

模测试，在全球范围内，人工智能可以在 2018—2030 年间带来约 13 万亿美元的额外经济产出，每年使全球 GDP 增长约 1.2%。

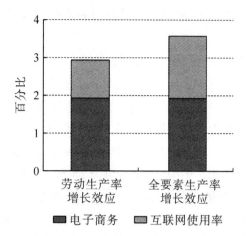

图 10.5　2007—2012 年使用电子商务的越南企业拥有更高的全要素生产率

转引自：世界银行. 2016 年世界发展报告：数字红利［M］. 胡光宇，等译. 北京：清华大学出版社，2017.

　　第四，创造新市场，颠覆传统在位者的市场地位。电子货币平台等在账户转账等业务方面对传统银行和其他服务提供商提出了挑战。一个明显的例子是打车平台现在已经动摇了中国各个城市出租车的市场地位，也降低了居民打车成本。在网约车出现之后，各个城市都对发放出租车牌照实施了数量限制。

　　第五，支持当地创新生态系统。成功的数据驱动型公司往往通过互补的产品和售后市场激发新的商业模式。围绕大型公司建立的生态系统可以使低收入经济体建立数字能力，特别是因为它们集成了一系列服务中的数据，以增加数据集的规模和范围。例如，苹果的 Healthkit 平台为苹果设备用户提供了在智能手机上的应用程序之间共享健康和活动数据的选项。这种集成使研究人员、医院以及医疗保健和健身应用程序的开发人员能够访问有价值的数据，为患者护理、营销和产品开发提供信息。

四、数据对发展的消极影响

（一）市场力量

　　数据可以为企业提供相对于竞争对手的竞争优势。由于数据通常是作为企业经济活动的副产品创建的，因此一旦企业投资于建立数据收集能力的固定成本，创建额外数据的边际成本就很低。平台用户之间的网络效应，会使得平台企业出现"赢家通吃"的局面，或者至少产生新进入者难以超越的规模优势。2019 年的非洲，56%的网络访问者访问了 631 个线上消费者企业中的 1%，其中仅 Jumia 就拥有 24%的用户。数据的范围经济还可以帮助平台进入邻近市场。微信平台开展金融业务、高德地图推出打车服务，就是一个明显的例子。

　　在数据驱动的市场中，更大的市场力量增加了小型或更传统的公司被排除在外的风险，阻碍了当地的创业，并对消费者福利构成风险。在发展中市场，这些影响可能会加剧，因为新进入者发现更难从有限的熟练程序员和数据科学家中筹集启动资金和招聘人才。例如，在非洲资金最多的 10 家科技风投公司的资金中有 77% 流向了非洲三大互联网公司所有的公司。

市场力量的负面影响表现在以下三个方面：

第一，数据驱动生态系统中合作与竞争之间的紧张关系。例如，当推特意识到领英的竞争威胁时，推特在 2012 年限制了其 API（应用程序编程接口）的使用，以防止用户的推文出现在领英的平台上。在肯尼亚，开发商抱怨 M-Pesa 拒绝分享其 API。

第二，数据驱动的并购。数据的规模经济与范围经济，使得数据驱动型企业更倾向于并购以提高生产率。近年来，中国和印度的电子商务以及东南亚的交通运输领域都出现了本土大型企业的收购浪潮。在世界范围内，82% 的并购交易涉及一家非常大的公司，两家非常大的公司合并是最常见的交易类型。并购后的企业更加具有市场力量。

第三，次优数据交换。尽管企业对数据的广泛使用、重复使用和重新调整用途可以产生更大的收益，但市场机制可能会导致数据交换和重复使用低于社会福利最大化的水平。与竞争对手或者潜在竞争对手共享数据显然不是企业的首选。如果政策规定企业必须与潜在竞争对手共享数据，那就会反过来降低他们搜集数据的激励。

（二）对个人的剥削

第一，数据收集过度。由于边际成本很低，很多 App、网站倾向于过度搜集数据，需要用户提交一些跟它们提供的服务无关的信息。第十五章附录中报告的我国工业和信息化部下架 App 的原因中，"违规收集个人信息"排第一位，"超范围搜集个人信息"排第三位，"违规使用个人信息"排第四位。

第二，私人公司持有的数据治理不足。数据相关企业在网络安全和数据保护方面达不到社会福利最大化的水平，因为公司没有充分内化隐私和安全对个人用户的价值，也没有充分内化对数据经济产生信任的必要性。换句话说，网络安全或数据保护产生的影响，对这些企业来说是外部性。

第三，歧视性定价和算法风险。首先，有了数据和算法的协助，企业更容易做到完全价格歧视。由于企业掌握了大量关于客户个人特征和购买历史的信息，它们可以根据个人的价格敏感性调整产品以收取更高或更低的价格。完全价格歧视本质上是将剩余从消费者转移到生产者。其次，算法还可以促进企业价格串谋。算法可以通过暗中跟踪价格领导者的行为而被训练成独立串谋。

第四，算法对劳动力进行间接管理。远程收集工人和服务提供商的数据，以推动对任务分配、绩效评估和某些类型行为的激励等参数的自动化或半自动化决策，在零工经济中尤为普遍。除了算法管理带来的偏见和歧视风险外，这种做法使公司更容易避免将个人归类为员工，从而避免为员工提供福利。更好地了解算法管理和数据收集对员工的组织和福利影响，将有助于确定适当的保护措施。

（三）加剧国家内部和国家之间不平等

采用数据驱动的商业模式可能会扩大国家内部、国家之间以及不同类型的公司、不同类型的工人和不同收入群体的个人之间的差距。在一个国家内，数据驱动经济对消费者、企业家或求职者个人的影响将取决于他们获得资金、教育水平、技能和技术的机会。尽管通过平台销售可以缩小大公司和小公司之间的生产力差距，但对于那些走这条销售渠道的小公司来说，总体而言，世界各地的小公司和企业家在采用快速宽带、拥有互联网、在线销售和利用云计算等基本技术方面落后于大公司。尽管零工经济为创造就业机会提供了机会，但只有那些有资产和技能参与的人（如汽车、移动设备和识字）才能受益。尽管自动化决策对一些人来说可能意味着提供更高效、更具成本效益的服务，但它也可能会导致对其他人的更大偏见和歧视。同样，一个国家从数据驱动的经济中受益的程度取决于其基础设施、能力和经济规模与发展水平。高收入国家有更完善的数字基础设施、更丰富的掌握数字技能的人力资本。

其中的道理很简单。原来拥有更多的其他优质生产要素的个人、企业或国家，有更大的可能去获得数据要素，并有更强的运用数据要素的能力，这样数据要素或数字技术就强化而不是弱化了不平等。

有证据显示，生产力更高的企业往往比其他企业更早使用互联网（见图10.6）。在过去的几十年间，特别是2000年以后，无论是发达国家还是发展中国家，劳工收入占国民总收入的比例大多在稳步下降，这主要是因为那些从事程序性工作（工作内容简单重复且容易被自动化）的劳动者收入占总收入的比例在不断下降。而劳动者收入占比下滑与以基尼系数衡量的个人间收入不平等存在系统性联系（见图10.7）。数字技术会使得哪些工作更容易被机器替代，我们将在第十三章进行详细讨论。

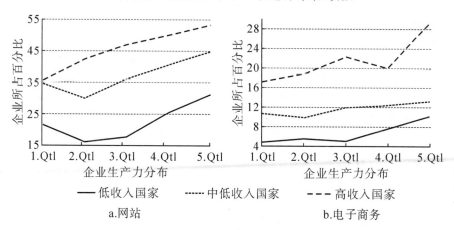

图 10.6　高生产力的企业更倾向于使用数字技术

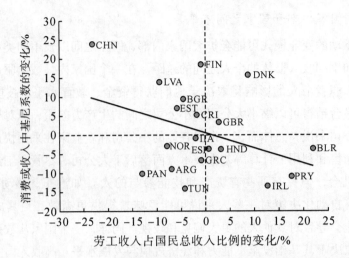

图 10.7　1995—2010 年基尼系数的增长与劳工收入占国民总收入的比例

第十一章 数字经济的衡量

本章分为三节，第一节介绍数字经济核算，第二节介绍数字发展水平的衡量，第三节简介数字基础设施。与数字经济衡量相关的主要有两个方面的内容，其一是衡量数字经济的生产成果即数字经济活动创造的 GDP；其二是数字化水平，也就是一个国家或地区所达到的数字化程度。数字化水平与数字基础设施有密切关系。

第一节 数字经济核算

数字经济的核算就是估计与核算数字经济活动创造的 GDP，所以数字经济核算是传统 GDP 核算的延伸。由于数字经济活动新的特点，数字经济核算面临一些新的挑战。

一、传统 GDP 核算方法简介

国内生产总值（gross domestic product，GDP），是一个国家（或地区）所有常住单位在一定时期内生产活动的最终成果。GDP 是测度一个国家或地区生产规模的主要指标，也是衡量一个国家或地区经济状况和发展水平的重要指标。

国内生产总值有三种表现形态，即价值形态、收入形态和产品形态。从价值形态看，它是所有常住单位在一定时期内生产的全部货物和服务价值与同期投入的全部非固定资产货物和服务价值的差额，即所有常住单位的增加值之和；从收入形态看，它是所有常住单位在一定时期内创造的各项收入之和，包括劳动者报酬、生产税净额、固定资产折旧和营业盈余；从产品形态看，它是所有常住单位在一定时期内最终使用的货物和服务价值与货物和服务净出口价值之和。国内生产总值的三种表现形态分别对应着三种核算方法，即生产法、收入法和支出法。三种方法分别从不同的方面反映国内生产总值及其构成，理论上三种方法的核算结果相同。

生产法：用各部门在核算期内生产的总产品价值，扣除生产过程中投入的中间产品价值，得到增加值。核算公式为：国内生产总值＝总产出－中间投入。

收入法：用生产要素在生产过程中应得的收入份额反映最终成果。核算公式为：国内生产总值＝劳动者报酬＋生产税净额＋固定资产折旧＋营业盈余。

支出法：用核算期内购买的各项最终产品的总支出衡量最终产品的市场价值。核算公式为：国内生产总值=居民消费+企业投资+政府购买+净出口。

作为衡量总产出的指标，GDP 也存在一些问题，并不是衡量经济活动的一种完美指标。由于 GDP 用市场价格来评价物品与劳务，没有将无偿提供的产品纳入核算范围，也几乎没有把所有在市场之外进行的生产活动的价值包括进来，遗漏了部分生产活动。在数字经济中，这些问题造成的影响变得更大。

上面讲到的三种核算方法可以用来计算 GDP，GDP 是经济中产品与服务总产出的价值。为便于理解，我们在这里虚构一个经济体系，它的产品只有苹果和梨子。第一年，它生产了 50 个苹果和 100 个梨子，其价格分别是 1.00 元和 0.80 元；第二年，它生产了 80 个苹果和 120 个梨子，其价格分别是 1.25 元和 1.60 元。这些数据如表 11.1 所示。为了便于说明实际 GDP 的计算公式，我们用 Q 表示产量，用 P 表示价格，下标表示年份，上标表示产品（见表 11.1）。

表 11.1　计算 GDP 例子的数据

	苹果	梨子
第一年产量	$Q_1^1 = 50$	$Q_1^2 = 100$
第一年价格	$P_1^1 = 1.00$	$P_1^2 = 0.80$
第二年产量	$Q_2^1 = 80$	$Q_2^2 = 120$
第二年价格	$P_2^1 = 1.25$	$P_2^2 = 1.60$

在这个经济中，GDP 是所有苹果的价值和梨子的价值之和：

GDP＝苹果的价格×苹果的数量+梨子的价格×梨子的数量

但是相同产品或服务在不同时期的价格可能不同，用现期价格衡量的产品和服务的价值叫作名义 GDP，用一组不变价格衡量的产品和服务的价值叫作实际 GDP。名义 GDP 的增加可能是由于数量增加，也可能是由于价格上升。而实际 GDP 不受价格变化的影响，它的增加只能是因为数量的增加。

用上面的例子进行计算，第一年的名义 GDP 是：

$$GDP_1 = P_1^1 Q_1^1 + P_1^2 Q_1^2 = 1.00 \times 50 + 0.80 \times 100 = 130（元）$$

第二年的名义 GDP 是：

$$GDP_2 = P_2^1 Q_2^1 + P_2^2 Q_2^2 = 1.25 \times 80 + 1.60 \times 120 = 292（元）$$

用第二年的名义 GDP 除以第一年的名义 GDP 再减去 1，可以得到从第一年到第二年的名义 GDP 增长百分比为 125%。但我们从数据中可以看出，从第一年到第二年，不仅产量增加了，价格也增长了。如何排除价格因素的影响，计算实际总产出量的增长？这时就需要选定基期，计算出实际 GDP。假定把第一年作为基期，用 RGDP 表示实际 GDP。

由于第一年为基期，所以第一年的实际 GDP 与名义 GDP 相同：

RGDP$_1$ = GDP$_1$ = 130（元）

第二年的实际 GDP 是：

RGDP$_2$ = $P_1^1 Q_2^1 + P_1^2 Q_2^2$ = 1.00 × 80 + 0.80 × 120 = 176（元）

用第二年的实际 GDP 除以第一年的实际 GDP 再减去 1，可以得到从第一年到第二年的实际 GDP 增长百分比为 35.4%。可以发现，名义 GDP 与实际 GDP 之间的差距很大。由于一个社会向其成员提供经济上满足的能力最终取决于所生产的产品与服务的数量，实际 GDP 比名义 GDP 提供了一个更好的经济福利衡量指标。

有了实际 GDP 与名义 GDP，我们可以计算一种价格水平的衡量指标：GDP 平减指数（GDP deflator）。GDP 平减指数反映了经济中总体价格水平所发生的变动，衡量公式是：

$$\text{GDP 平减指数} = \frac{\text{名义 GDP}}{\text{实际 GDP}} \times 100$$

这里，乘以 100 是对指数作标准化处理。以第二年的数据为例，GDP 平减指数为名义 GDP（292 元）除以实际 GDP（176 元）乘以 100，等于 165.90。

还有一种衡量价格水平的指标：消费价格指数（consumer price index，CPI）。与 GDP 平减指数不同，CPI 只包括由消费者购买的商品和服务。而且，CPI 是一种固定加权价格指数，是将普通消费者在基年购买的代表性商品的消费额作为该基年的消费额，然后以这些消费额为权数计算每年的 CPI。因此，CPI 的衡量公式是：

$$\text{当年的 CPI} = \frac{\text{按当年价格计算的基年消费额}}{\text{按基年价格计算的基年消费额}} \times 100$$

在本例中，如果以第一年为基年，该年的 CPI 就是 100。第二年的 CPI 计算方法如下：

$$\text{CPI}_2 = \frac{P_2^1 \times Q_1^1 + P_2^2 \times Q_1^2}{P_1^1 \times Q_1^1 + P_1^2 \times Q_1^2} \times 100 = \frac{222.5}{130} \times 100 = 171.2$$

从第一年到第二年，CPI 增长了 71.2%。

在实践中，衡量价格指数时存在三个重要的问题，会导致计算出的 CPI 与实际情况出现偏误。

第一个问题是产品相对价格发生变动，消费者购买习惯改变导致的偏误。当相对价格变动时，消费者通常会减少相对变贵商品的购买量，增加相对便宜商品的购买量。在前面的例子中，苹果在第二年变得比梨子相对便宜，以致第二年苹果消费量与梨子消费量的比率提高了，消费者比第一年更愿意消费苹果。而在计算 CPI 时，隐含的假定是消费者在相对价格变动时并不改变他们的购买习惯。由此，在 CPI 中，相对变贵的商品得到的权重大于它本应得到的，计算出的 CPI 会比实际情况高。

第二个问题是新产品的出现导致的偏误。当一种新产品进入市场时，消费者的境况变好了，因为消费者有了更多产品可供选择。新产品的出现提高了货币的实际价值，但这种货币购买力的提高并没有反映在 CPI 中，我们计算出的 CPI 会比实际情况要高。

第三个问题是不能反映商品质量变化导致的偏误。我们以 2022 年产的手机与 1990 年产的手机为例。很明显，2022 年产的手机性能远高于 1990 年产的手机，它的质量提高了。但 2022 年的手机价格并没有比 1990 年的手机价格高出许多，或许还降低了。手机质量的变化很难衡量，且没有反映在手机价格上。如果这种无法用价格衡量的质量改进是普遍存在的，那我们计算的 CPI 会比实际情况高。

二、数字经济核算面临的问题

数字经济核算与传统经济核算不完全相同，还有一些亟待解决的问题，这为数字经济核算带来了挑战[①]。

（一）参与者身份界定边界

国民经济核算体系（system of national accounts，SNA）区分了经济活动中的生产者与消费者，明确界定了参与者的生产、消费和资产范围，居民部门的自给性服务不包含在其核算范围内。但在数字经济时代，众多数字平台可以为非法人服务提供者和家庭提供中介服务，居民越来越多地参与了生产活动，居民不仅是消费者，也是生产者。然而，在现行统计体系下，这些生产性活动不能被有效纳入 GDP 的核算。

（二）资产界定边界

资产界定边界面临两个方面的问题。

一是数据的潜在价值问题：数字经济将数据作为新型生产要素，资产的范围进一步扩大，数字产品使用者生成的海量数据形成的数据资产通常具有巨大的隐性价值，但 SNA 并没有将数据本身的潜在价值列入生产资本。

二是耐用品的双重属性问题：通过数字平台（如滴滴打车、美团民宿等），自用的车辆与住房也可以给他人提供服务，但计算一个产品用于双重目的时的固定资本形成总额和家庭最终消费支出核算比较困难。因此，对于这类消费品的核算，目前的统计实践主要仍将这类耐用品作为最终消费予以记录。如何将消费品中作为投资品的部分剥离出来并在核算体系中予以体现，是当前数字经济核算的一大难点。

（三）免费产品的核算问题

数字经济时代，我们每天都在使用免费的数字产品，如在线翻译、搜索引擎、社交软件。从生产者的角度来看，他们免费提供产品给用户使用，聚集了用户流量，再通过广告等业务获取利润。这种间接盈利的模式，使得免费产品的价值难以衡量。由于 GDP 的核算应基于基本价格，因此现行的 GDP 核算中也没有包含免费产品。从消费者的角度来看，消费者使用了免费的产品，但某些免费产品给用户个人所带来的价值显然与其

---

① 孙毅. 数字经济学 [M]. 北京：机械工业出版社，2021.

价格不符，这些服务的价值被严重低估。

（四）价格指数问题

在对 GDP 进行核算时，为剔除价格因素的影响，需要使用各种价格指数，如 CPI。价格指数如果出现偏差，会导致核算的不变价 GDP 和实际经济增长率不准确。在衡量 CPI 时存在一些问题，一是 CPI 难以反映数字产品对其他产品需求的影响，二是 CPI 难以反映不包含在一篮子产品中的新数字产品，三是 CPI 难以体现数字产品和服务的质量提升。这些问题会导致 CPI 无法反映出价格的真实变动水平，为数字经济的正确核算带来障碍。

三、中国数字经济核心产业核算

2021 年，中国国家统计局出台了《数字经济及其核心产业统计分类（2021）》，界定了数字经济核心产业的统计范围。数字经济核心产业是指为产业数字化发展提供数字技术、产品、服务、基础设施和解决方案，以及完全依赖于数字技术、数据要素的各类经济活动，包括数字产品制造业、数字产品服务业、数字技术应用业、数字要素驱动业四类。

根据数字经济核心产业规模测算框架，对 2012—2018 年数字经济核心产业与细分的四大类增加值进行系统测算，测算结果如表 11.2 和表 11.3 所示。

表 11.2　2012—2018 年数字经济核心产业增加值、增速与 GDP 占比

年份	增加值规模/亿元	增长率/%	占 GDP 比重/%
2012	35 825.4		6.65
2013	39 479.1	10.20	6.66
2014	43 538.8	10.28	6.77
2015	47 296.8	8.63	6.87
2016	52 351.1	10.69	7.01
2017	58 796.5	12.31	7.07
2018	66 809.8	13.63	7.27

资料来源：中国数字经济核心产业规模测算与预测（鲜祖德，2022），表 11.3 同。

表 11.3　2012—2018 年四类数字经济核心产业增加值、增速与核心产业占比

年份	数字产品制造业			数字产品服务业		
	增加值/亿元	占比/%	增速/%	增加值/亿元	占比/%	增速/%
2012	15 638.3	43.65		1 843.4	5.15	
2013	16 503.6	41.80	5.53	2 079.6	5.27	12.81
2014	17 511.9	40.22	6.11	2 310.7	5.31	11.11

表11.3(续)

年份	数字产品制造业			数字产品服务业		
	增加值/亿元	占比/%	增速/%	增加值/亿元	占比/%	增速/%
2015	18 576.1	39.28	6.08	2 491.5	5.27	7.83
2016	19 705.2	37.64	6.08	2 718.9	5.19	9.13
2017	20 932.8	35.60	6.23	2 990.2	5.09	9.98
2018	21 532.0	32.23	2.86	3 220.4	4.82	7.70

年份	数字技术应用业			数字要素驱动业		
	增加值/亿元	占比/%	增速/%	增加值/亿元	占比/%	增速/%
2012	11 805.4	32.95		6 538.3	18.25	
2013	13 584.9	34.41	15.07	7 311.0	18.52	11.82
2014	15 599.7	35.83	14.83	8 116.6	18.64	11.02
2015	17 155.4	36.27	9.97	9 073.8	19.18	11.79
2016	19 503.7	37.26	13.69	10 423.2	19.91	14.87
2017	23 056.3	39.21	18.21	11 817.1	20.10	13.37
2018	27 659.6	41.40	19.97	14 397.8	21.55	21.84

专栏 "十四五"规划中数字经济核心产业占比与解读

《"十四五"数字经济发展规划》（以下简称《规划》）是我国在数字经济领域的首部国家级专项规划。它的发布标志着我国"抓住数字经济发展机遇、统筹数字经济发展"迈上了新的台阶。数字经济已成为我国重要的战略发力点，是数字中国战略的核心，对我国经济发展具有重要的作用。

《规划》指出要提升数字核心产业的竞争力。数字经济核心产业包括数字产品制造业、数字产品服务业、数字技术应用业和数字要素驱动业共四大类产业，是数字经济发展的基础。《规划》还针对数字经济核心产业设置了"数字经济核心产业增加值占GDP比重（%）"这一重要指标，凸显出对数字核心产业发展的重视。

2020年，我国数字经济核心产业增加值占国内生产总值（GDP）比重达到7.8%，数字经济已成为我国经济发展的重要推动力。《规划》中的发展目标是，到2025年，数字经济迈向全面扩展期，数字经济核心产业增加值占GDP比重达到10%。

我国已建成全球规模最大的光纤和4G网络，5G网络建设和应用加速推进，宽带用户普及率明显提高。同时，产业数字化转型步伐加快。农业数字化全面推进，服务业数字化水平显著提高，工业数字化转型加速，工业企业生产设备数字化水平持续提升，更多企业迈上云端。但是，近几年全球经济都受到新冠疫情的强烈影响。因此，核心产业增加值占GDP比重10%的目标很有可能实现，但也面临一些外部环境带来的挑战。

四、其他国家或地区数字经济核算

（一）经济合作与发展组织（OECD）的数字经济卫星账户总体概念框架图

OECD 专家小组基于数字经济核算的视角，依据数字交易的特征对数字经济的主体和客体进行了界定，形成了图 11.1 所示的概念框架，初步构建了一个既能对接 SNA 中心体系又能开展独立核算的数字经济卫星账户框架。该概念框架主要以并集的方式基于数字交易的三大特征（数字化订购、促成平台、数字化传输）来识别数字经济活动。在其中，数字交易的行为主体包括生产者、使用者和促成者，客体即参与数字交易的产品。

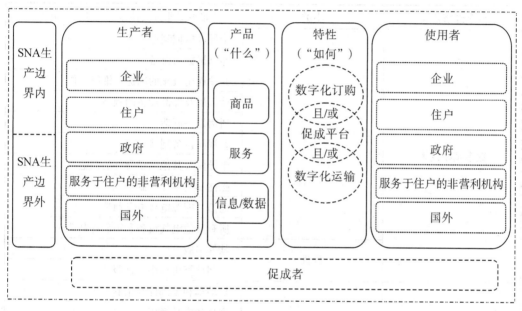

图 11.1　OECD 数字经济卫星账户总体概念框架

OECD 建议按核心经济活动将数字经济企业划分为 6 个不同的类别：①数字驱动行业；②数字中介平台；③电子零售商；④其他数字业务行业；⑤依赖中介平台的行业；⑥其他行业。其中，数字驱动行业类似于国际标准产业分类中的 ICT 产业。该产业所生产的产品旨在通过传输和显示等电子方式实现信息处理和通信的功能，具体包括 ICT 制造业、ICT 服务业和 ICT 贸易行业。数字中介平台可通过中介的服务性质来识别（如住宿数字中介平台、交通数字中介平台）。其他数字业务行业包括基于网络的搜索引擎、社交网络和协作平台（如小红书、维基百科、微博等）以及提供订阅基础内容的数字业务（如 Netflix 等）。其他行业指前 5 个类别中未涵盖的所有其他数字经济相关企业，保证了数字经济测度的完整性。

（二）美国经济分析局（BEA）的数字经济测度

2018 年，BEA 率先应用 OECD 概念框架，发布了《数字经济定义及测算》，以 ICT

产业作为起点，把数字经济定义为三部分：①数字基础设施，包括硬件软件和设施三个小类。②电子商务，包括企业与企业之间的电子商务（B2B）和企业与消费者之间的电子商务（B2C）两类。③付费数字服务，包括云服务、电信服务、互联网和数据服务、数字中介服务和所有其他收费数字服务五个小类。

伴随数字经济基础数据的夯实，BEA 数字经济测算范围有所扩大，从"以数字化为主"的商品和服务扩展到包括"部分数字化"的商品和服务。2021 年，BEA 数字经济测算范围包括基础设施、电子商务、付费数字服务和政府数字服务（非国防）四大类。BEA 数字经济组成部分如表 11.4 所示。

表 11.4 BEA 数字经济活动和详细的产业

数字经济活动	小类	北美工业分类体系（NAICS）分类
数字基础设施	硬件	半导体机械制造
		印刷机械与设备
		其他通用机械的制造、维修工作
		计算机及外部设备的制造
		通信设备制造
		音视频设备制造
		半导体及其他电子元件的制造
		磁性和光学介质制造
		通信与能源电线电缆制造
		所有其他电气设备和零部件制造
	软件	软件出版
		定制计算机程序设计服务
电子商务	企业对消费者（B2C）	机动车和零部件经销商
		家具和家具商店
		电子和电器商店
		建筑材料、花园设备和供应经销商
		食品和饮料商店
		健康和个人护理商店
		加油站
		服装配件商店
		体育用品、爱好、书籍和音乐商店
		一般商品商店
		杂项商店零售商
	企业对企业（B2B）	商业批发商，耐用品
		商业批发商，非耐用品
		企业对企业的电子市场

表11.4（续）

数字经济活动	小类	北美工业分类体系（NAICS）分类
付费数字服务	云服务	软件出版商
		数据处理、托管及相关服务
		互联网出版、广播和网络搜索门户网站
		专业设计服务
		计算机系统设计及相关服务
	电信业务	电影和视频制作
		电视广播
		有线和其他订阅节目
		有线电信运营商
		无线电信运营商（卫星除外）
		卫星电信
		其他电信
	互联网和数据服务	电影和视频制作
		有线电信运营商
		所有其他电信
		数据处理、托管和相关服务
		新闻集团
		互联网出版、广播和网络搜索门户网站
	所有其他收费数字服务	计算机系统设计服务
		计算机设施管理服务
		其他计算机相关服务
		计算机培训
		消费电子产品维修和维护
		计算机和办公楼机器维修和维护
		通信设备的维修和维护
政府数字服务（非国防）	—	联邦一般政府（非国防）

资料来源：2005—2020年美国数字经济的新数据和修订的统计数据。

（三）英国DCMS数字经济统计测算

英国数字、文化、媒体和体育部（DCMS）把数字部门分成9个子行业和36个小类。这9个子行业是：电子产品和计算机制造，计算机和电子产品批发，出版（不包括笔译和口译），软件发布，电影、电视、视频、广播和音乐，电信，计算机编程、咨询和相关活动，信息服务活动，计算机和通信设备维修。具体指标见表11.5。

表 11.5　DCMS 数字经济统计指标

一级指标	二级指标
电子产品和计算机制造	电子元件制造
	负载电子板制造
	计算机及外围设备制造
	通信设备制造
	消费电子产品制造
	磁性和光学介质制造
计算机和电子产品批发	计算机、计算机周边设备及软件批发
	电子及电信设备及配件批发
出版	图书出版
	发布目录和邮件列表
	报纸出版
	期刊出版
	其他出版活动
软件发布	电脑游戏软件发布
	其他软件发布
电影、电视、视频、广播和音乐	电影、录像和电视节目制作活动
	电影、录像和电视节目后期制作活动
	电影、录像和电视节目发行活动
	电影放映活动
	录音和音乐出版活动
	无线电广播
	电视节目和广播活动
电信	有线电信活动
	天线电信活动
	卫星电信活动
	其他电信活动
计算机编程、咨询和相关活动	计算机程序设计活动
	计算机咨询活动
	计算机设施管理活动
	其他信息技术和计算机服务活动

表11.5（续）

一级指标	二级指标
信息服务活动	数据处理、托管和相关活动
	门户网站
	通讯社活动
	其他信息服务活动
计算机和通信设备维修	计算机及周边设备维修
	通信设备维修

第二节　数字发展水平的衡量

一、指标体系与评估方法

指标体系指的是若干个相互联系的统计指标所组成的有机体。在统计研究中，如果要说明总体全貌，只使用一个指标往往是不够的，需要同时使用多个相关指标，而这多个相关的又相互独立的指标所构成的统一整体，即为指标体系。指标体系的建立是进行预测或评估的前提和基础，它是将抽象的研究对象分解成为具有行为化、可操作化的结构，并对指标体系中每一构成元素（指标）赋予相应权重的过程。

（一）指标体系构建原则

指标体系的构建是否科学直接影响了评价的结果是否可靠与可信，为构建一个科学的指标体系，需要遵循一些原则。在这里，我们简要介绍以下构建原则：目的性、完备性、可操作性、独立性、显著性、动态性。

目的性：评价指标要能体现和反映综合评价的目的，准确刻画和描述对象系统的特征，涵盖为实现评价目的所需的基本内容。

完备性：评价指标是对对象系统某一特征的描述和刻画，指标体系则应该能较全面地反映被评价系统的整体性能和特征，能从多个维度和层面综合地衡量对象系统的属性。要完整地表达出对象系统的全部特征是比较困难的，通常情况下，只要求评价指标体系能表达出评价对象的主要特征和主要信息即可。

可操作性：综合评价指标体系中的每一个评价指标，无论是定性指标还是定量指标，都要求指标能够被观测与可衡量。评价指标的设计要能够尽量规避或降低评价数据造假和失真的风险，评价指标数据应尽可能地公开和客观获取。

独立性：每个指标要内涵清晰、尽可能地相互独立，同一层次的指标间应尽可能地不相互重叠，不相互交叉，不互为因果，不相互矛盾，保持较好的独立性。

显著性：在评价指标体系的设计过程中，并不是指标数量越多越好。指标数量越多，一方面评价数据的获取成本和信息集成成本也就越大，另一方面也极有可能会导致数据冗余。一般情况下，在综合指标体系中，应保留主要的关键指标，剔除次要的非关键指标。

动态性：虽然综合评价指标体系在评价的某个时间窗内要保持一定的稳定性，但随着事物发展的变化以及评价目标的改变，也需要对评价指标体系进行动态调整。

（二）计算权重的方法

评价的指标通常并不是一视同仁的，要根据不同指标的重要性进行加权处理。权重，指某一因素或指标相对于某一事物的重要程度，其不同于一般的比重，强调的是因素或指标的相对重要程度，倾向于贡献度或重要性。通常来看，已有的赋权法主要包括主观赋权法、客观赋权法和组合赋权法。主观赋权法是依据指标之间的相对重要程度通过主观判断以对指标赋予相应权重，如专家调查法及 AHP 法等；客观赋权法是以指标的原始信息为依据来进行赋权，判断结果不依赖于人的主观判断，有较强的数学理论依据，如聚类分析法、标准差法、熵值法及极差法等；组合赋权法是在主观赋权法和客观赋权法的权重结果基础上，综合计算出最终权重体系的方法。表 11.6 列出了常用的两种主观赋权法与两种客观赋权法。

表 11.6　四种赋权方法介绍

类型	方法	方法简介	优缺点
主观赋权法	专家调查法	选择相关的专家，采取独立填表选取权数的形式收集结果，然后将他们各自选取的权数进行整理和统计分析，最后确定出各指标的权数	该方法较为主观，其结果容易受到所选专家的知识、经验和能力等的影响，但简单易懂的操作仍然受到大多数人的青睐
	AHP 法	也就是层次分析法，首先确定各个指标的相对重要性，其次根据指标重要性构建判断矩阵，再次计算各层的相对权重，最后进行一致性检验	该方法的计算过程非常简单，提出时间早，认可度高。但指标相对重要性的确定非常主观，且指标数量存在限制，指标过多时数据统计量大，且权重难以确定
客观赋权法	熵值法	熵值法的基本思路是根据指标变异性的大小来确定客观权重。一般来说，若某个指标提供的信息量越大，表明指标值的变异程度越大，不确定性小，熵也就越小，在综合评价中所能起到的作用也越大，其权重也就越大；相反，某个指标的变异程度越小，信息熵越大，其权重也就越小	该方法对数据要求少，且容易计算。但对样本依赖性大，随着建模样本变化，指标权重也会发生变化
	PCA 法	也就是主成分分析法，该方法利用方差解释率进行权重计算。指通过正交变换将一组可能存在相关性的变量转换为一组线性不相关的变量，转换后的这组变量叫主成分。通过确定主成分在各线性组合中的系数和各因素在综合得分模型中的系数后，可以得到各因素的权重，从而实现赋权	主成分分析法根据数据本身的特征来确定权重，并非人为主观判断，保障了权重确定的客观性。但当主成分的因子负荷的符号有正有负时，综合评价函数意义就不明确

（三）指数加总方法

使用上述方法确定了评价指标与权重之后，需要对指标数据进行同度量处理，再结合权重进行汇总计算。以人类发展指数 HDI 的建立为例，具体来说，指数加总分为创建维度指数和聚合维度指数两个步骤。

步骤 1：创建维度指数。设置每个指标的最小值和最大值，以便将以不同单位表示的指标转换为 0 和 1 之间的指数。

$$维度指数 = \frac{（当前值 - 最小值）}{（最大值 - 最小值）} \tag{11.1}$$

步骤 2：聚合维度指数。可以通过每个指标乘以权重的几何平均值来合并指标。以人类发展指数为例，该指标由健康、教育和收入三个指标构成，权重都一样，于是使用三维指标的几何平均值进行加总，如式（11.2）。

$$HDI = （I_{Health} \times I_{Education} \times I_{Income}）^{\frac{1}{3}} \tag{11.2}$$

二、数字化发展指标体系

（一）国际电信联盟 ICT 发展指数指标体系（IDI）

ICT 发展指数（ICT development index，IDI）是一个综合指数，由联合国国际电信联盟在 2009—2017 年每年发布一次，用于监测和比较不同国家和不同时段信息和通信技术的发展。虽然 IDI 对经济相关的内容测量较少，但是对信息通信技术相关领域的基础设施建设、产业应用、人力资本情况都有全面的衡量。2017 年，IDI 针对 ICT 接入、使用和技能设立了 11 项指标，如表 11.7 所示。

表 11.7　ICT 发展指数指标体系（IDI）

ICT 接入	参考值	占比/%	
1. 每百名居民固定电话用户数	60	20	
2. 每百人移动蜂窝电话用户数	120	20	
3. 每个互联网用户的国际互联网带宽（bit/s）	2′158′212*	20	40
4. 拥有电脑的家庭百分比	100	20	
5. 拥有互联网接入的家庭百分比	100	20	
ICT 使用	参考值	占比/%	
6. 使用互联网的个人百分比	100	33	
7. 每百名居民固定宽带用户数	60	33	40
8. 每百名居民的移动宽带活跃用户数	100	33	
ICT 技术	参考值	占比/%	
9. 平均受教育年限	15	33	
10. 中学毛入学率	100	33	20
11. 高等教育毛入学率	100	33	

（二）世界经济论坛网络就绪指数（NRI）

世界经济论坛从 2002 年开始发布网络就绪指数（network readiness index，NRI），重点分析全球信息化领先国家和地区的排名、主要经验和做法，NRI 在信息化领域的国际测评中具有相当的权威性。

NRI 的指标主要从三方面来衡量各经济体对信息科技的应用：

①信息科技的总体宏观经济环境、监管和基础设施；

②个人、商界和政府三方利益相关者对使用信息科技并从中受益的准备就绪程度；

③个人、商界和政府实际使用最新信息科技的情况。

2021 年网络就绪指数的模型反映了其四支柱结构：技术、人员、治理和影响，每个支柱由三个子支柱组成，如图 11.2 所示。

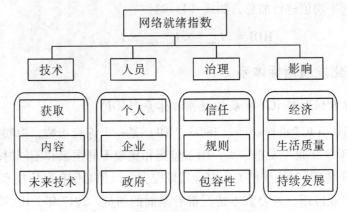

图 11.2　网络就绪指数 2021 年模型

（三）欧盟数字经济与社会指数（DESI）

自 2014 年以来，欧盟委员会一直在通过数字经济和社会指数（digital economy and society index，DESI）报告监测成员国的数字化进展。DESI 是刻画欧盟各国数字经济发展程度的综合指数。该指数由欧盟根据各国宽带接入、人力资本、互联网应用、数字技术应用和数字化公共服务程度 5 个主要方面的 31 项二级指标计算得出。该指标兼顾数字经济对社会的影响，是探析欧盟成员国数字经济和社会发展程度、相互比较、总结发展经验的重要窗口，具有较高的理论水平、科学性和可延续性。并且该指标体系的大部分指标数据来源于欧盟家庭 ICT 调查、企业 ICT 调查等专项统计调查，具有充分的研究积累和数据支撑。DESI 的框架设计以及调查数据采集的经验可供我们参考借鉴。

（四）OECD 衡量数字经济指标建议

经济合作与发展组织于 2014 年发布的《衡量数字经济：新视角》中首次提出建立衡量数字经济指标的建议，认为应重点关注六大领域：①提高对 ICT 投资及其与宏观经济表现之间关系的度量能力；②定义和度量数字经济的技能需求；③制定度量安全、隐私和消费者保护的相关指标；④提高对 ICT 社会目标及数字经济对社会影响力的度量能力；⑤通过建立综合性和高质量的数据基础设施提高度量能力；⑥构建一个可将互联网作为数据源使用的统计质量框架。

OECD 通过对具有国际可比较性的投资智能化基础设施、创新能力、赋权社会以及 ICT 促进经济增长与增加就业岗位 5 个一级指标，以及其各自分类下的共 38 项二级指标进行分析衡量，评价不同国家数字经济的发展情况（见表 11.8）。不过，OECD 并未就具体国家进行所有具体数据的采集工作，也无法对不同国家进行一级、二级指标及总体情况排名。

表 11.8 OECD 衡量数字经济指标

一级指标	二级指标	一级指标	二级指标
投资智能化基础设施投资	宽带普及率 移动数据通信 互联网发展 开发更高速度 网络连接价格 ICT 设备及应用 跨境电子商务 网络安全 感知安全和隐私威胁 完善网络安全和隐私证据基础	赋权社会	互联网用户 在线行为 用户复杂性 数字原住民 儿童在线 教育中的 ICT 工作场所中的 ICT 电子商务消费者 内容无边界 电子政府应用 ICT 和健康
创新能力	ICT 与研发 ICT 行业创新 电子商务 发挥微观数据的潜力 ICT 专利 ICT 设计 ICT 商标 知识扩散	ICT 促进经济增长与增加就业岗位	ICT 投资 ICT 商业动态 ICT 附加值 信息产业劳动生产率 测度经济服务质量 电子商务 ICT 人力资本 ICT 及 ICT 行业工作岗位 贸易经济与 GVC

（五）国家统计局信息化发展指数（IDI）

信息化发展指数（information development index，IDI）是为国家"十一五"信息化规划而编制的，它从信息化基础设施建设、信息化应用水平和制约环境，以及居民信息消费等方面综合性地测量和反映一个国家或地区信息化发展总体水平。2011 年，国家统计局统计科研所信息化统计评价研究组在信息化发展指数（I）的基础上，进一步优化信息化发展指数指标体系、完善统计监测方法，研究制定了国家"十二五"规划信息化综合评价指数信息化发展指数（II）（见表 11.9）。

表 11.9　信息化发展指数（Ⅱ）

分类指数	指标
基础设施指数	1. 电话拥有率（部/百人） 2. 电视机拥有率（台/百人） 3. 计算机拥有率（台/百人）
产业技术指数	4. 人均电信业产值（元/人） 5. 每百万人发明专利申请量（个/百万人）
应用消费指数	6. 互联网普及率（户/百人） 7. 人均信息消费额（元/人）
知识支撑指数	8. 信息产业从业人数占比（%） 9. 教育指数
发展效果指数	10. 信息产业增加值占比（%） 11. 信息产业研发经费占比（%） 12. 人均国内生产总值（元/人）

（六）中国信息通信研究院数字经济指数（DEI）

2017 年，中国信息通信研究院发布《中国数字经济发展白皮书（2017）》，在对数字经济发展现状、特点等研究的基础上，首次编制数字经济指数（digital economy index，DEI），力求综合反映当前数字经济的波动轨迹，有效监测数字经济的发展态势，科学预测未来数字经济的发展趋势，为行业分析、政策制定、政策评价等提供重要参考。

与其他同类型指数有较大差异的是，DEI 为景气指数，包括先行指标、一致指标和滞后指标 3 类，可以通过与基期对比，反映不同期的经济景气状态。这一指数相比其他指数的优点在于，充分考虑了数字经济发展所必要的基础条件、数字产业化、产业数字化以及数字经济对宏观经济社会带来的影响，并且选取了许多具有中国特色、时代特色的指标，是一个相对而言大而全的指数。但 DEI 的缺点是理论框架不够完善，指标之间的逻辑联系和科学依据不是很清晰，有些指标是当下的热点，但是不一定有长期观测的可持续性和代表性。

表 11.10　DEI 指数指标分类

先行指标	一致指标	滞后指标
1. 大数据投融资	9. ICT 主营业务收入	20. 第一产业增加值
2. 云计算服务市场规模	10. ICT 综合价格指数	21. 工业增加值
3. 物联网终端用户数	12. 互联网投融资	22. 第三产业增加值
4. 移动互联网接入流量	13. 电子信息产业进出口总额	23. 信息消费规模
5. 移动宽带用户数	14. 电子商务规模	
6. 固定宽带接入时长	15. 互联网服务市场规模	
7. 固定宽带用户数	16. "互联网+" 协同制造	
8. 固定资产投资完成额	17. "互联网+" 智慧能源	
	18. "互联网+" 普惠金融	
	19. "互联网+" 高效物流	

三、中国数字经济发展水平与地区差异

整体上来说，近几年中国数字经济发展水平有较大提升，分省份发展水平亦有显著提升。具体地，2018 年，广东、北京、江苏、山东、浙江及上海的数字经济发展水平处于领先行列，此外，青海、贵州、甘肃、宁夏、吉林的年均增长率名列前茅，发展势头依旧迅猛，处于数字经济发展的追赶行列。省际数字经济发展水平差距依旧较为凸显，但具有明显的追赶趋势。

东部、中部、西部与东北部四大区域的数字经济发展水平呈递减之态势，平均来看，东部遥遥领先，中部第二，西部第三，而东北稍落后于西部。从区域的数字经济增幅来看，西部和中部的较高，东北部次之，而东部的增长率相对低于其他三大区域。东部、中部、西部和东北部之间并没有表现出趋同之势，而是随着时间的推进，呈现出的差距愈加明显。东部地区数字经济发展水平明显高于其他三大区域，西部和东北部地区长期处于相对低发展水平。具体见图 11.3。

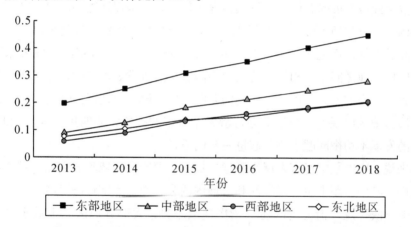

图 11.3 四大地区数字经济发展水平的时间演变

资料来源：中国数字经济发展水平及演变测度（王军，2021），图 11.4 同。

京津冀协同发展经济带、长江经济带、"一带一路"建设经济带、长三角一体化经济带及黄河流域经济带是我国的五大经济带，各大经济带经济发展水平不尽相同，从而也导致数字经济发展水平呈现差异。五大经济带的数字经济发展水平都有显著提升，平均来看，长三角一体化经济带处于首要位置，京津冀协同发展经济带位列第二，长江经济带处于第三，"一带一路"建设经济带和黄河流域经济带依次为第四、五位。但"一带一路"建设经济带和黄河流域经济带由于受到政策的支持而具有明显追赶效应，正在逐渐缩小与数字经济发展水平较高经济带之间的差距。

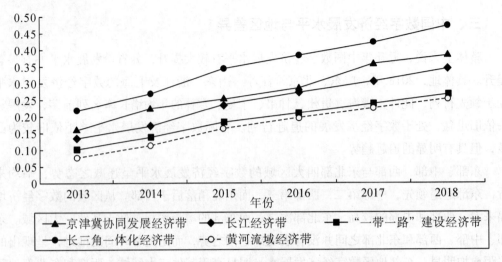

图 11.4　五大经济带数字经济发展水平的时间演变

中国数字经济发展的总体差距依然显著，但是差距呈逐渐缩小之势。从数字经济发展差异结构而言，2015 年是一个分界点。2013 年和 2014 年数字经济发展总体差异大多来自地区间的差异，而地区内差异相对较少。2015 年以后，数字经济发展水平差异的来源在地区内和地区间基本相等，这表明中国数字经济发展水平的差异来源已逐渐演变为地区间和地区内的差异。虽然区域间的差距有所缓解，但地区内部的发展差距却在逐渐显现，诸多地区出现了一个省重点打造一个城市的现象，如四川成都、湖北武汉等，区域内部的发展不均衡问题需要引起进一步的重视。

总体来说，中国数字经济发展水平逐年提高，但四大区域和五大经济带之间存在显著的异质性，其中差距来源于区域间和区域内两大方面。数字经济发展水平在空间上呈现"东—中—西"及"沿海—内陆"依次递减之势，大部分地区处于低水平区且长期无跃迁保持稳态，数字经济发展的不充分与不平衡问题依然严峻。

第三节　数字基础设施

一、基础设施的基本性质

基础设施（infrastructure），又称社会分摊资本或社会先行资本（social overhead capital），是指对生产和生活提供共同条件和公共服务的设施和机构。基础设施中有些直接为企业生产提供服务，如铁路、公路、电力系统等，这些基础设施被称为生产性基础设施，它们的主要功能是提高企业的生产率。有些基础设施的主要功能是为城乡居民生活服务，如城市绿化、路灯等，这些基础设施被称为生活性基础设施。诸如教育、科研、环境和公共卫生等基础设施部门间接为企业服务。司法、国防和行政管理系统有时也被称为社会基础设施（参见第三章第一节）。本节所论及的基础设施主要是指生产性基础设施。

基础设施是经济发展和现代化的基本条件。基础设施的状况决定着一个国家和地区的经济结构，进而决定其经济发展的水平和速度，以及现代化的进程。除了提高私人部门的生产效率这一直接作用外，基础设施还能在生产多样化、扩大贸易、改善环境条件、解决人口增长和减少贫困等方面对国家的发展做出关键性贡献。尤其对于贫困的农民来说，基础设施的改善可以减少成本投入、增加农业产出和通过改善市场进入减少贸易商的垄断，从而起到减贫作用。

传统基础设施具有与其他的资本品或机构不同的如下特点：第一，先行性和基础性。基础设施所提供的公共服务是所有商品与服务生产所必不可少的，若缺少这些公共服务，其他商品与服务的生产便难以进行。第二，不可贸易性。绝大部分基础设施所提供的服务几乎是不能进口的。一个国家可以从国外融资和引进技术，但很难设想能从国外整体引进电厂、机场、公路和港口等基础设施。第三，技术上的整体不可分性。一般而言，基础设施只有在达到较大规模时才能有效地提供服务，因此需要大规模投资，由此导致了较高的资本-产出比。像公路、港口和电信这样的行业，小规模的投资是不能发挥作用的，因为两个城市间的公路不能只修一半、大坝不能只修到河中间、机场跑道不能留半截不修完等。第四，准公共物品性（quasi-public goods）。有一部分的基础设施提供的服务具有相对的非竞争性和非排他性，类似于公共物品。一部分人对基础设施的消费或使用不影响他人的消费或使用。例如，在道路足够宽敞的情况下，每个人都可以使用道路而不受他人使用的影响。不可能禁止他人使用基础设施所提供的服务，或要花费很高的成本才能禁止。例如，小区健身器材属于公共物品，通常难以阻止居民使用。

基础设施的这些特性具有重要的经济含义。由于非排他性，使用者不付费就可享用基础设施所带来的好处，因此也不愿付费，而寄希望于他人付费或投资兴建，自己则免费获益，这就是我们常说的"搭便车"行为。相应地，基础设施的投资者在提供服务后较难向使用者收取费用而获得足够回报，再加上基础设施技术上不可分性所需要的大规模投资，私人企业投资意愿低导致依靠完全私人提供基础设施服务不可能充分满足社会的需要。所以基础设施建设需要政府投资，由政府向不同私人企业分摊成本。基础设施建设一般投资回报周期长，因此，分摊的另一层含义是在时间维度上通过当前以及未来较长一段时间的回报来分摊当前的投资成本。近期流行的政府与社会资本合作（public-private partnership，PPP）模式部分解决了单纯依靠政府运营基础设施过程中效率较低的问题。

二、数字基础设施

数字基础设施，顾名思义就是"数字化"的基础设施，主要是指以网络通信、大数据、云计算、区块链、人工智能、量子科技、物联网以及工业互联网等数字技术为主要应用的新型基础设施。数字基础设施是在数据成为关键生产力要素的时代背景下，在软硬件一体化的基础上，以知识产权为核心价值，用数据表达新型生产力结构和生产关系，并用以支撑数字中国建设的底层架构和技术基础。

（一）特征

技术性：数字基础设施能加快信息技术本身创新迭代速度并改变研发模式，使新内容、新形式不断涌现；推动全流程的产业服务及商业模式创新，为各行业的数字化转型赋能，提高产业链各环节中企业的研发效率；帮助企业降低新兴技术的现有壁垒，提升获取完备信息的可能性，重塑交易平台，提高匹配速度，实现商业生态的可持续再生。

泛在性：将生产设备连接至数字基础设施云平台，可以实现远程操纵、实时监控、设备调整、任务分配。物联网、工业互联网结合云计算，能实现多方互联，催生新产业、新业态、新模式，形成跨设备、跨行业、跨地区的互联互通。

渗透性：数字基础设施可以促进产业间相互渗透，提高产业的生产效率与交易效率，也能促进空间上相互渗透，加速数据流动，提高资源配置效率。新型基础设施建设注重数据信息的传输，强调数字空间与物理空间的结合，因此需要软件和硬件的协同参与，如集成电路、传感器、光纤网、5G基站、数据中心、网络终端等基础硬件设施，以及系统软件、算力软件、应用软件等对数据进行加工处理的软件系统等。硬件可为新型基础设施建设数字化应用提供保障和支撑，软件则能够满足算力、应用等方面的实际需求。新型基础设施建设可以对工业、农业、交通、能源、医疗等垂直行业赋予更多的发展动能，有效推动产业生态多方面融合。

安全性：数字基础设施的安全性体现为三个方面。一是平台安全，基础设施平台安全包括介质、芯片、板卡等硬件设备安全，操作系统、数据库、固件等软件安全，以及网络、协议等安全。二是数据安全，是指基础设施为支撑数据存储、传输、处理等全生命周期过程提供的数据安全保护能力。三是隐私合规，是指基础设施为保障数据存储、移动、再利用等过程中的合规提供的能力，如数据脱敏、违规分析、密文搜索、同态加密等。

（二）作用

为经济发展赋能。一是改善经济发展结构，孕育新动能。新型数字基础设施建设能推动数字经济和实体经济深度融合，促进经济结构转型升级，培育新增长点，进而推动经济高质量发展。通过打通经济社会发展的信息"大动脉"，其将进一步促进传统行业数字化转型升级，为经济社会数字化转型提供关键支撑和创新动能，持续优化相关布局、结构、功能和发展模式。二是增加就业，稳定经济增长。新型数字基础设施建设涉及诸多领域，能产生众多新兴职业，提供更多就业机会，缓解新冠疫情对经济的冲击压力，实现经济持续稳定增长。

带动产业快速发展。一是优化传统产业。数字基础设施可以带动传统制造业智能升级，通过对制造技术的改造和对传统制造设备的更新，为传统制造业转型升级提供数据技术支撑。二是带动新兴产业发展。数字基础设施能够带动通信网络设备、人工智能等新兴产业的发展，既能优化产业结构，又能完善产业发展链条。

加快建设智慧城市。一是为智慧城市建设提供决策支持。数字基础设施建设能提高大数据水平，能全方位挖掘城市地理、气象等自然信息和经济、社会、文化、人口等人文社会信息，为城市规划决策提供强大的数据信息支持，强化城市智能化服务的前瞻性。二是促进城市智慧民生工程建设。数字基础设施能全面监控城市交通情况，并对突发状况快速做出响应，能探索创新在线服务技术与载体，既有利于促进智慧交通建设，又能促进智慧医疗、智慧教育等民生建设。

（三）具体内容

1. 5G 基站

我国对于 5G 网络发展的政策引导由来已久，2016 年发布实施的《国民经济和社会发展第十三个五年规划纲要》就提出，"积极推进第五代移动通信（5G）和超宽带关键技术研究，启动 5G 商用"。5G 基站是 5G 网络的核心设备，提供无线覆盖，实现有线通信网络与无线终端之间的无线信号传输。基站的架构、形态直接影响 5G 网络如何部署。由于频率越高，信号传播过程中的衰减也越大，5G 网络的基站密度将更高。截至2022 年 5 月，中国已建成 5G 基站近 160 万个，成为全球首个基于独立组网模式规模建设 5G 网络的国家。

5G 网络通信的技术特性是高速率、大连接、低时延、高可靠，可以在很多领域发挥作用。随着移动互联网和物联网的蓬勃发展，人与人、人与物、物与物的互联互通得以实现，数据量呈现爆发式增长。未来的物联网、工业 4.0、产业互联网、智慧城市建设等，都需要大规模的传感器和大片连接，5G 可以支撑起这类连接。自动驾驶与 5G 相融合，可以克服传感器的滞后效应，同时还可增加安全验证的层次和数量，从而保证自动驾驶车辆的安全性。除了以上专业领域和主流应用之外，在 5G 技术和国家政策的双重加持下，我国平台经济也将迎来发展的新阶段。通过数据资源的释放与流动，5G 促进大规模社会化协作体系的完善，为我国平台经济的高质量发展提供强劲动力和全方位支撑，并对数字中国建设和数字经济发展产生空前巨大的推动作用。

2. 工业互联网

近年来，新一轮科技革命和产业变革快速发展，互联网由消费领域向生产领域快速延伸，工业经济由数字化向网络化、智能化深度拓展，互联网创新发展与新工业革命形成历史性交汇，催生了工业互联网。工业互联网是新一代信息通信技术与工业经济深度融合的新型基础设施、应用模式和工业生态，通过对人、机、物、系统等的全面连接，构建起覆盖全产业链、全价值链的全新制造和服务体系，为工业乃至产业数字化、网络化、智能化发展提供了实现途径，是第四次工业革命的重要基石。

工业互联网对我国制造业数字化转型升级，实现制造业高质量发展，以及提升国际竞争力具有战略意义。工业互联网能够促进制造资源配置和使用效率提升，降低企业生产运营成本，增强企业竞争力。工业互联网的发展，有助于推动工业生产制造体系的智能化升级、产业链延伸和价值链拓展，进而带动整个产业向高端发展。工业互联网的发展，还能催生出网络化协同、规模化定制、服务化延伸等新模式新业态，推动制造业和服务业深度融合，在提升我国制造企业全球产业生态能力的同时，打造新的增长点。2022年，我国工业互联网产业规模已突破万亿元大关，正处于起步探索转向规模发展关键期。

3. 人工智能

1956年夏，麦卡锡、明斯基等科学家在美国达特茅斯学院开会研讨"如何用机器模拟人的智能"，首次提出"人工智能"（artificial intelligence，AI）这一概念。简单来说，人工智能是指可模仿人类智能来执行任务，并基于收集的信息对自身进行迭代式改进的系统和机器。

微软人工智能科学家将人工智能划分为从低到高四个层次（见图11.5）。

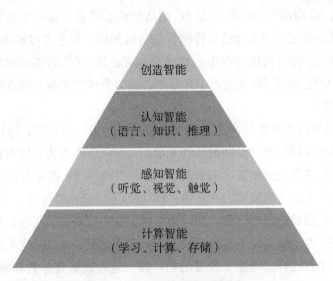

图11.5 人工智能的四层图谱

资料来源：新华三大学. 数字化转型之路［M］. 北京：机械工业出版社，2019.

第一层是计算智能。在这一层，计算资源、存储资源、网络资源共同构成了基础资源。其包括云计算、大数据、区块链和SDN在内的一系列技术支撑着计算智能的建立和发展。

第二层则是感知智能。目前，绝大多数的人工智能属于感知智能范畴，具体包括人脸识别、语音识别、机器翻译、AR/VR、机器人等。其实，从某种意义上来讲，致力于模仿或取代人类感知层面能力的智能技术都属于感知智能。

第三层是认知智能。计算机可以建立0和1之间的联系，但不知道为什么要这样做，它只有视觉或者分类的功能，没有赋予结果以概念。"赋予概念"是我们人类做的事情。我们在做任何事情之前，首先会建立一个概念，然后用这个概念和我们的语言去对比、映射，再用逻辑去做推理。我们所谓的逻辑推理是构建在概念之上的。那么，这个概念是如何建立的？这不是感知层范畴所能解决的问题。目前整个 AI 行业的发展成果主要还是聚焦于感知层面，认知层面的突破则较为困难。认知层面的关键技术包括自然语言理解、语义网、知识图谱，这些技术主要应用于金融、聊天机器人与客服、智能音箱、搜索与大数据商务智能等领域。

第四层是创造智能，也被称为通用层。这一层处于金字塔塔尖的位置。这一层对于现在的我们而言还是一个黑匣子，可望而不可即。我们无法获知当前的技术水平距离这一层还有多远的路要走，但我们可以知道的是，在这一层里，机器的智能将达到超越人类的高度。

人工智能技术可以自动执行以往需要手动完成的流程或任务，从而提高企业绩效和生产率，还可以超越人力极限，充分发挥数据的价值，为企业创造巨大的商业效益。《深度学习平台发展报告（2022）》认为，伴随技术、产业、政策等各方环境成熟，人工智能已经跨过技术理论积累和工具平台构建的发力储备期，开始步入以规模应用与价值释放为目标的产业赋能黄金十年。

人工智能从概念诞生之日起，到现在已经有 60 多年的历史。如今，人工智能已经在一些领域发挥了重要的作用，但仍有很多痛点有待解决。未来，人工智能的发展方向，既不是简单的人类制造、控制、利用机器，更不可能是人工智能取代人类，而是人机协同、人机共生。

4. 物联网

物联网即"万物相连的互联网"，是在互联网基础上的延伸和扩展的网络。它是将各种信息传感设备与网络结合起来形成的一个巨大网络，实现任何时间、任何地点，人、机、物的互联互通。可以说物联网就是物物相连的互联网，这有两层意思：第一，物联网的核心和基础仍然是互联网，是在互联网基础上的延伸和扩展的网络；第二，其用户端延伸和扩展到了任何物品与物品之间，进行信息交换和通信。

物联网的应用领域涉及方方面面。在工业、农业、环境、交通、物流、安保等基础设施领域的应用，有效地推动了这些方面的智能化发展，使得有限的资源更加合理地使用分配，从而提高了行业效率、效益。在家居、医疗健康、教育、金融与服务业、旅游业等与生活息息相关的领域的应用，从服务范围、服务方式到服务质量等方面都有了极大的改进，大大地提高了人们的生活质量。在国防军事领域，虽然还处在研究探索阶段，但物联网应用带来的影响也不可小觑，大到卫星、导弹、飞机、潜艇等装备系统，小到单兵作战装备，物联网技术的嵌入有效提升了军事智能化、信息化、精准化程度，极大地提升了军事战斗力，是未来军事变革的关键。

近年来，虽然物联网的发展已经渐成规模，各国都投入了巨大的人力、物力、财力来进行研究和开发，但是在技术、管理、成本、政策、安全等方面仍然存在许多需要攻克的难题。

5. 大数据中心

5G、工业互联网、人工智能的加速建设，意味着海量数据和应用的产生。而这些海量数据的处理和分析的背后，离不开大数据中心的支撑。大数据中心是数据存储、处理和交互的中心，被认为是当前的新型基础设施之一，是国家未来重点建设的方向。大数据中心与5G、特高压、城际轨道交通、新能源、人工智能、工业互联网等多个领域都有着紧密关系。它也被称为数字经济时代的数字枢纽，肩负着数据流的接收、处理、存储与转发功能。

目前，我国的大数据中心有三大中心、八大节点。三大中心分别是北京的中心基地、贵州的南方基地和乌兰察布的北方基地。八大节点是指北京、上海、广州、沈阳、南京、武汉、成都、西安8个城市的核心节点，是中国网络的核心层，主要功能是提供与国际internet的互联，以及提供大区之间信息交换的通路。

在新冠疫情期间，大数据中心作为数字经济的枢纽，作用体现得淋漓尽致。远程办公、远程协作在疫情期间得到了大范围的普及和使用，大量业务走向线上化、数字化，随之而来的是线上数据量激增，数据流动性大大加强，这一切都需要强有力的数据中心来支撑，以完成对数据的计算、传输以及存储。

专栏　中国新型基础设施建设

2018年12月19日至21日，中央经济工作会议在北京举行，会议重新定义了基础设施建设，把5G、人工智能、工业互联网、物联网定义为"新型基础设施建设"。2020年4月20日，国家发展改革委指出新型基础设施主要包括三方面内容：一是信息基础设施，如5G、物联网、工业互联网、人工智能、云计算、区块链、智能计算中心等；二是融合基础设施，如智能交通基础设施、智慧能源基础设施等；三是创新基础设施，如重大科技基础设施、科教基础设施、产业技术创新基础设施等。当然，伴随技术革命和产业变革，新型基础设施的内涵、外延也并不是一成不变的。

在国际经济出现贸易保护主义，外部压力遏制中国经济发展的背景下，推行新型基础设施建设是平滑经济波动的有效手段。新基建概念的推出，不仅是为了增强阻止我国经济下行的力量，更重要的是加快推动我国经济转向智能经济，推动全社会数字化转型升级。新基建的意义不仅在于通过提供基础设施推动相应的新经济部门快速发展，更重要的是使经济社会不同领域，使更多的国民获得普遍化的新经济红利。

新基建提出后，有关部门多次提出要加快新型基础设施建设，并取得了一定的成绩。但需要认识到，新基建还有很长的路要走，关键技术、网络安全、人才缺口等问题仍待解决。

资料来源：杨虎涛. 新基建的新意义［J］. 红旗文稿，2020（10）：24-26.

第十二章　工作性质的变革

第一节　工作变革的方式

一、工作被替代的忧虑

人类的创新才能将引领人类走向何方，人类会不会创造出自己的掘墓人，对此问题先贤们都心怀畏惧。卡尔·马克思 19 世纪担忧："机器不仅仅是工人强有力的竞争对手，而且总是置工人于失业的边缘。机器是镇压工人罢工最强大的武器。"约翰·梅纳德·凯恩斯早在 1930 年就发出了技术进步将造成普遍失业的警告。

然而，创新提升了我们的生活品质。人的预期寿命得到延长，基础医疗服务和教育得以普及，大多数人的平均收入得到提高。因此，人们对创新好的一面是普遍欢迎的。根据欧洲晴雨表调查《数字化和自动化对日常生活影响的态度》（欧盟委员会开展的一项民意调查），四分之三的欧盟民众认为技术改善了工作环境，三分之二的公民认为技术将进一步改善社会环境，进一步提高人们的生活品质（见图 12.1）。

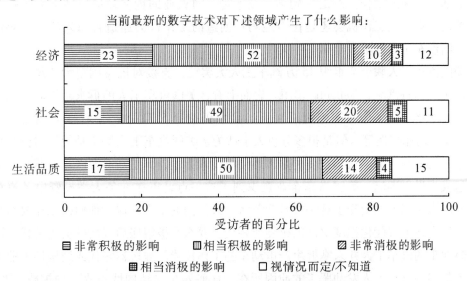

图 12.1　关于数字化对生活影响的欧洲晴雨表调查

数据来源：转引自世界银行. 2016 年世界发展报告：数字红利［M］. 胡光宇，等译. 北京：清华大学出版社，2017.

尽管大多数人认同并赞赏数字技术对当下生活品质的提升，但是人们对未来的担忧与焦虑依然存在。一个明显的表现就是美欧等西方国家逐渐形成了反全球化的思潮。在这股反全球化思潮背后的经济逻辑就是，技术进步导致了失业。"某某某抢走了我们的工作"的声音往往在西方社会选举时尤为强烈，犹如历史上的"勒德分子"。

担忧与焦虑的点有三。其一为技术使得不平等加剧。这个问题我们在第十一章已经有所讨论，在此不再赘述。其二为逐底竞争。资本的逐利本性，决定了它不会为工人的福利待遇而殚精竭虑，而是尽量寻找工作保障条件最低、环保标准要求最低的地方。这会导致发达经济体中的中产阶级逐渐萎缩，劳工市场的工作环境向底部看齐，形成了另一场逐底竞争。美国《时代》杂志的一项调查发现，为训练 ChatGPT，OpenAI 使用了每小时收入不到两美元的肯尼亚外包劳工，存在对非洲数据标记员的剥削。其三是零工经济时代的到来。这是数字技术与以往通用目的技术（GPT）非常不一样的地方。之前的蒸汽机技术、电力技术，催生的是现代工业服务业体系，把农民以及其他非正规就业者逐步转化成了正规部门的正规就业者，组织了现代生产体系。数字技术缓解了信息不对称问题，提高了企业不在现场的监管能力，于是零工经济时代似乎越来越近了。越来越多的临时工，并不符合"体面工作"的要求，对一个不断进步发展的现代社会来说，本身也是不体面的。我们在第十章关于"非正规就业"的分析中对此有深入的讨论。

总的来看，经济学家们认为这种担忧与焦虑是无稽之谈。经济学家们认为，尽管自动化导致一些发达经济体和中等收入国家中制造业领域工作岗位的流失是不争的事实，其中那些从事"可被编码的"重复性工作的工人最容易被取代，然而，技术进步为创造新的工作岗位、提高生产率及提供有效的公共服务提供了机会。通过创新，技术产生了新的部门和新的工作。总之一句话，技术进步对就业的创造效应总体上大于替代效应。然而，创造的工作机会还是在本地吗？创造的工作机会还适合原来的工人吗？对此，美国汽车工人的罢工给出了答案。

美国汽车工人联合会组织 15 万汽车工人大罢工，直接对抗美国三大传统车企——通用汽车、福特汽车、Stellantis 集团。表面上看，美国汽车工人的诉求是提高薪酬福利待遇，比如将一周工作时间缩短至 4 天（薪酬仍按照 5 天发放）、在 4 年内薪酬涨幅40%、提高退休待遇等。但是很多分析人士认为，美国汽车工人罢工是他们对汽车行业技术进步的抵制。美国汽车企业仍是以燃油车技术为主，但是新能源汽车尤其是电动车越来越成为世界潮流。美国汽车企业意识到了这一点，正在准备大举投资电动汽车领域。美国汽车工人感受到了这一技术变革将导致他们的工作不保：他们的工作要么被电动汽车生产线上智能化程度更高的机器所替代，要么在被解雇后以新的员工替代，因为生产燃油车的汽车工人并未掌握生产电动车的工作技能。被机器替代或结构性失业的忧虑，才是美国汽车工人发动罢工的原因所在。任何人在"结构性失业"中被减员增效，都不会感觉到这是一件让人开心的事情。我们在本章第三节关于"技术和技能的竞赛"的分析中将继续对此进行讨论。

二、工作变革的具体方式

（一）技术正在重塑工作所需要的技能

从上海希尔顿酒店间隔 32 年的实习生招聘要求对比中可以发现，类似工作岗位所需的工作技能已经发生了剧烈变化（见图 12.2）：社会行为技能的重要性与日俱增。如果我们再考虑到不同工作岗位的兴灭，这种变化特征可能更为明显。总的来看，技术对技能的需求有三个明显的特征或趋势，它们或者已经发生，或者正在发生，或者将要出现。这些变化不仅体现在新工作取代旧工作这一点上，而且还体现在既有工作技能组合的变化上。

1986年	2018年
上海静安希尔顿酒店招聘启事 本五星级酒店是国际希尔顿公司在中国管理的第一个企业，属全独资外资合作经营，楼高 43 层，客房 800 间，中外餐厅酒吧 8 个，设备极其豪华，位于上海静安区，将在明年年中以后开始营业，届时将成为国际希尔顿公司在世界 50 多个国家，超过 100 个酒店的大家庭中的一员，现在招聘受训管理人员，条件如下： 一、 素养：品质优秀，态度良好，勤奋好学。 二、 年龄：20 岁至 26 岁（1959 年-1966 年出生）。 三、 文化程度：大学或大专毕业。 四、 外语状况：英语《新概念》第二册上，会话流利，同时能操其他外语者，优先考虑。 五、 健康状况：优良。 六、 其他：住处最好在静安区附近。 如具备上述条件，并有意愿应试在我酒店取得发展者，请在八月二十、二十一、二十二日三天上午 9：00-11：00，下午 2：00-5：00，带学历证明，本人近期照片一张和五元报名费，到北路 40 号新丽中学报名，如为在职者，应持所属单位许可证明。	**管理岗位实习生** 希尔顿品牌的前台总是与其他团队成员通力协作，服务于顾客的利益。为切实履行这一职责，你应当遵守下述关于工作态度、行为、技能和价值观的要求 ·具有在以客户为中心的行业中的从业经验 ·积极的工作态度和良好的沟通技能 ·致力于提供高水平的客户服务 ·仪容端方 ·独立工作能力和团队协作能力 ·熟练使用计算机
·本科学历或者同等学力 ·年龄20~26岁 ·品质优良，勤奋好学 ·精通英语 ·身体健康 ·住所与酒店相距不远	·积极的工作态度和良好的沟通技能 ·独立工作能力与团队协作能力 ·熟练使用计算机 ·四年大学教育和至少两年的工作经验

图 12.2　社会行为技能的重要性与日俱增

说明：转引自世界银行. 2016 年世界发展报告：数字红利［M］. 胡光宇，等译. 北京：清华大学出版社，2017.

第一，对非重复性认知技能和社会行为技能的需求似乎都呈现上升的趋势。这种趋势无论在发达经济体中还是在新兴经济体中都出现了。自 2001 年以来，新兴经济体中在非重复性认知技能和社会行为技能密集的行业中就业的工人比例从 19% 增加至 23%，发达经济体的这一比例从 33% 增加至 41%。

需求的增加会产生技能溢价。与从事非分析性、非互动性和非手工性任务的工人相比，从事非重复性分析工作的越南工人所得的收入要高出 23%，从事人际关系相关工作的工人所得的收入要高出 13%。

非重复性工作要求工人具备高超的分析技能、练达的人际关系处理技能或者对灵敏性要求很高的人工或手工技能，比如团队工作、关系管理、人员管理和护理工作等，对从事这些工作的工人来说，机器人仅只能发挥辅助作用。在这些活动中，人们必须基于一定社会交往常识展开互动。事实已经证明，设计、制作艺术、研究活动、团队管理、护理工作和清扫卫生等工作难以实现自动化。机器人很难复制这些技能与工人展开竞争。

第二，对重复性任务所需要的具体工作技能的需求呈现下降的趋势。数字技术浪潮下，"可被编码的"重复性工作，最容易用机器取代工人。无论是认知性的工作任务，比如处理工资单或账务，还是手工性质的或者体力性质的工作任务，比如操作焊接机、配送商品、操作叉式升降机等，只要是重复性的，都很容易实现自动化。

第三，对不同技能类型组合的回报在持续增加。工作性质的持续变革要求工人具备能够提高他们适应能力的技能组合，从而使他们能够轻松自如地解决工作中遇到的问题。高阶认知（技术）技能和社会行为技能一直是雇主最看重的技能的一部分。越来越多的企业、科研机构等雇主将团队工作能力、沟通能力和问题解决能力视为继技术技能之后最重要的技能组合。

第四，各国对高中低技能需求的变化并不一致。在发达经济体中，需要高认知技能的工作和要求具有灵活性的低技能工作的就业增长速度最快。相比之下，就业已经从诸如机器操作等中等技能行业向外转移。这可能是发达经济体中不平等问题不断加剧的原因之一。中等技能工人和低技能工人均会遭受工资水平降低的损失：中等技能工人工资水平降低是因为自动化，而低技能工人工资水平降低是因为竞争的加剧。

一些新兴经济体呈现不同的就业变化。欧洲中等收入国家保加利亚和罗马尼亚，对具有非重复认知技能和人际交流技能的工人的需求正在持续上升，同时低技能非重复手工行业的工人需求量保持稳定。各国技能需求变化的模式并不完全相同，目前很难对此进行总结，大致猜想：就业技能需求的变化与各国经济发展阶段、产业选择等因素有关。

（二）技术改变了就业的地理范围

技术也正在变革生产过程、挑战企业的传统界限并扩张全球性的价值链。通过这些行为，技术改变了就业的地理范围。

历史上，工业革命实现了农业生产的机械化、制造业的自动化并扩大了出口，从而促使劳动力大规模从农业部门转移到城市中，导致了城市化的浪潮。商用客机的出现将旅游业从北欧的地方性度假胜地扩展到地中海地区的新兴异域风情旅游胜地。成千上万的新工作岗位在新的地方应运而生。

数字技术改变就业的地理范围表现为两方面。其一是农村地区或者落后的、未进入大都市生产体系的人口获得了工作机会。我国的"淘宝村"就是这方面的明显例子。"淘宝村"指的是大量网商聚集在农村，以淘宝为主要交易平台。"淘宝村"是中国农村经济和电子商务发生核聚变的典型产物。"淘宝村"通常是由农村草根网商自发形成的，网商数量达到当地家庭户数的 10% 以上且电子商务交易规模达到 1 000 万元以上，形成相对完整的产业链，具有协同发展的特征。2009 年全国仅有 3 个这样的"淘宝村"，但是到了 2022 年，全国"淘宝村"数量达到 7 780 个，新增 757 个（见图 12.3），"淘宝镇"数量达到 2 429 个，新增 258 个。"淘宝村"获得了大量的工作机会，里面的卖家销售服装、家具、鞋袜、行李箱、皮革产品或者汽车配件等各种商品，甚至将无人驾驶飞机等高科技产品纳入销售的范畴。其二，洲际通信技术的进步和交通成本的降低产生协同作用，将全球性价值链扩展到东亚地区，外包的商业模式也加剧了工作机会跨越国境的转移。2017 年，菲律宾在呼叫中心业务中的市场份额超过了印度。孟加拉国拥有 650 000 名自由职业者为全世界客户提供服务，在全球在线劳动力资源池中的比例为 15%。

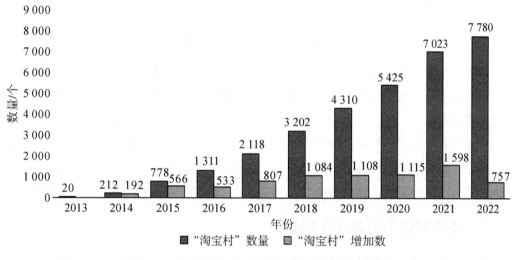

图 12.3　2013—2022 年"淘宝村"数量与增速的变化

（三）技术正在改变工作方式和工作条件

数字技术正在产生更多的短期性工作，而不是"标准化的"长期劳动合同。这类所谓的"零工"使工作方式变得更为灵活。零工的工作种类多样，从外卖骑手、代驾服务到财务、编辑，或者音乐制作等复杂性任务不一而足。

估测零工或自由职业者的数量并非易事，因为这些工作的种类太多，且定义本身有模糊性。从全球范围来看，自由职业人口的总量约为 8 400 万，占全球 35 亿劳动力的比例不足 3%。一个被视为自由职业者的人可能仍然在传统领域就业。例如，美国的 5 730 万自由职业者中，三分之二的人仍然从事传统工作，仅将自由职业视为补充收入的来源。

零工或自由职业者属于非正规就业的一个类别，但是仅占其中一小部分。数字技术下的零工或自由职业者也具有非正规就业同样的特征。第十章中我们对非正规工作进行了详细的讨论。在一些低收入国家和中等收入国家，非正规工作的比例甚至高达 90%。平均而言，新兴经济体中三分之二的工人是非正式工人（参见图 12.4）。

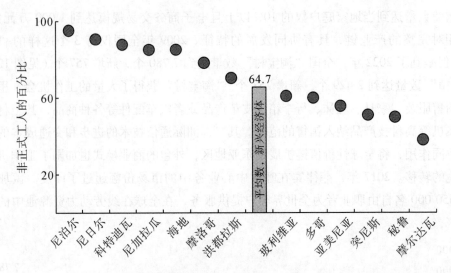

图 12.4　各国非正式工人占比

在第十章我们的讨论中，非正规就业通常没有获得社会保障。这部分工人往往缺乏获得福利的途径，没有退休金，没有健康，没有失业保险福利或者正式工人可以获得的社会保障待遇。

数字技术增加了零工或自由职业者的数量，扩大了非正规就业。经济发展的三个维度是生存、自尊和自由。数字技术下零工或自由职业者缺乏社会保障，很难说他们获得了越来越有尊严的生活，也很难说他们的自由是自我选择的自由，还是被迫的自由。

三、数字经济下的新就业形态

我国数字经济的发展对传统工作方式带来了巨大的转变，催生了我国劳动者就业的新形态。

（一）新就业形态的类型

数字经济的发展带来了各种新就业形态或新工作模式，并且变化迅速，一些新就业形态突然出现又突然消失。目前来看，近年来中国相对稳定的三种主要新就业形态类型包括：①基于电子商务平台生态系统的新就业形态，如阿里巴巴或拼多多的网上店主；②基于互联网平台进行分享的按需就业，如滴滴出行或 58 到家；③基于在线劳动力市场的众包就业，如猪八戒网。

1. 电商平台新就业

2017 年，中国电子商务交易额达到 21.96 万亿元，同比增长 11.7%。同期，全国网上零售额达到 7.18 万亿元，比上年增长 32.2%。2017 年，中国电子商务带来的就业岗位达到 4 250 万个，同比增长 13%，而同期全国就业人数为 7.764 亿。这意味着每 18 名中国劳动者中就有 1 名受雇于电子商务或相关行业。

电子商务平台创造的新就业机会不仅包括与核心产品或服务直接相关的就业机会，还包括平台形成的生态系统带来的间接就业机会，其中最具代表性的是阿里巴巴集团的淘宝平台。基于电子商务平台的新就业形态最重要的特征是电子商务平台所培育的"生态系统"。随着电子商务的范围不断扩大，电子商务发展成为一个复杂的网络或相互连接的系统，共同构成了电子商务全部业务，这就是电子商务生态系统。每当电子商务生态系统各组成部分工作分工细化，就会产生新的工作。对于像阿里巴巴这样的大型电子商务平台来说，任何类型就业形态的工作机会数量都是巨大的。

2. 分享经济平台的按需就业

自 2014 年以来，中国出现了许多平台服务市场，其代表有滴滴出行、58 到家和小猪短租等。越来越多的中国劳动者，特别是过去在非正规部门工作的人开始在平台服务市场上工作。平台服务市场被视为共享经济的重要组成部分。

按需就业基于互联网，由在线平台组织，以任务为导向。这种新型就业依赖于数字技术和互联网平台，有助于连接劳动力的供应方和需求方。与之前的非正规工作相比，基于平台服务市场的按需工作可以更加个性化，服务质量由客户排名或评估。这类工作给劳动者和消费者带来了更好的体验，例如，劳动者可以更快地发现需求或者与消费者匹配，消费者更信任劳动者通过平台提供的服务。这种就业模式改变了传统的服务使用方式，刺激了消费者的需求，也扩大了就业规模。

在传统的就业方式下，员工受雇于特定企业，其价值由企业根据市场需求决定。在共享经济的时代，劳动者可以通过平台与市场相联系，其价值直接决定于市场需求。

分享经济的出现使闲置劳动力得以被利用，并使劳动力相关的技能、经验、专业知识等在碎片化的时间中发挥最大价值，总之劳动力的使用变得更加灵活。根据国际劳工组织（2015 年）的报告，劳动分享平台，如 Uber、滴滴出行、58 到家等，是在未来劳动世界中影响最大的新就业形态。以滴滴出行为例，这种就业模式颠覆了传统出租车行业的就业模式。在这种模式当中，独立合同工与员工的界限变得模糊，难以区分。

专栏　中国共享经济发展报告

中国国家信息中心自 2016 年起每半年发布一次中国共享经济发展报告，其中包含了共享经济从业者的统计数据。如图 12.5 所示，据其 2016 年报告，截至 2015 年年底，约有 5 000 万名服务提供者参与了共享经济。据 2018 年、2019 年报告，2017 年中国约有 7 000 万人通过网络平台服务，2018 年该数字增长为 7 500 万（国家信息中心共享经济研究中心，2018，2019）。

图 12.5 共享经济从业者的统计数据

数据来源：国家信息中心。

3. 基于在线劳动力市场的众包就业

在线劳动力市场的服务提供者在中国被称为"威客"。它指的是通过互联网将智慧、知识、技能和经验转化为实际利益的人。威客根据他们的知识、智慧、经验和技能帮助客户解决其在科学、技术、工作、生活和学习方面的问题。威客提供的大多数产品是知识产品，例如商业广告的创意、活动计划等。

在线劳动力市场和平台服务市场的差异在于在线劳动力市场的交易是非实物的；而平台服务市场中的交易是实体交易，这意味着劳动者和客户进行面对面交易。参与在线劳动力市场的劳动者可以在线获取任务并交付结果，不需要面对面联系。

（二）新就业形态的特征

1. 就业特征

大多数新就业形态的就业门槛较低，吸纳大量低技能劳动者。目前，平台提供的以任务为导向的工作主要集中在生活服务业，对劳动者的技能、受教育水平要求不高。除驾驶员、医护人员等少数职业外，平台对其他职业基本没有持证上岗的要求。同时，平台为弱势群体提供了大量就业机会，如农民工，他们常常因为身份弱势而被排除在正规就业之外，主要从事非正规就业。这些劳动者无法获得全日制标准就业。当新就业形态出现后，他们或者以平台专职就业为生；或者由于本职收入低，通过在平台兼职来改善生活。

灵活性高是新就业形态的最大特征之一。在新就业形态下，劳动者可以自由规划工作时间，自由选择工作地点、进入与退出平台时间。劳动者也可以在一定数量范围内拒绝接受工作任务。劳动者可以选择就近的服务商圈。对于那些不需要提供线下服务的工作，如网站建设、文案策划等，劳动者可以在家中甚至在旅途中完成任务，不受空间限制，从而实现了工作与生活的平衡。

2. 社会保障特征

当前，中国的大部分社会保障制度，如最低工资、企业承担的社会保障、休息休假、工伤事故赔偿等，是以企业与劳动者已建立劳动关系为基础的。但确认新就业形态从业者与平台之间的劳动关系在现实中存在困难，这是由于适用于工业时代的劳动法律体系无法简单地适用于数字商业模式。认定劳动关系既存在经济上的阻碍，也存在法律上的阻碍。法律上的阻碍主要包括两个方面的原因：一方面，大部分平台运营企业与劳动者之间并不签订劳动合同，因而未确定劳动关系；另一方面，新就业形态的工作模式使得实践中难以根据事实劳动关系来确定其与平台之间存在劳动关系。

四、自动化与就业的一个简单模型

Glaeser（2018）[①]用一个简单的模型阐述了工业化、全球化、自动化与工作性质变革的关系。本小节中我们概述这个理论框架。

模型的起点是相对劳动力成本的变化。随着经济发展，劳动力相对于资本等其他要素的成本会上升，这一方面是人们的生活成本提高，从而造成保留工资的上升；另一方面，更重要的是，劳动力的再生速度远低于资本的再生速度，劳动力相对来说是越来越稀缺的生产要素。一个国家的劳动力成本，可能与人均收入并不完全一致。理解就业需求的变化，更直接的变量是劳动力相对成本。例如，在因人力资本水平低而导致工人生产率不高、出口潜力降低的国家中，或者在监管体系大幅度提高了正规雇主劳动力成本的国家中，就会出现劳动力成本与收入水平不相符的情况。可能最有效、最能直接比较的指标应该是有效单位的劳动力成本。

企业应对劳动力相对成本的上升有两个措施：一是实现自动化以节省人力成本，二是将就业机会转移到成本较低的国家中去。劳动力相对成本与工业化直接的关系如图12.6中右侧的倒"U"形曲线所示。倒"U"形的形状反映了制造业就业在中等收入国家的就业中占据了较大比例的经验规律；高收入国家倾向于专注发展服务业；低收入国家中农业就业的比例相对较高。也就是说，在劳动力相对成本较低阶段，伴随着劳动力成本的上升，工业就业水平也提高，但是当劳动力相对成本上升到某一程度后，劳动力成本的继续上升，会出现工业就业水平的下降。而且跨越拐点后，就业水平下降的速度会更快，因而倒"U"形曲线是左偏的（尾在左侧）。

相对劳动力成本的上升迫使企业实现生产的自动化，或者将就业机会转移到成本较低的国家中去，这些做法都将降低工业就业水平。后一种方法就是工作岗位转移向劳动力相对成本更低的发展中国家，从而降低本国的劳动力的总体相对成本，这导致图12.6中的曲线向左移动。自动化智能化等无人车间的生产方式，导致本地乃至全世界

---

① GLAESER E L. Framework for the changing nature of work [D]. Harvard University, Cambridge, MA, 2018.

对制造业工人需求量降低，从而导致图 12.6 中的曲线向下方移动。显而易见，自动化最容易在相对成本最高的地方出现，因而全世界不同相对劳动力成本的国家自动化、智能化的激励动机是不一样的，那些劳动力相对成本高的国家有更强的激励去实现自动化、智能化等无人生产的方式，所以这改变了工业就业和劳动力成本的总体关系，即图12.6 中曲线的形状从向左偏转为向右偏。

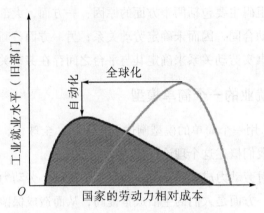

图 12.6　工业化、自动化与全球化

数字技术一方面使企业能够实现自动化，在生产过程中以机器取代劳动力；另一方面使企业能够进行创新，扩大工作任务与产品的数量。最终就业总量是增加还是减少，取决于自动化减少的工作岗位与创新增加的工作岗位之间的比较（见图 12.7）。图中横轴所示部门为从最容易实现自动化的部门到最难以实现自动化的部门。更容易实现自动化的部门留下来的就业岗位更少，损失的工作岗位更多；反之，更不容易实现自动化的部门留下的工作岗位更多，消失的工作岗位更少。工作岗位能够被自动化的难易程度，往往又与所需工作技能的高低联系在一起。低技能的工作岗位，通常更容易被自动化，所以图中横轴也可以看成是从低技能工作和中等技能工作到高技能工作的排序。同时我们也应该注意到，即使在旧部门留下的工作机会，工作的具体内容也会随着自动化的实现而发生改变。当自动化实现后，原有的最大部分的产业工人被替代了，可能会增加一些更有技术工种的工作需求。这同样要求更高的人力资本。所以，人力资本是抵御自动化进程的屏障，一方面是过去四十年的经验表明，机器暂时还不太擅长复制更加复杂的工作任务；另一方面是新工作内容有更高的人力资本需求。

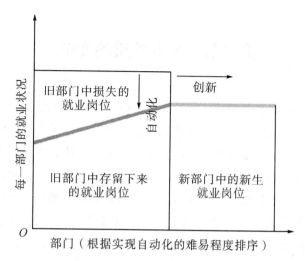

图 12.7 自动化和创新的力量将塑造未来就业前景

自动化进程导致旧部门中就业率降低。创新则促使新部门或者新工作应运而生。未来就业的总体前景同时取决于这两者。未来就业的总体前景也取决于新部门或者新工作的劳动力密集度和技能密集度。这些力量反过来又会对工人的工资水平产生影响。当前总体观察结果是，自动化极大地降低了对低技能工人的需求，而创新的过程通常更有利于教育程度较高的工人。但是得出这个结论时需要非常慎重，结果可能因具体情况而异，因为历史上反例并不鲜见。然而，值得记住的是，许多创新，比如亨利·福特的装配线，增加了对低技能工人的需求量；同时其他创新，比如石英手表，则极大地破坏了高技能工人所需要的工作。这也许需要劳动力市场统计学家们更详细地分析统计资料。

专栏 数字经济的创造效应与替代效应

创造效应与替代效应的来源是数字经济引致了宏观经济和劳动力市场的发展变化。从宏观经济方面来看，其对社会生产率、产业、技术的影响会作用于劳动力就业部门的规模；从劳动力市场内部来看，就业载体的变化、就业形态的调整、劳动要求的改变会引起就业岗位及需求的变化。创造效应意味着数字经济将创造大量新型的就业岗位，比如芯片产业发展带动了大量高技术人才进入芯片设计、芯片代工、芯片封装等领域；替代效应意味着部分就业岗位将会在数字经济快速发展中逐渐消失，比如"机器换人"使得大量制造车间的流水线工人失去饭碗。创造效应与替代效应的对冲形成的最终情形，即数字经济对就业的综合效应，数字经济到底是扩大了劳动力需求还是加剧了劳动力内卷，难以一概而论，需要从不同时期、不同群体、不同区域进行结构性分析。

资料来源：国家发改委，2022，https://www.ndrc.gov.cn/wsdwhfz/.

第二节　企业性质的变革

诺贝尔经济学奖获得者罗纳德·科斯在其 1937 年发表的论文《企业的性质》中提出了一个看似司空见惯的问题：企业为什么存在？企业的边界在哪？他的意思是，市场是一种组织资源的方式，企业也是一种配置资源的方式，那么为什么不能靠市场的价格机制来组织资源开展生产，为什么需要企业这一单元来组织生产？他给出的解释是，无论企业配置资源还是市场价格机制配置资源，都需要成本。通过价格机制配置资源需要发现价格，产生了交易成本。企业内部是靠命令来配置资源的，但是也会产生管理成本。企业的出现就是这两种成本权衡的结果。当企业管理方面的成本低于交易成本时，靠企业内部的命令来配置资源使成本更低，企业就出现了。企业内部管理成本与市场交易成本的变化，决定了企业边界的变化。具体来说，如果企业内部管理成本下降，企业的边界就会扩张；反之则反是。

当前技术进步的特征之一就是加速了企业边界的相互渗透性。和历史时相比，现在的企业在更加广泛的界限内运营。自由贸易协议和得到改善的基础设施降低了跨境贸易的成本，从而允许交易活动可以在任何成本比较低的地方发生。新技术降低了通信成本。结果，企业的垂直一体化程度随之降低：企业管理层将更多的任务外包给市场。一些企业甚至正在开拓新的市场，例如，中国第二大电子商务公司京东商城的平台拥有17 万在线商户，其中许多商户来自农村地区。

企业更加广泛的界限也在逐渐演变。比较 20 世纪 30 年代的福特汽车公司与当前的国际宜家家居集团，我们就能了解企业的经营界限如何随着时间的推移而扩展。亨利·福特拥有牧羊场，为自己生产的汽车座套供应羊毛。他还拥有铁矿石和煤炭运输船，为福特公司底特律附近庞大的鲁日河制造联合工厂提供给养。制造汽车所需要的大部分交易都在福特汽车公司内部进行，这是因为寻找能够定制汽车零部件的外部供应商会提高交易的成本。宜家家居集团则在 20 世纪 80 年代和 90 年代就将瑞典内部的垂直一体化让步全球化。关税或者非关税壁垒的降低使宜家家居能够建立全球价值链。互联网技术的横空出世将这类价值链升级为全球性网络：宜家家居通过在线竞标采购许多产品。众多来自世界各地的企业成为宜家家居网络供应商的组成部分。

数字技术的发展给企业带来的另一个改变是加速了超级明星企业的崛起。技术变革对每一行业中生产率最高的企业有利，激励市场将资源重新分配给它们。第十一章我们说过，生产力更高的企业往往比其他企业更早使用互联网。这样，数字技术允许企业快速实现规模化。大型企业的崛起在经济上是合理的，但是也有两个方面的负面影响需要注意。第一，数字化市场为企业提供了遏制竞争的新机会。美国经济学家舍温·罗森（Sherwin Rosen）于 1981 年引入了超级明星企业的概念，他预言技术将允许企业扩张市场或者更加容易地将竞争对手排挤出局。在许多市场中，这一预言已经被证实。技术允许一些企业迅速崛起至鼎盛期，但是却阻碍其他企业的崛起。第二，具有"非集中规模化"特征的全球一体化企业对税收造成了新的挑战。

大型企业在全球经济中居于主导地位：据估计，全球 10% 的企业创造了全球 80% 的利润。超级明星企业决定了一国的出口。一项在 32 个发展中国家开展的研究发现，平均而言，一国最大的五家出口商的出口量占该国出口量的三分之一，该国将近一半的出口增长和三分之一的出口多元化引起的增长归功于最大的五家出口商。

超级明星企业对经济增长具有有利影响。首先，它们将资源从自给农业中解放出来，从而加速发展中经济体的增长。大型企业率先采纳新技术。大型企业通过提升内部能力来提高总体生产率，从而提高效率并将生产率低的企业淘汰出局。大型企业实现了规模经济，从而为消费者降低了产品价格。其次，大型企业提供了大部分的正式工作。近年来，在马来西亚、缅甸和越南，拥有 100 名以上雇员的企业在就业总量中所占的比例为 60%，柬埔寨的这一比例为 70%。其他地区也是如此。反过来，很多小微企业提供的都是非正式就业机会。

数字化平台企业是集中了新兴创新型企业的大型集成商。首先，数字化平台正在取代实体购物中心，平台将购物者与不同的品牌商店联系起来，为品牌创造效率，并为平台所有者创造收入。通过平台收集的数据同样被用于提高企业的效率，有时候其他非平台收集的数据也被用于提高企业效率。例如，京东金融将其在京东商城上获得的交易数据用于其贷款评估模型。其次，数字化平台为企业家创造了即时商机，为创业提供了可能。自 2009 年以来，许多农村微型电子零售商集群在淘宝这一市场平台上开设店铺，催化了中国"淘宝村"的诞生。再次，平台扩大了就业机会。平台数量的激增让自由职业者以低进入成本同时使用多家平台。消费者也更加愿意使用在线服务，这是因为消费者相信品牌认证、数字化社会资本和第三方验证的结果。一些平台通过增加新的、灵活的工作类型来扩大劳动力的需求，这类工作是零工经济中传统就业形式的补充。最后，数字化平台使企业能够利用未得到充分利用的物质资本和人力资本，盘活呆滞资本。例如，叫车平台为个体提供了利用自己富余时间和闲置车辆的方式，从而创造收入。

第三节　技术和技能的竞赛

一项新技术的出现，需要劳动者有与之匹配的操作技能才能发挥出应有的功效。因此，新的技术对劳动者提出了新的工作技能要求。相应地，过时的工作技能则会逐渐失去市场价值，这表现为新技术新资本新设备替代了原有工作技能。因此，技术与技能之间，可能是互补的，也可能是替代的。

目前来看，数字技术最适合那些按照明确且严格的程序完成的工作任务，也就是程序性任务。这些任务中有些是认知性的，如处理工资单、记账或算账。有些是手工或体力方面的，要用到简单的动作和肌肉力量，如开火车或安装货物。这些任务可以很容易地实现自动化。相比之下，非程序性任务受自动化的影响较小。从事研究工作，维持人际关系，或设计新产品这些工作被证明是很难自动化的；同时那些需要灵敏身手的手工工作，如清洁、提供保安服务或个人护理，也是很难自动化的。因此，数字技术对工作的影响取决于工作的类型以及技术是提升这项工作还是代替这项工作的。

值得注意的是，哪些任务是程序性的或者可编码的，这本身是一个相对的、动态的概念。一个可猜测的趋势是，随着计算能力的迅速发展，越来越多的十年前乃至五年前被认为不可编码的工作变得可编码了。通过最近的技术发展很明显可以看到，越来越多的技术进入了那些原来被认为只有人类才能进入的领域。自动驾驶技术出现之前，很难想象无人驾驶；ChatGPT 出现之前，也很难想象 AI 写新闻稿。

一项工作包含很多任务，每个任务都需要特定的技能，如认知技能、社会情感技能或手工技能。在一些情况下，技术可以通过辅助工作的形式提升劳工的生产力。研究人员和美发师所从事的工作都是非程序性的，都不容易被电脑编成程序，但技术让研究人员（在工作中使用更多先进技能）的工作变得更有效率，而技术对美发师的影响并不大。这意味着技术具有技能偏向性。在其他一些情况中，从事程序性工作的（不论是大部分手工性的或是大部分认知性的）工人发现他们的工作很容易受到自动化的影响，并且发现自己的工作正在被深刻转化或消失。在这些情况中，技术是劳动力节约型的。因此，根本问题变成：不同的工作岗位和不同的劳动力市场在多大程度上受技能偏向型技术和劳动力节约型技术的影响。

一、数字技术引发的技能偏向

Brynjolfsson 和 McAfee 在《第二次机械时代》中指出[①]："拥有特殊技能和良好教育的人迎来了最好的时代，因为这些人能利用技术创造和捕获价值。但对于那些只有'普通'技能和能力的人而言，这是最糟糕的时代，因为电脑、机器人和其他数字技术正快速地获取这些技能。"什么是数字技术变革下的特殊技能呢？首先是高级技能，其次是高级技能里面的信息通信技术技能、高等认知和社会情绪技能。下文中我们将围绕信息通信技术技能与高等认知和社会情绪技能来阐述数字技术引起的技能偏向变化。

（一）信息通信技术技能

信息通信技术技能是指对信息通信技术系统和器械的有效应用，包括信息通信技术专家开发、操作和维护信息通信技术系统的能力，以及基本信息通信技术使用者在工作

---

① BRYNJOLFSSON E, MCAFEE A. The second machine age: work, progress, and prosperity in a time of brilliant technologies [M]. New York: W. W. Norton, 2014.

中使用主流工具的能力（电子邮件、Excel、utlook、PowerPoint、Word）。

首先，需要信息通信技能的工作增加了。在中低收入国家，信息通信技术密集型的工作增长了近 10%，平均增速是高收入国家的两倍（见图 12.8）。

信息通信技术技能的重要性正在提升。在发展中国家，平均三分之一的城镇劳工（见图 12.9）使用电脑。而且随着经济发展水平的提高，信息通信技术的应用逐渐增加，该比例很可能会快速增长（见图 12.10）。

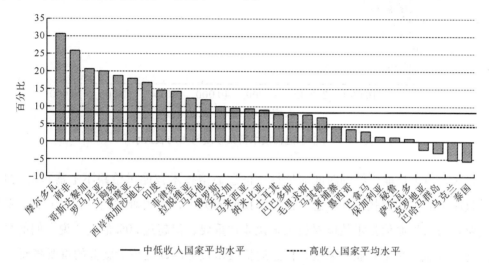

图 12.8　就业市场信息通信技术密集程度的变化（2000—2012 年）

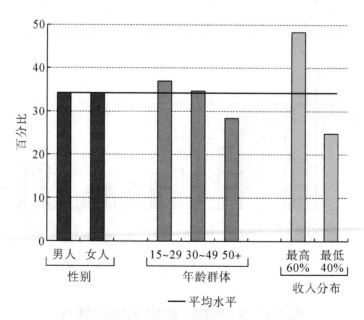

图 12.9　发展中国家城镇劳动力中使用电脑的比例

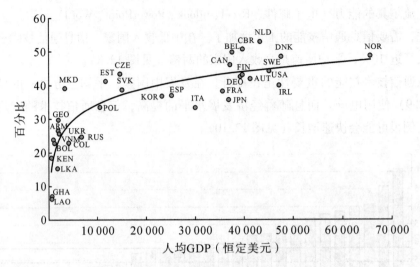

图 12.10　信息通信技术密集程度与人均收入水平

其次，由于技能供给的时间滞后性，信息通信技术技能供给跟不上需求的增长。这导致雇主们都在寻找掌握信息通信技术技能的员工，但很难找到。在马其顿，43%的企业认为信息通信技术技能对员工来说非常重要，但超过20%的企业说它们的员工缺乏这些技能。对于就业者来说，信息通信技术技能的缺乏成为就业的重要障碍（见图12.11）。

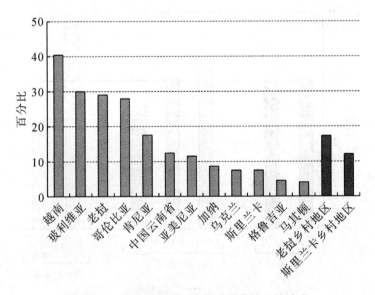

图 12.11　缺乏信息通信技术技能是就业的障碍

最后，供需不匹配，导致了信息通信技术技能溢价。在八个发展中国家的案例中，在工作中使用信息通信技术带来的回报率在 40% 左右①。在巴西，在情况差不多的劳工之间，互联网使用所带来的回报约为 10%②。

（二）高等认知和社会情绪技能

非程序性高等认知技能是指理解复杂概念的能力，应对复杂信息处理的能力，有效适应工作环境的能力，学习经验的能力，进行不同形式推理的能力，以及通过批判性思维克服障碍的能力。具体来说包括解决不明确问题的能力、批判性思维、学习和推理的能力。社会情绪技能（也称为软技能或非认知技能）包括多种可塑的技能、行为、态度和人格特质。它们可以让一个人有效地应对各种人际关系和社交场合。这包括完成一项工作或达成长期目标需要的勇气和耐力、团队合作、守时、组织能力、责任感、创造力和诚信。这两类技能是难以被编码的。

一方面，数字技术增加了非程序性工作技能的需求。在中低收入国家，需要非程序性认知和社会情绪技能的工作份额也出现了增长，从 2000 年的 19% 上升到 2011 年的 23%。与此相对应，需要程序性技能的工作所占份额下降更多，从 2000 年的 50% 下降到 2011 年的 44%（见图 12.12）。这就是劳动力市场。

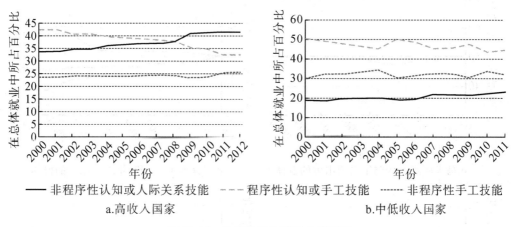

图 12.12 非程序性技能越来越重要

数字技术进步正在重新定义工作的性质和内容，既催生了新的工作，如软件开发人员，又让原有工作所需技能发生了转变。比如，当前的会计工作就和我们传统认知中的

---

① VALERIO A, HERRERASOSA K, MONROYTABORDA S, et al. Armenia skills toward employment and productivity. World Bank other operational studies, 2015；VALERIO A, HERRERASOSA K, MONROYTABORDA S, et al. Georgia skills toward employment and productivity（STEP）survey findings（urban areas）. World Bank, Washington, DC, 2015；ALEXANDRIA V, SANCHE M L, TOGNATTA N, et al. The skills payoff in low and middle income countries：empirical evidence using STEP data. World Bank, Washington, DC.

② PAULO C, SOUSA F L D . Internet and wages：the case of brazil. Background paper for the World Development Report 2016, World Bank, Washington, DC, 2015.

"做账"相比出现了很大的变化，会计专业软件已经将很多会计日常任务自动化了，使其工作朝咨询服务和批判性思维的方向转化。新技术能替代从事程序性工作的员工，同时能够提高那些从事非程序性抽象任务的员工的工作效率。这样，高等认知和社会情绪技能相对需求增加，而程序性工作技能相对需求下降（见图 12.13）。换句话说，数字技术的进步与非程序性技能同向发展，与程序性技能反向发展（见图 12.14）。

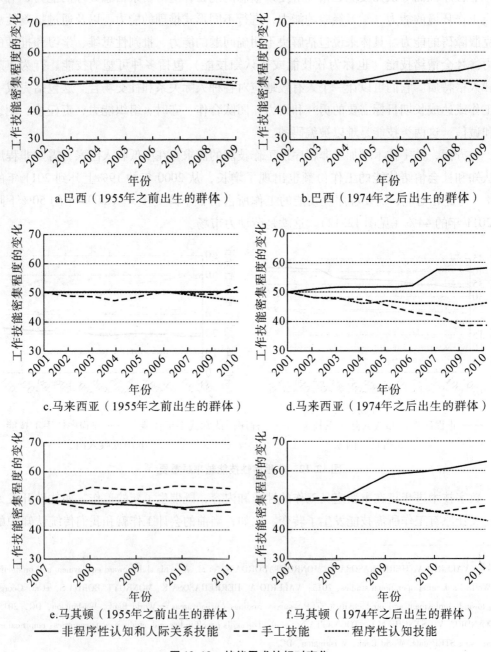

图 12.13　技能需求的相对变化

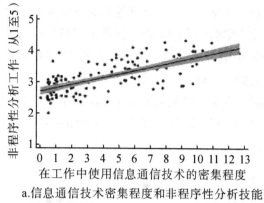
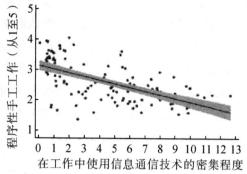

a.信息通信技术密集程度和非程序性分析技能　　　b.信息通信技术密集程度和程序性手工技能

图 12.14　数字技术进步与技能

另一方面，和信息通信技术技能一样，高等认知技能和社会情绪技能的供给跟不上需求的增长。在 28 项研究中，雇主要求的 5 项最重要技能中超过一半是社会情绪技能，还有 30% 是高等认知技能，有 16% 是技术技能。

高等认知技能和社会情绪技能供给的相对稀缺性，产生了技能溢价。在越南的一些行业中，非程序性分析工作可以拥有 23% 的收入溢价，交际工作的收入溢价是 13%（见图 12.15）。在亚美尼亚和格鲁吉亚，解决问题能力和学习新生事物能力的溢价接近 20%。

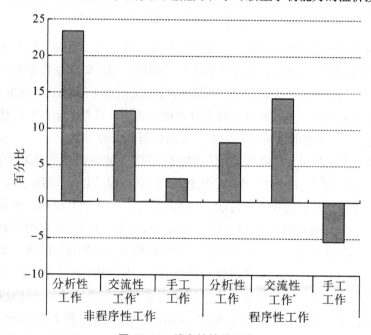

图 12.15　越南的技能溢价

注：＊表示显著性水平为 10%。

二、自动化和裁员影响哪些工作？

前面我们说到了信息技术进步偏爱哪些工作技能，下面具体讨论它会导致哪些工作消失。数据表明，目前在中国、克罗地亚和泰国的学龄儿童，等到他们大学毕业要去寻找工作时，只有不到一半的人会找到他们在读小学时存在的工作。很多工作被自动化替代了，更多的是转化，需要新的技能。巴基斯坦中央银行的系统自动化使 12 000 名员工中的 3 000 名员工成为冗余，其中大多数是低技能员工。

从纯技术的角度来看，在未来数十年期间，发展中国家的所有工作岗位中有三分之二可能会受到自动化的影响（见图 12.16），在美国和欧洲这一比例则为 50%~60%。

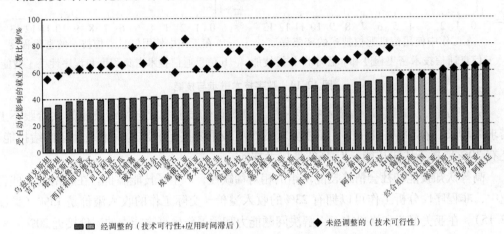

图 12.16 各国受自动化影响的就业人数比例

即使技术上具有可行性，实际上大批工作岗位的快速自动化会比技术上的估计晚得多，因为调整到位需要时间，包括新工作产生的时间、员工掌握新技能的时间。

延缓完全自动化的另一个原因是，原有的行业又创造了新的工作岗位和工作任务。对于许多工作任务来说，机械和数字技术并不能完美地，甚至不能良好地替代人力（至少现在还不能），特别是那些需要适应力、常识和创造力的工作。

2000—2004 年，英国大规模的信息通信技术投资在短期内提高了对非程序性技能的需求，但长期的对程序性员工的替代作用却比较有限。其原因是必要的组织变革需要时间。

虽然上述原因对我们快速完全自动化的担忧给了一些安慰性解释，而且这些原因确实给政府和个人对自动化留下了反应时间。但是自动化终究会到来，而且有巨大的行业差异性。图 12.17 展示了不同工作被电脑自动化的概率。但是我们阅读这个图时需要注意两点。其一，有时候能被自动化而没有被自动化，只能说明虽然技术上可行，但是暂时从经济上来看划不来，这就与上文中发展中国家低工资能延缓自动化是同样的意思。其二，我们对技术的看法可能随时变成过时知识。一般认为，数字技术是经理、软件开发人员的好助手，他们不容易被自动化，而美发师用到的技术很少，也很难被自动化。需要注意的是：如果我们一觉醒来后发现这些工作被自动化了，也不要大惊小怪，因为这几十年来的技术进步创造了太多类似技术奇迹的例子。

总体来看，数字技术的变化产生的影响，对非程序认知工作机会以及收入都是积极的，对程序性认知和手工工作都是负面的，对非程序性手工工作的就业是积极的，但是收入是负面的（见表12.1）。对那些社会地位低的人，数字技术的冲击也尤为不利（见图12.18）。

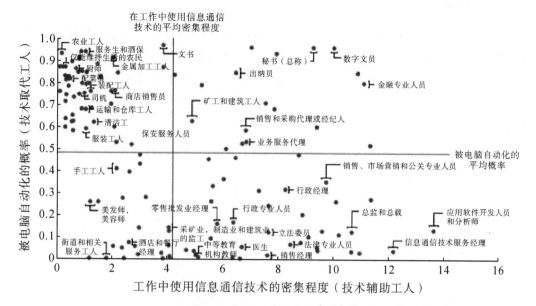

图 12.17　各种工作被自动化的概率

表 12.1　技术变革对就业和收入的预期影响

职业类别	预期影响	
	就业	收入
非程序性认识工作	积极的	积极的
程序性认识和手工工作	消极的	消极的
非程序性手工工作	积极的	消极的

资料来源：2016 年世界发展报告工作组。根据 Autor 2014 做出的总结。

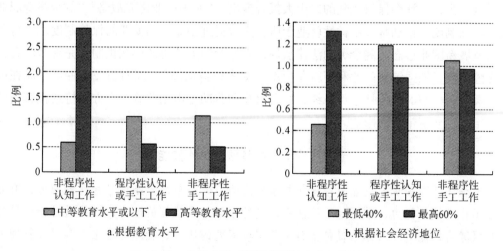

图 12.18　技术变革对不同类型就业人员的影响

三、应对方法

为了应对技术进步引起的技能需求变化以及工作性质的变革，大致上有两类应对措施。其一为发展教育，包括在儿童和青年人之中培养现代技能，以及制定战略对老员工实施再培训，并鼓励终身学习（参见第八章）。据估计，为了应对劳动力市场冲击，各国根据质量调整的平均受教育年限为5.6年，冲击越大的国家的受教育程度要越高（见图12.19）。

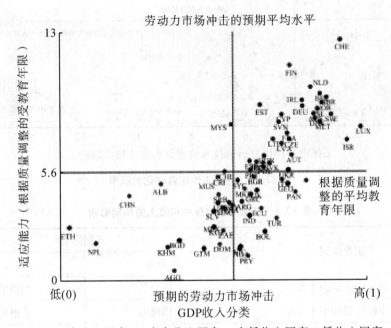

图12.19 受冲击与适应能力

其二为强化社会保障。党的二十大报告提出，"实施就业优先战略""健全终身职业技能培训制度，推动解决结构性就业矛盾。完善促进创业带动就业的保障制度，支持和规范发展新就业形态。健全劳动法律法规，完善劳动关系协商协调机制，完善劳动者权益保障制度，加强灵活就业和新就业形态劳动者权益保障"。面对新技术冲击，应在以社会援助为核心的最低社会保障线、社会保险和劳动力市场监管三个方面持续化解技能需求结构性变革带来的影响。

专栏 我们需要掌握的工作技能

非程序性高等认知技能是指理解复杂概念的能力，应对复杂信息处理的能力，有效适应工作环境的能力，学习经验的能力，进行不同形式推理的能力，以及通过批判性思维克服障碍的能力。具体来说包括解决不明确问题的能力、批判性思维、学习和推理的能力。

技术性技能，包括信息通信技术（ICT）能力。技术技能是指实施工作的能力，比如修理漏水水管的能力，工人在工厂操作机械的知识，或银行员工利用软件实施工作的知识 。它也包括信息通信技术技能。信息通信技术技能是指对信息通信技术系统和器械的有效应用，包括信息通信技术专家开发、操作和维护信息通信技术系统的能力，以及基本信息通信技术使用者在工作中使用主流工具的能力（电子邮件、Excel、utlook、PowerPoint、Word）。

非程序性人际关系和社会情绪技能。社会情绪技能（也称为软技能或非认知技能）包括多种可塑的技能、行为、态度和人格特质，它们可以让一个人有效地应对各种人际关系和社交场合。这包括完成一项工作或达成长期目标的勇气和耐力、团队合作、守时、组织能力、责任感、创造力和诚信。

第十三章 数字技术与产业结构变化

第一节 数字技术的产业联系

一、生产函数中的数字技术

第二章我们详细讨论了生产函数的基本概念，下面我们可以看看如何将数字技术纳入生产函数中。按照是否生产数字产品和对外提供数字技术或服务，我们可以把经济各产业分为两个部分，即数字生产部门和数字使用部门。数字生产部门生产数字产品或提供数字服务，销售给其他行业内的企业或消费者。数字生产部门大体上与数字核心产业是一致的，可以分为硬件与软件两类。

数字生产部门在整个经济中的占比并不是很大。按照"十四五"规划要求，到2025年，我国数字核心产业增加值占 GDP 比重将为 10%。数字生产部门并不是劳动密集型的。从就业的角度来看，信息通信技术领域很小，它有很高的进入门槛，并且从业者主要是男性。在发展中国家，信息通信技术行业所雇佣的人数占劳工总量的比例平均为 1%。信息通信技术岗位——比如网络管理员和电气或电子工程师——占发展中国家劳工比例也是 1%，该比例在经合组织成员国中为 2%~5%。即使是在美国，2000 年以后，新技术相关的行业——比如电子商务和社交网络——所雇佣人数只占劳工总数的0.5%（WDR，2016）。

所以，我们这里对数字技术的形式化建模主要是针对数字使用部门的。数字使用部门使用数字生产部门的产品作为资本投入开展生产，因此生产函数中的资本投入划分为数字资本 K^D 与非数字资本 K^{ID} 两部分，这样生产函数为：

$$Y = F(K^D, K^{ID}, L, A) \tag{13.1}$$

这种做法是一种体现型技术进步（embodied technical change）的思想。体现型技术进步意味着技术进步嵌入在资本设备中。数字资本使用部门使用了数字资本生产部门的产品作为资本设备，因而使用了数字技术。将数字资本与非数字资本分开，隐含假设它们在生产中发挥的作用及其回报率是不同的。

企业使用数字资本，作为资本存量的一部分影响产出这一直接渠道，除此之外，使用数字资本还可能通过影响企业的全要素生产率来影响企业产出，比如数字投资提高了研发效率与管理效率。对这一现象，可以通过如下生产函数形式化：

$$Y = F(K^D,\ K^{ID},\ L,\ A(K^D))\tag{13.2}$$

经济体中不同行业都可能使用数字技术，某一行业的生产效率还可能受到其他行业使用数字技术情况的影响，这被称为数字技术的外溢效应。我们用如下的生产函数形式化这一外溢效应：

$$Y_i = F(K_i^D,\ K_i^{ID},\ L_i,\ A_i(K_i^D,\ K_{-i}^D))\tag{13.3}$$

式中，Y_i 表示第 i 个企业或产业的产出，K_{-i}^D 表示除 i 企业或产业之外其他的与之相关的企业或产业的数字资本存量，$A_i(K_i^D,\ K_{-i}^D)$ 中的 K_{-i}^D 概述了其他企业或行业使用数字技术对第 i 个企业或产业生产效率的外溢效应。

二、数字核心产业与其他经济部门的联系

（一）投入产出表

投入产出表是分析产业间相互依存关系的基本工具。为了研究美国的经济结构问题，美国经济学家华西里·列昂惕夫（W. Leontief）于 1931 年在前人的研究基础上首次提出并研究和编制了投入产出表。各种投入产出表的骨架如图 13.1 所示。由图可以看出，表格通常由三个象限组成（第四象限通常忽略）。第一象限横向表头和纵向表头都分别排列着产业序号或名称，其中表格的横向（行方向）可以观察到各产业的产品由谁购买，被称为中间使用，从而可以分析需求；表格的纵向（列方向）被称为中间投入。在第 i 行第 j 列的任一单元格数据 x_{ij} 表示，第 i 个行业在生产中使用的中间投入中含有的第 j 个行业的数量，或者第 j 个行业产出中用于作为第 i 个行业中间投入的数量。第二象限包括最终使用（最终消费支出+资本形成总额+出口）以及总产出（最终使用−进口），反映各部门产品的最终使用情况。第三象限反映国民收入的初次分配，即各行业增加值（劳动者报酬+生产税净额+资本折旧+营业盈余），在增加值下面还列出了各行业的总投入合计。

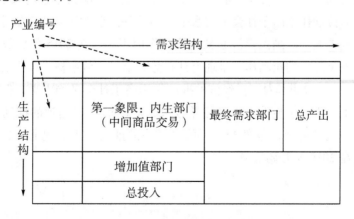

图 13.1　投入产出表结构骨架

（二）数字核心产业及其联系效应

参照《国民经济行业分类》（GB/T4754—2017），根据国家统计局第十次常务会议通过的《数字经济及其核心产业统计分类（2021）》，将 2017 年 42 部门投入产出表中的通信设备和其他电子设备部门定义为数字硬件产业，将信息传输、软件和信息技术服务部门定义为数字软件产业，数字核心产业为数字硬软件两部门之和。我们用影响力系数和感应度系数来衡量数字核心产业与经济中其他部门的联系。

影响力系数 F_d 反映了测算部门对国民经济各部门所产生的生产需求的拉动程度，是数字核心产业对国民经济的后向拉动作用，为后向指标，其计算公式为

$$F_d = \frac{\sum\limits_{i=1}^{n} \overline{b_{id}}}{\frac{1}{n}\sum\limits_{i=1}^{n}\sum\limits_{j=1}^{n} \overline{b_{ij}}}(j = 1, 2, \cdots, n) \tag{13.4}$$

其中 b_{dj} 为完全消耗系数，$\sum\limits_{i=1}^{n} \overline{b_{id}}$ 为列昂惕夫逆矩阵中数字核心产业所在列之和，$\frac{1}{n}\sum\limits_{i=1}^{n}\sum\limits_{j=1}^{n} \overline{b_{ij}}$ 为列昂惕夫逆矩阵的列和的平均值。

感应度系数 E_d 反映了数字核心产业对国民经济各部门产出的推动程度，为前向指标，计算公式为

$$E_d = \frac{\sum\limits_{i=1}^{n} \overline{b_{dj}}}{\frac{1}{n}\sum\limits_{i=1}^{n}\sum\limits_{j=1}^{n} \overline{b_{ij}}}(i = 1, 2, \cdots, n) \tag{13.5}$$

其中 $\sum\limits_{i=1}^{n} \overline{b_{dj}}$ 为列昂惕夫逆矩阵的行和，$\frac{1}{n}\sum\limits_{i=1}^{n}\sum\limits_{j=1}^{n} \overline{b_{ij}}$ 列昂惕夫逆矩阵各行和的平均值。

计算得到 2002—2017 年数字核心产业影响力系数与感应度系数如图 13.2 和图 13.3 所示。可以观测到：第一，数字核心产业及硬件产业的影响力系数均大于 1，说明其对我国国民经济的拉动作用高于社会平均水平。而软件产业的影响力系数小于 1，且与社会平均水平相差较大，对国民经济起到的拉动作用不足。在 2015 年后数字核心产业及硬软件产业对国民经济的拉动作用呈现上升趋势。第二，数字核心产业及硬件产业的感应度系数均大于 1，说明其对国民经济的推动作用高于社会平均水平，但软件产业的感应度系数小于 1，且与社会平均水平相差较大，对国民经济起到的推动作用不足。在 2010 年后数字核心产业及硬软件产业对国民经济的推动作用呈现上升趋势，这表明整体经济数字化在 2010 年开始提速。

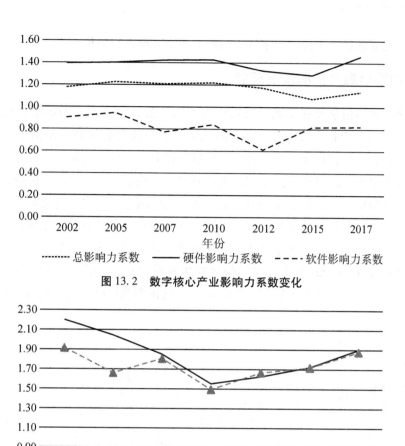

图 13.2　数字核心产业影响力系数变化

图 13.3　数字核心产业感应度系数变化

第二节　数字产业化

数字产业化是数字经济的重要组成部分。数字产业的发展在推动数字经济高质量发展中占据重要的战略地位并发挥了引擎作用。数字产业一般包括信息产业（硬件、电子信息制造业和软件、信息通信服务业、软件和信息技术服务业）、电子商务和数字内容产业。2021 年，我国数字产业增加值规模达到 8.4 万亿元，比上年增长 11.9%，占 GDP 比重为 7.3%，与上年基本持平（中国信息通信研究院，2022)①。下面分别从中国

---

① 中国信息通信研究院. 中国数字经济发展白皮书 [EB/OL]. (2021-04-23) [2023-12-10]. http://www.caict.ac.cn/kxyj/qwfb/bps/202104/t20210423_374626.htm.

信息产业的发展现状、主要的数字技术与产品两个方面进行分析。

一、中国信息产业的发展现状

近年来，我国信息产业发展呈现稳中有进的态势，信息产业内部结构维持软化趋势。信息产业具有产业关联度大、资源消耗量少、科技含有量高、创新驱动力强等特点。从组成来看，信息产业主要包括电子信息制造业、信息通信业、软件和信息技术服务业等。其中电子信息制造业主要包括电子制造、通信制造和计算机制造三个细分产业；信息通信业主要包括基础电信业务和以互联网为主的增值电信业务；软件和信息技术服务业主要包括软件开发、集成电路设计和信息技术咨询服务等业务。

我国电子信息制造业近年来总体呈增长态势，其增加值增速均超过工业增加值增速（见图 13.4）。2012—2021 年我国电子信息制造业增加值平均增速为 11.6%，工业增加值平均增速为 7.1%，前者增速高于后者 4.5%。这说明我国电子信息制造业仍处于加速发展态势。

图 13.4　2012—2021 年中国电子信息制造业增加值增速和工业增加值增速

资料来源：工业和信息化部运行监测协调局。

我国信息通信业稳步发展，呈现波动增长态势。2021 年，我国电信业务收入累计完成 1.47 万亿元，比上年增长 8.0%，创下 2014 年以来最高涨幅纪录。全年电信业务总量完成 1.7 万亿元（按 2020 年价格计算），比上年增长 27.8%。2012—2021 年我国电信业务收入整体处于波动增长态势（见图 13.5），平均增速为 4.11%。分区域来看各地区电信业务收入情况，2016—2021 年，各地区的电信业务收入比重总体稳定，表现为东部地区占主要比重，东北部地区占比最少。从趋势来看，东部地区在观测年间占比有小幅增加，东北部地区占比有小幅减少（见图 13.6）。

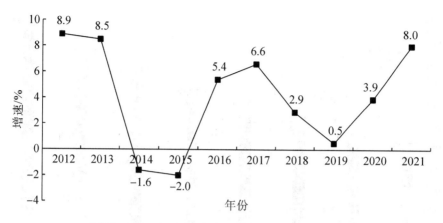

图 13.5 2012—2021 年中国电信业务收入增长情况

资料来源：工业和信息化部运行监测协调局。

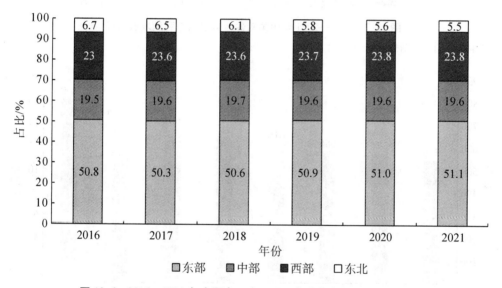

图 13.6 2016—2021 年中国东、中、西、东北部电信业务收入占比

资料来源：工业和信息化部运行监测协调局。

我国软件业务收入和利润保持较高水平增长，产业规模不断扩大，行业盈利能力不断增强。2021 年，全国软件和信息技术服务业规模以上①企业超 4 万家，累计完成软件业务收入 94 994 亿元，同比增长 17.7%，软件业务利润总额为 11 875 亿元，同比增长 7.6%。从整体趋势来看，无论是软件业务收入还是利润，2014—2021 年均呈现不断增长的态势，且每年增速较快（见图 13.7）。我国软件行业从业人员规模不断增大，2014—2021 年软件业从业人数不断增加，2021 年全国软件业从业平均人数 809 万人，同比增长 7.4%（见图 13.8）。

---

① 规模以上：指主营业务年收入 500 万元以上的软件和信息技术服务企业。

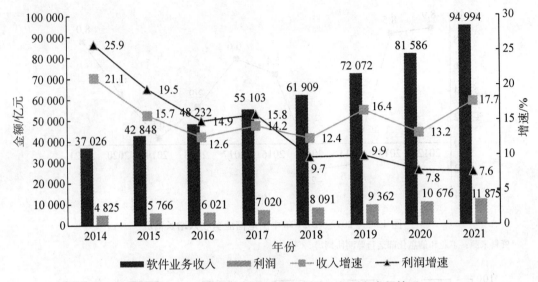

图 13.7　2014—2021 年中国软件业务收入与利润发展情况

资料来源：工业和信息化部运行监测协调局。

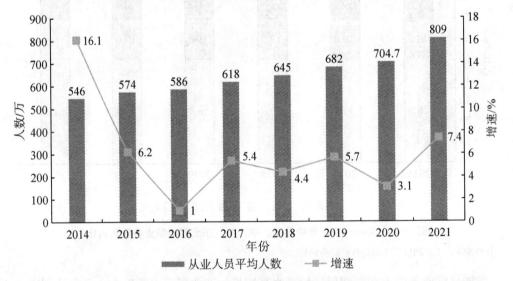

图 13.8　2014—2021 年中国软件业从业人数及增速

资料来源：工业和信息化部运行监测协调局。

　　我国软件业务出口形势较为乐观，保持增长趋势。2021 年①，我国软件业务出口521 亿美元，同比增长 8.8%。从整体态势看，我国软件业务出口额在 2014—2021 年大部分年份处于增长趋势，这说明我国软件业务出口能力在不断增强（见图 13.9）。

---

　　① 书中所用 2021 年数据均为快报数据。

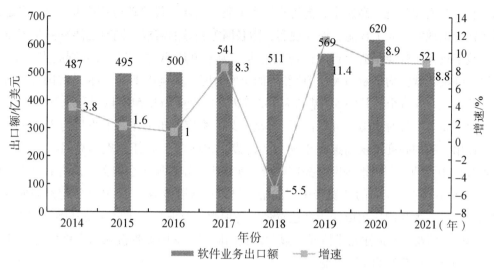

图 13.9　2014—2021 年中国软件业务出口额及增速

资料来源：工业和信息化部运行监测协调局。

尽管我国信息产业在近年来取得了显著的成绩，但是产业结构、基础元件与技术、创新能力较发达国家仍有较大差距。芯片等核心零部件的对外依存度仍然较高，创新能力不足。与发达国家相比，我国的信息产业的产业结构存在应用强但技术弱，市场厚但利润薄的倒三角产业结构，这不利于信息产业的健康发展，亟须进行产业结构的转型与升级。

二、主要的数字技术与产品

信息与通信技术（ICT）于 21 世纪初被认为是世界经济增长的重要动力，各国纷纷制定促进发展 ICT 的国家战略和相关的产业政策。经过二十多年的发展，ICT 已经为数字经济的快速发展奠定了较为坚实的基础。在以互联网为载体的数字经济 2.0 时代，对数字经济涉及的数字技术和数字产品进行全面了解是必要的（赵立斌和张莉莉，2020）[①]。下面对宽带、数据中心、人工智能、物联网、智能手机进行介绍。

1. 宽带

传统经济中，经济发展的基础设施是"路"，如公路、铁路等，而在数字经济中，宽带是新型生产要素——数据的"路"。宽带服务分为固定宽带服务和移动宽带服务。随着宽带技术的逐渐成熟和成本的降低，移动宽带服务正逐步普及。由于大数据、云计算、物联网、人工智能等技术的运用都离不开宽带，全球各个国家都制订了宽带战略计划，希望通过提升宽带水平和宽带普及率来推动数字经济不断发展。

目前，大多数网民接入互联网的主要方式是移动互联网，5G（第五代移动通信技

---

① 赵立斌，张莉莉. 数字经济概论［M］. 北京：科学出版社，2020.

术）作为具有宽带宽、高速率、高可靠性和低延时的新一代移动通信技术，可以满足消费者在虚拟现实、人工智能、增强现实、物联网等领域的需求，同时也能够满足智慧交通、数字政务、智能制造等行业的应用需求。为了争夺 5G 技术发展的制高点，中国、美国、韩国、欧盟均不断加大在 5G 领域的研发力度。截至 2021 年年底，我国移动通信基站总数达 996 万个，其中 5G 基站为 142.5 万个，全年新建 5G 基站超 65 万个[①]。

由于高速宽带对中国"互联网+"行动计划、数字经济的推进和发展有着决定性的根基作用，我国高度重视高速宽带网络的建设。2018 年，时任总理李克强在《政府工作报告》中强调要积极推进网络提速降费，实现高速宽带城乡全覆盖，助力数字中国建设。2013 年国务院发布的"宽带中国战略"已取得显著成效，于 2020 年超额完成制定的三个目标，为我国后续依托于高速宽带的各项数字行业打下了坚实的基础。《2022 年前三季度通信业主要指标完成情况》显示，我国固定互联网宽带接入用户总数达 5.71 亿户，移动宽带用户数为 16.98 亿户。

2. 数据中心

数据中心是指专门为 ICT 设备的集中安置和相关系统运行提供数据存储、处理和传输服务，并为保证其快速恢复和安全运行提供可靠保障的配电与环境控制基础设施[②]。工业和信息化部于 2013 年 1 月即颁布了《关于数据中心建设布局的指导意见》，其分别对新建超大型数据中心、新建大型数据中心、新建中小型数据中心和已建数据中心进行布局导向。该指导意见为后续我国数据中心的建设和推动数字经济发展均起了重要作用，经过近十年的努力，我国数字中心建设取得了很大突破。《数据中心白皮书（2022年）》显示，我国数据中心机架规模持续稳步增长，大型以上数据中心规模增长迅速。据统计，截至 2021 年年底，我国在用数据中心机架规模达到 520 万架，近五年年均复合增速超过 30%；目前我国共有 32 个大型数据中心，12 个边缘数据中心[③]。

尤其是远程办公、远程协作在疫情期间大范围的普及，使大量业务走向线上化、数字化，随之而来的是线上数据量激增，数据流动性大大加强。这一切都需要强有力的数据中心来支撑，完成对数据的计算、传输以及存储。事实上，疫情期间因为业务量激增造成数据中心运维难度大、业务"宕机"的情况屡见不鲜，充分体现了数据中心对于数字经济的重要性。疫情带来了大家工作模式上的根本性转变，对于数据中心的稳定性、运维能力提出了更高要求。未来，线上化的趋势会更加明显，而且随着 5G 的逐步深入，靠近用户侧的边缘数据中心场景将会大量增多，数据中心的价值与作用将会进一步显现。

---

① 工业和信息化部运行监测协调局. 2021 年通信业统计公报 [EB/OL]. [2023-12-10]. https://www.miit. gov.cn/gxsj/tjfx/txy/art/2022/art_e8b64ba8f29d4ce18a1003c4f4d88234.html.

② 殷平. 数据中心研究（1）：现状与问题分析 [J]. 暖通空调, 2016, 46（8）：42-53.

③ 中国信息通信研究院. 数据中心白皮书（2022 年）[EB/OL]. (2022-04-22) [2023-12-10]. http://www. caict.ac.cn/kxyj/qwfb/bps/202204/t20220422_400391.html.

3. 人工智能

人工智能（artificial intelligence，AI）的定义很广泛，按照其实力大致可分为弱人工智能、强人工智能和超人工智能。目前人工智能发展处于弱人工智能阶段，例如，只会下象棋但是战胜了象棋世界冠军的人工智能。人工智能是引领未来的新兴战略技术，是驱动新一轮科技革命和产业变革的重要力量[1]。

人工智能已成为科技创新的关键领域和数字经济时代的重要支柱。从国家层面来说，自 2016 年起，先后有 40 余个国家和地区将推动人工智能发展上升到国家战略高度。美国成立了国家人工智能倡议办公室、国家 AI 研究资源工作组等机构；欧盟在发布的《升级 2020 新工业战略》和《2030 数字化指南》中将人工智能列为重点发展对象；中国"十四五"规划中指出要瞄准人工智能等前沿领域，推动数字经济健康发展。从科技企业来说，Facebook、谷歌、亚马逊、苹果、阿里巴巴、百度等科技巨头和数字经济平台均把人工智能作为后移动时代的战略支点，纷纷宣布人工智能已成为它们未来的业务核心[2]。

我国的人工智能领域发展迅速。我国人工智能基础设施市场规模在 2020 年达到 39.3 亿美元，同比增长 26.8%。国际数据公司（International Data Corporation，IDC）预测，2021 年中国在 AI 市场的支出规模将达到 82 亿美元，人工智能加速服务器市场规模将达到 56.9 亿美元，较 2020 年增长 61.6%[3]。2021 年人工智能城市排行榜中，北京、杭州、深圳、南京、上海排名前五名，排名 6~10 的城市为苏州、广州、济南、成都和合肥。

4. 物联网

2005 年 11 月 17 日，在突尼斯举行的信息社会世界峰会上，物联网（internet of things，IOT）概念被首次提出。物联网是在互联网基础上的延伸和扩展的网络，是将各种信息传感设备与互联网结合起来而形成的一个巨大网络，实现人与人、人与物、物与物之间的互联互通。物联网既是数字经济基础设施，也是一种数字产品，是多种数字基础设施和数字技术综合应用的产物。物联网的实现需要无线宽带网络技术、无线射频识别技术和微型传感器等技术，多种数字技术的结合使得物联网推动人类社会物理现实世界和虚拟数字世界之间的界限逐渐消失。近十年来物联网的飞速发展使得它的市场潜力获得产业界的普遍认可。它也成为我国新型基础设施的重要组成部分，成为支撑数字经济发展的关键基础设施。

从 21 世纪初起，各国就把物联网当作本国的重点发展对象。2006 年 3 月，欧盟召

---

① 中国信息通信研究院. 人工智能白皮书（2022 年）[EB/OL].（2022-04-12）[2023-12-10]. http://www.caict.ac.cn/kxyj/qwfb/bps/202204/t20220412_399752.htm.

② 闫德利. 2016 年人工智能产业发展综述［J］. 互联网天地，2017（2）：22-27.

③ IDC. 2021—2022 中国人工智能计算力发展评估报告［EB/OL］.（2021-11-02）[2023-12-10]. https://max.book118.com/html/2021/1102/5321222311004044.shtm.

开会议"From RFID to the Internet of Things"，对物联网做了进一步的描述，并于 2009 年颁布了《欧盟物联网行动计划》，确保欧洲在建构物联网的过程中起主导作用。美国将 IBM 提出的"智慧地球"概念上升至美国的国家战略。该战略认为 IT 产业下一阶段的任务是将新一代 IT 技术（智慧信息设施与网络通信技术）充分应用于国民生产与服务的各个行业。2009 年 8 月 7 日，温家宝在中科院无锡高新微纳传感网工程技术研发中心考察时提出"感知中国"的概念。"十二五"规划中明确物联网产业作为战略性新兴产业之一，得到了国家的大力扶持。

我国物联网市场前景广阔，发展潜力巨大。随着政府利好政策及先进技术的不断引进，中国物联网市场的收益由 2016 年的 9 120 亿元快速增长至 2021 年的 29 232 亿元，复合年增长率为 26.2%；预期 2021—2026 年将进一步按复合年增长率 13.3%增长，于 2022 年达到市场规模约 34 757 亿元[①]。GSMA 发布的 *The mobile economy* 2020 报告显示，预计到 2025 年，全球物联网总连接数规模将达到 246 亿，复合年增长率高达 13%。

5. 智能手机

智能手机作为最典型的广义数字产品，它的诞生与飞速普及对数字经济的发展起到了重要的助推作用。从智能手机的诞生来说，它的出现是各种数字技术和顶级制造业技术的结晶。从智能手机的应用来看，作为连接消费者端与数字经济基础设施的重要枢纽，智能手机将用户与 5G 紧密连接。用户通过智能手机参与到整个数字经济的运营与建设中。数据中心和物联网主要收集用户智能手机上产生的数据，经过处理、整合、分析后反哺给用户，更方便智能手机用户的日常使用。

在疫情时代，智能手机更加成为数字中国建设的重要工具，成为推动数字经济发展的重要抓手。在疫情防控中，准确确定涉疫对象的时空伴随者，对精准疫情防控具有重要的意义[②]。"健康码""通行码"成为人们日常出行必不可少的工具，可以配合疫情发生后的流调工作，方便社会早发现、早处置疫情。智能手机的广泛使用再搭配上算力强大的数据中心，助力我国打赢了疫情防控阻击战。

我国智能手机保有量位居世界前列，且市场并未趋于饱和，仍有上升空间，但是受疫情和全球经济大环境的影响，我国智能手机市场受到了一定的冲击。2022 上半年我国手机产量 7.44 亿台，同比下降 2.7%，其中智能手机产量 5.76 亿台，同比下降 1.8%。我国 5G 基站的持续建设推动了 5G 手机的发展进程，近几年国内 5G 智能手机市场销量呈现爆发式增长。2021 年我国 5G 手机市场出货量约为 1.8 亿台，市场渗透率达到了 73.8%左右，预计未来几年有望达到 90%以上。

① 中国信息通信研究院. 物联网白皮书（2020 年）[EB/OL]. (2020-12-15) [2023-12-10]. http://www.caict.ac.cn/kxyj/qwfb/bps/202012/t20201215_366162.htm.

② 于浚清，于先文，黎钊溢，等. 基于北斗定位的疫情时空伴随者快速匹配方法 [J]. 现代测绘，2022，45 (4)：5-7.

第三节　产业数字化

产业数字化指在新一代数字科技支撑和引领下，以数据为关键要素，以价值释放为核心，以数据赋能为主线，对产业链上下游的全要素数字化升级、转型和再造的过程[①]。《中国数字经济发展报告 2022》数据显示[②]，2021 年，我国产业数字化规模达到 37.2 万亿元，同比名义增长 17.2%，占 GDP 比重为 32.5%。从投入规模来看，三大产业之间有较大差异，具体表现为第二产业数字化投入规模明显大于第一产业和第三产业，第三产业数字化投入增速快于第一产业和第二产业。据测算，从投入规模来看，我国 2021 年共利用数字化投入 10.4 万亿元，其中第一产业投入规模为 183.7 亿元，第二产业投入规模为 7.6 万亿元，第三产业投入规模为 2.8 万亿元。从增长幅度来看，与 2007 年相比，全国数字化投入总规模增加 1.85 倍，其中第一产业投入增加 0.77 倍，第二产业投入增加 1.63 倍，第三产业投入增加 2.68 倍。本章将对农业、制造业和服务业的产业数字化情况分别进行讨论。

一、数字农业

近年来，推动数字经济与农业深度融合已成为全球农业创新发展的一大重要趋势。例如，美国通过提高数字技术与农业的融合程度来降低农业生产成本，巩固美国农产品在国际上的竞争优势；日本、荷兰等国利用数字技术推进精细农作模式来应对耕地资源匮乏的问题。2020 年美国农业数字化率达到了 48.9%，我国只有 8.2%[③]。为了切实提高数字农业的发展，我国在 2018 年中央一号文件中首次明确提出要大力发展数字农业以夯实农业生产能力基础，提升农业发展质量。党的二十大报告中指出要全面推进乡村振兴，坚持农业农村优先发展，巩固拓展脱贫攻坚成果，加快建设农业强国。近年来，我国农业数字化转型稳步推进，数字技术在农业生产经营活动中的渗透率不断提升。《中国数字经济发展 2022》中提到我国数字农业不断发展，2021 年在全国部署了 100 个数字农业试点项目。数字技术是如何对传统农业进行改造与转型的？以及数字经济与农业现代化相互作用的机理是怎样的？下面将围绕这些问题进行讨论。

---

① 国家信息中心信息化和产业发展部. 中国产业数字化报告 2020 [EB/OL]. [2023-12-10]. http://www.sic.gov.cn/News/260/10543.htm.

② 中国信息通信研究院. 中国数字经济发展报告 2022 [EB/OL]. (2022-07-08) [2023-12-10]. http://www.caict.ac.cn/kxyj/qwfb/bps/202207/t20220708_405627.htm.

③ 钱静斐，陈秧分. 典型发达国家农业信息化建设对我国农业"新基建"的启示 [J]. 科技管理研究，2021，41 (23)：174-180.

（一）"贫穷但有效"的传统农业

发展中经济体早期阶段的农业属于传统农业类型。所谓传统农业，是指"完全以农民世代使用的各种生产要素为基础的农业可以称之为传统农业"（舒尔茨，2011）。这里所谓农民世代使用的生产要素，主要包括传统的畜力耕作机械、传统的灌溉技术和育种技术、传统的粪肥施肥方式。也就是说，传统农业未使用现代育种技术、化肥、现代动力耕作机械。反之，使用了现代生产要素的农业被称为现代农业。这种界定的标准其实是一种技术标准。传统农业中，土地、劳动力和畜力是主要的生产要素，少量的资本则是传统的农业机械工具。传统农业使用的劳动力要素中，数量比质量更为重要，现代意义上的经过系统教育培训所形成的人力资本作用不大，长年累月形成的耕作经验这类知识更为重要。

舒尔茨在《改造传统农业》中将传统农业的特征概述为"贫穷但有效"。传统农业是贫穷的，表现为单位面积产出较低、人均产出即劳动生产率水平较低以及最终表现为农民人均收入较低。传统农业的贫穷原因主要为：第一，农业生产技术条件长期没有明显进步，依靠的是农民一代代从祖先那里继承与累积起来的生产技术与农业知识。第二，传统农业主要依赖三大传统要素即土地、人力和畜力进行生产，最终都会面临要素边际报酬递减的限制。第三，大量的人口集中在农业部门。在没有开启大规模工业化和城市化的经济体中，长期休养生息繁育的人口基本上都积聚在农业部门，这导致了农业部门的劳动边际生产率很低。

传统农业的贫穷并不是因为资源配置效率低下，相反，传统农业的资源配置是有效的。经过长时间经验的积累，在传统农业生产过程中的各种资源的配置，如套种、轮种（种植物种之间的配合）、耕种的次数（是否休耕）与深度、播种、灌溉和收割时间的配合等方面，都非常周密地计算了成本与收益之间的问题，也就是达到了这种技术下的有效配置状态。即使"一个精于农业经营的外来专家，也不能找到传统农业要素配置有什么明显的低效率之处"。也就是说，"没有一种生产要素仍未得到利用。在现有技术状况和其他可利用的要素既定的条件下，每一块能对生产做出纯贡献的土地都得到了利用。灌溉渠道、役畜和其他形式的再生产性资本都是这样"。

传统农业"有效"的观点，与在此之前（舒尔茨于1964年发表《改造传统农业》论文）的关于传统农业的传统观点是不同的。在此之前，发展经济学家直观上倾向于认为，传统农业的生产组织和制度安排不同于资本主义常见的形式，是无效的。比如，刘易斯的二元结构理论认为，传统农业里存在大量的剩余劳动力，即处于完全失业的劳动力，但是，为了维持他们的生存，传统农业不得不付出高于他们劳动边际产出的工资。二元结构理论实际上认为新古典经济理论的边际分析方法无法直接应用到对传统农业的分析上，而且因为传统农业的生产组织和制度安排导致要素边际产出和其价格之间发生偏离，所以传统农业蕴含着效率上的损失。

传统农业"有效"的观点认为，传统农业的要素边际产出等于要素价格，要素市场出清，因而不仅传统农业是有效的，而且传统农业中的农民也和企业家一样能对市场信号做出灵敏的反应。用生产可能性边界来概括传统农业的"贫穷但有效"论点为：传统农业的生产可能性边界位于靠近原点的位置且难以向外扩展，但是生产点在生产可能性边界上而不是在其内部。

（二）数字经济与农业现代化的互动

农业现代化是 1954 年 9 月第一届全国人民代表大会第一次会议提出的"四个现代化"（工业现代化、农业现代化、国防现代化、科学技术现代化）建设目标之一。与传统农业相比，具体包括两个方面：第一，直接用于农业生产的现代生产要素，包括技术等，这是最基本最重要的部分；第二，用现代化的方式来动员组织这些投入和技术，即生产组织方式的现代化，如一个国家如何去动员劳动力修筑公共水渠、建立适合开发本地资源的技术机构以及行业组织关系的现代化等。

数据要素的嵌入可以促进农业生产经营结构的改造和商业模式的创新，显然属于农业现代化的一部分。值得注意的是，现代化的内涵本身是不断变化的。在数据要素被大量投入使用前，农业现代化主要是指机械技术与生物技术，不包括数字技术。数据要素嵌入已经带来明显的农业商业模式的创新。例如，北京一亩田新农网络科技公司于 2011 年开发的"一亩田农业大数据平台"，既是搜索引擎，又是综合性的商业和农业数据库，能够同时满足供需端的用户需求[①]。从商业模式创新角度看，新型农业生产经营主体可以通过大数据平台的建立来预测农业产业结构变化方向和需求端对农产品的需求变化，从而可以更精准地进行产销对接。需要注意的是，数据积累是新型农业能够进行商业模式创新的关键，其在产前的生产、产中的运输和产后的营销中均发挥着重要作用。

最近几年非常流行的"农产品带货"则是明显的商业模式创新的另一个显著例子。广东省高州市以构建"一县一园、一镇一业、一村一品"现代农业产业体系为抓手，大力推动农业生产向特色化、规模化、品牌化转型。通过发挥高州各乡镇水产养殖、生猪养殖、肉鸡养殖的优势，引进新希望、正大、温氏等农业龙头企业，打造了"农业龙头企业+养殖户"的产业体系，并组建了一支"网红"营销队伍，利用抖音、快手等短视频平台以及 QQ、微信进行营销，大大提高了当地特色农业发展水平[②]。

数字经济与农业现代化双向互动关系见图 13.10。数字技术在农业现代化领域的应用可以提高农业生产、经营、管理和服务水平，提高传统农业生产效率，促进农产品现代流通市场的形成。农业现代化水平的提高进一步为数字经济的应用提供了载体，反向

---

① 中国新闻网. 2015 减贫与发展论坛举行 一亩田等电商探索"互联网+扶贫"[EB/OL].（2015-10-20）[2023-12-10]. https://www.chinanews.com.cn/cj/2015/10-20/7579687.shtml.

② 广东省农业农村厅. 高州：科技种田让"汗水农业"走向"智慧农业"[EB/OL].[2023-12-10]. http://dara.gd.gov.cn/xfzqy/content/post_3679377.html.

促进了数字经济的进一步发展，此外，农业现代化与二、三产业的有机结合也使其成为数字经济未来发展的重要方向之一。下面我们分别来讨论这些影响。

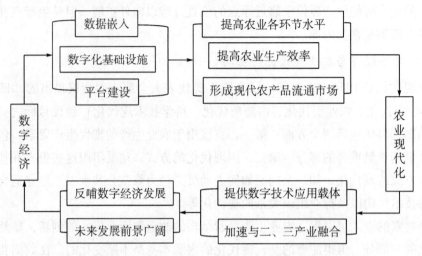

图 13.10　数字经济与农业现代化相互作用机理

（三）数字经济推动农业现代化

数字技术会普遍提高农业生产、经营、管理和服务水平。新型农业生产将数字技术主要应用于农作物栽培、病虫害防治防疫、畜牧禽及水产养殖的自动化、智能化控制和管理中。例如，云南省楚雄州元谋县引入了高效节水灌溉项目，使得四个乡镇的平均节水量达 2 158 万立方米，节水率高达 48.6%，每季用水成本从原来的 1 258 元降至 350元。此外，该模式还可以让肥料的利用率从30%提高到85%以上，还节省了大量人工成本[1]。农业经营、管理、服务中的数字化主要是使用先进的数字技术，通过经营、管理、服务系统或平台实现数字化应用，将一般化的管理信息系统应用于农业中，通过计算机进行各种情况的模拟运行。基于农业信息平台或者互联网信息平台，获取可应用的信息技术，最终实现农业经营现代化、管理现代化和服务现代化。例如，浙江省嘉兴大力推进数字农业发展，在浙江率先推出"田保姆""种粮宝""浙农服"等为农服务数字化平台，依托信息技术，有效解决了农民在生产端和销售端面临的社会化服务供需信息不对称、销售环节信息不畅等难题，实现了农业经营现代化[2]。

数字技术会大大提高传统农业生产效率。传统农业的生产方式主要是人力和畜力投入高，但是收益率低，这种生产方式相对于工业部门的机器生产来说效率很低。把数字技术应用于传统农业生产能够提高传统农业生产效率，实现农业生产的规模化和高质量

---

① 人民网. 云南元谋：现代农业节水灌溉新模式促农增收 [EB/OL]. (2022-06-14) [2023-12-10]. http://yn.people.com.cn/news/yunnan/n2/2022/0614/c402287-35314460.html.

② 人民网. 嘉兴打造农业农村现代化数字样板 [EB/OL]. (2022-08-08) [2023-12-10]. http://zj.people.com.cn/n2/2022/0808/c186327-40070985.html.

发展。例如，利用数字技术，各地可以建立基本农田数据库、水利工程数据库、森林资源数据库等专业数据库，整合上传生产信息，不但能够节约人力物力成本，还能显著提高农林牧渔业的资源使用效率和生产质量。2022 年，黑龙江省农业生产采用测土配方施肥 TRPF 系统精准控制大豆施肥用量，肥料利用率比以往提高 2~3 个百分点，该技术预计可平均增产 10%左右，不仅使总成本降低 15%～20%，也取得了较高的经济效益和生态效益。此外，传统农业生产还非常依赖自然环境，通过数字技术的介入可以从根本上改变传统农业"靠天吃饭"的产业运作方式。应用数字技术检测土壤肥力、空气湿度以及提前预警可能出现的自然灾害等方式可以将农业生产与生态环境发展统一协调起来，促进形成良好的现代化农业产业运作模式，最终实现产业的高质量发展。

数字经济促进农产品现代流通市场的形成。在农业生产和管理过程中，应用现代数字信息技术，搭建市场信息管理系统和管理平台，通过收集、抓取、分析和加工农产品相关生产、销售、物流运输的相关信息，形成农业资源信息网络。这在技术水平上提高了市场现代化程度，促进了农业生产的现代化管理运作机制，进一步加快了农业现代化进程。例如，浙江省建立了农产品产销一体化系统，在该系统上汇聚了农产品生产主体的各类信息，用户可收到个性化推送，系统可自动根据标签给主体用户推送各类市场信息，包括市场价格、供需信息、展会信息等，主动提醒和告知各类主体用户。"产销通"功能集中展示了浙江省各地特色农产品，促进农产品产销对接，实现上下游产业链对接配套[①]。

（四）农业现代化推动数字经济发展

农业现代化为数字经济在农业生产、经营、管理和服务方面的应用提供了载体。将最先进的数字技术应用在农业现代化生产中，可以实时监控各类农作物的生长情况，包括自然条件、生态环境以及农作物自身的健康情况等。数字技术在农业现代化上的应用可以为人工改善农作物生长环境提供助力，从而助推农业生产效率的提高。此外，精细化耕作、自动化控制、智能化喂养都是基于现代数字技术的有力支撑才得以实现的。新兴的现代数字技术的运用，包括互联网技术、空间分析技术、卫星遥感技术、地理信息系统、全球资源定位技术、人工智能等，能够提供充分的资源、环境资料，为农业生产者和经营者提供模拟决策方案，提高生产过程中的环境应变能力，规避可能的自然灾害等[②]。伴随着数字技术不断在农业现代化各个领域的应用，农业现代化这个载体也会为数字技术的精进和数字经济的发展提供丰沃的土壤。

农业现代化推动农业与二、三产业融合发展。促进一、二、三产业融合发展既是党中央对"三农"工作作出的重要决策部署，也是实施乡村振兴战略的重点，更是加快

---

① 嘉兴市长三角一体化发展办公室. 跨越山海，合作共赢，全省供销系统首个农产品产销一体化山海协作项目签约［EB/OL］. （2020-08-06）［2023-12-10］. http://csjfzb.jiaxing.gov.cn/art/2020/8/6/art_1601420_54131351.html.

② 徐小琪. 我国信息化与农业现代化协调发展研究［D］. 长沙：湖南农业大学，2019.

农业现代化建设的重要举措。在这一过程中，数字技术对产业之间的融合发展起着重要作用。数字经济能够改变农业与第二、三产业间的联动和协作模式①。农业现代化未来发展的目标和方向之一，就是数字技术在农业生产领域的全面推广和应用。产业融合发展的具体含义参见下一节。

二、智能制造

（一）智能制造的含义与现状

智能制造（intelligent manufacturing，IM）是一种由智能机器和人类专家共同组成的人机一体化智能系统。我国将智能制造定义为基于新一代信息技术，贯穿设计、生产、管理、服务等制造活动各个环节，具有信息深度自感知、智慧优化自决策、精准控制自执行等功能的先进制造过程、系统与模式的总称②。智能制造主要包含智能制造技术和智能制造系统。智能制造系统不仅能够在实践中不断地充实知识库，具有自学习功能，而且有搜集与理解环境信息和自身的信息，并进行分析判断和规划自身行为的能力③。

目前，我国仍处于智能制造的初级阶段，智能制造的发展需要层层推进、逐渐深化发展。2015 年国务院印发的《中国制造 2025》是我国实施制造强国战略第一个十年的行动纲领，并随后出台了 11 个配套的实施指南、行动指南和发展规划指南，顶层设计已基本完成，全面转入实施阶段。工业和信息化部统计自 2015 年工信部开展智能制造试点示范专项行动以来，截至 2021 年年底共遴选出 307 个智能制造试点示范项目，覆盖 92 个行业类别。其中 2015 年 46 个，2016 年 64 个，2017 年 98 个，2018 年 99 个，2019—2021 年个数分别为 165、217 和 342。我国低级智能制造企业数量不断减少。智能制造评估评价公共服务平台数据显示，目前我国 69% 的制造企业处于一级及以下水平，达到二级、三级的制造企业分别占比为 15% 以及 7%，四级及以上制造企业占比达 9%。整体来看，2021 年全国制造业智能制造能力成熟度较 2020 年有所提升，一级及以下的低成熟度企业占比减少 6%，三级以上的高成熟度企业数量增加了 5%。从智能制造领域投融资来看，自 2019 年开始，国内智能制造领域投融资市场火热，从 2019 年的 234.05 亿元增长到 2021 年的 467.69 亿元，增长势头强劲。

（二）数字经济下制造业的特征

在数字经济和制造业不断渗透融合的过程中，催生出了数字经济下制造业的五大新特征：数字化管理、智能化生产、个性化定制、网络化协同和服务化延伸。五大新特征助力中国制造业进行数字化转型，逐步向智能制造发展。

---

① 梁琳. 数字经济促进农业现代化发展路径研究 [J]. 经济纵横, 2022 (9): 113-120.

② 张梦娜. 智能制造示范试点企业创新效率及其影响因素研究 [D]. 南京: 南京信息工程大学, 2022.

③ LI B, HOU B, YU W, et al. Applications of artificial intelligence in intelligent manufacturing: a review [J]. Frontiers of information technology & electronic engineering, 2017, 18 (1): 86-96.

1. 数字化管理

数字经济下的制造业数字化管理旨在通过数字化手段优化和重构企业的战略管理、组织管理、运营管理、财资管理四类主要管理活动，形成数字驱动的运营管理机制。企业通过数字化管理有利于主辅分离、降低成本并提高效率。对于先进装备制造业来说，数字化管理的应用可以实现线上线下销售模式的结合，进而减少企业内部采购和销售环节多花费的人力、时间和资金成本。通过数字化管理，企业可以将内部的物流运输配送、配件安装、售后咨询与服务等业务进行外包，从而集中人力和资本发展核心业务来增强企业核心竞争力。以空客天津公司为例，该公司引入数字化管理后，生产线的安检工作不用再额外配备检查人员且生产线的安全生产水平得到大大提高。数据上来看，以往依靠人工进行产品质检的准确率最高为 85%，引入数字化管理后，不仅缺陷识别速度提升 5 倍以上，准确率也超过了 90%，每年收益超千万元[①]。

2. 智能化生产

智能化生产是与智能制造最相近的概念，它是将先进制造技术与新一代信息技术相融合，对生产全过程进行基于数据、场景、算法和算力的智能化改造，以实现自动接单、机器学习、智能决策、智能排产、流程监控、设备感知等智能化的生产方式。美国最早于 20 世纪 90 年代提出智能化生产概念。我国针对智能化生产颁布的文件主要有《中国制造 2025》和《智能制造发展规划》。智能化生产的优势体现在缩减时间、人力成本，降低能耗，提高制造端附加值，进而达到抬升"微笑曲线"[②]并完成制造业升级的目标。我国智能化生产发展水平参差不齐，主要是由于大部分企业还处于数字化转型阶段，未能将数字技术很好地应用于制造生产过程中，只有一些大规模且信息化基础较好的制造企业完成了智能工厂和智能生产线的搭建，实现了智能化生产。成都市金堂县通威太阳能金堂基地通过"5G+工业化"助力建成了 24 小时不间断生产的全球首个光伏行业智能化工厂。智能化工厂的应用使得太阳能板的生产能耗降低约 30%，效率提升约 161%[③]，体现了智能化生产赋能制造业的强大驱动力。

3. 个性化定制

个性化定制指消费者（用户）介入产品的生产各个过程，包括设计、制造、交付等环节，获得极具个人属性的商品。个性化定制的最主要特征就是以用户需求为中心，生产和消费的二元逻辑逐渐演变为"生产-消费"一元论，生产者和消费者、供给和需

---

① 湖南省工业和信息化厅. 制造业数字化转型步伐加快［EB/OL］. (2021-07-29)［2023-12-10］. http://gxt. hunan.gov.cn/gxt/xxgk_71033/gzdt/rdjj/202107/t20210729_20009757.html.

② "微笑曲线"理论由施振荣先生提出，一般认为处于微笑嘴型两端的设计和销售环节附加值高，处于中间环节的制造环节附加值最低。

③ 四川日报. 这个工厂如同科幻世界［EB/OL］. (2022-10-13)［2023-12-10］. https://epaper.scdaily.cn/shtml/scrb/20221013/282820.shtml.

求的界限逐渐模糊，最终实现供消两端价值共创[1]。大规模个性化定制可以解决目前制造业的两大痛点问题，首先从产品质量上来看，个性化定制可以通过提高产品附加值来提高产品质量，助力我国打造制造业强国；其次从产品数量上来看，个性化定制通过柔性化生产连接客户需求端和制造生产端，生产端可以准确获得需求端对产品的需求量，避免因信息误差和对市场需求的定位偏差而导致的生产过剩。目前，我国个性化定制应用得比较好的行业有服装、汽车、家具和家电等轻工行业。海尔集团作为我国老牌家电制造业企业，目前已支持五百多种家电的大规模个性化定制，其与顾家家居的全面合作将协同高端家居与智慧场景跨领域融合，满足用户对品质家、智慧家的个性化一站式定制需求[2]。

4. 网络化协同

网络化协同的主要活动包括协同设计、协同生产、协同供应链和协同服务。依托网络协同制造平台，产品创意人员可以发布产品设计创意，通过网络协同制造平台来寻找合适的设计人员完成产品的设计工作。产品完成工艺设计后，可以依托网络协同制造平台进行制造企业的选择。接入网络化协同平台的众多供应链上下游企业可以根据不同产品的特点和生产过程的需要紧密沟通、共同协作来实现供应链的协同，从而提高产业链的整体竞争力。制造企业依托接入平台的相关装备制造企业的专业服务，可以提供专门的制造加工解决方案。网络化协同促使制造业的技术创新更加开放，组织形式向"大平台+小企业"转变，有效地提高了研发效率，降低了经营成本，增加了产品价值，带动了产业升级[3]。

5. 服务化延伸

服务化延伸指企业通过在产品上添加智能模块，实现产品联网与运行数据采集，并利用大数据分析提供多样化智能服务，从销售产品拓展到优化服务，如客户增值体验、产品优化方案等[4]。通过服务化延伸可以有效延伸价值链条，扩展利润空间，成为制造业竞争优势的核心来源。服务化延伸通过差异化竞争极大地扩大了市场需求，有效地推动了制造业价值链升级。一方面，以消费者为中心的全方位服务能够提升消费者黏性，拓展市场空间，取得更加稳定显著的利润增长；另一方面，服务化延伸倒逼企业发掘自身潜力，不断突破创新，通过异质化的"产品+服务"实现价值增值。

三、服务业数字化

数字经济与服务业融合是产业数字化的重要内容。与其他产业相比，服务业数字化

---

① 戚聿东，徐凯歌. 智能制造的本质 [J]. 北京师范大学学报（社会科学版），2022（3）：93-103.

② 中国经济新闻网. 海尔智家 & 顾家家居携手撬动整家定制"新版图" [EB/OL]. [2023-12-10]. https://www.cet.com.cn/xwsd/3187309.shtml.

③ 王姝楠. 数字经济背景下中国制造业转型升级研究 [D]. 北京：中共中央党校，2020.

④ 孙延明，宋丹霞，张延平. 工业互联网：企业变革引擎 [M]. 北京：机械工业出版社，2021.

水平最高，数字化业态也相对成熟，其中金融、医疗和电子商务等领域是数字化的主力，预计将延续平稳较快增长态势。三次产业中，服务业是数字化最为活跃的领域，渗透率领先于第一产业和第二产业。本章引言中也提及，产业数字化投入中，服务业数字化投入增长更快。这种现象的出现，与不同行业的"可数字化"的技术特性有关。本节概述科技金融与电子商务的发展及其经济影响。

（一）金融科技

1. 金融科技发展历程

金融科技诞生于金融与科技的深度融合。金融业具有与信息技术或数字技术深度融合的技术属性。金融是在人与人之间配置资金的活动，高度依赖信息的交换。与信息的收集、存储、处理和传递相关的技术发展能降低金融活动的成本和提高效率。金融机构应用相关技术能完善功能、提高服务水平、增强竞争力。因此，金融的发展与信息技术、数据处理技术的发展紧密相关。换句话说，金融机构的本业就是要处理数据信息的。自金融业从 14 至 15 世纪在意大利产生时起，对技术的应用就开始了。"科技"一词诞生于第二次工业革命中，也是从这时开始，金融与科技的融合才出现。在不同阶段，与金融融合的科技群不同，据此大致可以将融合的历程划分为四个阶段。

第一，早期阶段。金融与科技融合的早期阶段大致发生在第二次工业革命到 20 世纪 60 年代之间。在早期阶段，交通运输条件不发达，金融业者使用马车、火车等出行工具拜访客户、获取信息，金融业者用毛笔、钢笔、羊皮卷等书写工具书写契约。这一状况在 1837 年 Samuel Morse 发明了电报和 1876 年 Alexander Graham Bell 发明了电话后发生质的变化。电话一经问世就迅速被推广使用起来。金融业的电话银行业务就是依赖电话作为通信工具，客户不再需要亲自拜访银行人员，可以即时清晰无误地沟通，大大降低了金融活动的交易成本。

第二，金融电子化阶段。金融电子化阶段大致发生在 20 世纪 60 年代至 90 年代之间。在这一阶段，大型电子计算机逐渐普及，银行、证券公司、保险公司等金融机构开始使用大型电子计算机。最开始只是应用在简单的计算工作中，后来开始在计算机中输入柜台前的各种信息，再之后随着通信技术与金融领域的融合，自动柜员机（ATM）和售货终端（POS）这两个第一代金融科技产品开始出现，金融业务得以便捷高效地处理，正式迈入金融电子化阶段。

第三，金融互联网化阶段。金融互联网化阶段发生在 20 世纪 90 年代到 2003 年。伴随着互联网在经济社会各部门的快速普及，金融机构借助互联网平台搭建网站、开展网上业务。借助于互联网技术的高效便捷的特性，金融机构纷纷将各自的业务线上化，大大降低了金融服务需求方的搜寻成本和供给方的获客成本。1995 年 10 月，美国开始出现网上银行，1996 年 6 月，中国银行业也开始联网。中国银行率先在因特网上设立网站，开始通过国际互联网向社会提供银行服务。

第四，金融科技阶段。金融科技阶段为 2003 年至今。在经历金融互联网化后，金融机构完成线上化，基于互联网的科技手段进一步与金融结合，达到深度融合状态。这一阶段的代表性技术是大数据、人工智能、云计算、区块链、移动互联网等，衍生出移动支付、刷脸支付、智能投顾、保险科技、虚拟货币等新业态。相比上一个阶段，本阶段的融合由科技公司率先发起，传统金融机构由于科技水平有限处于被动地位，科技公司不只涉足经营支付、投融资等金融业务，还涉足金融基础设施领域，所占市场份额增大，金融混业发展的趋势更加明显①。

2. 金融科技服务实体经济的逻辑

金融科技是由科技驱动的创新活动。根据这一特性可将金融科技服务实体经济的逻辑分为提供新产品、开发新市场和催生新市场组织三种情形。

金融科技服务实体经济的第一种创新情形是向市场提供具有新功能的金融科技产品。首先，金融机构可以借助基于互联网科技的大数据模型，来对风险投资或经营风险等重要决策做出预警并及时进行合理决策，避免风险事件的发生。自动化智能决策系统、大数据模型、区块链、5G 网络等互联网技术与传统金融业结合产生的新产品正推动新型金融业蓬勃发展。其次，金融科技产品促进信息透明来降低金融活动的交易成本并提高效率。金融科技产品的底层技术大数据技术能即时爬取、储存、处理和分享海量数据，能将借款人留在互联网中的文本、地理定位、图像、视频等非结构化数据转化为传递成本低、不易失真的结构化数据，实现借款人的软信息硬化，促进银企间信息透明化，缓解金融活动中的信息不对称问题。

金融科技服务实体经济的第二种创新情形是开发新市场，即长尾市场。长尾市场指那些需求不旺或销量不佳的产品所共同构成的市场。长尾市场长期遭受正规金融体系的排斥，金融科技提供金融科技产品，将金融服务的覆盖面扩大到了长尾市场。一方面，金融科技对长尾市场发挥了最基本的资金融通功能；另一方面，金融科技也将对新市场发挥非金融的功能。长尾市场的主体是自然人，主要是农户、农民工和学生等。长尾群体因长期被正规金融体系排斥，往往缺乏金融素养。缺乏金融素养会降低居民的金融参与意愿，引起连锁反应。从广义来说，金融素养类似人力资本，金融科技既然降低了金融参与门槛，使金融服务覆盖了长尾市场，那么对长尾群体的人力资本的提高可能存在积极意义。

金融科技服务实体经济的第三种创新情形是催生新市场组织，即金融科技企业。金融科技企业是金融科技创新发展到一定规模并引起相当的社会关注度后，行业和市场对新兴的专门提供金融科技服务的企业的统称。从商业模式来说，金融科技企业往往脱胎于以互联网企业为主的科技企业，沿袭互联网企业的资产轻、管理链条少、经营灵活、科技密集度高的特点。从产业属性来说，金融科技企业明确以大数据、人工智能、云计算、区块链、移动互联网技术等为底层技术驱动金融业务开展。有些金融科技企业同时

---

① 林晨. 金融科技服务实体经济的作用机理研究 ［D］. 成都：四川大学，2021.

也进行技术的研发，具备科技与金融的双重属性。在金融创新的早期，金融监管部门对金融科技创新存在客观上的滞后效应和主观上的包容态度，因此金融科技领域的市场准入门槛低，金融科技企业由此诞生并成为金融活动中的新市场组织。

3. 金融科技提升实体经济效率

实体企业的经营效率、资源在企业间的配置效率、实体企业进入退出行业等都会影响实体经济活动的效率。金融科技通过加快优质企业发展和低效企业退出、促进技术进步和劳动生产率提高来提升实体经济效率。

金融科技加快优质企业发展和低效企业退出。借助大数据等底层技术，金融科技促进金融机构与交易对手间信息对称，提高金融机构的风险管理水平。因信息不对称严重而被正规金融体系排斥的长尾群体因此受益。该种"筛选效应"加快了高质量中小微企业的发展壮大和低效率中小微企业的萎缩退出。另外，金融科技的存在还会产生"鲶鱼效应"。该效应推动传统金融机构进行金融科技转型，使金融资源主要在以金融科技为核心的机制下进行配置。总之，金融科技加快高效高质的企业发展和低效低质的企业萎缩退出，促使行业自发优胜劣汰，提高实体行业的效率。在其他条件不变的情形下，实体行业的效率提升，实体经济的效率也提升。

金融科技促进技术进步和劳动生产率提高。金融科技在对长尾群体提供信贷时，会使长尾群体产生"反哺效应"，即长尾群体在使用金融科技产品过程中学习了相关技能和知识，提升了智能化素质。由此，金融科技加快人力资本形成，技术进步是人力资本和物质资本结合的产物，因此人力资本存量的增加能推动技术进步发生（林晨，2021），从而促进劳动生产率的提高。

（二）电子商务

1. 电子商务促进经济发展的内在机理

电子商务是以信息网络技术为手段，以商品交换为中心的商务活动。电子商务在我国兴起于1998年，于21世纪初期进入可持续性发展的稳定期，对我国经济发展起到了很强的推动作用。具体来说，电子商务主要通过四个方面来促进经济发展：对消费方式的改变，对生产的促进，对流通的改变，对相关产业的带动。

第一，促进消费方式的改变。购买是消费的前提，一般把购买行为归入消费的范畴。电子商务作为一种新的购物方式，对人们的购买行为产生了影响甚至改变了人们的购物行为。信息经济学认为，在交易过程中，交易双方掌握的信息是不对称的，且买者处于信息劣势，即掌握的信息比卖者少，买者在做出购买决定前一般会"货比三家"，这个行为会带来一定的搜寻成本和机会成本（付出的时间）。电子商务的出现大大缩减了消费者的这些成本，使得消费者在家中即可"货比千家"，最后做出最经济的消费选择。如今电子商务俨然成为消费者进行购物的主要选择，数据显示，2021年"双十一"全网交易额为9 651.2亿元，同比增长12.22%。两大头部平台交易额占全网交易额的92.15%。电子商务使消费变得简单快捷，极大地促进了商品市场的流动，在消费端推动了经济发展。

第二，促进生产。电子商务首先是一种商务模式，属于流通范畴，其逐步发展演变为一种经济运行方式，全面影响着生产、消费各环节。它对生产的促进是以系统改变生产流程、生产的内部组织结构、生产的外部合作方式、生产管理来实现的。在生产流程中，电子商务使生产流程更清晰，分工更细密；电子商务使得生产的内部组织结构扁平化，提高信息传输速度，保证信息传输及时准确，从而提高企业的市场响应能力和管理效率；生产的外部合作方式在电子商务环境下也变得更为丰富和有效，企业之间的合作采用了电子商务的手段，使得生产的效率大为提高、竞争力显著增强。

第三，改变流通。流通是社会再生产运行系统中的中间环节，起着桥梁和纽带作用，上连生产环节，下连消费环节，它对生产和消费都有影响。电子商务对流通的作用体现在强化流通在社会再生产系统中的功能、改变贸易的方式、创新交易的模式、扩大流通的范围等方面。在过剩经济中，生产与消费的矛盾日益突出，电子商务能够通过其发达的信息网络尽可能地保证生产和消费等量，避免出现供需不等的情况；电子商务为流通渠道的变革提供了广阔的空间，流通渠道正在进行着创新。B2B、B2C、C2C、B2B2C 等电子商务模式都可以看作流通渠道创新的产物；在各种交易模式中，电子商务打破了交易时空限制和改变了支付方式；电子商务对流通范围的扩大主要体现在扩大市场的空间范围、增大客户数、进行全天候的销售与服务、增加产品类别、增加交易额。

第四，对相关产业的带动。电子商务的发展推动了电子商务服务业的形成。电子商务的应用发展需要相应的应用环境、支撑体系和技术服务等作为基础和支柱，而这些应用环境、支撑体系和技术服务等是在电子商务应用需求的推动下逐渐形成和发展起来的。就像互联网的应用一样，其最初应用并不是在商业领域，当它扩展到商业领域之后，为了满足电子商务发展的需求，为电子商务提供技术、运营、金融、运输、人才、培训等全面支持和服务的电子商务服务也应运而生且不断繁荣。这些服务之间存在着服务对象、服务关联、服务价值链等多种相互关系，构成了电子商务服务产业。电子商务服务产业包括 IT 行业、金融产业、物流业和服务外包产业等。

电子商务的发展推动了电子商务应用产业的发展。如今电子商务已经广泛应用于农业、制造业、建筑业、批发零售业、旅游业、社会服务业以及文化产业等行业。电子商务所带来的融资、生产、管理、贸易等方面的优势和变化，彻底改变了其传统的融资、生产、管理、交易模式，促进产业向现代化、数字化、信息化方向发展和变革，增强产业的综合竞争力。

2. 电子商务对农户生产行为的影响

截至 2021 年，我国农民的数量大约为 5.56 亿。农户作为我国最庞大的群体，电子商务的发展极大改变了农户的生产行为。电子商务扩大农产品的销售范围、促进农产品销售增长主要有四条机制。

第一，电子商务提高了需求端与供给端的匹配效率，扩大了农产品的销售市场。中国农产品传统的销售方式往往是通过层层中间商销售给批发市场或者超市的客户。由于消息闭塞缺乏对农产品需求端的了解，大多数农产品只在产地附近销售，销售到外地的农产品的数量及比重有限，呈现出较强地域限制的特点。电子商务进入农产品市场以后，提高了需求端与供给端的匹配效率，打开了全国甚至是全世界的市场，增加了农产品的销量。2019 年年底，贵港市供销社牵头组建产销联盟，积极整合联盟成员农产品生产、加工、销售资源，利用成员的外销窗口和服务平台，推动本地农产品销往全国。产销联盟成立以来，累计代购代销水果 41 000 多吨，带动成员销售砂糖橘、沃柑等水果累计 85 000 多吨，有效推动了全市农产品流通①。

第二，电子商务创造了新的商品流通模式，消除了信息不对称对供需双方的影响。传统的农产品交易主要通过中间商进行，生产者以较低的价格卖出，而消费者以较高的价钱买入，大额的利润被中间商赚走。电子商务出现以后，农户通过合作社或者平台直接与消费者对接，中间商的流通利润平均分摊到生产者和消费者身上，相较于之前，消费者会以较低的价格买到商品，而生产者则会以较高的价钱卖出产品。

第三，电子商务通过企业或合作社的介入解决农户农产品滞销问题。农户通过电子商务销售农产品，一方面，由于企业或者合作社以订单的形式与农户合作，农产品的种植品种由企业或者合作社控制，减少了农产品滞销的风险；另一方面，农户直接通过平台销售农产品可以实现以销定产，减少了滞销的风险。此外，电子商务将不同品质的农产品进行分类，一部分直接销售，另一部分进行深加工后再销售，延长了农业的产业链，避免了"好货卖高价，烂货烂到家"的现象。例如，湖南江永县电商街的店铺老板们把诚信经营与服务"三农"结合起来，积极参与校地合作"卖货进城·送客入村"农村电商直播带货大赛，打通了销售链，避免了农产品大量滞销的情况出现②。

第四，电子商务通过"羊群效应"带动更多农户进行农产品的线上销售。中国农村是一个熟人社会，农户之间的行为是相互影响和相互效仿的，存在较高的同质性。当某个农户或者某个组织通过电子商务销售农产品而获得较高的收入时，很快就会有其他的农户进行模仿，属于利用电子商务销售农产品的"羊群效应"。仿效者借鉴先前通过网络平台销售农产品的经验，减少了出错的概率，能够更有效率地销售农产品。

---

① 人民网. 贵港市供销社：创新合作渠道，提升农产品产销服务水平［EB/OL］.（2022-08-10）［2023-12-10］. http://gx.people.com.cn/n2/2022/0810/c405568-40075457.html.

② 人民网. 湖南江永：上亿元农产品从电商街"飞"到全国各地［EB/OL］.（2022-01-04）［2023-12-10］. http://hn.people.com.cn/n2/2022/0104/c356887-35081491.html.

第四节　数字经济与制造业融合发展

一、产业融合的内涵、类别与机制

产业融合概念最早用来描述信息技术的出现导致的产业之间的交叉[1]。它是指不同产业或同一产业内部不同行业相互渗透、相互交叉的现象，并逐渐形成新产业的动态发展过程。可以从需求和供给角度、产业组织角度和融合程度角度来对产业融合进行分类。

从需求和供给角度来看，产业融合主要分为技术融合和产品融合两种方式。在供给端，不同行业的企业用相同或相似的技术生产不同的产品和服务即为技术融合；在需求端，需求方使用不同技术提供的替代性或互补性产品即为产品融合（Stieglitz，2003）[2]。从产业组织角度来看，产业融合主要分为产业间延伸融合、产业内部重组融合以及技术渗透融合（厉无畏，2002）[3]。从本质上来说，这三种融合方式都是产业结构的融合。从产业融合程度角度来看，产业融合主要分为部分融合和全面融合。全面融合是指多个产业全面融合成一个新的产业，部分融合是指多个产业由于技术创新或放松管制，出现产品或服务的替代性竞争（植草益，2001）。

一般认为产业融合起源于技术创新，技术的赋能效用驱动新兴技术成为通用技术并在各行业广泛应用，在与各行业原有技术的替代和融合的过程中形成技术融合，并逐渐影响到业务、产品和市场，形成业务融合、产品融合（替代）和市场融合。具体的产业融合机制如图 13.11 所示。

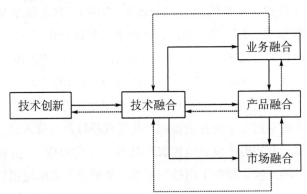

图 13.11　产业融合机制分析

---

① 周振华. 信息化进程中的产业融合研究 [J]. 经济学动态，2002（6）：58-62.

② Stieglitz N. Digital dynamics and types of industry convergence：the evolution of the handheld computers market in the 1990s and beyond [M] // CHRISTENSEN J F, MASKELL P. In the industrial dynamics of the new digital economy. Cheltenham：Edward Elgar，2003.

③ 厉无畏. 产业融合与产业创新 [J]. 上海管理科学，2002（4）：4-6.

整体来看，当技术融合达到一定阈值后，其不再成为产业融合的主要驱动力，而是逐渐转向业务融合、产品融合和市场融合。随着业务、产品和市场融合程度的不断加深，市场会对产品有新的需求，这种需求会通过业务传导到技术端，即当产业融合发展到一定阶段后，一部分产业会对技术提出新的需求，倒逼技术创新，之后重复这一机制，完成产业的更深度的融合。

二、产业融合的测度方法

目前主流的产业融合的测度方法有赫芬达尔-赫希曼指数法和投入产出法，其中赫芬达尔-赫希曼指数法主要利用专利数据进行分析，投入产出法主要利用投入产出表数据进行分析①。下面本书将简单介绍这两种测度方法并报告数字经济与制造业的融合程度，最后根据测度结果总结二者融合的机制。

（一）技术融合视角下的产业融合测度

这种方法借鉴测度学科融合的思路，利用专利文献的共现分析来反映技术融合的现状和趋势。具体的思路是将共现分析法中所用到的期刊论文用专利文献来替换，专利文献是技术的载体，因此对专利文献的共现分析能够反映技术融合的现状与趋势。

不同的技术可以用不同的 IPC（国际专利分类）分类号进行表征，测度不同 IPC 分类中共现的专利比例可以表征技术融合的程度。我们如果建立 IPC 分类与行业分类的映射关系，那么通过 IPC 分类这个桥梁，就可以分析专利在不同行业中的共现情况，从而将产业融合问题转化为技术融合问题。在对所有专利数据进行行业分类标注后，可以利用高级检索式获取研究样本年不同大类与其他门类交叉的发明专利申请情况。在获取各年份数字经济和制造业共有专利后，借鉴赫芬达尔指数的计算方法进行技术融合度计算。具体计算公式如式（13.6）所示。

$$conv_{mn} = \sum \left(\frac{X_{mnt}}{X_{mt} + X_{nt} - X_{mnt}} \right)^2 D_{mt} \qquad (13.6)$$

$$D_{mt} = \frac{\text{行业数字经济增加值}}{\text{行业总增加值}} \qquad (13.7)$$

其中，X_{mnt} 表示在 t 年内所申请的既归属于数字经济行业 m 同时又归属于制造业行业 n 的发明专利数量，X_{mt} 表示在 t 年内所申请的属于数字经济行业 m 的发明专利数量，X_{nt} 表示在 t 年内所申请的属于制造业行业 m 的发明专利数量，D_{mt} 表示 t 年的数字经济调整系数。由此我们得到了数字经济行业 m 与制造业行业 n 的技术融合度 $conv_{mn}$。

根据熊泽泉（2021）② 的测算结果，技术融合视角下的产业融合测度显示不同数字经济行业与制造业的产业融合度有较大差异，其中制造业中的印刷和记录媒介复制业

---

① 熊泽泉. 数字经济与制造业产业融合的机制及影响研究［D］. 上海：华东师范大学，2021.

② 熊泽泉. 数字经济与制造业产业融合的机制及影响研究［D］. 上海：华东师范大学，2021.

（C23）与数字经济各行业的融合度普遍较高，说明该行业与数字经济整体融合度较高。

（二）投入产出视角下的产业融合测度

这种方法以制造业各行业生产过程中数字经济不同产业的产出占行业总产出的比重表示数字经济不同产业与制造业各行业的融合度，具体计算公式如式（13.8）所示。

$$Con_{it} = \frac{g_{ait}}{g_{it}} \times 100\% \qquad (13.8)$$

其中 Con_{it} 表示产业融合度，g_{ait} 表示 t 年制造业 i 行业生产过程中数字经济的产出，g_{it} 表示 t 年制造业 i 行业总产出。由于制造业各行业数字经济产出数据不可获得，用生产过程中数字经济投入近似代表最终产品的数字经济产出[①]，即产业融合度指标采用投入产出表中制造业行业 i 中属于数字经济产业部门的中间投入之和占行业 i 的总产出的比重来衡量。

熊泽泉（2021）的测量结果显示：不同行业之间的融合度差距极大，劳动密集型和资源密集型产业与数字经济的融合度明显低于技术密集型产业与数字经济的融合度，随着时间的推移，这种差距在进一步拉大。这种差距可能是各制造业行业在与数字经济进行融合尝试后进行自我选择的结果。具体来说，与数字经济高度适配的制造业行业（仪器仪表及文化办公用机械制造业等）在与数字经济进行融合后能够有效地提高产品的研发、生产效率，因此会正反馈于融合程度；而一些与数字经济适配度较低的制造业行业（石油、炼焦和核加工业等）在与数字经济融合后，所带来的边际效益较低，长期以来就会弱化与数字经济的融合度。

三、数字经济与制造业产业融合机制分析

推测数字经济与制造业产业的融合机制主要有两种：部分行业以技术融合为主，部分行业以市场融合为主。依据上文的产业融合的一般性机制，数字经济与制造业融合机制分为以下两种。

第一，技术创新驱动数字经济与制造业产业融合。依靠数字技术的支持，制造业能够实现生产效率的显著提高，推动制造业生产技术、业务内容、产品形态向数字化转型，实现产业数字化。技术创新需要被广泛使用才能通过技术扩散来实现其价值，当技术扩散到不同的行业时，就会发生技术融合。数字经济的高扩散性、强传播性的独有特点使得技术扩散变得更加普遍，具体原因有三：一是数字技术通过扩散并与传统生产技术进行融合能够降低企业成本。二是数字技术扩散不具有排他性，不会因为从一个行业扩散到另一个行业而造成原行业技术效用的降低。三是数字技术的使用门槛较低，应用范围广，为技术扩散提供了条件。但是在具体融合的过程中，数字技术并不一定是与其他行业的技术相融合，也有可能与其他行业的产品、业务进行融合。具体机制传导如

---

① 即以中间投入价值表示这种要素的产出价值。

图 13.12 所示。

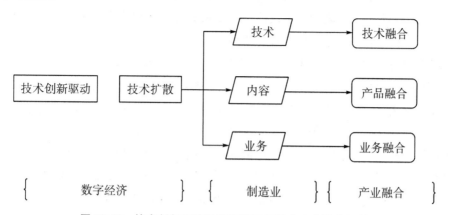

图 13.12 技术创新驱动数字经济与制造业产业融合机制

第二，资本驱动数字经济与制造业产业融合。在市场竞争中，市场主体为了获得其他企业的技术、数据等资源或抢占其他行业企业的超额利润，进行跨行业并购、投资、联合，实现产业链和生态系统的重构，这种重构多是在资本层面进行的，因此通过这一类市场行为所驱动的产业融合可以归纳为市场资本驱动产业融合。数字经济在跨行业并购、投资和实现产业链拓展与延伸方面具有独特优势。例如，在跨行业并购方面，数字经济相关企业微软收购 Skype、谷歌收购摩托罗拉移动；在市场投资方面，高度应用数字技术的新型租赁行业——"共享行业"更容易获得资本的青睐，共享单车的"野蛮式"发展印证了这一点；在产业链拓展与延伸方面，数字经济与制造业的融合能够拓展制造业的产业链，帮助制造业实现大规模个性化定制生产，扩大行业业务范围并实现与其他业务的融合，例如，智能家居、自动驾驶汽车就是制造业进行业务融合的实例。具体机制传导如图 13.13 所示。

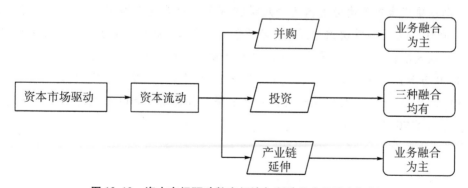

图 13.13 资本市场驱动数字经济与制造业产业融合机制

专栏 中国的两化融合

两化融合是信息化和工业化融合（integration of informatization and industrialization，Ⅲ）的简称，是党中央、国务院立足我国国情，在工业化尚未完成的前提下抢抓信息化发展先机，推进信息化和工业化两大历史进程协调融合发展作出的战略部署，也是从党的十五大到二十大一以贯之的国家战略。长期实践表明，两化融合是新型工业化发展规律和中国国情相结合的科学之路、成功之路①。

1997 年 9 月，党的十五大提出国民经济信息化；2002 年 11 月，党的十六大提出以"信息化带动工业化，以工业化促进信息化"；2007 年 10 月，党的十七大报告正式将信息化列入"五化"，提出"两化融合"的概念，即信息化与工业化融合，走新型工业化的道路；2012 年 11 月，党的十八大提出"促进工业化、信息化、城镇化、农业现代化同步发展"，进一步明确工业化和信息化融合的战略地位；2017 年 10 月，党的十九大提出"推动互联网、大数据、人工智能和实体经济深度融合"；2022 年 10 月，党的二十大提出"要加快发展数字经济，促进数字经济和实体经济深度融合"。

国家颁布的多项具体政策中提到了工业化和信息化的重要性，例如，《中国制造2025》中提到要加快推动新一代信息技术与制造技术融合发展，把智能制造作为两化深度融合的主攻方向；《国家信息化发展战略纲要》中指出要推进信息化和工业化深度融合，加快实施《中国制造2025》，推动工业互联网创新发展；《"十三五"国家信息化规划》中指出要推进信息化和工业化深度融合。在推进实施"中国制造2025"过程中，深化制造业与互联网融合发展加快构建自动控制与感知技术、工业软硬件、工业云与智能服务平台、工业互联网等制造业新基础，建立完善智能制造标准体系，增强制造业自动化、数字化、智能化基础技术和产业支撑能力。

各地政府针对两化融合也制定了更为具体的政策来促进信息化和工业化进行有效融合。例如，内蒙古自治区对通过国家两化融合管理体系标准贯标评定的企业，达到 5A 级、4A 级、3A 级、2A 级、A 级的分别给予 300 万元、200 万元、100 万元、50 万元、30 万元一次性奖励；天津市对通过两化融合管理体系贯标评定的企业，给予 50 万元一次性补助；重庆市对首次通过国家评定机构认定的企业（以国家评定机构认定证书为准）奖励 10 万元，对首次通过国家评定机构评定的 2A 级以上企业，给予不超过 30 万元的一次性奖励；安徽省对通过国家两化融合管理体系贯标评定的企业，择优给予一次性奖补 50 万元；湖北省对首次通过国家两化融合管理体系贯标评定的工业企业一次性奖补 30 万元；陕西省对两化融合项目按照投资额最高给予 500 万元支持，对通过贯标认证企业给予 20 万元奖励②。

---

① http://www.fujian.gov.cn/hdjl/hdjlzsk/gzw/202110/t20211015_5725645.htm.

② 中国轻工业信息中心. 各地两化融合管理体系贯标奖励扶持政策［EB/OL］.（2022-04-18）［2023-12-10］. http://www.clii.com.cn/lhrh/hyxx/202204/t20220418_3953626.html.

第五节　数字经济促进产业结构升级

一、一般机制

在数字经济范式中，数字、网络和信息通信技术与各产业技术融合，向各产业环节渗透，改变了各产业内和产业间的技术创新、资源要素配置和市场需求，进而对整个产业结构产生影响。具体而言，数字经济主要通过技术创新效应、资本深化效应和新产品效应来促进产业结构转型升级。

技术创新的概念源自熊彼特的"创新理论"，是指通过技术活动促进知识与科技成果的商业化和产业化。数字经济以信息通信技术推动了各产业的技术创新，推动了各个产业的转型升级。例如，在互联网领域，阿里巴巴创立于 2004 年的支付宝在数字经济的时代背景下不断发展壮大，实现了数字经济时代支付方式的创新与飞跃，实现了互联网产业与金融产业的交互融合和不断升级。服务业领域，山东文旅积极打造"数智一体化"智慧文旅服务平台，实现数字营销、数字服务、数字运管一体化，提高了酒店业服务效率。山东文旅通过这一平台服务管理酒店超过 300 家，服务会员数量超过 600 万，累计实现线上交易额 4.3 亿元，整体运营效率提高 30% 以上。制造业领域，2017 年，海尔正式推出卡奥斯平台，它是一种更契合数字化时代的工业互联网平台。在数字化生产方面，海尔大力搭建智能化制造体系，智能工厂运行的生产信息化管理系统同时包含了工业化控制、物流、CAD 和 CApp 等系统，搭配大量智能传感器，实行生产线柔化，构建了智慧生产模式，使得人、设备、产品和订单高效交互联结。对信息化、自动化技术的全面应用，也使海尔大幅缩短了产品生产过程，丰富了产品工艺，降低了生产成本，完成了转型升级①。

数字经济依托其便捷的数字技术能够使得数字资本与传统资本迅速融合，加快价值的生产与转化，为产业结构转型升级带来资本深化效应。资本深化指在经济增长过程中，资本积累快于劳动力增加的速度，从而资本-劳动比率或人均资本量在提高，一般意味着在经济增长过程中存在着技术进步。在数字经济背景下，资源要素结构发生了从初级生产要素占优势向高级生产要素占优势、从物质资源投入向数字资源投入转化的趋势。随之而来的是对传统经济规律的改变。数字经济下的资本要素会带来边际效用递增、边际产量递增、边际成本递减效应，这三个效应的出现会大大提高应用数字技术的厂商的利润。这有别于传统生产模式下资本要素的效应，因此数字经济下的生产活动更容易获得资本的青睐，在充足资本的注入下，产业结构可以迅速完成转型升级。在金融

---

① 人民网. 海尔卡奥斯林忠毅：企业数字化要破解不敢转、不会转的问题 [EB/OL]. (2022-08-28) [2023-12-10]. http://828.people.com.cn/n1/2022/0828/c447981-32513301.html.

领域，数字资本利润主要来源于其在金融市场的价值，数据商品以免费服务的形式被消费，达到圈占市场的目的，以提高市场估值和利润预期，吸引资本的投注，进而实现资本接盘，实现数字资本在金融市场上的价值。

数字经济的新产品效应指数字经济与各产业实现跨界融合、产业整合与协同创新，从而在各领域创新出新产品、新设计与新模式。在服务业领域，数字技术和现代信息网络的发展使得服务业变得更加便捷高效。"微信小程序"点单使得服务业的效率提高，利润增加。在银行业，各大银行都推出手机银行 App，手机银行实现了银行"007"式服务，无论何时何地，只要能联网，就能享受同样的金融服务。数字经济与制造业的融合创新了产品从设计、生产到销售的生产与服务模式，生产要素的流量化优化了制造业的资源配置。例如，传统车企（吉利、上汽）将数字技术与传统汽车有机融合，推出自动驾驶汽车等产品。数字经济的新产品效应可以通过促进实体经济与数字经济深度融合发展来实现产业结构转型升级。

二、制造业转型升级

在数字经济背景下，传统制造业的技术创新、资源要素和市场需求均呈现了新的结构特征，这三个要素的相互作用和相互融合推动了我国制造业的转型升级。

一是数字经济以数字技术推动了中国制造业的技术创新。数字经济的发展，伴随着数字技术在制造业生产制造过程中的渗透，使得原有的产业边界、信息壁垒逐渐被打破，企业的知识体系不断重构和完善。知识体系的创新一方面向企业及时反映市场需求变化，带动制造业主动进行创新并实现产品升级；另一方面，通过充分发挥数字经济所包含的技术创新效应来有效地支持制造业开放式创新模式的培育和企业防控风险方式的进一步创新。总之，数字经济通过促进产品创新、研发创新和风险管控创新极大地提升了制造业创新能力并最终实现产业升级。

在制造业的创新发展中，来自企业内部和外部的各种不确定性因素极大地增加了创新的风险。在产品创新和研发创新前企业总是会考虑到创新的成本。而创新成本又会直接或间接地作用于市场竞争力和盈利能力，进而对整个行业的产业升级产生深远影响。因此，对创新风险的控制也是影响制造业转型升级的一个重要因素，而数字经济中的数字技术则为创新风险控制提供了一种新的手段。主要体现在两个方面：一方面，大数据平台既方便决策期数据的获取，又能极大提高数据准确性与实效性，运用数据分析软件高效的整合能力可以设计出更加符合市场需求的创新方案从而降低创新初期决策风险。同时，大数据平台还可实现企业间协同合作，降低创新过程中的成本投入。在此基础上，大数据平台能将大量用户产生的数据进行深度挖掘并加以有效应用，从而提高创新效率。另一方面，大数据仿真平台（big data intelligence，BDT）的设计和研发为创新产品的模拟测试提供了契机。BDT 通过链接信息平台中各个节点的信息来预测产品潜在的市场回应，并根据消费者需求进行及时调整，降低创新失败的概率，确保创新效益。

二是数字经济以其特有的数据要素优化了制造业的要素配置。制造业生产流程主要包括收集原材料、生产组织零部件和加工完善产品等活动。随着互联网技术的飞速发展，数字化时代已经到来，人们开始利用互联网对整个制造过程进行实时监控与管理。在数字化时代下，制造业生产也发生了巨大变化。在竞争日益激烈的市场环境下，企业要想获得持续稳定的发展，就必须对其生产流程进行精简完善。制造业企业利用生产过程中产生的大量数据和市场外部获取的大量数据可以对企业内部要素资源进行合理分配，提高制造业的整体生产效率。

数字经济促进制造业资源要素利用率提高，进而有效地提高制造业的生产效率。其中传统的资源要素主要有原材料、人力资本以及资金等。在数字经济背景下，数据这一新兴资源要素与传统资源要素的融合对制造业的转型升级有着关键作用。从原材料方面来看，数字经济通过建立互联网平台帮助制造业全面地搜集、整理和分析原材料的相关信息，从而帮助企业制定最实惠的原材料采购方案。数字技术的应用还可以提高企业内部的工作生产效率。利用互联网平台，企业可以实时显示各部门的原材料使用情况及缺口情况，并进行相应的调度和补充，从而提高企业间的物料循环，大大促进资源要素在行业内部的优化配置。

三是数字经济以数字技术完善了中国制造业的市场需求。在数字经济背景下，信息网络作为重要的基础设施，能够有效串联起需求端和供给端，将二者的信息进行有效整合，促进消费需求升级、投资需求改善、贸易需求优化。从消费端和供给端来看，应用了数字技术的制造业市场在很大程度上缓解了信息不对称问题。对于消费者来说，消费者能够通过网络平台迅速匹配并比较自己需要的产品，甚至可以应用个性化定制来满足自己的个性化需求。对于生产厂商来说，消费者在网络平台的搜索以及购买记录都能成为它们优化生产流程、减少生产过剩的重要数据来源。从投资需求来看，信息网络与数据要素和信息通信技术的结合，吸引了资本市场对高技术制造业、战略性新兴产业和先进制造业的关注。资金、技术和人才开始向制造业回流。投资结构的改善进一步带动制造业供给质量的提升和产业结构的优化。从贸易需求来看，数字经济时代下的中国制造业产业结构不断升级完善，出口商品中的高技术产品比例持续上升，同时降低了对国外高技术产品的进口需求，形成了贸易顺差。1990 年，我国高科技产品出口总量占世界总量的比例仅仅为 0.6%。2021 年，我国高新技术产品出口额达 63 266 亿元，同比增长 17.9%[①]，2021 年的高科技产品出口总量占世界总量的比例达到 25.8%。

三、服务业转型升级

数字经济通过提高服务业的劳动生产率和降低交易成本，提高了服务业的交易效

---

① 经贸司. 2021 年 1 至 12 月我国高新技术产品进出口情况［EB/OL］.（2022 - 01 - 25）［2024 - 01 - 11］. https://www.ndrc.gov.cn/fggz/jjmy/dwjmjzcfx/202201/t20220125_1313222.html? code =&state = 123.

率，使服务业结构不断优化。但是数字经济与服务业的融合不可避免地会加大服务业行业间的差距，因为服务业内不同行业的数字基础和对数字技术应用的适配度不同，从而导致不同服务业行业对数字技术的吸收和转化效率不尽相同。例如，相对高端的生产性服务业（金融业、信息软件业等）的数字基础较好，对数字技术应用的适配度也很高，能够有效利用大数据、云计算等数字经济的核心技术进行产业结构升级和自身业务的开拓与提升。但是相对传统的生活性服务部门（餐饮、住宿业等），其业务发展中对数字技术的要求并不高，数字技术的应用会提高其效率，但是并不会对其服务规模和行业利润有明显的提升。这种行业自身禀赋的差距会由于数字经济的引入而变得越来越大，导致各行业间资源分配不均的现象加剧。

第十四章 数字经济伦理

2020 年 4 月，中央第一份关于要素市场化配置的文件《关于构建更加完善的要素市场化配置体制机制的意见》正式发布，首次将数据定性为土地、劳动力、资本、技术之外的第五大生产要素，数据成为我国经济发展的基础性、战略性资源及重要生产力。

近年来，对互联网平台的事件曝光程度陡然增加，从"杀熟"到"信息安全"，都有一些大事件发生。这是我国数字经济在经过近二十年迅猛而无序的发展之后，到达了一个新的拐点：需要由乱转治。

2021 年 3 月 3 日，复旦大学副教授孙金云的一项调研成了网上热议的话题[1]：2020 年，他带领团队做了一项"手机打车软件打车"的调研。该团队在国内 5 个城市，花费 50 000 元，收集了常规场景下的 800 多份样本，撰写并公布了《2020 打车软件调研报告》。报告主要结论如为：①苹果手机的机主更容易被专车、优享这类更贵车型接单；②手机越贵，越容易被更贵车型接单；③实际车费比预估费高，这种情况占 80%；④网约车司机表示实际车费比预估价高；⑤苹果手机打车的价格会贵一点。报告中把上述一系列现象称为"苹果税"。

这份报告第一次以系统性的严格科学的分析方式呈现了平台企业的歧视性定价行为。虽然此前有媒体报道了"杀熟"等歧视性定价案例，但是由于大多是个案，舆论冲击力不够强烈。孙金云教授的报告以科学严谨的方式说明，这些价格歧视的存在是系统性的。

为何这些数字经济企业从一二十年前的人人点赞沦落到了如今被大家诟病的地步？这个中间，除了法律法规缺失外，还有哪些更为深层的根本性原因？

经济伦理对企业和个人的经济行为起到更为基础性影响。本章将从经济伦理视角审视数字经济发展带来的伦理挑战以及相应的数字经济新伦理重构对策。

---

[1] 来源：https://www.sohu.com/a/453787209_113767。

第一节　经济伦理：一个动态观点

一、经济伦理的思想渊源

经济伦理的思想早已有之[①]。一般认为，经济伦理是经济活动中的伦理问题，是经济学与伦理学的交叉与融合。例如，西方传统的经济伦理思想可追溯到古希腊。智者学派的代表普罗泰戈拉提出了"人是万物的尺度"，认为判断是非善恶的标准，只能是个人的感觉和利益，把社会或国家理解为个人的集合，强调个人选择。苏格拉底则崇尚知识与理性，"美德即知识"，"不经思考的人生是没有价值的"，他认为一切美德都离不开知识，知识是美德的基础。此后，在此基础上，围绕经济伦理的主要问题即道德与利益的关系，又衍生出来德性主义和快乐主义，即义务论和目的论。前者以柏拉图为代表，后者以德谟克利特和伊壁鸠鲁为代表。德性主义认为，善和德性是至高无上的，人应当克制自己的物欲以追求道德；快乐主义认为，道德与物质利益密切相关，"快乐与不适"决定了有利与有害之间的界限。快乐主义与后来的功利主义经济伦理观有密切的关系。

总体来看，经济伦理论证的是经济行为或与经济相关的行为道德上的正当性、合理性。西方经济伦理有三个基本哲学中的道德伦理基础：功利主义、道义论、美德论。其中功利主义与经济伦理关系最为密切。

功利主义以实际功效或利益作为道德正当性的标准，以边沁、穆勒为代表。在边沁看来，"人性趋乐避苦"，苦乐统治着人类，是我们判断是非的标准。苦乐是可以精确计算的，个体行为原则是增加乐减少苦，即最大化幸福。在整体上，多数人的最大幸福就成了最高道德原则。穆勒则在最大幸福原则、快乐的量和质、道德的自我牺牲方面进一步完善了边沁的功利主义。穆勒利用心理学的联想原理沟通了利己主义的快乐论和利他主义的最大幸福原则。利他主义行为的最初目的是利己，为了获利，并且也确实获得了好处，获得的好处就增加了快乐。这种行为多次重复后，人们就会产生利他行为与快乐之间的心理联想，而忘了最初的目的。随着联想的强化，利他行为就能直接产生快乐了。此外，穆勒还引入了共同利益、共同目标、社会情感等因素，进一步强化了利己与利他融为一体的可能性。边沁认为，不同人的快乐可以简单相加而合成整个社会的幸福。但是穆勒认为快乐有质的不同，快乐不能简单相加，而是按照质的不同字典式排序，精神的快乐高于肉体的快乐，"做一个不满足的人比做一只满足的猪好，做一个不满足的苏格拉底比做一个满足的傻子好"，满足于肉体快乐的人是低贱的人。穆勒还认

[①]　徐大建. 西方经济伦理思想史：经济的伦理内涵与社会文明的演进 [M]. 上海：上海人民出版社，2020；周中之，高惠珠. 经济伦理学 [M]. 上海：华东师范大学出版社，2016.

为，自我牺牲是人类最高美德，自我牺牲要有利于社会福利的增加，否则这种自我牺牲是不必要的。

在中国思想史上，与功利主义相关的是义利观。儒家总体上重义轻利，孔子"罕言利"，但也只是"罕"而已，只是说的篇幅与频率明显比"义"少而已。孔子也曾说过，"富与贵，是人之所欲也"，"邦有道，贫且贱焉，耻也"，应当"因民之所利而利之"，"足食，足兵，民信之矣"。

当然，与西方功利主义更为相近的是墨子的学说。墨子重利贵义，并认为义和利是统一的，一行之义与不义的根据在于此行为的利与不利，有利便应当，无利便不应当。墨子进一步认为，利的准绳是人民之利，"观其中国家百姓人民之利"。后期的墨家发展了墨子学说，更加强调利的重要性，把利贯彻到忠孝等各个方面。所谓忠，就是不利子、不顾家而利于天下，所谓孝就是"利亲"、利父母。他们还提出了利害的取舍标准，"利之中取大，害之中取小"。

义务论则认为，人的行为必须遵照某种神圣使命的义务（职责、职分、责任）之类的道德原则或某种正当性，而这种义务又根源于上帝旨意或康德所称的善良意志或内在理性。

中国儒家整体上偏向义务论较多，伦理关系也就是"相互之间的义务"，"每一个人对于其四面八方的伦理关系，各负有其相当的义务；同时，其四面八方与他有伦理关系的人，亦各对他负有义务"。

美德论又称为德性论，它着眼于道德行为主体是什么样的人，代表人物为亚里士多德。美德分为两类：一是理智的美德，以知识和智慧为表现形式；二是道德的美德，以约束、抑制情感和欲望的习惯的形式表现。理智的美德经过训练，会变成道德习惯，从而形成全面的美德。善行是两者的结合。后继者麦金泰尔从"实践"概念入手，区分了实践的内在利益和外在利益，前者大致相当于某种行为本身的内在价值，如追求工作的卓越和由此发现的人生的意义，德性即获得内在利益的人类品质。没有德性的人无法获得内在利益。

二、何为经济伦理

前面我们说过，经济伦理总体上是解决经济活动的正当性、合理性问题，即经济行为中的道德问题。正式的经济伦理研究中经济伦理的英文为"economics and ethics"或"business ethics"。也有人认为[①]，"business ethics"即企业伦理，是狭义的经济伦理，或广义的经济伦理"economics and ethics"的一部分。本章根据研究问题的需要，采用的是更为广义的经济伦理概念。

20世纪初，德国著名社会学家、历史学家和经济学家马克斯·韦伯在考察"世界

---

① 周中之，高惠珠. 经济伦理学［M］. 上海：华东师范大学出版社，2016.

诸宗教的经济伦理观"时[1]，首先提出了"经济伦理"概念。此后，在经济伦理研究发展的过程中，对于经济伦理的定义一直缺乏统一的认识。早在1985年，当菲利浦·刘易斯（Phillip V. Lewis）意识到这个概念的混乱与不一致时，便着手进行了一项实证研究[2]。对相关文献及调查问卷结果的分析发现：在当时涉及经济伦理（business ethics）的158本教材、50篇论文中，分别只有其中的31.01%、40%对"经济伦理"给出明确定义。接着，他在对254份有效问卷进行分析后罗列出被调查者所给出的不同的"经济伦理"定义共计308个。以此为基础，他再次以问卷的形式，对商界人士提出了这样的一个问题："一个综合性的经济伦理概念应该包含哪些内容？"被调查者的选择结果表明了"经济伦理"主要指：一是能防止不伦理行为的规则、标准、守则和原则（rules, standards, codes and principles）；二是道德上正当的行为，常指个人的行为要遵守正义、法律和其他标准，或个人的行为要符合事实、合理性和真理；三是正当性，指言行要符合事实或具有真实性；四是特定的情形，即面临伦理困境时需要做出伦理决策的情形。阿姆迪亚·森和《新帕尔格雷夫经济学大辞典》则认为，经济伦理（economics and ethics）主要研究"人类行为的动机"和"经济成就的判断"。

直到1994年西方经济伦理学才传入中国，但实际上中国此前已经有了经济伦理的概念。但如何界定这个概念，是90年代中后期研究者们的主要任务之一。1994年，"business ethics"与医学伦理学、环境伦理学等应用伦理学分支通过"中英澳暑期哲学学院"介绍到中国。就如何用最准确的中文来进行翻译，曾有过争议。有人将它译为"企业伦理""商业伦理"或"管理伦理"，但上海社科院经济伦理研究所的陆晓禾（1999）[3]认为，从西方国家"经济伦理"的研究对象来看，这几个术语都不能全面、准确反映"business ethics"的真实含义，因此，他提出"经济伦理"这一名称较为合适。

研究者们对这一概念的界定提出了不同的观点。东方朔（1987）[4]认为，所谓经济伦理就是人们在现实的社会经济活动中产生并对其评判和制约的道德观念，它包括两方面的内容，一是指直接产生于人们的经济生活和经济行为中的道德观念，二是指人们对这种道德观念的认知和评价系统（经济伦理观）。章海山（2000）[5]认为，经济伦理指经济主体（企业、个人）在经济生活和经济行为中所特有的道德观念和道德评价的价值体系，以及特有的道德原则和规范。它起着协调经济活动和经济主体之间的经济利益

---

[1] 马克斯·韦伯. 新教伦理与资本主义精神［M］. 北京：中国人民大学出版社，1992.

[2] LEWIS P V. Defining business ethics: like nailing jello to a wall ［J］. Journal of business ethics, 1985（4）: 377-383.

[3] 陆晓禾. 中国经济伦理学的发展：特点、难题和使命［R］. 香港浸会大学"中国经济商业伦理研讨会"论文，1999.

[4] 东方朔. 经济伦理思想初探［J］. 华东师范大学学报（哲学社会科学版），1987（6）: 27-50.

[5] 章海山. 经济伦理方法论研究［J］. 道德与文明，2000（2）: 17-20.

关系，使经济活动有利于社会生产力发展，使经济活动协调和谐，促进经济主体的物质和精神发展的作用。王小锡（1994）[①] 认为，经济伦理学是研究人们在社会经济活动中完善人生和协调各种利益关系的基本规律，明确善恶价值取向及应不应该的行为规定的学问。陈泽环（1995）[②] 认为，经济伦理指人们在经济活动中的伦理精神或伦理气质，或者说是人们从道德上对经济活动的根本性看法；而经济伦理学则是这种精神、气质和看法的理论形态，或者说是从道德上对经济活动的理论化的理解、评价和规范。还有学者认为，经济伦理学是研究社会经济和人的全面发展的关系及直接产生于人们的经济生活和经济行为中的道德观念的科学。也有学者认为，经济伦理学的研究对象即对经济行为合理性的价值论证。

　　经济伦理作为一门独立学科出现是在 20 世纪 70 年代中期。此前，经济生活中不道德现象、企业与社会的关系、对个人的经济行为的价值判断等相关议题已经有了一定的关注与讨论。尤其从 20 世纪 50 年代开始，经济伦理议题的视角开始由个人层次转向组织（尤其是企业）层面，赋予经济伦理更多的实践意义和价值。1974 年，美国堪萨斯大学哲学系和商学院共同发起召开了首届经济伦理学讨论会，这标志着经济伦理学作为一门学科的诞生。也有学者认为阿马蒂亚·森《伦理学和经济学》是现代经济伦理学的奠基之作。

　　上述对经济伦理的定义各自从不同的角度切入，每一种界定都有其合理之处，有助于人们加深对经济伦理的认识和对经济伦理的全面把握。综合起来看，本书认为，经济伦理主要研究的是经济活动以及相关行为等的正当性问题。所谓正当性，是指符合道德伦理规范。正当性在不同情况下有不同具体含义，道德哲学的不同争论很大程度上就是争论不同情况下正当性的含义。

　　根据上述对经济伦理的定义，经济伦理研究内容可分为三个层次：第一，从宏观层面研究和阐述社会经济制度环境方面的伦理问题，主要是指效率与公平，效率与公平就是宏观上的正当性的两个维度。第二，从中观层面上研究企业内外部角色扮演中的正当性问题，主要涉及企业与各种利益相关者关系及其处理中的道德问题，包括社会、国家、环境、其他企业、消费者、雇员、股东等关系中的伦理规范和管理。第三，从微观层面上研究个体的行为动机正当性问题，即个体在社会经济活动中涉及个人利益关系和道德价值取向、承担角色的伦理问题，如企业家（经理）、雇员、消费者的道德人格和规范问题、各种职业道德问题等。此外，还有学者提出了对生产、交换、分配、消费四个经济活动环节中的伦理问题的研究，如生产的目的与手段的道德约束、交换的道德风险及信任、效率与公平及分配的正义、消费的道德调节等。

---

① 王小锡. 经济伦理学论纲 [J]. 江苏社会科学，1994（1）：17-20.
② 陈泽环. 现代经济伦理学初探 [J]. 社会科学，1995（7）：73-76，51.

三、经济伦理对经济的影响

个体的行为动机就是经济伦理的一部分。具体的个人的经济行动，总是在一定的行为动机主导下开展的。因此，不同的行为动机会导致不同的经济后果。从经济整体来看，如果大多数人的行为动机都是追求现实的经济利益，那么投资活动就会增强，经济得以发展。如果大多数人的行为动机与现实的经济利益关系不大，那么一定会阻碍经济发展。

个体的行为动机来自文化与宗教，而不同文化与宗教灌输给人们不同的价值观，从而其行为动机是不同的，因而，在不同文化或宗教中，实现经济起飞的步调不一致。这其实就是经济伦理这一概念最早提出者韦伯在《新教伦理与资本主义精神》中所阐述的逻辑，也是后续赞同经济伦理影响经济发展的学者的主要分析逻辑。下面我们具体来分析一下韦伯在这本书中的主要观点。

韦伯在《新教伦理与资本主义精神》中主要阐述了路德的"天职观"、加尔文的"上帝预选说"、入世禁欲主义三个教派对经济社会发展的影响。无论是路德的"天职观"，还是加尔文的"上帝预选说"，其所包含的一个重要观点便是要求教徒履行世俗活动。教徒只有具备勤劳、节俭、守时、理性致富等优良品质，才有资格成为上帝的选民，得到上帝的拯救。"天职观"和"上帝预选说"对资本主义发展的重要作用便是从道德上肯定了世俗职业活动的合理性，培养了人们理性的资本主义生活方式和精神气质，无形中加强了人们的资本主义经济活动。而对于入世禁欲主义来说，新教的禁欲主义突破了基督教传统的禁欲主义思想，教徒不再是通过旧有的"闭关修炼"和"冥想"来达到禁欲的状态，想要真正的禁欲，教徒只有把自身当作"行动的工具"；入世禁欲主义提倡理性消费，反对对财富的挥霍浪费，这样一来，便为资本主义的经济发展积累了可观的财富。

四、经济伦理的动力学

以上所述的经济伦理内涵以及经济伦理与经济发展的关系都隐含着一个假设：相对于经济和技术变量来说，经济伦理是先定变量。也就是说，人们先有了一个独立于当前经济技术状态的经济伦理观念，这种经济伦理观影响了经济发展进程。

这种观点只有部分是正确的，而整个逻辑链条存在问题，因为它没有解释经济伦理是如何形成的，特别是没有说明当时的经济技术状态对经济伦理形成的影响。经济伦理与经济发展之间是相互作用的关系，它们不是单向因果逻辑关系，而是互为因果关系，也就是说，经济伦理影响经济发展，经济与技术发展又会反过来影响经济伦理。

改革开放四十多年来，中国人的经济伦理观点已经发生了很大变化。改革开放之初，中国人大部分都是农民，保留了延续数千年的经济伦理观。但是在这四十多年的时间内，中国人整体的伦理观念已经发生了很大的变化，对于市场经济的伦理观念获得了普遍的认同。我国这四十多年来人们思想观念，尤其是经济伦理观念的变化，充分说明了经济伦理的充分可变性。

正当性的核心内涵——公平正义的含义也在不断变迁。公平正义大体上包括"一视同仁"和"每个人得到其所应得"这两个基本含义。古希腊的古典正义观包括两个要点：守法和平等。法是为了促进社会全体的利益，人人都应当遵守，因此守法就是整体性质的"正义"，而为了整个城邦和全体公民的利益，便应当奉行平等的分配原则和补偿原则，即个人的付出与所得应当对等，人与人之间的交换在价值上应该对等，那是特定性质的"正义"。在当时的制度条件下，奴隶制是合理的，构成希腊奴隶阶级的外国人不如希腊人，不应该与希腊人享有同等的权利，他们被排除在正义之外。

西方社会进入近现代之后，公平正义观发生了很大变化。一方面，基督教传统的"上帝面前人人平等"深入人心；另一方面，随着市场经济的兴起，资产阶级为了追求自身的利益，开始需要个人的自由平等，也就是为将劳动力从土地的封建束缚中解脱出来进行正当性辩护，于是人的政治上的自由平等权利便成为西方人的基本价值观，公平正义的目的也从人如何生活变成了"自由""平等"的合理性和社会政治制度的合法性。在这种观念基础上，依次形成了基于理性直观的社会契约论公平观和功利主义的公平正义观。前者认为，"不侵害他人"和"按劳分配"是理性或所谓的自然法或由"无知之幕"与"最小得益最大化原则"所构成的社会契约所决定的。由于资本主义法律日益成熟，功利主义公平正义观将这些天启理性之类的套上了人间法则：不得侵犯别人的法定的、道德的、应得的权利，解决不同人之间的正当性的冲突只能根据"社会利益"或"最大多数人的最大幸福原则"。

当代的阿玛蒂亚·森的公平观独树一帜，对当前的经济学家影响很大。森以他的"实质自由"和"可行能力"为分析基础，探讨了实现公平正义的程序问题，阐述了公平正义与实质平等的关系，并且指出了如何确定现实的公平正义或实质平等的方法论程序。第一，现实中存在多种相互冲突的正义原则，也就是说没有绝对的公平正义，只有相对的公平正义。第二，问题实质上是要求什么样的平等问题，因为公平正义问题始终蕴含着平等问题：政治权利的平等、机会的平等和经济收入的平等，乃至免除饥饿的平等。第三，我们不能为了追求某些平等而放弃另一些平等追求，取舍标准不应该是"基本善"或"资源"，而应该是实质自由，即在各种"成就"或值得珍视的生活方式中进行选择的自由。构成实质自由的可行能力是多元的。

从这些公平正义的含义的变化可以看出，所谓正当性在不同的时期有不同的具体含义或标准。这充分说明，正当性的具体内涵是可变的，影响正当性内涵的主要是技术与经济方式，是生产力的进步。由此，我们可以提出一个适于解释数字经济条件下经济伦理与经济发展互动关系的动力学理论：数字技术的出现，使得以电子形式呈现、储存、运输的数据成为一种新的生产要素，并且改变了原有生产组织方式。新的生产要素的出现以及原有生产组织方式的改变，产生了新的利益关系和新的利益矛盾，原有经济正当性标准受到冲击。这种冲击导致了改变经济伦理正当性标准的需要。在反复的个体利益冲突中，经济伦理中正当性趋向于总体上平衡效率与分配公平的关系，形成新的效率与分配公平均衡状态。新的效率与分配公平的均衡，可能是有效的，也可能是无效的，既可能会促进技术与生产力的进步，也可能会阻碍技术与生产力的进步。新均衡状态的性质会受到原有经济伦理正当性标准与制度的影响。

第二节　数字经济遇到的新伦理问题

一、劳动进一步异化：数字技术的剥削

2020 年 9 月 8 日，《人物》杂志官方账号发表了一篇题为《外卖骑手，困在系统里》的文章①。文章提道：外卖配送的时间越来越短，2016 年，3 千米送餐距离的最长时限是 1 小时，2017 年，变成了 45 分钟，2018 年，又缩短了 7 分钟，定格在 38 分钟。相关数据显示，2019 年，中国全行业外卖订单单均配送时长比 3 年前减少了 10 分钟。由此导致的后果是，骑手为了赶时间而超速、闯红灯、逆行等，交通事故不断，2018 年成都平均每天就有 1 个骑手因交通违规伤亡。

配送时间不断缩短是数字技术进步的结果，系统有能力接连不断地吞掉时间。对于技术开发人员来说，这是值得称颂的进步，是 AI 智能算法深度学习能力的体现。深度学习的结果，就是不断地在数学上"优化"配送线路，配送时间越来越短。平台的强大数字技术能力，实现了配送时间每个月显著下降。

算法的基本运行规则是：

从顾客下单的那一秒起，系统便开始根据骑手的顺路性、位置、方向决定派哪一位骑手接单，订单通常以 3 联单或 5 联单的形式派出，一个订单有取餐和送餐两个任务点，如果一位骑手背负 5 个订单、10 个任务点，系统会在 11 万条路线规划可能中完成万单对万人的秒级求解，规划出最优配送方案。

算法，再加上评价体系——承接的单量、超时率、差评率、投诉率，不停抽打骑手，骑手的潜能被挖到极致。虽然设计算法时也考虑到了一些意外情况，但是显然远远不够，现实中很多意外情况能击碎这种最优，有时候一场大雨就足够了。

在外卖骑手已成最高危职业成为热门话题后，系统也做出过一些努力，如观看安全教育视频、微笑行动与多等五分钟活动，但是每一个活动都变相增加了骑手的负担和时间紧迫感。

这些问题的背后，是数字技术下骑手与平台的劳动关系已经与传统的就业关系极为

---

① https://baijiahao.baidu.com/s？id=1677231323622016633&wfr=spider&for=pc.

不同，他们变成了数字经济中的临时工。数字劳动关系已经不同于传统的劳动关系，劳动强度越来越大，劳动者似乎不再是与某个特定的企业有明确的劳动雇佣关系。在调查报道《武汉市快递员外卖员群体调查：平台工人与下载劳动》中，把这种劳动称为下载劳动，把这些工人称为平台工人，其实他与平台之间并没有雇佣关系，他们不知道为谁打工。

骑手通过下载 App 进行工作，表面上，这个 App 只是一个辅佐他们工作的生产工具，但实际上，骑手下载的是一套精密的劳动控制模式。在这套模式下，工人原有的主体性被全面塑造乃至取代，他们看似用更自由的方式在工作，但同时却遭受着更深切的控制。

这种劳动模式的特点为强吸引、弱契约、高监管以及低反抗。低反抗是因为不知道找谁去反抗，找不到反抗的对象，真正的资本方深深地隐藏在算法的背后。资本方才是实际控制人。

劳动关系的改变还带来另一个更为严重的问题：劳动者社会安全网的漏洞。在系统中，保险是骑手能获得的唯一也是最后一道安全保障，但《人物》在调查中发现，大量的骑手在遇到交通事故后，都无法顺利获得理赔。按照外卖平台的设计，专送骑手的保险由站点按月扣除，具体金额也由站点决定；众包骑手的保险则按天扣除，每天 3 元，保障时间从骑手当天第一次接单到当日 24 时，如果此时骑手还在送餐，保险时间最多可延长一个半小时。这种劳动保障体系其实是外卖平台对于自身责任的一种巧妙转嫁。

这些问题的背后，更透露出算法或更广义的数字技术的人文伦理缺失。一方面，程序员对于公平和价值的理念存在欠缺；另一方面，程序员也不是规则的制定者，不能将自己对公平和价值的理解融入算法中去。规则的制定者是外卖平台，而程序员也只是在履行平台的决定。

数据社会学家尼克·西弗曾提出过算法文化的概念。在他看来，算法不仅由理性的程序形成，还由制度、人类、交叉环境和在普通文化生活中获得的粗糙且现成的理解形成。他认为，算法是由人类的集体实践组成的，并建议研究者应该按人类学的方式探索算法。

二、数据能力的滥用：大数据"杀熟"

大数据"杀熟"，是互联网购物或数字经济环境下普通消费者面对的最严重的问题。大数据"杀熟"是指互联网厂商利用自己所拥有的用户数据，对老用户实行价格歧视的行为。大数据"杀熟"表现为同样的商品或服务，不同客户看到从而消费购买的价格不同，通常老客户看到的价格反而比新用户要贵出许多。其实国外大数据"杀熟"的现象早在 2000 年就已经发生，以亚马逊的"差别价格实验"为例，亚马逊对 DVD 光盘进行差别定价，其中《泰特斯》的 DVD 光盘对新用户售价 22.47 美元，而老用户售价为 26.24 美元，为此来赚取更大的利润，但很快就有消费者发现这一问题并质疑，这项实验以失败告终。大数据"杀熟"问题在近三年引发了热烈讨论，在电商行业快速发展的时代下，大数据"杀熟"似乎已经成为必然结果。下面以美团外卖为例探讨"杀熟"的机制和条件①（袁帆、王冬菊，2021）。

运行机制。第一，价格机制。美团商家有较强的动态改价能力。美团外卖商家根据价格敏感度对消费者进行分类，价格敏感度高的设置较低价格，价格敏感度较低的设置高价格，从而从消费者剩余角度获取更高利润。第二，设备型号。美团外卖平台根据消费者使用的设备进行定价，通过消费者所使用设备的价格推测消费者对商品价格的接受能力，从而实现价格区分。例如，有些商品在同一家店苹果手机的价格会高于安卓手机的价格。第三，外卖频率。根据点外卖的频率来判断消费者对外卖的需求程度，经常点外卖的消费者对外卖的需求较大，美团商家就会提高商品的价格；而偶尔点外卖的消费者商家会设置较低的价格来吸引此类消费者，让该类型消费者从偶尔消费向经常消费转变。第四，地理位置。空间定位系统的不断完善让位置获取变得更加容易。新用户注册时美团会请求位置访问权限，商家根据消费者所处的城市所在的居住场所对消费者区别定价，住在豪宅区的消费者购买商品的价格要高于普通住户的价格。此外商家还可以根据地理位置来判断附近竞争对手情况，竞争对手数量少商家则暗中提高价格。

运行条件。第一，美团外卖的寡头地位。国内外卖平台数量较少，美团外卖与饿了么处于外卖市场的寡头地位。截至 2020 年年底美国商家数量达到了 650 万，餐馆、超市、奶茶等连锁店和大型商家也都入驻美团外卖，选择多样化导致消费者更加依赖于美团外卖。处于寡头地位的美团外卖容易接触更多的消费者，消费者数量让其分析数据的能力更强，精确程度更高，对消费者"杀熟"的机会更多。第二，大数据技术。美团外卖"杀熟"行为建立在大数据技术基础上，借助其所掌握的海量且维度丰富的用户数据，诸如用户个人身份信息、位置信息、聊天记录以及支付信息等一切有可能被线上记录的数字化信息，通过一整套复杂、高效而极其先进的数据运算、分析和挖掘技术对碎片化、零散的用户数字化信息进行全方位的扫描、分析与研究，然后通过一些关键词的标注对用户进行细致归类，从而生成独特的用户画像。消费者第一次使用美团 App时要进行基本信息的填写、位置获取、存储空间读取等一系列授权行为，注册之后每次进入 App 浏览留下的痕迹都会被美团记录，这些信息就是成为美团外卖对消费者进行精准定位的信息。美团外卖除了利用浏览记录来获取信息以外还会通过窃听获得信息，消费者不经意间说出的商品名称其实已经被窃听，对商家而言这种窃听信息更加有用。通过对消费者的数据资源进行整理分析，在一定程度上突破时间和空间的限制，从而找出潜在目标消费者，投其所好，实行歧视性定价。算法是大数据"杀熟"的核心技术。算法通过计算机代码表达出数学逻辑意见的方法，只输入初始条件，系统便会按照算法

---

① 袁帆，王冬菊. 美团外卖大数据"杀熟"行为及改进策略研究 [J]. 中国储运，2021（12）：160-161.

步骤，自动给出相应的答案。美团外卖商家将判断标准、数据关系、用户数据融入算法，更加准确地刻画消费者画像，不断训练算法，提升算法效能获取最大利润。使用算法的美团外卖商家对消费者具有较强的支配力、控制力和影响力。比如外卖的配送费是动态调整的，根据时间、地点、天气、订单量等综合因素来定价，这种价格的调整由美团外卖商家进行控制，消费者只能被动接受。

从美团的案例看，资本方有了新的技术能力——算法，但是资本方"恃力横行"，大搞差异定价，违背了"明码标价、诚信为本""互赢互惠""企业经济效益与社会效益相结合"的生产经营伦理。

三、新的伦理问题：隐私与安全

由于数据兼具国家、公共、人身、财产等属性特征[①]（陈智国，2020），数据的安全有效使用直接关系到国家安全及个人权益。当前，在大数据、云计算环境下，数据的收集、传输、使用已暴露出严重的数据安全问题。

从国家层面看，不同领域数据泄露事件迭出，对国家数据安全生态治理提出新要求。近年来，数据安全事件已逐渐扩展到国家政治、经济、民生等不同层面，涉及国家关键基础设施信息、金融系统、重大国土资源与能源安全等各个方面。从企业层面看，企业已成为数据泄露的"重灾区"。近年来，随着数据价值提升，企业内部存留的用户、员工数据遭受越来越多的威胁，黑客攻击、勒索病毒、数据泄露等数据安全事件频发，给企业带来了巨大损失和困扰。从个人层面看，个人隐私信息泄露已成常态，数据保护与每个人的生活密切相关。当前，包含身份证号、手机号、住址等的个人信息泄露案件频发，如"华住集团旗下汉庭、如家等酒店 2 000 万用户数据泄露""智联招聘员工倒卖简历""圆通快递 40 万条个人信息被转卖"等各种报道不绝于耳。与此同时，伴随着指纹支付、人脸识别等技术被广泛应用到生活中，个人信息泄露、信息被盗用等情况时有发生。

以人脸识别为例，随着该项技术在疫情防控、门禁考勤、交通案件、实名登记、开户销户、支付转账、解锁解密等应用场景的应用，大量的人脸生物信息被各种渠道、各类主体采集、收集、存储或交易，个人财产、健康、隐私等面临较大风险。Facebook 未经用户允许，非法收集用户生物数据，对用户海量照片进行人脸识别，并分析出人物标签信息，引起用户集体诉讼；2020 年 6 月 15 日，"中国人脸识别第一案"在杭州开庭审理；根据央视新闻报道，大量人脸照片被私下交易，2 元可买上千张照片，5 000 张人脸照片不到 10 元，这些照片落入不法分子手中，可能被用于精准诈骗或洗钱等违法犯罪活动。类似于这样的人脸识别技术滥用、侵权、诉讼，未来大概率将成为一种常态化事件。

[①] 陈智国. 数字经济时代的十大焦点问题（上）[J]. 中国经贸导刊，2020（23）：22-27；陈智国. 数字经济时代的十大焦点问题（下）[J]. 中国经贸导刊，2020（24）：56-60.

如何加强数据隐私保护、实现数据的安全高效利用已成为当前全球亟待解决的关键问题。目前，全球许多国家及地区均陆续出台了数据保护及安全领域的相关规则条例，为数字经济发展提供健康有序的环境，诸如欧盟通用数据保护条例（GDPR）、加州消费者隐私法（CCPA）、新加坡个人信息保密条款（PDPA）和日本个人信息保护法（PIPA）等。近年来，我国不断加强数据领域的安全管理与使用，2019年以来，先后发布了《中华人民共和国数据安全法》《中华人民共和国个人信息保护法》以及《工业和信息化领域数据安全管理办法（试行）》，完善了个人信息权益保护制度，初步搭建了较为全面的数据安全保护体系。

隐私与相关安全问题是数字经济下产生的新的伦理问题。在之前的经济技术条件下，个人信息的传播成本高、速度慢，个人隐私安全问题尽管存在，但是尚没有在整个社会层面成为一个严重的问题。新的技术手段使得个人隐私信息传播更快，隐私泄露带来的负面影响更大。毋庸置疑，数字经济提高了效率，但是隐私泄露与数据安全给了发展数字经济正当性一个新的权衡考虑视角，即如何在利用个人信息等数据提高效率与保护隐私之间取得平衡，也就是说，需要找到利用个人信息的分界线。通过在附录1中最近我国对侵权App的治理，我们可以看到我国对于个人信息的重视程度。

四、数字经济的经济权利：垄断

由于网络效应、规模经济的存在，客观上形成了"赢者通吃"的互联网经济法则。"赢者通吃"的关键有以下三条：一是"先入为主"。在网络经济中，抢占先机意味着成功了一半，这也是社会资本一旦发现一个风口，便蜂拥而上，疯狂烧钱，快速跑马圈地的缘由。二是"流量为王"。互联网经济时代，流量不是万能的，但没有流量真的是万万不能的。尽管近年来，流量红利正在逐步下降，也有人提出了垂直领域、细分市场等新概念，但网红、博主、广告、直播等都是按流量、粉丝量付费。谁能够占据流量，拥有流量，谁就有话语权，就拥有了商业变现的可能性。三是"平台型数据垄断"。有流量，自然就有通道，就会有接口，于是平台型企业或MCN之类的机构就应运而生。数字经济下的平台垄断是在发展过程中自然形成的，一个平台内用户越多，数据越多，平台的运营成本就越低，竞争力就越强，平台对新进入者的吸引力、控制力就越强，其利用数据变现的可能性就越大，呈现滚雪球式发展。

在数字经济时代，中国移动、中国联通、中国网通、腾讯、阿里巴巴、今日头条、滴滴、美团、高德、京东等，所有的互联网巨头无一不是海量数据的拥有者。尽管这些数据信息并未得到充分授权，但并不妨碍它们通过数据流量变现来获取超额收益。这也意味着，在数字经济时代，必然会出现两方面的趋势：一方面，数据越来越多，数据的价值逐步放大，必然产生庞大的数据交易、流转与商业变现需求，需要更加健全的数据确权、流转、交易规则，形成完整的数据交易链条、数据变现规范和数据价值生态。另一方面，随着流量通道、入口竞争，势必会产生数据和信息向平台、通道集中的现象，产生一大批拥有海量数据，对政府决策、行业发展和消费者产生重大影响的平台型机构，进而带来平台型机构的垄断与监管问题。从数字经济平台企业的特点来看，用传统理论研究中的行业集中度指标，即市场份额、销量、产值等生产指标占整个市场的份额，很难实现对平台型企业的衡量。对平台型企业的监管，要充分考虑其利用数据优势、用户规模优势，开展新业务新模式的特点、愿望和能力，这也是新经济发展的重要形式，也是优化社会资源配置、提升整体社会福利的一种途径。

在经济伦理视域下，垄断是没有正当性的，因为它既损害了效率又不会带来公平的结果。数字经济企业更容易形成垄断，因为这些企业有了新的垄断能力。尽管有的数字经济企业的垄断属于自然垄断，即规模越大平均成本越小，从而有了一定的经济合理性，但是从目前暴露出来的问题看，这种自然垄断给社会带来的效率方面的负面影响也远远超过了对企业效率的正面影响。因此，从经济伦理角度来看，数字经济首先应该管理的是垄断现象。

五、伦理问题的核心：效率与公平

数字技术、信息技术在提升社会生产效率的同时，由于不同群体运用新的生产要素能力的差异，而且这种能力与原有的经济发展水平正相关，数字经济也进一步加剧了市场竞争。发达地区少数互联网企业凭借超然经济地位攫取了绝大多数市场利润，加大了区域间数字经济发展差距，头部效应愈发凸显，贫富差距进一步拉大，会有一部分区域、一部分人在数字经济高速发展的时代被"边缘化"。

数字经济将会拉大收入分配差距。相较于传统行业，数字经济环境下"无形资产"带来的先发优势、品牌、知识产权、网络效应（平台模式、双边市场）等更具有规模经济和垄断性，有效供给提升带来的收益主要由相关的投资者、关键技术人员和管理者等少数人获得，而普通劳动者的工资则因为竞争增加受到抑制，收入分配差距进一步拉大。行业巨头发挥资源优势实现超额利润，目前在全球市值最大的 20 家公司中，有40%拥有基于平台的商业模式，微软、苹果、亚马逊、谷歌、脸书、腾讯和阿里巴巴7 个"超级平台"占 70 大平台总市值的三分之二，"赢者通吃"现象愈发凸显。同时，数字经济将加剧不同社会层级群体间的分化、竞争，从而引发新一轮的贫富分化问题。阿里巴巴上市之初，曾经造就近万名千万富豪。这些人无疑都是数字经济时代的先行者、受益者，充分享受到了数字经济时代的红利。

反观另一些群体，则可能受到较大冲击。以网约车行业为例，若外部进入者利用闲暇时间提供网约车服务，则会挤压出租车司机等高度依赖固定性收入的单一技能群体的工资收入，从而进一步加大不同群体之间的收入差距。

数字经济"头部效应"日趋明显。以电商直播行业为例，少数几位主播在带货能力和观看次数等方面牢牢占据行业半壁江山，顶流主播带货队伍基本稳定。同时，随着电商直播行业热度的持续发酵，主持人、明星、企业家、作家等不同群体纷纷入局直播带货，与头部网红主播相比，他们的人设更加鲜明、更有综艺感，快速占领了较大份额的市场流量。但是，并不是所有的网红都像这些头部网红一样可以快速获取大量流量和巨大利润，余下三四线梯队的直播主播必将愈加艰难。

当一个行业供给大于需求，势必会带来行业萎缩、洗牌。直播的风口，也带来了资本的大量涌入，造成短时间内行业供给严重过剩。报告显示，2019 年国内 MCN 机构数量突破了 2 万家；2020 年，MCN 机构数量达到 28 000 家。看似遍地黄金的背后，却是一个残酷的真相。大部分 MCN 的收入其实都在下滑，头部效应愈发明显，原来有 20% 的机构赚钱，80% 亏钱，现在变成只有 10% 赚钱，90% 亏钱。

数字经济加速区域发展失衡。当今世界，高度数字化的国家和信息连通力不足的国家之间的差距越来越大，区域间数字经济发展水平的差距将严重加剧现有的收入不平等。从世界范围来看，中国和美国占据全球区块链技术相关专利的 75%、物联网支出的 50%、公共云计算市场的 75% 以上，同时占全球 70 个最大数字平台市值的 90%，而欧洲在其中的份额为 4%，非洲和拉丁美洲的总和仅为 1%。

从国内范围来看，中国数字经济发展呈现自东向西逐级减弱的特点。2018 年，广东、江苏、浙江 3 省的数字经济规模超过 10 万亿元，占全国比重约 30%，在基础设施建设与利用、数字技术研发创新、新兴数字产业发展等方面均遥遥领先于中西部省份。区域数字经济发展失衡将导致东部发达地区获得更大的发展优势，从而加剧区域间经济发展差距。

数字经济时代给区域、行业、企业、个人竞争带来颠覆性变化，政府需要扮演好制度建设者和社会兜底者的角色。国家政策在数字时代的价值创造和获取方面发挥着至关重要的作用，政府有责任与其他利益相关者密切对话，通过定义发展规则来引领数字经济，适时调整现有的政策、法律和法规，或面向新兴领域、后发展区域制定新政策及法律法规，帮助扭转当前数字经济造成的不平等和权力失衡加剧的趋势。

从经济伦理角度来看，数字经济虽然给整体经济效率带来正面影响，但是也给效率与公平问题带来新的挑战。上面我们的分析表明，数字经济存在很大程度上有造成更为不平等结局的可能性，如何在新的技术条件下，实现社会能容忍的分配格局，各国都面临巨大的挑战。

第三节　数字经济伦理重构：以制度促进伦理演进

经济伦理是调节经济生活中人与人关系的道德规范及对经济活动进行评价的道德价值观的总称。任何一种经济方式的重大变革，都需要经济伦理重建，以适应新的生产、交换与分配方式，为新的经济方式提供道德正当性，也为相关的治理制度提供道德基础。以可持续发展为例①（杨雪英，2003），造成不可持续发展的原因之一是经济与伦理、科学与价值的对立。解决这一问题的前提就是克服现代性结构中伦理与经济关系的片面性，使经济与伦理重新协调起来，这是人类社会持续发展的前提和基础。经济与伦理的协调必须建立在以下四个统一的基础之上：第一，合规律性与合目的性的统一；第二，社会选择和个人选择的统一；第三，功利和价值的统一；第四，效率优先和兼顾公平的统一。

数字经济伦理重建同样如此，也是数字经济长期发展的根本出路。前面我们已经说过，数字经济其本质是一种新的生产要素进入经济体系。新的生产要素必然有新的利益诉求和新的生产方式的变革，从而带来新的利益调整。如何在利益调整过程中取得社会大多数人的认同，如何让数字经济获得整体上经济伦理的正当性，是数字经济能可持续发展的前提。如果数字经济的利益被少部分人所攫取，大多数人利益受损，那么数字经济的发展就缺乏长期发展的道德基础，因为它是不公正的。

进一步来看，数字经济伦理重建更具必要性。其原因也很简单，因为数字生产要素的拥有者往往是原来的资本要素拥有者，他们在原有的博弈格局中就已经拥有了较大的优势。有了数据能力的加持以后，资本方更具有谈判力量。

如何重建新的数字经济伦理？本书认为，应该遵循"政府主导，传统市场经济伦理重新表述，以制度建设促进伦理重建"的思路来进行。

第一，政府主导，预先谋划。传统伦理重建是在生产力发展后，不断产生利益冲突，社会在不断的利益冲突中寻求妥协，取得均衡的观念性结果。但是，数字经济条件下，这种缓慢的伦理演化路径是不适合的。其一，数字经济带来的变革速度远比传统技术方式快得多；其二，数字技术属于重大的技术变革，颠覆性变革必然会带来社会颠覆性变化；其三，国际国内环境也不允许用慢慢摸索的方式来寻找新的均衡，我们处在一个百年未有之大变局的风口上。

因此，应当预先设定一些基本原则，有了这些基本红线后再慢慢摸索，而不是放任数字经济野蛮生长。在这些最基本的伦理原则中，核心应该是利益共享原则。数字技术给这个社会带来效率提升，产生的利益应该在社会公众、行业劳动方、资本方和由此造成的受损方之间进行分配，不能任由资本方一方获取全部利益。

第二，重新表述传统市场经济伦理。无论在西方还是在中国，传统上一直都将伦理作为调节社会经济关系的重要手段。技术、信息、人力资源等固然重要，但是在所有的要素背后，起统领作用、主导人们行为方向且上升到灵魂所在的重要位置的应该是伦理、信用、理念。数字经济时代如果不讲信用和注重伦理层次的规范，那么无论是个人还是企业都将被禁锢在一个狭小的发展空间内裹足不前。社会经济发展和社会成员的伦理建设往往不相一致，甚至有时候还会出现大相径庭的短暂混乱期，但总的来说是一个

---

① 杨雪英. 重建经济伦理：可持续发展的根本出路 ［J］. 云南财贸学院学报（社会科学版），2003（1）：39-40.

相互适应和选择的变迁过程。伦理一旦形成，便成为社会经济的规范，对社会关系进行调节和制约。数字经济亦不例外，需要在自身发展中建立一套符合自身特点的商业伦理来指引价值取向以及解决法律所面临的困境。有了共同伦理价值取向的选择，法律便多出一只万能手来从预防和监督上维护网络经济中各方主体的合法权益。

新的经济伦理重建不可能完全推翻原有的伦理关系和伦理观念，只会是在原有伦理关系基础上，根据新的条件或多或少进行改变。数字经济伦理应该着重重新表述如下三个方面的伦理关系：其一，建立数字经济条件下的诚信机制，规范经济参与主体行为。数字技术给诚信机制建立带来了更便利的手段，也产生了新的风险。我国信用体系建设较滞后，信用体系与经济利益体及产业链间的衔接较弱。数字技术手段降低了诚信制度建立的成本，但是数据所有者会成为数据链中的关键网络节点，有滥用数据以及利用数据谋取不当利益的能力。在诚信机制构建中，应权衡两方面的利弊。其二，关于垄断效率的再审视。目前关于数据企业垄断的效率考察过于局限于企业本身，对行业乃至整个社会的效率损失考察不够。其三，关于隐私伦理价值的再审查。在中国的传统伦理价值观中，个人隐私信息不受重视。在数字经济条件下，个人信息成为企业谋利的手段，如何划分个人信息与个人隐私之间的边界，以及如何划分个人信息数据所产生经济利益，应该是管理机构重视的内容。

第三，以制度建设促进伦理重建。从目前网络发展情况来看，网络自治不会催生正确的数字新伦理，所以应该以法律制度为数字经济伦理划出红线。例如，无害原则和知情同意原则是支持网络经济的重要原则。这些原则应用到网络经济中即是要求网络活动的参与者要充分尊重利害人的自主权利，尽可能地避免给他人造成伤害，没有得到当事人知情和同意前不得运用其有关产权或者其他利益相关信息。但是，这些原则在数字经济实践中无法自发地得到遵循，政府应该积极通过法律制度将这些原则固化在数字经济运行机理之中。

最近两年，我国已经为数字经济发展建立起很多法律规范（见附录2），但是一些核心领域还没有涉及，比如，各平台算法应该遵循什么样的人文伦理规则来编写代码等。本书建议，网信办等职能部门应成立专门的数字经济伦理委员会或类似机构，审查各个平台算法的人文伦理，以此衡量企业的算法规则的正当性。同时，对数字经济产业中从事开发活动的工程师、程序员，加强数字经济伦理考察、培训与价值观引导，可考虑相关职业技术证书考试中专门加入数字经济伦理内容。

第四节　数字经济治理：新的社会契约

"数据，是一把双刃剑。"[1]（World Bank，2021）2023年10月底开展的缅北打击电信诈骗就是一个明显的例子：不法分子利用数据的力量实施犯罪活动。

世界银行在其2021年的《世界发展报告2021：让数据创造美好生活》中，提出了一个完整的数据治理框架。本节概述其要点。世界银行认为，要解决数字经济产生的一系列问题，需要做好五个方面：①建立新的数据社会契约；②增加数据的使用和再利用以实现更大价值；③使各方更公平地从数据中获益；④通过保护人们免受数据滥用危害的保障措施来增进信任；⑤为建立综合国家数据系统奠定基础。

一、新的社会契约

社会契约这个词是政治哲学上的一个核心概念，是指某一社会全体成员就该社会行动的基本准则取得的一致协议，也就是要形成社会共识。社会需要达成这类共识（社会契约）的理念已有数百年历史，通常可追溯到托马斯·霍布斯、约翰·洛克和让·雅克·卢梭等哲学家的著作，尤其是卢梭的《社会契约论》。

在对待数字经济或数据要素方面，需要的社会共识或共同价值观是：数据创建、再利用和共享过程中所有参与者之间达成共识，从而可以增进信任，让人们相信，不会因数据交换而受到伤害，而且可以公平地获得由数据所创造的价值（见图14.1）。

之所以在社会价值观方面需要达成这样的共识，是因为数字技术会损害一些人的利益，这些利益受损的人会抵制这种技术进步。这类现象在欧美国家都比较常见。历史上，任何一次重大技术进步都会被一些人抵制。

说服各方遵守社会契约的规则并非易事，这要求确保使用数据所产生的收益能得到公平分享——也就是说，每个人都能从中受益。在这方面低收入国家往往处于不利地位，因为它们通常在以下三方面都比较缺乏：获取数据并将其转化为价值的基础设施和技能、增强人们对数据系统信任的制度与监管框架、公平参与全球数据市场及其治理的规模和渠道。

将社会契约的概念延伸到国际领域，呼吁全球达成这样的共识——数字技术是好的，请大家共襄盛举——显然更加困难，因为这会涉及更为复杂的国际政治问题。

---

[1]　World Bank. World development report 2021: data for better lives ［R］. World Bank，2021.

图 14.1　数字经济的新社会契约（引自 WDR 2021）

二、改善数据基础设施确保穷人公平收益

数字基础设施是数据收集、交换、存储、处理和传播的先决条件。要获取现代数据服务的全面经济和社会价值，需要普遍可访问的数字基础设施，同时也以负担得起的成本提供足够的互联网速度。然而不幸的是，数据基础设施已成为不平等的来源，而不是收入不平等的缓解工具。在国家层面，发展中国家与发达国家在宽带连接方面存在重大差距，穷人在数据连接方面的相对负担也高很多。

互联网的普及仍面临重大挑战。第一个挑战是由于移动技术日新月异，扩大服务覆盖率的目标也不断变化。2018 年，全球 92% 的人口生活在 3G 信号范围内（每秒 40 MB），而随着 4G 技术的推广，覆盖率下降到 80%。4G 网络的速度为每秒 400 MB，使用那些有益于推动发展的复杂智能手机应用程序需要这样的速度。最近有些领先市场已经推出了商用 5G 技术（每秒 1 000 MB），低收入国家则有可能被越甩越远。

第二个挑战是数据技能素养缺乏与经济负担沉重。全球不使用数据服务的 40% 人口中大多数实际上生活在宽带信号范围内。在一项调查中，中低收入国家不使用互联网的人有超过三分之二表示他们不知道互联网是什么或不知道怎样使用，这表明人们的数字素养的问题很大。在中低收入国家，可负担性也是一个重要因素，对收入属于最低 20% 的家庭来说，一部入门级智能手机的费用约相当于家庭月收入的 80%。技术创新、市场竞争和政府政策的改善会促使成本降低，使用互联网的人数可能随之上升。然而，即使在那些已使用互联网的人当中，2021 年数据服务消费量只有人均每月 0.2 GB，基本上聊胜于无，远远达不到在线实现基本社会和经济功能所需的数据消费水平。

大多数中低收入国家缺乏能对本地生成的数据进行交换（通过互联网交换中心，IXP）、存储（托管数据中心）和处理（通过云平台）的国内设施。很多国家仍旧依赖海外设施，这意味着它们需要将大量数据传入和传出本国，为此承受速度慢和价格高的重大代价。

可从多方面改善数据基础设施可及性。首先要鼓励创建国内 IXP，其次为托管数据中心的建设营造良好投资环境。数据基础设施对可靠性要求很高，还要考虑数据的碳足迹问题，因此私营部门投资环境需要有可靠、清洁、低成本的电力提供，要促进自然冷却的使用，同时要求灾害风险极低。

三、通过法律法规建立信任环境

数据使用过程中的安全焦虑是普遍难题。数据要素的使用过程其实是一个安全防护措施与赋能措施（enabler）的平衡与互动过程。保障措施有助于避免或限制数据滥用的损害，从而增强人们对数据交易的信任。赋能措施推动利益相关方群体内部和不同群体之间的数据访问和再利用，确保数据的社会和经济价值得以充分实现。世界银行建议的不同阶段政策见表 14.1。

表 14.1　不同阶段的政策

发展阶段	安全设施	赋能措施
建立基本制度	进行基准需求评估，促进数据公平，开发一个全面的政策框架：保护个人、非个人和进化类别的数据，促进更大的公平数据提高系统和基础设施的安全性，防止滥用数据，促进确定性和可预测性，提高整合基本保障如数据保护和网络安全	进行基准需求评估，开发一个全面的政策框架，允许使用和共享数据，确保访问、开放、可操作性、可移植性、可预测性和透明度，同时集成基本促成因素，如电子交易
启动数据流	制定一个法律框架，包括：个人数据保护，促进网络安全，打击网络犯罪，竞争监管，在法律框架中规定建立相关执法机构	制定一个法律框架，包括：电子交易的法律，认可信息，非个人数据知识产权，非个人数据，公开公共意图数据，使用许可证鼓励数据共享、数据分类原则
优化系统	增强安全措施的意识：在国内，通过采用设计和默认的数据保护，以及国际上相关的网络安全措施，通过跨境可操作性的数据保护标准，解决更复杂的问题，如混合数据和群体权利，确保负责监督这些活动的机构的能力足以建立指标来监测和评估这些政策和法律的实施和执行	考虑诸如数据可移植性和围绕私人意图数据共享的激励等问题，确保负责监督这些活动的机构的能力已经足够，建立指标来监测和评估这些政策、法律和机构的实施情况

　　健全的数据法规有助于保护数据安全，促进人们对数据交易的信任。各国都在进行这方面的立法工作。

　　建立数据保护时区分个人数据（识别个人身份信息的数据）和非个人数据（不包含个人身份信息的数据）是非常必要的。个人数据涉及个人隐私与经济乃至人身安全，应在允许进行任何类型的数据交易之前充分保护数据主体的利益。但是目前，数据供应商提供确认的法律文件太过冗长，数据主体无法阅读完毕，甚至也不明白其中合同条文的具体含义。非个人数据由于敏感性较低，主要可以通过知识产权法规提供充分保护，从而在数据保护和数据再利用之间实现一定平衡。但是目前大多数低收入国家并未确立对私人意图数据知识产权的保护。

四、确保数据价值创造

　　对数据进行监管，应定位于让数据创造更大的价值。以平台为基础的商业模式正在迅速扩展，而数据在其中发挥着核心作用。例如，搜索引擎收集用户的网站访问数据，然后出售给营销公司，使后者可以更精确地投放广告。这类基于平台的商业模式正变得日益重要。数据法规监管框架的设计对数据驱动型企业的活力会产生实实在在的影响，需要做出政策权衡。例如，要求重要市场数据源开放数据访问，对促进平台企业之间的竞争至关重要，但同时也可能影响人们对数据驱动型商业的投资和创新意愿。同样，旨在保护个人数据的法规可能会限制数据跨境流动，严重影响国家在蓬勃发展的数据促成服务业贸易中的竞争力。政策考虑中主要有以下三点：促进竞争性、税收和数据贸易。下面我们简单介绍其中反垄断促进竞争的方面。

　　竞争政策在确保平台式商业创造的价值在生产者和消费者之间公平分享方面起着关键作用。数据收集存在规模经济外部性，随着平台参与者增加，网络价值也越高，进而可能导致市场势力的迅速积累。解决由此带来的市场由少数企业主导的状况需要两种策略的相互配合。

　　一是，应进行事后反垄断执法，但需要针对数据驱动型商业带来的挑战做出必要调整。例如，对市场主导地位的标准衡量方法（居主导地位者定价过高）在平台通常向消费者提供免费服务的行业可能没有什么意义。

　　二是，在采取反垄断措施的同时，也需要认真考虑采取事前监管措施，使相互竞争的企业和新进入者都可以获得重要数据，还可以通过强制规定消费者个人数据的完全可携权，使消费者能在不同供应商之间自由切换。其中一个重要原则是，数据访问对确保竞争至关重要，而且不会打击数据驱动型企业的创新积极性。

参考文献

波特, 2014. 竞争优势 [M]. 陈小悦, 译. 北京: 中信出版社.

陈荣荣, 2023. 我国最低工资标准的落实状况及其影响研究 [J]. 政治经济学研究 (3): 65-80.

陈泽环, 1995. 现代经济伦理学初探 [J]. 社会科学 (7): 51, 73-76.

陈智国, 2020. 数字经济时代的十大焦点问题 (上) [J]. 中国经贸导刊 (23): 22-27.

陈智国, 2020. 数字经济时代的十大焦点问题 (下) [J]. 中国经贸导刊 (24): 56-60.

池仁勇, 邵小芬, 吴宝, 2006. 全球价值链治理、驱动力和创新理论探析 [J]. 外国经济与管理 (3): 24-31.

崔晓杨, 闫冰倩, 乔晗, 等, 2016. 基于"微笑曲线"的全产业链商业模式创新: 万达商业地产案例 [J]. 管理评论, 28 (11): 264-272.

丁述磊, 2017. 正规就业与非正规就业工资差异的实证研究: 分位数回归的视角 [J]. 财经论丛 (4): 3-10.

东方朔, 1987. 经济伦理思想初探 [J]. 华东师范大学学报 (哲学社会科学版) (6): 27-50.

董直庆, 王林辉, 2014. 技术进步偏向性和我国经济增长效率 [M]. 北京: 经济科学出版社.

工业和信息化部运行监测协调局, 2023. 2021 年通信业统计公报 [EB/OL]. [2023-12-10]. https://www.miit.gov.cn/gxsj/tjfx/txy/art/2022/art_e8b64ba8f29d4ce18a1003c4f4d88234.html.

广东省农业农村厅, 2023. 高州: 科技种田让"汗水农业"走向"智慧农业" [EB/OL]. [2023-12-10]. http://dara.gd.gov.cn/xfzqy/content/post_3679377.html.

桂琦寒, 陈敏, 陆铭, 等, 2006. 中国国内商品市场趋于分割还是整合: 基于相对价格法的分析 [J]. 世界经济 (2): 20-30.

国家统计局, 国务院第七次全国人口普查领导小组办公室, 2021. 第七次全国人口普查公报 [EB/OL]. (2021-05-13) [2023-11-20]. http://www.gov.cn/guoqing/2021-05/13/content_5606149.htm.

国家统计局, 2022. 2021 年农民工监测调查报告 [EB/OL]. (2022-04-29) [2023-11-

20]. http://www.gov.cn/xinwen/2022-04/29/content_5688043.htm.

国家信息中心信息化和产业发展部，2023. 中国产业数字化报告 2020 [EB/OL]. [2023-12-10]. http://www.sic.gov.cn/News/260/10543.htm.

韩雷，彭思倩，2022. 我国城镇职工工作经验回报的长期演变：基于 CHIP1988-2013 的分析 [J]. 经济研究 (3)：91-109.

何小钢，王自力，2015. 能源偏向型技术进步与绿色增长转型：基于中国 33 个行业的实证考察 [J]. 中国工业经济 (2)：50-62.

侯力，2022. 城城流动人口教育回报率研究 [J]. 人口学刊 (6)：88-101.

胡鞍钢，杨韵新，2001. 就业模式转变：从正规化到非正规化：我国城镇非正规就业状况分析 [J]. 管理世界 (2)：69-78.

胡鞍钢，赵黎，2006. 我国转型期城镇非正规就业与非正规经济（1990—2004）[J]. 清华大学学报（哲学社会科学版）(3)：111-119.

胡凤霞，姚先国，2011. 城镇居民非正规就业选择与劳动力市场分割：一个面板数据的实证分析 [J]. 浙江大学学报（人文社会科学版），41 (2)：191-199.

湖南省工业和信息化厅，2021. 制造业数字化转型步伐加快 [EB/OL]. (2021-07-29) [2023-12-10]. http://gxt.hunan.gov.cn/gxt/xxgk_71033/gzdt/rdjj/202107/t20210729_20009757.html.

黄宗智，2021. 中国的非正规经济 [J]. 文化纵横 (6)：64-74.

霍经纬，2021. 全球价值链分工对中国制造业增加值率的影响研究 [D]. 大连：东北财经大学.

IDC，2023. 2021—2022 中国人工智能计算力发展评估报告 [EB/OL]. (2021-11-02) [2023-12-10]. https://max.book118.com/html/2021/1102/5321222311004044.shtm.

嘉兴市长三角一体化发展办公室，2020. 跨越山海，合作共赢，全省供销系统首个农产品产销一体化山海协作项目签约 [EB/OL]. (2020-08-06) [2023-12-10]. http://csjfzb.jiaxing.gov.cn/art/2020/8/6/art_1601420_54131351.html.

经贸司，2022. 2021 年 1 至 12 月我国高新技术产品进出口情况 [EB/OL]. (2022-01-25) [2024-01-11]. https://www.ndrc.gov.cn/fggz/jjmy/dwjmjzcfx/202201/t20220125_1313222.html? code=&state=123.

李桂铭，2006. 我国非正规就业状况分析 [J]. 合作经济与科技 (1)：27-28.

李婕，2022. 让大龄农民工"能就业""就好业" [N]. 人民日报（海外版），2022-12-13 (011).

李立国，2022. 经济增长视角下的高等教育层次结构变化 [J]. 国内高等教育教学研究动态 (9)：11.

李强，宋中丽，刘晓红，等，2022. 农村流动人口自雇教育回报率的性别差异研究 [J]. 中国农业大学学报（社会科学版）(2)：151-168.

李忠东, 2022. 全球童工增至 1.6 亿 [J]. 检察风云 (4): 58-59.

厉无畏, 2002. 产业融合与产业创新 [J]. 上海管理科学 (4): 4-6.

梁琳, 2022. 数字经济促进农业现代化发展路径研究 [J]. 经济纵横 (9): 113-120.

林晨, 2021. 金融科技服务实体经济的作用机理研究 [D]. 成都: 四川大学.

刘冬冬, 2019. 全球价值链嵌入对中国产业升级的影响研究 [D]. 重庆: 重庆大学.

刘涛, 王德政, 2021. 教育水平、工作经验与流动人口就业质量 [J]. 人口研究 (4): 85-99.

刘晓, 童小晨, 2023. 低技能劳动力: 内涵、群体特征与技能提升策略 [J]. 中国远程教育, 43 (2): 9-17, 27.

陆晓禾, 1999. 中国经济伦理学的发展: 特点、难题和使命 [R]. 香港浸会大学 "中国经济商业伦理研讨会" 论文.

罗宾逊, 2013. 不完全竞争经济学 [M]. 王翼龙, 译. 北京: 华夏出版社.

马尔萨斯, 1992. 人口原理 [M]. 朱泱, 胡企林, 朱和中, 译. 北京: 商务印书馆.

宁光杰, 崔慧敏, 付伟豪, 等, 2022. 大城市的工作经验在中小城市有价值吗: 劳动力回流视角的分析 [J]. 经济评论 (5): 51-66.

戚聿东, 徐凯歌, 2022. 智能制造的本质 [J]. 北京师范大学学报 (社会科学版) (3): 93-103.

钱静斐, 陈秧分, 2021. 典型发达国家农业信息化建设对我国农业 "新基建" 的启示 [J]. 科技管理研究, 41 (23): 174-180.

青木昌彦, 安藤晴彦, 2003. 模块时代 [M]. 周国荣, 译. 上海: 上海远东出版社.

秋山裕, 2014. 发展经济学导论 [M]. 4 版. 刘通, 译. 北京: 中国人民大学出版社.

屈小博, 2011. 城市正规就业与非正规就业收入差距及影响因素贡献: 基于收入不平等的分解 [J]. 财经论丛 (2): 3-8.

屈小博, 2012. 中国城市正规就业与非正规就业的工资差异: 基于非正规就业异质性的收入差距分解 [J]. 南方经济 (4): 32-42.

人民网, 2022. 海尔卡奥斯林忠毅: 企业数字化要破解不敢转、不会转的问题 [EB/OL]. (2022-08-28) [2023-12-10]. http://828.people.com.cn/n1/2022/0828/c447981-32513301.html.

人民网, 2022. 湖南江永: 上亿元农产品从电商街 "飞" 到全国各地 [EB/OL]. (2022-01-04) [2023-12-10]. http://hn.people.com.cn/n2/2022/0104/c356887-35081491.html.

人民网, 2022. 嘉兴打造农业农村现代化数字样板 [EB/OL]. (2022-08-08) [2023-12-10]. 人民网. 贵港市供销社: 创新合作渠道, 提升农产品产销服务水平 [EB/OL]. (2022-08-10) [2023-12-10]. http://gx.people.com.cn/n2/2022/0810/c405568-40075457.html.

人民网, 2022. 云南元谋: 现代农业节水灌溉新模式促农增收 [EB/OL]. (2022-06-

14）［2023－12－10］. http://yn. people. com. cn/news/yunnan/n2/2022/0614/c402287－35314460.html.

施蒂格勒，2019. 生产与分配理论［M］. 晏智杰，译. 成都：西南财经大学出版社.

世界银行，2017. 2016 年世界发展报告：数字红利［M］. 胡光宇，等译. 北京：清华大学出版社.

斯拉法，2013. 多布·大卫·李嘉图全集（第一卷）：政治经济学及其赋税原理［M］. 郭大力，王亚南，译. 上海：商务印书馆.

斯密，2016. 国富论［M］. 郭大力，王亚男，译. 北京：译林出版社.

斯密，2015. 国民财富的性质和原因的研究［M］. 郭大力，王亚南，译. 北京：商务印书馆.

四川日报，2022. 这个工厂如同科幻世界［EB/OL］.（2022-10-13）［2023-12-10］. https://epaper. scdaily. cn/shtml/scrb/20221013/282820. shtml.

孙延明，宋丹霞，张延平，2021. 工业互联网：企业变革引擎［M］. 北京：机械工业出版社.

孙毅，2021. 数字经济学［M］. 北京：机械工业出版社.

孙志燕，郑江淮，2020. 全球价值链数字化转型与"功能分工陷阱"的跨越［J］. 改革（10）：63-72.

索洛，2015. 经济增长理论：一种解说［M］. 2 版. 朱保华，译. 上海：格致出版社.

谭崇台，2001. 发展经济学［M］. 太原：山西经济出版社.

王海成，苏桔芳，渠慎宁，2017. 就业保护制度对非正规就业的影响：来自中国省际面板数据的证据［J］. 中南财经政法大学学报（2）：32-40.

王俊，胡雍，2015. 中国制造业技能偏向技术进步的测度与分析［J］. 数量经济技术经济研究，32（1）：82-96.

王姝楠，2020. 数字经济背景下中国制造业转型升级研究［D］. 北京：中共中央党校.

王小锡，1994. 经济伦理学论纲［J］. 江苏社会科学（1）：17-20.

王子，叶静怡，2009. 农民工工作经验和工资相互关系的人力资本理论解释：基于北京市农民工样本的研究［J］. 经济科学（1）：112-125.

韦伯，1992. 新教伦理与资本主义精神［M］. 北京：中国人民大学出版社.

魏下海，余玲铮，2012. 我国城镇正规就业与非正规就业工资差异的实证研究：基于分位数回归与分解的发现［J］. 数量经济技术经济研究，29（1）：78-90.

吴海英，2016. 全球价值链对产业升级的影响［D］. 北京：中央财经大学.

吴明，2012. 全球价值链空间分布测度及中国位置［D］. 昆明：云南大学.

新华三大学，2019. 数字化转型之路［M］. 北京：机械工业出版社.

邢春冰，贾淑艳，李实，等，2013. 教育回报率的地区差异及其对劳动力流动的影响［J］. 经济研究（11）：114-126.

熊泽泉，2021. 数字经济与制造业产业融合的机制及影响研究 [D]. 上海：华东师范大学.

休谟，1955. 经济论文选 [M]. 麦迪逊：威斯康星大学出版社.

徐大建，2020. 西方经济伦理思想史：经济的伦理内涵与社会文明的演进 [M]. 上海：上海人民出版社.

徐佩玉，2019. 谁在拿最低工资 [N]. 人民日报（海外版），2019-08-21（11）.

徐小琪，2019. 我国信息化与农业现代化协调发展研究 [D]. 长沙：湖南农业大学.

闫德利，2017. 2016 年人工智能产业发展综述 [J]. 互联网天地（2）：22-27.

杨博，2020. 中国工业全球价值链嵌入位置及其对能源偏向型技术进步的影响 [D]. 上海：华东师范大学.

杨凡，2015. 流动人口正规就业与非正规就业的工资差异研究：基于倾向值方法的分析 [J]. 人口研究，39（6）：94-104.

杨虎涛，2020. 新基建的新意义 [J]. 红旗文稿（10）：24-26.

杨勤，李梦夕，2021. 制造业转型升级 技工短缺困局如何破解？[N]. 中国劳动保障报，2021-03-30（001）.

杨翔宇，2020. 基于全球价值链分解的中国就业变动驱动因素及路径研究 [D]. 长沙：湖南大学.

杨雪英，2003. 重建经济伦理：可持续发展的根本出路 [J]. 云南财贸学院学报（社会科学版）（1）：39-40.

姚洋，2018. 发展经济学 [M]. 北京：北京大学出版社.

姚宇，2005. 中国城镇非正规就业研究 [D]. 上海：复旦大学.

殷平，2016. 数据中心研究（1）：现状与问题分析 [J]. 暖通空调，46（8）：42-53.

于浚清，于先文，黎钊溢，等，2022. 基于北斗定位的疫情时空伴随者快速匹配方法 [J]. 现代测绘，45（4）：5-7.

袁帆，王冬菊，2021. 美团外卖大数据"杀熟"行为及改进策略研究 [J]. 中国储运（12）：160-161.

岳云嵩，李兵，李柔，2016. 互联网会提高企业进口技术复杂度吗：基于倍差匹配的经验研究 [J]. 国际贸易问题（12）：131-141.

张车伟，2006. 人力资本回报率变化与收入差距："马太效应"及其政策含义 [J]. 经济研究（12）：59-70.

张二震，戴翔，2017. 顺应全球价值链演进新趋势 [N]. 新华日报，2017-12-20（016）.

张辉，2006. 全球价值链下地方产业集群转型和升级 [M]. 北京：经济科学出版社.

张抗私，刘翠花，丁述磊，2018. 正规就业与非正规就业工资差异研究 [J]. 中国人口科学（1）：83-94，128.

张梦娜，2022. 智能制造示范试点企业创新效率及其影响因素研究 [D]. 南京：南京信息工程大学.

张卫华，2021. 全球价值链"互联网+"连接机理与中国产业升级战略研究［D］. 南宁：广西大学.

张文宣，2008. 全球价值链理论及其实践应用［D］. 西安：西北大学.

张彦，2009. 对上海市人口非正规就业规模的估算与分析［J］. 中国人口科学（3）：40-47.

章海山，2000. 经济伦理方法论研究［J］. 道德与文明（2）：17-20.

赵立斌，张莉莉，2020. 数字经济概论［M］. 北京：科学出版社.

赵玉林，汪芳，2020. 产业经济学：原理及案例［M］. 5版. 北京：中国人民大学出版社.

郑毓盛，李崇高，2003. 中国地方分割的效率损失［J］. 中国社会科学（1）：64-72，205.

中国经济新闻网，2023. 海尔智家&顾家家居携手撬动整家定制"新版图"［EB/OL］.［2023-12-10］. https://www.cet.com.cn/xwsd/3187309.shtml.

中国轻工业信息中心，2022. 各地两化融合管理体系贯标奖励扶持政策［EB/OL］.（2022-04-18）［2023-12-10］. http://www.clii.com.cn/lhrh/hyxx/202204/t20220418_3953626.html.

中国新闻网，2015. 2015减贫与发展论坛举行一亩田等电商探索"互联网+扶贫"［EB/OL］.（2015-10-20）［2023-12-10］. https://www.chinanews.com.cn/cj/2015/10-20/7579687.shtml.

中国信息通信研究院，2018. G20国家数字经济发展的研究报告［R］. 中国信息通信研究院.

中国信息通信研究院，2022. 人工智能白皮书（2022年）［EB/OL］.（2022-04-12）［2023-12-10］. http://www.caict.ac.cn/kxyj/qwfb/bps/202204/t20220412_399752.htm.

中国信息通信研究院，2022. 数据中心白皮书（2022年）［EB/OL］.（2022-04-22）［2023-12-10］. http://www.caict.ac.cn/kxyj/qwfb/bps/202204/t20220422_400391.html.

中国信息通信研究院，2020. 物联网白皮书（2020年）［EB/OL］.（2020-12-15）［2023-12-10］. http://www.caict.ac.cn/kxyj/qwfb/bps/202012/t20201215_366162.htm.

中国信息通信研究院，2021. 中国数字经济发展白皮书［EB/OL］.（2021-04-23）［2023-12-10］. http://www.caict.ac.cn/kxyj/qwfb/bps/202104/t20210423_374626.htm.

中国信息通信研究院，2022. 中国数字经济发展报告2022［EB/OL］.（2022-07-08）［2023-12-10］. http://www.caict.ac.cn/kxyj/qwfb/bps/202207/t20220708_405627.htm.

周广肃，李力行，孟岭牛，2021. 智能化对中国劳动力市场的影响：基于就业广度和强度的分析［J］. 金融研究（6）：39-58.

周广肃，2017. 最低工资制度影响了家庭创业行为吗？来自中国家庭追踪调查的证据［J］. 经济科学（3）：73-87.

周振华，2002. 信息化进程中的产业融合研究［J］. 经济学动态（6）：58-62.

周中之, 高惠珠, 2016. 经济伦理学 [M]. 上海: 华东师范大学出版社.

ACEMOGLU D, GANCIA G, ZILIBOTTI F, 2015. Offshoring and directed technical change [J]. American economic journal: macroeconomics, 7 (3): 84-122.

ACEMOGLU D, RESTREPO P, 2019. Automation and new tasks: how technology displaces and reinstates labor [J]. Journal of economic perspectives, 33 (2): 3-30.

ACEMOGLU D, RESTREPO P, 2020. Robots and jobs: evidence from US labor markets [J]. Journal of political economy, 128 (6): 2188-2244.

ACEMOGLU D, ZILIBOTTI F, 2011. Productivity differences [J]. Quarterly journal of economics (116): 563-606.

ACEMOGLU D, 2002. Directed technical change [J]. Review of economic studies (69): 781-809.

ACEMOGLU D, 2007. Equilibrium bias of technology [J]. Econometric, 75 (5): 1371-1410.

ACEMOGLU D, 2009. Introduction to modern economic growth [M]. Princeton University Press.

ACEMOGLU D, 2003. Patterns of skill premia [J]. Review of economic studies, 70 (2): 199-230.

BALDWIN R E, 2006. Globalisation: the great unbundlings [R]. Report for the Economic Council of Finland.

BARRO R J, SALA-I-MARTIN, 2004. Economic Growth [M]. MIT Press.

BECKER G S, BArro R J, 1988. A reformulation of the economic theory of fertility [J]. Quaterly jounal of econonmics, 103 (1): 1-25.

BECKER G S, 1960. An economic analysis of fertility: demographic and economic change in developed countries [M]. New York: Columbia University Press.

BREMAN J, 1980. The informal sectorin research: the oryand practice, CASP [M]. Erasmus University Rotterdam.

BRYNJOLFSSON E, MCAFEE A, 2014. The second machine age: work, progress, and prosperity in a time of brilliant technologies [M]. New York: W. W. Norton.

BURMEISTER E, DOBELL A R, 1970. Mathematical theories of economics growth [M]. New York collier-Macmillan.

CADOT O, CARRERE C, STRAUSS-KAHN V, 2011. Export diversification: what's behind the hump? [J]. Review of economics and statistics, 93 (2): 590-605.

CARRIERE-SWALLOW Y, HAKSAR VIKRAM, 2019. The economics and implications of data: an integrated perspective [R]. Washington, Strategy, Policy, and Review Department, International Monetary Fund.

CHEN H, JIA R, LI D, et al, 2019. The rise of rohots in china [J]. Journal of economic perspectives 33 (2): 71–88.

CONSTANTINESCU C, MATTOO A, RUTA M, 2019. Does vertical specialisation increase productivity? [J]. The world economy, 42 (8): 2385–2402.

DEDRICK J, KRAEMER K L, LINDEN G, 2008. Who profits from innovation in global value chains?: a study of the iPod and notebook PCs [J]. Industrial and corporate change, 19 (1): 81–116.

DELAGRANDVILLE O, 2009. Economic growth: a unified approach [M]. Cambridge University Press.

DELAGRANDVILLE O, 1989. In quest of the slutsky diamond [J]. The American economic review, 79 (3): 468–481.

DIAMOND P A, 1965. Disembodied technical change in a two-sector model [J]. The review of economic studies (32): 161–168.

DOERINGER P B, PIORE M J. Internal labour markets and manpower analysis [M]. Lexington Mass. : D. C. Heath, 1971.

FAN C S, WEI X D, 2006. The law of one price: evidence from the transitional economy of China [J]. The review of economic and statistic, 88 (4): 682–697.

FREY C B, OSBORNC M A, 2017. The future of employment: How susceptible are jobs to computerisation? [J]. Technological Forecasting and Social Change, 2017 (114): 254–280.

GEREFFI G, HUMPHREY J, STURGEON T, 2005. The governance of global value chains [J]. Review of international political economy, 12 (1): 78–104.

GLAESER E L. Framework for the changing nature of work [D]. Harvard University, Cambridge, MA.

GREENSTEIN, SHANE, MCDEVITT RYAN. The global broadband bonus: broadband internet's impact on seven countries [M]. In the linked world: how ICT is transforming societies, cultures and economies, ARK BV. 35–42. New York: Conference Board.

HART K, 1973. Informal income opportunities and urban employment in Ghana [J]. Journal of modern african studies (11): 61–89.

HEATH R, MOBARAK A M, 2015. Manufacturing growth and the lives of Bangladeshi women [J]. Journal of development economics (115): 1–15.

HENDERSON J, 1998. Danger and opportunity in the Asia – Pacific [A]. Routledge: 356–384.

HICKS J R, 1932. The theory of wages [M]. London: Macmillan.

JORGENSON D W, 1967. Surplus agricultural labour and the development of a dual economy [J]. Oxford economic papers, 19 (3): 288–312.

LEIBENSTEIN H, 1957. Economic backwardness and economics growth [M]. New York Wiley.

LEWIS P V, 1985. Defining business ethics: like nailing jllo to a wall [J]. Journal of business ethics (4): 377-383.

LI B, HOU B, YU W, et al, 2017. Applications of artificial intelligence in intelligent manufacturing: a review [J]. Frontiers of information technology & electronic engineering, 18 (1): 86-96.

LINDEN G, KRAEMER K L, DEDRICK J, 2009. Who captures value in a global innovation network? the case of apple's iPod [J]. Communications of the ACM, 52 (3), 140-144.

NAUGHTON, BARRY, 1999. How much can regional integration do to unify China's markets [Z]. Conference for Research Economic; Development and Policy, Stanford University

PERSSON K, 1999. Grain markets in Europe, 1500 - 1900: integration and deregulation [M]. New York: Cambridge University Press.

PONCET S, 2005. A fragmented China: measure and determinants of Chinese domestic market disintegration [J]. Review of international economic, 13 (3): 409-430.

PONCET, SANDRA, 2003. Measuring Chinese domestic and international integration [J]. China economic review, 14 (1): 1-21.

PSACHAROPOULOS G, 1994. Returns to education: a global update [J]. World development, 22 (9): 1325-1343.

ROMER P M, 1990. Endogenous technical change [J]. Journal of political economy, 98 (5): 71-102.

ROMER P M, 1986. Increasing returns and long - run growth [J]. Journal of political economy, 94 (5): 1002-1037.

SAMUELSON P A, 1965. A theory of induced innovations klong kennedy-weisacker lines [J]. Review of economics and Statistics, 47 (4): 343-356.

SOLOW R M, 1956. A contribution to the theory of economic growth [J]. The quarterly journal of economics, 70 (1): 65-94.

STIEGLITZ N, 2003. Digital dynamics and types of industry convergence: the evolution of the handheld computers market in the 1990s and beyond [M]. CHRISTENSEN J F, MASKELL P. In the industrial dynamics of the new digital economy. Cheltenham: Edward Elgar.

VALERIO A, HERRERA-sosa K, et al, 2015. Armenia skills toward employment and productivity (STEP) survey findings (Urban Areas) [R]. World Bank, Washington, DC.

VARIAN HAL, 2023. Economic value of Google. [EB/OL]. (2011-10-17) [2023-10-26]. http://www.web2summit.com/web2011.

WORLD Bank Group, 2016. World development report 2016: digital dividends [M]. World

Bank Publications.

WORLD Bank, 2018. World development report 2019: the changing nature of work [R]. The World Bank.

WORLD Bank, 2019. World development report 2020: trading for development in the age of global value chains [R]. The World Bank.

WORLD Bank, 2021. World development report 2021: data for better lives [R]. The World Bank.

XU X P, 2002. Have the Chinese provinces become integrated under reform [J]. China economic review, 13 (2): 116-133.

YOUNG A, 2000. The razor's edge: distributions and incremental reform in the People's Republic of China [J]. Quarterly journal of economic, 115 (4): 1091-1136.

YUN M, 2004. Decomposing differences in the first moment [J]. Economics letters, 82 (2): 275-280.

附录 1　关于 App 软件下架原因的分析

早在 2019 年，工业和信息化部等部门就认识到各种 App 软件带来的社会问题，出台了《关于开展 App 违法违规收集使用个人信息专项治理的公告》和《App 违法违规收集使用个人信息行为认定方法》等文件，从而开始了软件的专项治理。2020 年和 2021 年分别公示下架了 7 批和 11 批 App 软件（各批下架软件数量见附表1）。值得注意的是，我们统计的只包括工业和信息化部下架的软件数目，不包括网络安全和信息化委员办公室等其他部门下架的软件。

附表 1　工业和信息化部下架软件各批次数量统计

批次	下架软件数目	批次	下架软件数目
2020 年第一批	16	2021 年第三批	136
2020 年第二批	15	2021 年第四批	138（工业和信息化部 93，地方 45）
2020 年第三批	58	2021 年第五批	83
2020 年第四批	101	2021 年第六批	71
2020 年第五批	131	2021 年第七批	14
2020 年第六批	60	2021 年第八批	43
2020 年第七批	63	2021 年第九批	133（地方）
2021 年第一批	157	2021 年第十批	334（工业和信息化部 71，地方 263）
2021 年第二批	26	2021 年第十一批	49（工业和信息化部 38，地方 11）

从附表 1 中可以看出：第一，下架软件工作推进力度在加大。两年共下架 1 628 个各类软件，其中 2020 年下架了 444 个，2021 年则下架了 1 184 个。第二，下架违规 App 的工作力度在加大，2020 年还只有工业和信息化部在开展这项工作，但是到了 2021 年，多个省份都在开展这一工作。

附表 2 统计了下架软件所涉问题的频次。总计违规原因有 16 种，其中"违规收集个人信息"出现的频次最多，高达 1 352 次。也就是说，绝大部分下架的 App 软件都在违规收集个人信息。

附表 2　下架软件各种违规出现的频次

违规原因	频次	违规原因	频次
违规收集个人信息	1 352	私自共享给第三方	42
App 强制、频繁、过度索取权限	334	应用分发平台上的 App 信息明示不到位	39
超范围收集个人信息	235	欺骗误导强迫用户	38
违规使用个人信息	217	开屏弹窗信息骚扰用户	31
强制用户使用定向推送功能	208	违规调用通讯录和地理位置权限	30
账号注销难	73	App 频繁自启动和关联启动	27
欺骗误导用户下载 App	57	不给权限不让用	18
私自收集个人信息	52	具备移动应用分发功能的 App 信息明示不到位	6

附录 2　与数字经济相关的法律法规汇总

《网络信息内容生态治理规定》

《网络安全审查办法》

《互联网用户公众账号信息服务管理规定》

《常见类型移动互联网应用程序必要个人信息范围规定》

《关键信息基础设施安全保护条例》

《最高人民法院最高人民检察院关于办理非法利用信息网络、帮助信息网络犯罪活动等刑事案件适用法律若干问题的解释》

《中国银保监会办公厅、中国人民银行办公厅关于规范商业银行通过互联网开展个人存款业务有关事项的通知》

《关于加强网络直播规范管理工作的指导意见》

《进一步规范大学生互联网消费贷款监督管理工作的通知》

《国家新闻出版署关于进一步严格管理切实防止未成年人沉迷网络游戏的通知》

《教育部办公厅等六部门关于进一步加强预防中小学生沉迷网络游戏管理工作的通知》

《关于加强网络文明建设的意见》

《网络直播营销管理办法（试行）》

《移动互联网应用程序个人信息保护管理暂行规定（征求意见稿）》

《网络数据安全管理条例（征求意见稿）》

《互联网平台落实主体责任指南（征求意见稿）》

《中华人民共和国国家安全法》

《中华人民共和国网络安全数据管理条例》

《中华人民共和国网络安全法》

《中华人民共和国数据安全法》

《中华人民共和国个人信息保护法》

《中华人民共和国网络交易监督管理办法》

《关于维护新就业形态劳动者劳动保障权益的指导意见》

《工业和信息化部纵深推进 App 侵犯用户权益专项整治行动》

《工业和信息化部关于开展纵深推进 App 侵害用户权益专项整治行动的通知》